Rogg • Armee der Einheit?

Beiträge zur Militärgeschichte
– Militärgeschichte kompakt –

Begründet vom
Militärgeschichtlichen Forschungsamt

Herausgeben vom
Zentrum für Militärgeschichte und
Sozialwissenschaften der Bundeswehr

Band 7

Die Buchreihe »Militärgeschichte kompakt« richtet sich an Studierende, die interessierte Öffentlichkeit und die Streitkräfte. Die Bände verstehen sich als Einführung in ausgewählte Abschnitte der Militärgeschichtsschreibung. Sie sind wissenschaftlich basiert, doch zugleich möglichst kurz und prägnant in der Darstellung. Zudem enthalten die Bücher zahlreiche Abbildungen, Karten, Grafiken, Tabellen und relevante Quellentexte sowie eine Auswahlbibliografie zur ersten Orientierung in der Fülle der wissenschaftlichen Literatur.

Matthias Rogg

Armee der Einheit?

Deutsche Streitkräfte zwischen Friedlicher Revolution und Wiedervereinigung

DE GRUYTER
OLDENBOURG

Stephan Huck (1970–2024)
in dankbarer Erinnerung

Redaktion: ZMSBw, Fachbereich Publikationen (0957-01)
Projektkoordination, Lektorat: Michael Thomae
Bildredaktion: Esther Geiger, Michael Thomae
Satz: Carola Klinke, Antje Lorenz
Cover: Carola Klinke
Grafiken: Yvonn Mechtel, Bernd Nogli

ISBN 978-3-11-914179-6
ISBN (PDF) 978-3-11-222349-9
ISBN (EPUB) 978-3-11-222393-2
ISSN 2190-1996

Library of Congress Control Number: 2025942172

Bibliografische Information der Deutschen Nationalbibliothek
Die Deutsche Nationalbibliothek verzeichnet diese Publikation in der Deutschen Nationalbibliografie; detaillierte bibliografische Daten sind im Internet über http://dnb.dnb.de abrufbar.

Titelbild: 4. Oktober 1990, Eiche (Potsdam), Havelland-Kaserne: Ehemalige Soldaten der NVA treten als neue Angehörige des Bundeswehrkommandos Ost erstmals an, schon in den neuen Uniformen der Bundeswehr, aber noch mit den alten Kalaschnikow-Sturmgewehren der NVA.
Rechte: picture alliance/dpa

Druck und Bindung: CPI books GmbH, Leck

www.degruyterbrill.com

Fragen zur allgemeinen Produktsicherheit:
productsafety@degruyterbrill.com

Inhalt

Vorwort 7
Danksagung 9

Forschungsstand

Einheit, Wende, Revolution. Definitionen und Deutungsräume 11
Quellen 14
Erinnerungsliteratur 16
Wissenschaftliche Diskurse 17
Forschungsstand und -perspektiven 21

Bundeswehr und NVA am Ende des Kalten Krieges

Wechselbäder im »Zweiten» Kalten Krieg: KSZE, Entspannungspolitik, Aufrüstung, NATO-Doppelbeschluss 24
Bundesrepublik und Bundeswehr in den 80er Jahren 28
Eine asymmetrisch verflochtene Parallelgeschichte 40
Militarisierter Sozialismus 42

Friedliche Revolution, November 1989 bis März 1990

Gorbatschow, Glasnost und »Ein Volk, das nicht volkt« 51
Die Erosion des SED-Regimes 54
Die bewaffneten Organe im Herbst 1989 57
Der Zusammenbruch des SED-Regimes 69
Die Deutschlandfrage im Winter 1989/90 74
Militärreform: Mit dem Rücken zur Wand 81

Auf dem Weg zur Deutschen Einheit, März 1990 bis Oktober 1990

Der 18. März 1990: Erste freie Volkskammerwahlen 93
Das Ministerium für Abrüstung und Verteidigung 98
Ein Deutschland, zwei Armeen, ein Bündnis? Sicherheits- und militärpolitische Konzepte 100
Entscheidung in Washington, Finale im Kaukasus 109
Der Zwei-plus-Vier-Vertrag und die unmittelbaren Folgen 114
Planungen auf der Hardthöhe: Ein Volk, ein Staat, eine Armee 116
Stiller Abgesang. Das Ende der NVA 122

Bundeswehrkommando Ost, Oktober 1990 bis Juli 1991

Der 3. Oktober 1990 134
Auftrag und Kommandostruktur 136
Personalstrukturmaßnahmen, Besoldung, Dienstgrad, personelle Integration 153
Standorte, Liegenschaften und unliebsame Überraschungen 165
Bundeswehrverwaltung 168

Die Bundeswehr in den neuen Bundesländern, Juli 1991 bis 1997

Dienststellentransfer und »Aufbau Ost« 173
Das materielle Erbe. Militärische Hinterlassenschaften der DDR 177
Abbau der Grenzanlagen 185
»Fremde Freunde«. Der Abzug der sowjetischen/russischen Streitkräfte 189
Militärseelsorge 202
Integration ehemaliger Angehöriger der NVA in die Bundeswehr 203
Auf dem Weg zur Normalität? Die Bundeswehr Mitte der 90er Jahre 211

»Armee der Einheit«. Politisches Narrativ und historischer Ort

Genese und Deutungen eines politischen Narrativs 217
»Armee der Einheit« als historischer Ort 221

Anhang

Abkürzungen 223
Verzeichnis der Grafiken und Tabellen 225
Quellen und Literatur 226
Personenregister 247

Vorwort

Was wäre gewesen, wenn ...? Das ist eine in der Geschichtswissenschaft oft ungern gesehene Frage. Kontrafaktische Betrachtungsweisen rufen Stirnrunzeln hervor. Dabei lohnt insbesondere beim Rückblick auf die Deutsche Einheit die Überlegung, was 1989/90 hätte anders laufen können. Was wäre aus der Wiedervereinigung geworden, wenn der Putsch reformfeindlicher Altkommunisten gegen Michail Gorbatschow im August 1991 schon ein Jahr früher unternommen und, anders als 1991, erfolgreich gewesen wäre? Die seit Mai 1990 laufenden Verhandlungen der zwei deutschen Staaten und der vier Siegermächte des Zweiten Weltkriegs über die äußeren Fragen der deutschen Vereinigung wurden erst Mitte September erfolgreich mit dem Zwei-plus-Vier-Vertrag abgeschlossen. Hardliner in Moskau hätten den Zug zur Deutschen Einheit also im Sommer 1990 jederzeit stoppen können. Dass es anders kam und nur ein Jahr nach der Friedlichen Revolution in der DDR bereits die Einheit gefeiert werden konnte, war ein Glücksfall für unser Land und für Europa. Das Tor zur Deutschen Einheit stand nur einen kurzen Moment der Geschichte offen. Genau diesen Moment der Chance, diesen *Kairos*, schnell genutzt zu haben, bleibt das Verdienst aller handelnden Politiker.

Oberst i.G. Prof. Dr. Matthias Rogg hat diese spannende Geschichte niedergeschrieben. Das Buch bietet seinen Leserinnen und Lesern jedoch weit mehr als nur die Geschichte der »deutschen Streitkräfte zwischen Friedlicher Revolution und Wiedervereinigung«, um den Untertitel hier aufzugreifen. Matthias Rogg bettet die engere Streitkräftegeschichte in die internationalen Beziehungen ein und stellt so wichtige Verbindungen und Kausalzusammenhänge dar. Obwohl es »nur« rund 250 Seiten sind, hat der Leser das Gefühl, im vollen Umfang informiert zu sein, wo es um das Ende der DDR-Streitkräfte, die streitkräftebezogenen Regelungen zur Deutschen Einheit und den Aufbau der Bundeswehr in den neuen Ländern geht.

Für diese Arbeit, die er neben seiner herausfordernden Aufgabe als Dozent am U.S. Army War College in Carlise, Pennsylvania, geleistet hat, gebührt dem Autor großer Dank. Ein Buch schreibt sich aber nicht von allein; es ist stets auch dem Austausch mit der historischen Zunft zu verdanken. Ein Gleiches gilt für die Druckvorbereitung. Hier wirkt bei uns im Zentrum für Militärgeschichte und Sozialwissenschaften der Bundeswehr ein hervorragendes Team zusammen: Ich danke dem Fachbereich Publikationen, der das Manuskript durch ein Fachlektorat, ein professionelles Layout und mit hochwertigen Karten und Grafiken »veredelt« und schließlich zur Druckreife gebracht hat.

Einen präzisen Überblick zu bieten, ist die Idee hinter der Buchreihe »Militärgeschichte kompakt«, deren Band 7 nun vor Ihnen liegt, liebe

Leserinnen und Leser. Und vielleicht kommen Ihnen beim Lesen doch Gedanken, wie die Geschichte des Jahres 1990 wohl verlaufen wäre, wenn die eine oder andere von Matthias Rogg analysierte Entscheidung dieses Wendejahres anders getroffen worden wäre.

Dr. Frank Hagemann
Oberst und Kommandeur
des Zentrums für Militärgeschichte und
Sozialwissenschaften der Bundeswehr

Danksagung

Die deutsch-deutsche Militärgeschichte ist ein zentraler Bezugspunkt in meiner Berufsbiografie. Als junger Offizier erlebte ich den Fall der Mauer und ich will nicht verhehlen, dass ich einer Übernahme ehemaliger NVA-Angehöriger in die Bundeswehr anfangs skeptisch gegenüberstand. Auf persönliche Kontakte folgten Einsichten und ein differenzierteres Urteil. Später beschäftigte ich mich intensiver mit der DDR und ihrem Militär. Mit der Bundeswehr hatte die NVA zwar einige funktionale Schnittmengen, aber in ihrem Wesen konnten beide Streitkräfte kaum unterschiedlicher sein. Umso erstaunlicher erscheint mir bis heute, dass die Integration ehemaliger NVA-Angehöriger politisch gewollt war und schlussendlich auch gelungen ist. Nicht wenige von ihnen sind mir als Kameraden lieb geworden. Dass es in diesem Prozess der Vereinigung Enttäuschungen und Fehleinschätzungen gab, wird nicht verschwiegen. Und dennoch: Das Zusammenwachsen von Ost und West ist in wenigen gesellschaftlichen Bereichen so geglückt wie bei den Streitkräften.

Früh hat mich Jochen Maurer dafür sensibilisiert, die »Armee der Einheit« als politisches Narrativ zu benennen und ihre Geschichte nicht mit der Auflösung des Bundeswehrkommandos Ost enden zu lassen. Glücklich der akademische Lehrer, der von seinen Schülern lernen darf! Dankbar bin ich auch meinen früheren Chefs und langjährigen Freunden Hans Ehlert und Winfried Heinemann, die mit kritischem Blick, spitzem Stift und ihrer großen Kompetenz mein Manuskript gegen den Strich bürsteten. Heiner Bröckermann, Martin Hofbauer, und nicht zuletzt Klaus Storkmann und Heiner Möllers haben mich mit ihren klugen Kommentaren und Korrekturen vor mancher Fehlannahme bewahrt. Die zahlreichen, teilweise schon länger zurückliegenden Gespräche mit Zeitzeugen waren unverzichtbar. Stellvertretend nenne ich Jörg Schönbohm (†), Werner von Scheven und Hans-Peter von Kirchbach.

Sven Lange hat mich in seiner Zeit als Kommandeur des ZMSBw in vielfältiger Form unterstützt und ermunterte mich früh, bei diesem genuin deutschen Thema die internationalen Perspektiven nicht zu kurz kommen zu lassen. Hilfreich waren auch die Mitarbeiterinnen und Mitarbeiter der Bibliothek des U.S. Army War College, die meine manchmal kuriosen Literaturwünsche in oft atemberaubender Geschwindigkeit erfüllten. Der Fachbereich Publikationen des ZMSBw mit Christian Adam und seinem Team unterstützte mich mit großem Engagement. Es war wieder eine Freude mit Bernd Nogli, Yvonn Mechtel und Carola Klinke zusammenarbeiten zu dürfen. Mit Michael Thomae hatte ich einen großartigen Lektor an meiner Seite, der behutsam eingriff, wo es nötig war und präzise und flink zugleich dem Ganzen Form und Schliff verpasste.

Stephan Huck (1970–2024), langjähriger Leiter des Deutschen Marinemuseums, hat dieses Manuskript, wie so viele meiner Projekte, mit seinen klugen Ideen und kritischen Fragen begleitet. In dankbarer Erinnerung an unsere Freundschaft widme ich ihm dieses Buch.

Matthias Rogg

Forschungsstand

Einheit, Wende, Revolution. Definitionen und Deutungsräume

In der heute siebzigjährigen Geschichte der Bundeswehr steht die »Armee der Einheit« zeitlich genau in der Mitte. Sie ist uns historisch fern und nah zugleich. Fern, weil nach über einer Generation die persönliche Erinnerung abnimmt und die Zeitzeugen und Entscheidungsträger, die über ihr Handeln berichten könnten, immer weniger werden. Viele Menschen haben das Gefühl, dieser Teil der Geschichte berühre kaum noch ihre Gegenwart. Die überwältigende Mehrheit der aktiven Bundeswehrsoldaten und -soldatinnen kennt aus eigener Anschauung nur noch Streitkräfte in einem vereinten Deutschland. Für sie macht es keinen Unterschied, ob sie im Osten oder Westen aufgewachsen sind oder wo sie ihren Dienst tun. Mit einem Durchschnittsalter von etwa 44 Jahren kennen immer mehr Deutsche nur noch eine Bundeswehr in einem vereinten Deutschland.

Andererseits kommt uns die Geschichte der Deutschen Einheit und ihrer Streitkräfte aber auch nah vor. Immer wieder wird die DDR als Referenzbeispiel zur Bewertung aktueller politischer Entwicklungen in Deutschland herangezogen, zum Beispiel wenn es um politische Orientierungen und um das Wahlverhalten in Ostdeutschland geht, oder wenn politische Irrlichter die Bundesrepublik als »DDR 2.0« diskreditieren. In einem radikal veränderten sicherheitspolitischen Umfeld wächst zudem das Interesse an militärpolitischen und militärgeschichtlichen Fragen. Der Prozess der Deutschen Einheit berührt aktuelle, zuweilen hochbrisante Debatten, etwa wenn folgende Fragen verhandelt werden: Wie ist die Bundeswehr am Ende des Kalten Krieges ihren Verpflichtungen zur Landes- und Bündnisverteidigung nachgekommen? Welche Versprechungen wurden der Sowjetunion in den Verhandlungen über die Deutsche Einheit bezüglich einer NATO-Osterweiterung gemacht? Warum gibt es bis heute keine ausländischen NATO-Einheiten auf dem Territorium der ehemaligen DDR? Was ist aus dem riesigen Waffen- und Munitionsarsenal der Nationalen Volksarmee und der anderen bewaffneten Organe der DDR geworden und welche Verpflichtungen bestehen möglicherweise noch heute? Wie soll man, auch angesichts eines aggressiven Angriffskriegs Russlands, mit den Ehrenmalen der Sowjetstreitkräfte in Ostdeutschland umgehen?

Ein außen-, sicherheits- und verteidigungspolitischer Blick auf die Deutsche Einheit erfordert einen größeren Rahmen. Er muss zeitlich eingebettet sein in das Ende des Kalten Krieges, das weit vor 1989/90 beginnt, und er muss weit in die 90er Jahre reichen, um die langfristigen Folgen der Einheit, nicht nur für deutsche Streitkräfte, ermessen zu können. Zugleich ist ein ost-west-deutscher Perspektivwechsel notwendig, der die fundamentalen gesellschaftspolitischen Unterschiede zwischen der Bundesrepublik und der DDR benennt, aber auch ihre wechselseitige Wahrnehmung und Verkettung nicht übersieht. Der Zeithistoriker Christoph Kleßmann hat das asymmetrische Verhältnis beider deutscher Staaten treffend als eine Geschichte von »Verflechtung und Abgrenzung« bezeichnet (1.12 Kleßmann, S. 30). Die dafür notwendige multiperspektivische Herangehensweise gilt auch für militärhistorische Fragen, die sich nicht in Ereignis- und Organisationsgeschichte von Streitkräften erschöpfen darf, sondern sozial-, wirtschafts-, mentalitäts- und kulturgeschichtliche Aspekte integrieren muss.

Die Deutsche Einheit bildet den größeren historischen Rahmen dieses Buches und sie wird nicht als abgeschlossen, sondern als Prozess begriffen. Seit dem Beitritt der DDR zur Bundesrepublik ist Enormes erreicht worden: Die Lebensverhältnisse in Ost und West haben sich weitestgehend angeglichen, Umweltschäden wurden beseitigt und die Wunden von 40 Jahren politischer Diktatur, Gängelung und Unrecht sind gut geheilt. Aber immer noch gibt es Unterschiede, so etwa in der Entwicklung einer staatsbürgerlichen Kultur, in politischen Grundüberzeugungen, dem Blick auf die USA und auf Russland und in vielem mehr. Die langfristigen Probleme der Vereinigung sind in der Regel nicht das Resultat der Deutschen Einheit, sondern der davor liegenden Teilung. Der Schlüssel zum Verständnis liegt in der Unterschiedlichkeit der gesellschaftspolitischen Systeme: einer freiheitlich-demokratischen Grundordnung mit sozialer Marktwirtschaft auf der einen und einer Parteidiktatur auf der anderen Seite, die sich über rechtsstaatliche Prinzipien stellte und deren Kommandowirtschaft weder effizient noch effektiv war. Bis heute ist vielen der Charakter der DDR nicht klar und mit ihm die Stellung und das Selbstverständnis ihrer bewaffneten Organe, von der NVA über die Grenztruppen, die Kampfgruppen der Arbeiterklasse bis zum allmächtigen Ministerium für Staatssicherheit.

Vor dem Hintergrund dieser oft unklaren Deutungsräume hat sich für die Ereignisse um die Jahre 1989/90 in Ost- und Westdeutschland schnell der Begriff der »Wende« etabliert. Der auf Erich Honeckers Nachfolger Egon Krenz zurückgehende Begriff stand ursprünglich nicht nur in einem völlig anderen Zusammenhang. Er greift auch semantisch zu kurz, ähnlich wie der Begriff der »Implosion« des SED-Regimes oder die schwammige Bezeichnung »Umbruch« für die tiefgreifenden Veränderungen in der DDR. In der englischsprachigen Forschung hat der Ausdruck »collapse« einen festen Platz gefunden (1.34 Sarotte, The Collapse). In der zeitgeschichtlichen Forschung ist mittlerweile der

Begriff der Revolution eingeführt worden, der den grundstürzenden Charakter der Ereignisse, vor allem die erzwungene Veränderung der Machtverhältnisse im Staat, treffend fasst (grundlegend 1.72 Winkler, passim). Gleichwohl gibt es unterschiedliche Sichtweisen über diese Revolution. Der komplexe Charakter der Ereignisse spiegelt sich in den Adjektiven »deutsch«, »bürgerlich«, »demokratisch«, »gewaltfrei«, »friedlich« und Begriffen wie »Augenblicks-« und »Freiheitsrevolution« (1.68 Kühnhardt, S. 212, 262, 300). Für Timothy Garton Ash war es eine »Refolution«, eine Mischung aus Reform und Revolution (1.1 Ash, zitiert nach 1.27 Jarausch, S. 114). Doch der Neologismus wird dem Ausmaß des radikalen Bruchs kaum gerecht. Für Konrad Jarausch handelte es sich um eine »Bürgerevolution«, weil sie von einer zivilbürgerlich erwachten Gesellschaft getragen wurde (1.27 Jarausch, S. 114). Thomas Lindner spricht programmatisch von einer »demokratischen Revolution«, in der demokratische Kräfte, denen jedes revolutionäre Pathos fremd gewesen sei, am Ende über die Diktatur gesiegt hätten (3.26 Lindner, S. 175–183). Erhart Neuberts Begriff »Unsere Revolution« zielt in eine ähnliche Richtung und bietet ein sympathisches Identitätsangebot für die Menschen, die Träger der politischen Veränderungen waren (1.69 Neubert). Sowohl der bürgerliche als auch der demokratische Aspekt sind sicher tragend für den Gestaltungsprozess der Bürgerbewegung, aber es fragt sich, ob die Dramatik und der besondere Charakter des eigentlichen Machttransfers damit hinreichend beschrieben sind.

Für Andreas Rödder wiederum ist es eine »deutsche Revolution« (1.33 Rödder), vielleicht mit einem Blick auf die deutsch-deutsche Geschichte. Das genuin Deutsche wird allerdings in dem Begriff nicht sichtbar, denn radikale politische Veränderungen gab es zeitgleich auch in anderen kommunistischen Staaten. Gerade in der Rückschau auf die beiden unfriedlichen und am Ende gescheiterten deutschen Revolutionen von 1848/49 und 1918/19 ist zu fragen, warum ausgerechnet 1989/90 »deutscher« war. Allgemein etabliert hat sich mittlerweile der Begriff der »Friedlichen Revolution« (1.64 Eckert, Revolution; 1.63 Bröckermann, Landesverteidigung, S. 25; 1.70 Revolution und Vereinigung; 1.69 Neubert; 1.71 Richter; 1.72 Winkler, S. 105–126). Das Ringen um den treffenden Begriff ist keine semantische Spielerei, denn Merkmale einer Revolution, wie man sie aus anderen Epochen kennt, prägen das Geschehen und tragen letztlich zur Sinnstiftung und damit zur Identitätsbildung bei (1.20 Wirsching, S. 27 f.). Wenngleich der Terminus »Friedliche Revolution« normativ aufgeladen ist und vor allem auf die Bürgerbewegung blickt (1.33 Rödder, S. 117), scheint er doch am angemessensten – und dies nicht nur, weil dieses Buch sich auf organisierte Gewaltverhältnisse fokussiert. Gerade weil Revolutionen die Änderung von Machtverhältnissen erzwingen, kommt es beim Erhalt oder beim Sturz der Macht fast immer zum Einsatz von Gewalt. Die Friedliche Revolution von 1989/90 verlief nicht vollkommen friedlich, denn es gab massive Androhungen von Gewalt durch den Staatsapparat, politische Repression, Einschüchterungen, Verhaftungen, brutales Vorgehen gegen Demonstranten und damit auch physische Gewalt. Aber gemessen an den Drohkulissen der bewaffneten Organe und der erwartbaren Eskalation war die Revolution von 1989/90 eine gewaltfreie und damit friedliche: Das ist ihr eigentliches Momentum, das sie von anderen Revolutionen unterscheidet. Dieser Umstand nimmt ihr allerdings auch die Dramatik, das »Blutzeugnis« von Märtyrern. So blieb die Revolution von 1989/90 den letzten Beweis staatlicher Gewaltdominanz schuldig, der Revolutionen oft erst ihren sinnstiftenden Charakter verleiht. Auch wenn sich der Begriff »Friedliche Revolution« in der öffentlichen Wahrnehmung (noch) nicht durchgesetzt hat, wird er in diesem Buch aus den genannten Gründen verwendet – nicht zuletzt, weil die Frage der Gewalt vor dieser Folie stärker an Kontur gewinnt.

Quellen

Die Quellenlage zur gesamten Deutschen Einheit und insbesondere zu ihren militär- und sicherheitspolitischen Aspekten ist insgesamt gut. Mit Ausnahme der Akten des DDR-Außenministeriums sind alle Archivalien der DDR unmittelbar nach 1990 freigegeben worden, um das berechtigte öffentliche Interesse an einer Aufarbeitung der SED-Diktatur nicht zu behindern. Das gilt auch für die Akten des Ministeriums für Staatssicherheit, die allerdings an besondere Nutzungsbestimmungen geknüpft sind (vgl. 1.55 Heinemann, S. 18–20). Die Akten der Bundesrepublik Deutschland und damit auch der Bundeswehr unterliegen der üblichen 30-jährigen Sperrfrist, sodass hier erst seit relativ kurzer Zeit ein freier Zugang auf das amtliche Schriftgut besteht. Für diese Arbeit wurden umfangreiche Aktenbestände des Bundesministeriums der Verteidigung (BW 1–2, BH, BL, BM) sowie erstmals die des Bundeswehrkommandos Ost (BW 45) systematisch ausgewertet. Vor- und Nachlässe wie die von Jörg Schönbohm und Werner von Scheven sind wertvolle Ergänzungen.

Für die Militärgeschichte herausragend ist die Pionierarbeit von Hans Ehlert »Armee ohne Zukunft«(1.73), die neben einer hervorragenden wissenschaftlichen Einordnung und der Wiedergabe der Podiumsdiskussionen des Zeitzeugenforums aus dem Jahr 2000 Schlüsseldokumente der NVA und der Bundeswehr offenlegt. Soweit die Quellen den Prozess der Deutschen Einheit betreffen, ist auch die Edition »Dokumente zur deutschen Militärgeschichte«(1.77) nützlich.

Zentrale Quellen zur Deutschlandpolitik sind mittlerweile ediert und teilweise sogar online abrufbar, sodass sich die außen- und sicherheitspolitisch wichtigen Prozesse und Entscheidungen aus erster Hand gut nachverfolgen lassen. Ein guter Einstieg ist die »Chronik 1989/90« (1.21) auf dem Online-Portal der Bundesregierung, die zeitlich gestaffelt nicht nur Inhalte vermittelt, sondern auch auf zentrale Dokumente verweist. Unverzichtbar sind die mittlerweile in großer Zahl freigegebenen und online verfügbaren Dokumente im National Security Archive, die die Sicht der US-Seite auf das Ende des Kalten Krieges und die Deutschlandpolitik ermöglichen (nsarchive.gwu.edu). Die vom Bundesministerium des Innern gemeinsam mit dem Bundesarchiv edierten »Dokumente zur Deutschlandpolitik« bieten in einer Sonderedition aus den Akten des Bundeskanzleramts einen exzellenten Blick auf die außen- und sicherheitspolitischen Aspekte (1.76 Deutsche Einheit). Das Bundesarchiv bietet dazu online unter dem Stichwort »Dokumente zur Deutschlandpolitik« in der Rubrik »Sondereditionen« eine hilfreiche Übersicht an. Den gewichtigen Beitrag des Auswärtigen Amts und des DDR-Außenministeriums im Vereinigungsprozess dokumentiert der Band 1.24 Die Einheit, eine Sonderedition von Akten aus dem Politischen Archiv des Auswärtigen Amts. Einige Editionen liefern Zugänge zu öffentlichen Debatten und Schlüsseldokumenten in englischer Übersetzung (1.79 Uniting Germany; 3.32 When the Wall Came Down).

Zu den sowjetischen/russischen Streitkräften in Deutschland und deren Abzug ist die quellenbasierte Forschung leider stark eingeschränkt, weil die russischen Archive auf unabsehbare Zeit verschlossen sind.

Ergänzend zu Archivalien und Zeitzeugeninterviews bieten Print- und elektronische Medien vielfältige Zugriffe auf das Thema. Neben den Pressemappen einzelner Organisationen, zum Beispiel des Bundeswehrkommandos Ost, sind die Onlinedatenbanken zahlreicher Zeitungen und Magazine hilfreich, will man Wertungen und Informationen aus zweiter Hand bekommen (besonders ergiebig: Spiegel-Online, FAZ-Online, ZEIT-Online). Ähnlich ertragreich sind die zahlreichen Zeitungsarchive in Ostdeutschland, in denen sich eine Fülle von überwiegend regional verorteten Beiträgen zum Ende der NVA, zur Bundeswehr und insbesondere zum Bundeswehrkommando Ost und nicht zuletzt zum Abzug der russischen Streitkräfte findet. Sachzeugnisse sind teilweise in zeitgeschichtlich ausgerichteten Museen überliefert, vor allem dem Haus der Geschichte der Bundesrepublik Deutschland in Bonn und seinen Außenstellen in Leipzig und Berlin, dem Deutschen Historischen Museum in Berlin und natürlich im Militärhistorischen Museum der Bundeswehr in Dresden und seiner Außenstelle in Berlin-Gatow.

Schließlich vermitteln Filme einen teilweise sehr direkten Eindruck von den Ereignissen und mehr noch von den handelnden Personen.

Dazu gehören die letzten Produktionen des Armeefilmstudios der NVA, die im Bundesarchiv-Filmarchiv in Berlin lagern, die Fernsehsendungen des legendären Jugendsenders »11/99« und einige Dokumentarfilme neueren Datums wie die hervorragenden Produktionen »Poker um die Deutsche Einheit« oder »Die Zwei-plus-Vier-Verhandlungen. Machtkampf Deutsche Einheit«.

Erinnerungsliteratur

Die Deutsche Einheit hat eine Fülle von Erinnerungsliteratur hervorgebracht. Etliche Selbstzeugnisse erschienen bereits Anfang der 90er Jahre und boten teilweise erhellende Einsichten. Der häufig autobiographische Charakter erfordert allerdings ein hohes Maß an Quellenkritik. Das Spektrum dieser Publikationen reicht von dem Bemühen um differenzierte Darstellung mit Verweis auf bestimmte Quellen bis zu plumper Apologie. Positiv herauszuheben sind die Darstellungen von Theodor Hoffmann, des letzten Ministers für Nationale Verteidigung und späteren Chefs der NVA (1.95 Hoffmann) und von Werner E. Ablaß, Staatssekretär im Ministerium für Abrüstung und Verteidigung und anschließend Beauftragter für Sonderaufgaben im Bereich der Bundeswehr in den neuen Ländern (1.81 Ablaß). Unabhängig von subjektiven Wertungen ist vor allem Hoffmanns Darstellung eine wichtige Grundlage für die gesamte Geschichte der Friedlichen Revolution und den staatlichen Einheitsprozess aus Sicht der NVA-Führung. Ähnlich wichtig für den politischen Prozess der Deutschen Einheit ist die auf Tagebuchaufzeichnungen und Protokollnotizen aufbauende Darstellung von Horst Teltschik, dem außen- und sicherheitspolitischen Berater von Bundeskanzler Helmut Kohl (1.118 Teltschik). Auch die Memoiren zentraler politischer Akteure liefern wertvolle Einsichten (für die sowjetische Seite z.B. 1.94 Gorbatschow und 1.109 Schewardnadse; für die US-Perspektive 1.91 Gates).

Die autobiographisch und in Briefform angelegte Darstellung des letzten Ministers für Abrüstung und Verteidigung Rainer Eppelmann ist zwar ein gutes Charakterbild des Autors, fällt aber in der Beschreibung und Bewertung der politischen Prozesse zurück (1.89 Eppelmann). Ähnliches gilt für die Erinnerungen des Parlamentarischen Staatssekretärs im BMVg Willy Wimmer (1.121 Wimmer). Ganz anders verhält es sich mit der tiefgründigen Darstellung des Befehlshabers im Bundeswehrkommando Ost Jörg Schönbohm, der die sicherheits- und verteidigungspolitischen Ereignisse zwischen 1988 und 1991 einordnet und bewertet (1.112 Schönbohm). Ähnlich gehaltvoll, allerdings stärker aus der Perspektive des Truppenführers schildern Hans Peter von Kirchbach und seine engsten Mitarbeiter die Ereignisse: (1.99 Kirchbach/

Meyers/Voigt und 1.98 Kirchbach; beide Publikationen ergänzen sich kongenial).

Zahlreiche kürzere, persönlich geprägte Darstellungen finden sich in Sammelbänden, zum Beispiel die des seinerzeitigen Stellvertreters Schönbohms und späteren Befehlshabers im Heereskommando Ost Werner von Scheven (1.37 Scheven; 1.108 Scheven). Eine Fundgrube ist der Sammelband »Vom Kalten Krieg zur Deutschen Einheit« (1.18), unter anderem mit Beiträgen des seinerzeitigen Bundesministers der Verteidigung Gerhard Stoltenberg (1.114 Stoltenberg), des ersten Präsidenten der Bundeswehrverwaltung im BwKdo Ost Karl Johanny (1.97 Johanny), des Staatssekretärs im BMVg Karl-Heinz Carl (1.86 Carl) und des Beauftragten der Bundesregierung für den Abzug der russischen Streitkräfte aus Deutschland Hartmut Foertsch (6.23 Foertsch). Herausragend sind in diesem Zusammenhang auch die schriftlich wiedergegebenen Diskussionen eines Zeitzeugenforums von 2000 in Potsdam (1.73 Armee ohne Zukunft) und die gleichfalls zu dieser Zeit geführten, jedoch erst 2025 veröffentlichten, Interviews mit militärischen und politischen Entscheidungsträgern (1.119 Vom Verschwinden der Nationalen Volksarmee).

Daneben gibt es eine Reihe von Selbstzeugnissen ehemaliger NVA-Angehöriger. Mit ihrem häufig apologetischen Duktus und dem Fehlen einer kritischen Einordnung tragen sie zwar weniger zum Verständnis des historischen Prozesses bei, erzählen aber viel über die Seelenlage ehemaliger Militärs angesichts des Endes der NVA und damit ihrer eigenen militärischen Karriere. Zuvorderst sind hier die überwiegend autobiographisch angelegten Aufsätze in drei zwischen 2001 und 2010 jeweils unter dem Haupttitel »Was war die NVA?« herausgegebenen Sammelbänden zu nennen (2.31 ; 2.32 ; 2.33). Deutlich differenzierter ist die Darstellung des letzten Chefs der Volksmarine Hendrik Born (1.84 Born); lesenswert, wenn auch weit weniger kritisch konnotiert, ist das Buch des letzten Kommandeurs des Küstenraketenregiments 18 der NVA Klaus Peter Gödde (1.93 Gödde). Doch existieren auch abschreckende Beispiele völlig unreflektierter Auseinandersetzung mit der eigenen Verantwortung und Geschichte (z.B. 1.116 Streletz/Kessler; 1.113 Stechbarth).

Wissenschaftliche Diskurse

Der Prozess der Deutschen Einheit dürfte auf den ersten Blick zu den am besten erforschten Themen der deutschen Geschichte gehören. Vor allem in den ersten zwei Jahrzehnten nach Erlangung der Deutschen Einheit hat die Grundlagenforschung Beachtliches geleistet. Der ungewöhnlich gute Zugang zu den Quellen, aber auch das Bedürfnis zahlreicher Zeitzeugen, ihre Rolle und ihre Sicht auf die Dinge darzustellen, hatte eine Fülle von Publikationen zum Ergebnis.

Allerdings gibt es deutliche Unwuchten. Der Blick der Forschung auf die Deutsche Einheit erfolgte bislang überwiegend durch eine außen- und diplomatiegeschichtliche Brille. Die Streitkräfte spielten dabei vor allem dann eine Rolle, wenn deren Bündniszugehörigkeit Gegenstand von Verhandlungen war. Dem Militärgeschichtlichen Forschungsamt (MGFA) und seiner Nachfolgeeinrichtung, dem Zentrum für Militärgeschichte und Sozialwissenschaften der Bundeswehr (ZMSBw), verdanken wir eine Vielzahl grundlegender Studien, die sich mit der Militärgeschichte der DDR befassen. Eine hervorragende Übersicht stellt immer noch das »Handbuch der bewaffneten Organe« (2.24) dar; ein Gleiches gilt für die instruktive Einführung von Winfried Heinemann über »Die DDR und ihr Militär« (1.55). Einige Sammelbände runden das Bild durch multiperspektivische Ansätze ab (2.25 Militär, Staat und Gesellschaft in der DDR; mit Blick auf die Militärelite: 2.21 Genosse General!).

Das Ende der NVA und der Prozess der Deutschen Einheit sind selbst zum Gegenstand eingehender Untersuchungen geworden. Das betrifft vor allem die bereits angesprochenen Forschungsarbeiten von Hans Ehlert (1.73 »Armee ohne Zukunft«). In zahlreichen weiteren Publikationen haben MGFA und ZMSBw das Ende der NVA mit betrachtet (2.19 Ehlert; 1.63 Bröckermann) oder in das Zentrum ihres Interesses gerückt (3.6 Damit hatten wir die Initiative verloren; 3.17 Niemetz). Vor dem Hintergrund des Zusammenbruchs des SED-Regimes wird hier die Frage der Gewalt, die Rolle von Volksarmee und Volkspolizei eingehend diskutiert und deutlich gemacht, warum die Revolution von 1989/90 gewaltfrei verlief. In diesem Zusammenhang ist auch der 2012 herausgegebene Sammelband »1989 und die Rolle der Gewalt« (3.16) erwähnenswert.

Neben dem Grundlagenwerk »Armee ohne Zukunft« beschäftigen sich einige Arbeiten mit der NVA zwischen dem Herbst 1989 und der Deutschen Einheit, vor allem die Dissertationen von Ove Ovens (1.48 Ovens) und Gunnar Digutsch (1.42 Digutsch). Letztere Arbeit und die Studie von Frederick Zilian Jr. (1.52 Zilian) sind die bislang einzigen Versuche, die Geschichte der Bundeswehr in Ostdeutschland bis in die 90er Jahre fortzuführen. Allerdings fehlt beiden Arbeiten unter anderem die Untermauerung mit ungedrucktem Quellenmaterial. Eine wichtige Ergänzung liefern die zwar journalistisch angelegten, aber in ihrer Gesamtschau interessanten Studien zur Auflösung der NVA von Volker Koop (5.17 Koop, Erbe NVA; 5.12 Koop, Abgewickelt).

Zur Integration ehemaliger NVA-Angehöriger in die Bundeswehr liegen einige Qualitätsstudien vor, die vornehmlich aus dem Bereich der Militärsoziologie stammen (6.49 Klein/Kriesel; 6.51 Klein u.a.; 6.59 Meyer/Collmer; 1.51 10 Jahre Vereintes Deutschland). Hervorzuheben ist hier besonders ein Beitrag von Paul Klein, Ekkehard Lippert und Georg-Maria Meyer (6.47 Klein u.a.). Während die Enquete-Kommission des Deutschen Bundestages zur Aufarbeitung der SED-Diktatur der NVA als Werkzeug der Herrschaftsverdichtung unverständlicherweise keine Beachtung geschenkt hat, findet sich dort immerhin ein substanzieller Beitrag zur Integration ehemaliger NVA-Angehöriger von Volker Koop (5.13 Koop). Im Unterschied zu den mehrheitlich apologetischen Darstellungen ehemaliger NVA-Angehöriger ist die autobiographische Arbeit des ehemaligen NVA-Offiziers und späteren Bundeswehrsoldaten Udo Beßer lesenswert (1.83 Beßer).

Hervorzuheben ist die Habilitationsschrift von Nina Leonhard von 2017, die erstmals die Integration ehemaliger NVA-Angehöriger in die Bundeswehr mit den scharfen Instrumenten der Sozialwissenschaften methodisch überzeugend untersucht (6.58 Leonhard). Mit seiner Dissertation »Ausgeklammert statt anerkannt« schließt sich Philipp Schultheiß an, indem er fragt, wie die NVA und ihre Angehörigen in der medialen Öffentlichkeit dargestellt wurden (6.68 Schultheiß). Mit dem methodischen Zugriff der Transitional History kommt Schultheiß zu interessanten Befunden, die von gesellschaftspolitischen Einstellungen und resistenten Feindbildern vieler ehemaliger NVA-Angehöriger bis zu Leerstellen in der öffentlichen Darstellung reichen.

Die Geschichte deutscher Streitkräfte im Prozess der Deutschen Einheit ist natürlich im Besonderen eine Geschichte der Bundeswehr. Doch gemessen an dieser Bedeutung bleibt die Bundeswehr in dieser entscheidenden Phase ihrer Geschichte in weiten Teilen ein kaum beackertes Feld der Forschung. Lesenswert ist der knappe, aber pointierte Abschnitt in Hauke Friederichs' »Spielball der Politik« (2.11 Friederichs, S. 159–172). Mit Blick auf die vielfältigen Herausforderungen und Veränderungen der Bundeswehr zwischen dem Doppelbeschluss der NATO 1979 und dem Fall der Mauer 1989 ist es erstaunlich, dass dieses Jahrzehnt von der Forschung bislang noch nicht wachgeküsst wurde. Hier bieten zwei Sammelbände des ZMSBw einen vorzüglichen Zugriff, zumal in ost-west-deutscher Perspektive (2.14 Militär und Gesellschaft in Ost- und Westdeutschland; 1.53 Deutsche Militärgeschichte in Europa). Eine wissenschaftliche Brache markieren die 90er Jahre, die erst mit Beginn der Auslandseinsätze wieder ins Zentrum des Interesses geraten (6.78 Kriemann; 6.2 Einsatz ohne Krieg?). Eine konzise Bundeswehrgeschichte hat Martin Rink geschrieben (1.58 Rink), die, ähnlich wie 1.55 Heinemann, eine verlässliche Einführung darstellt, die aber im Herbst 1989 endet. Das vorliegende Buch bildet damit die inhaltliche Fortsetzung von Heinemann und Rink, führt sie gewissermaßen zusammen und orientiert sich auch im Aufbau und Duktus an beiden Autoren.

Zum Abzug der russischen Streitkräfte findet man bislang keine umfassende, wissenschaftlichen Ansprüchen genügende Studie. Das Thema erschließt sich allerdings über einige Gesamtdarstellungen zur Geschichte sowjetischer/russischer Streitkräfte in Deutschland (6.27 Kowalczuk/Wolle; 6.30 Müller; 6.20 Arlt) und zahlreiche, vor allem ostdeutsche Medienberichte und Dokumentarfilme.

Die deutschen Streitkräfte im Prozess der Einheit haben das Interesse der internationalen Forschung bislang nur mäßig geweckt. Das ist erstaunlich, denn der ikonische Mauerfall und die Deutsche Einheit stehen wie wenige andere Ereignisse für das Ende des Kalten Krieges. Wie die Deutsche Einheit sind auch die Auflösung der NVA und die Übernahme und Integration von Personal und Material in die Bundeswehr ein in dieser Dimension singuläres historisches Ereignis. Dale R. Hersprings »Requiem für eine Armee« (4.3) war ein erster Versuch, dem es allerdings an methodischer und quellenkritischer Tiefe fehlte. Der englischsprachige Markt bietet zwar mittlerweile eine Reihe von Arbeiten zum Zusammenbruch der DDR und zur Deutschen Einheit (1.46 Keithly; 1.8 German Reunification; 3.24 Bahrmann/Links). Aber sicherheits- oder gar verteidigungspolitische Perspektiven werden dabei selten eingenommen. Deutlich unterscheidet sich hier Mary Elise Sarotte, die mit ihren Maßstäbe setzenden Arbeiten neue Einblicke in die Entscheidungsprozesse liefert, ohne die sich das Spektrum außen- und sicherheitspolitischer Entscheidungen kaum ermessen lässt (1.34 ; 1.35 ; 1.36). Ihr sicherlich strittiges Fazit lautet, dass die Veränderungen der europäischen Sicherheitsarchitektur infolge der Vielzahl der Abrüstungsverträge (KSE-Vertrag, INF-Vertrag, START, CWÜ) nach dem Ende des Kalten Krieges große Probleme für Russland und einige osteuropäische Staaten mit sich brachten, weil sie nicht Teil des Systems waren. In jedem Fall war die US-amerikanische Politik im Zuge des Zusammenbruchs der bipolaren Welt nicht völlig neu und nachgerade widerständig, wenn es um die »Paneuropäisierung« ging, wie sie unter anderem vom deutschen Außenminister Hans-Dietrich Genscher vorangetrieben wurde. In jedem Fall drängten die USA darauf, dass die NATO weiterhin die Führungsrolle im Rahmen der europäischen Sicherheitsarchitektur behalten müsse. Dabei wird einmal mehr deutlich, wie stark die damaligen Ereignisse bis heute auf politische Diskurse und öffentliche Einschätzungen wirken.

Forschungsstand und -perspektiven

Eine Beschäftigung mit der Deutschen Einheit, bei der Streitkräfte und Sicherheitsstrukturen den Referenzrahmen bilden, eröffnet also etliche Anknüpfungspunkte, die weit über die Militärgeschichte hinausgehen. Die bisherige Forschung hat zwar in einigen Bereichen wichtige Lücken schließen können, zum Beispiel zur Frage der Gewalt im Herbst 1989, zur Geschichte der NVA in ihrer letzten Phase bis zu ihrer Auflösung sowie zur Integration ehemaliger NVA-Angehöriger in die Bundeswehr. Aber es gibt weiterhin viele mehr oder wenig weiße Flecken.

Zu den Desideraten gehört unter anderem der sicherheitspolitische Blick des Auslands auf die Deutsche Einheit. Dabei geht es nicht so sehr um die US-amerikanische Perspektive, zu der einige grundlegende Studien vorliegen, und auch nicht um die sowjetische Sicht, die, wie bereits erwähnt, ohne Zugang zu den russischen Archiven auf unabsehbare Zeit verschlossen bleiben dürfte. Spannend wäre eine tiefere Auseinandersetzung mit der britischen und französischen Politik, denn beide Staaten spielten als ehemalige Siegermächte und Teilnehmer an den Zwei-Plus-Vier-Verhandlungen im Vereinigungsprozess eine nicht zu unterschätzende Rolle, die bislang zu wenig gewürdigt wurde. Hinzu käme die ebenfalls im Vereinigungsprozess wichtige Rolle Polens. Lesenswerte Beiträge zu diesen unterschiedlichen Perspektiven liefern die Sammelbände »Europa und die deutsche Einheit« (1.4) sowie »German Reunification« (1.8). Eine große Forschungslücke besteht weiterhin zum Verhalten der sowjetischen Streitkräfte im Herbst 1989 und dem Abzug der sowjetischen/russischen Streitkräfte aus Deutschland. Gerade vor dem Hintergrund der jüngeren Ereignisse wäre es besonders lohnenswert, die Rückkehr der Soldaten nach Belarus und in die Ukraine zu untersuchen. Ohne freien Archivzugang und ohne eine zensurfreie Oral History in Russland sind die Möglichkeiten zwar auf unbestimmte Zeit begrenzt, aber auch die deutsche Perspektive auf die (ehemals) sowjetischen Streitkräfte und das Russlandbild west- und ostdeutscher Militärs wäre wert, eingehender betrachtet zu werden, gerade wenn es um unterschiedliche politische Bewertungen in Ost und West geht. Zur Rolle von Bundeswehr und Bundesnachrichtendienst beim Abzug der sowjetischen/russischen Streitkräfte aus Deutschland hat Sascha Gunold jüngst eine umfassende Studie vorgelegt (6.26 Gunold). Eine qualifizierte ikonologisch-kritische und erinnerungskulturelle Einordnung der sowjetischen Kriegsgräber und Kriegerdenkmale in Deutschland steht weiterhin aus.

Während die oben genannten Forschungslücken teilweise der schwierigen Archivlage geschuldet sind, gilt dies nicht für die bislang noch relativ schwach erschlossene Geschichte der Bundeswehr. Vor allem für die Zeit unmittelbar vor und nach der Deutschen Einheit sind große Lücken zu beklagen. Gerade weil die 80er und 90er Jahre mit tiefgreifenden Strukturveränderungen, einem veränderten sicherheitspolitischen Umfeld und unter ganz besonderen demographischen Herausforderungen zu sehen sind, gibt es hier Bedarf an Forschung, die erheblichen Erkenntnisgewinn verspricht (6.2 Einsatz ohne Krieg?). Dazu gehört auch eine tiefergehende Beschäftigung mit den internen Planungen und Entscheidungsprozessen zur Deutschen Einheit im Bundesministerium der Verteidigung.

Ähnlich wie in der gesamten Militärgeschichtsforschung ist die Wehrverwaltung auch für die Phase der Deutschen Einheit ein blinder Fleck. Angesichts der massiven Herausforderungen und mit Blick auf den Umfang des Personalkörpers, der Liegenschaften und der Transformation der Wehrverwaltung wäre es lohnenswert, tiefer in der Organisation zu schürfen. Wiederum könnte ein kohärenter Blick von oben und unten behördliche Strategien zur Personalauswahl mit der Wahrnehmung der Betroffenen vergleichen. Gemessen an der Bedeutung der Wehrverwaltung und aller Zivilbeschäftigter für die Geschichte und das Selbstverständnis der Bundeswehr bestehen hier ebenfalls große Leerflächen.

Der gesamte Absteuerungsprozess des gewaltigen Waffenarsenals der NVA, insbesondere der Verkauf und die Weiterverwendung der zum Teil bis heute genutzten Waffensysteme, wären ebenfalls ein lohnenswertes Untersuchungsfeld. Das gilt auch für den Abbau der Grenzanlagen, der ab dem 3. Oktober 1990 in der Verantwortung der Bundeswehr lag. Doch geht es weniger um Fragen der Vermarktung der materiellen Hinterlassenschaft von Mauer und Grenzanlagen, sondern einmal mehr um die Herausforderung, wie Bundeswehr und ehemalige Grenzsoldaten miteinander zusammengearbeitet haben.

Zu den Bereichen, die bislang kaum Beachtung gefunden haben, gehört die systematische Auswertung der Medienberichterstattung, insbesondere von Radio und Fernsehen im Ost-West-Vergleich. Angesichts der Vielzahl frei verfügbarer Quellen wäre es spannend zu sehen, wie sich Ost- und Westperspektiven auf Streitkräfte und Sicherheitspolitik im Laufe der Deutschen Einheit und vor allem nach 1990 veränderten. So könnten wirtschafts-, sozial-, und mikrohistorisch angelegte Studien die Auswirkungen der substanziellen Strukturveränderungen von ehemals militärisch dominierten Regionen für die dort ansässige Zivilbevölkerung, etwa im Nordosten des Beitrittsgebietes, zeigen.

Schließlich müsste Organisationen mehr Beachtung geschenkt werden, die normalerweise nicht von der Militärgeschichtsschreibung betrachtet werden, bei denen aber ein Vergleich mit den Streitkräften lohnte. Untersuchungen zur Übernahme ehemaliger Angehöriger der Grenztruppen in den Bundesgrenzschutz sowie zur personellen Kontinuität von Deutscher Volkspolizei und Länderpolizeien könnten neue Perspektiven eröffnen, Vergleiche ermöglichen und Diskussionen anstoßen, die den Wert von Transitional History unterstreichen würden.

Die Ereignisse der Deutschen Einheit mögen lange zurückliegen – aber sie haben einen langen Atem. Noch können viele Zeitzeugen, darunter auch einige der mittlerweile hochbetagten »Macher« und die vielen »Machenden«, befragt werden: die Männer und Frauen, die den Weg zur Deutschen Einheit mit gestaltet haben. Eine breit angelegte Filmdokumentation wäre möglich und wünschenswert und könnte einen gewichtigen Beitrag zur politischen Bildung darstellen. Diese Arbeit möchte einen Anstoß dazu geben.

Bundeswehr und NVA am Ende des Kalten Krieges

»There's no such thing as a winnable war
It's a lie we don't believe anymore.«
Sting, Russians (1985)

Wechselbäder im »Zweiten« Kalten Krieg: KSZE, Entspannungspolitik, Aufrüstung, NATO-Doppelbeschluss

Als der britische Musiker Sting 1985 sein düster melancholisches Lied »Russians« veröffentlichte, traf er den Ton der Zeit. Die »Omnipräsenz der Angst« vor einem Nuklearkrieg hatte sich tief in den Gesellschaften in Ost und West eingegraben (1.54 Echternkamp, S. 72).

Die Mitte der 80er Jahre markierten den Höhepunkt eines gewaltigen Rüstungswettlaufs, der bereits in den 70er Jahren mit der Stationierung sowjetischer Mittelstreckenraketen vom Typ SS-20 in Europa begonnen hatte. Die NATO gab mit ihrem »Doppelbeschluss« vom 12. Dezember 1979 eine starke Antwort. Sie signalisierte Dialogbereitschaft und bot fortgesetzte Verhandlungen zur gemeinsamen Rüstungsbeschränkung an; gleichzeitig drohte sie mit der Nachrüstung gleichwertiger Waffensysteme (Pershing II und bodengestützte Marschflugkörper), falls die Sowjetunion nicht zu einem Einlenken bereit sein sollte. Die Debatten um die Nachrüstung entwickelten eine gewaltige gesellschaftliche Dynamik und führten zu massiven Protesten. In Westeuropa und vor allem in der Bundesrepublik, wo ein Großteil der US-amerikanischen Mittelstreckenraketen stationiert werden sollte, wurden diese Proteste immer lauter, befördert von einer rasch anwachsenden, alle gesellschaftlichen Schichten erreichenden Friedensbewegung (2.6 Möllers).

Seit den späten 60er Jahren befand sich die westliche und insbesondere die westdeutsche Sicherheitspolitik in einer stetig zunehmenden Sinnkrise. Das traf vor allem jüngere Menschen. Die Ursachen waren vielfältig. Sie reichten von den sozioökonomischen Modernisierungsprozessen der 60er und 70er Jahre und dem damit verbunden Wertewandel bis zur massiven Kritik am Vietnamkrieg, der das Vertrauen in die USA erschütterte und allenthalben Kriegsängste schürte. Das geteilte Deutschland spielte aufgrund seiner Geschichte, wirtschaftlichen Kraft und geopolitischen Lage an der Nahtstelle der Blöcke eine entscheidende Rolle: als Seismograf für gesellschaftspolitische und kulturelle Veränderungen, als Treiber im Wettbewerb der Systeme, als größter europäischer Truppensteller der NATO und als Ort der Entscheidungen im Kalten Krieg.

Mit der unter Willy Brandt eingeleiteten »Neuen Ostpolitik«, dem schrittweisen Wandel von der politischen und militärischen Konfrontation zur wirtschaftlichen Kooperation, schienen zu Beginn der 70er Jahre die Verhärtungen im deutsch-deutschen Verhältnis langsam aufzuweichen. In mehreren bilateralen Abkommen wurden Regelungen getroffen. Sie betrafen die Errichtung von Grenzübergangsstellen, verbunden mit umfassenden Reiseerleichterungen (Transitabkommen vom 17. Dezember 1971). Ein »Grundlagenvertrag« regelte schließlich die Beziehungen zwischen der Bundesrepublik und der DDR auf der Ebene der Friedenssicherung, Souveränität und Zusammenarbeit (Vertrag über die Grundlagen beider deutscher Staaten vom 21. Dezember 1972). Beispielsweise errichteten beide deutsche Staaten statt international üblicher Botschaften nun »Ständige Vertretungen« im Nachbarland. Im Zuge der Ratifizierung des Grundlagenvertrags übergab die Bundesrepublik der DDR einen separaten »Brief zur deutschen Einheit«, in dem Bonn die deutsche Teilung anerkannte, aber zugleich deutlich machte, dass man weiterhin am politischen Ziel der Wiedervereinigung festhielt. Die Doppelstrategie bestand also aus einem »Wandel durch Annäherung« bei gleichzeitiger Verpflichtung, das im Grundgesetz verankerte Ziel der Deutschen Einheit nicht aufzugeben (siehe die Grafik auf S. 26).

Auch auf der globalen Bühne konnte die Entspannungspolitik in den 70er Jahren bemerkenswerte Erfolge verbuchen. Bei den Strategic Arms Limitation Talks einigten sich die USA und die Sowjetunion auf eine Begrenzung ihrer atomaren Langstreckenraketen (SALT I 1972 in Moskau und SALT II 1979 in Wien). Parallel erarbeitete die Konferenz über Sicherheit und Zusammenarbeit in Europa (KSZE) zwischen 1973 und 1975 Konzepte einer gemeinsamen europäischen Ordnung. Mit der Schlussakte von Helsinki dokumentierten 35 Unterzeichnerstaaten ihren Willen zu künftiger Zusammenarbeit. Dazu gehörte ein gemeinsames Verständnis zur friedlichen Regelung von Streitfällen, zur Anerkennung nationaler Grenzen und zur Nichteinmischung in die inneren Angelegenheiten anderer Staaten. Des Weiteren einigte man sich auf die Zusammenarbeit in den Bereichen Wirtschaft, Wissenschaft und Umwelt. Und schließlich formulierte man ein gemeinsames Grundverständnis über die Wahrung der Menschenrechte, die Garantie von Grundfreiheiten, insbesondere die Meinungs- und Pressefreiheit. Der Clou dabei: Die KSZE verstand sich als Prozess, wodurch die weiteren Entwicklungen in Folgekonferenzen ausbuchstabiert werden sollten. Trotz der Nicheinmischungsregel bestanden somit indirekte Möglichkeiten der Einflussnahme.

Die Bundesrepublik Deutschland und die DDR nahmen an der Konferenz als gleichberechtigte Staaten teil und weckten allein durch ihr Auftreten und ihre Rolle Hoffnungen auf eine schrittweise

Die innerdeutschen Beziehungen

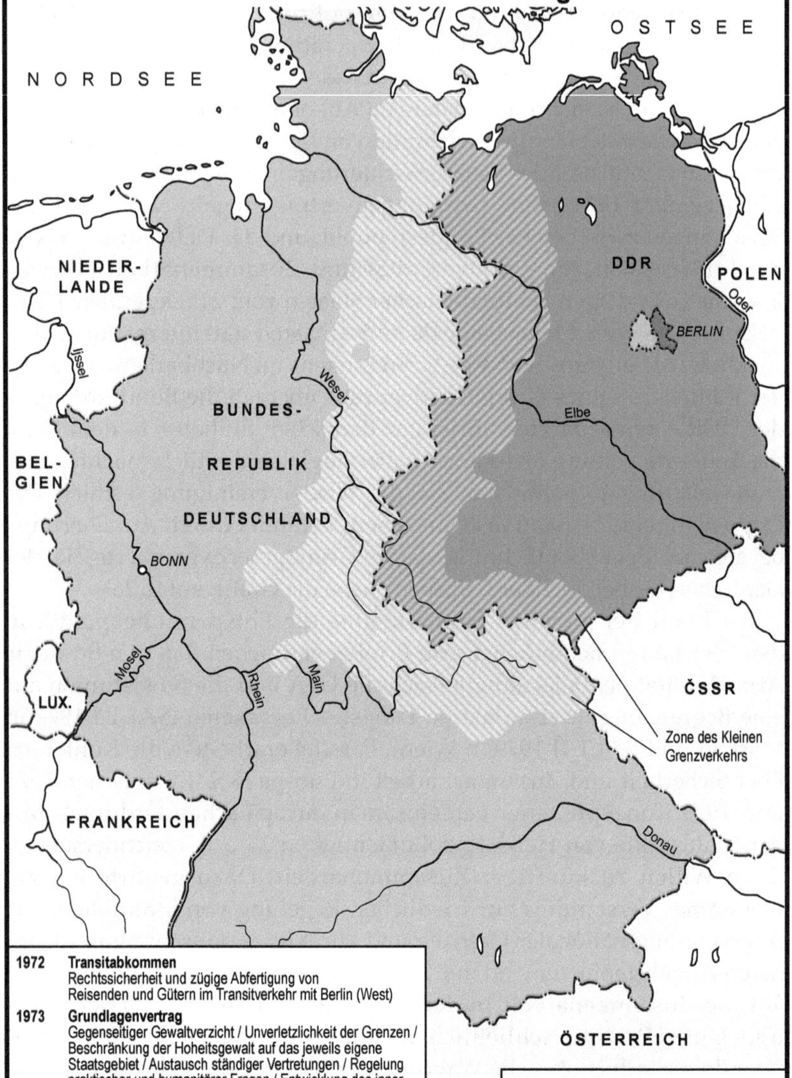

1972 **Transitabkommen**
Rechtssicherheit und zügige Abfertigung von Reisenden und Gütern im Transitverkehr mit Berlin (West)

1973 **Grundlagenvertrag**
Gegenseitiger Gewaltverzicht / Unverletzlichkeit der Grenzen / Beschränkung der Hoheitsgewalt auf das jeweils eigene Staatsgebiet / Austausch ständiger Vertretungen / Regelung praktischer und humanitärer Fragen / Entwicklung des innerdeutschen Handels / Zusammenarbeit auf den Gebieten der Wissenschaft und der Technik, des Gesundheits- und des Verkehrswesens

1973 **UNO-Beitritt** beider deutscher Staaten

1974 **Ständige Vertretungen** eingerichtet

1974 **Gesundheitsabkommen**

1978 **Grenzprotokoll**

1979 **Kleiner Grenzverkehr** eingerichtet

1987 **Umweltvereinbarung**

1972 **Verkehrsvertrag**
Regelung des gegenseitigen Wechsel- und Transitverkehrs

1976 **Postabkommen**

1975 **Verkehrsvereinbarungen**

1978 bis 1988 Aus- und Neubau der Transitwege zwischen dem Bundesgebiet und Berlin, Transitpauschale

1986 **Kulturabkommen**

1987 **Wissenschaftsabkommen**

Quelle: Informationen zur politischen Bildung, 352/2022, S. 13, https://www.bpb.de/shop/zeitschriften/izpb/der-weg-zur-einheit-352/514491/veraenderungen-im-zeichen-der-entspannung/.

Überwindung der Blockkonfrontation (2.1 Bange). Für das deutsch-deutsche Verhältnis waren diese Schritte der Entspannungspolitik von entscheidender Bedeutung auf dem Weg, der das historische Fenster von 1989/90 öffnen sollte. Für die kleine DDR bedeuteten die große KSZE-Bühne und die bilateralen Deutschlandverträge unbestritten einen enormen Prestigegewinn. Die internationale Aufwertung musste aber durch erhebliche Zugeständnisse erkauft werden. Die Öffnungen im »Eisernen Vorhang« ermöglichten es jetzt den Bürgern beider Staaten, sich ein eigenes, unverfälschte Bild über die sozialen Verhältnisse, den wirtschaftlichen Wohlstand und die politische Kultur zu machen. Im Wettbewerb der Systeme ging die DDR also ein hohes Risiko ein. Der sowjetische Staats- und Parteichef Leonid Breschnjew brachte diese Sorge Honecker gegenüber in einem Vier-Augen-Gespräch unmissverständlich zum Ausdruck: »Mit den Autos kommt die Ideologie«, so auch der Titel eines 2017 erschienen Sammelbandes zum Thema (2.5). Ein weiteres von Ost-Berlin unterschätztes Problem zeichnete sich mit der Anerkennung von Grundrechten, Meinungs- und Pressefreiheit ab. Gerade weil die SED-Diktatur das Meinungsmonopol für sich weiterhin in Anspruch nahm und mit dem berüchtigten Ministerium für Staatssicherheit (MfS) den internen Repressionsapparat sogar massiv ausbaute, entstand ein legitimatorisches Problem. Der legendäre »Geist von Helsinki« war aus der Flasche und im Gegensatz zu den Annahmen des SED-Regimes verflüchtigte er sich nicht.

In Folgekonferenzen wurde die KSZE sukzessive weiterentwickelt (Madrid 1980–1983, Stockholm 1984–1986). In der Helsinki-Schlussakte hatte man ganz bewusst auf detaillierte sicherheits- oder gar militärpolitische Details verzichtet. Einerseits sollte der Sicherheitsbegriff geöffnet und nicht allein auf militärische Aspekte begrenzt bleiben. Andererseits wollte man bewusst die parallel laufenden Abrüstungsverhandlungen über strategische Nuklearwaffen (SALT) und die geographisch auf Mitteleuropa begrenzten Mutual and Balanced Force Reductions (MBFR) über Personalstärken und konventionelle Waffen nicht behindern. Gleichwohl hielt man sich im KSZE-Prozess und seinen Folgekonferenzen Kanäle zu sicherheitspolitischen Fragen offen, die wenige Jahre später auf dem Weg zur Deutschen Einheit eine wichtige Rolle spielen sollten.

Der KSZE-Prozess wurde in der Bundesrepublik sehr unterschiedlich wahrgenommen. Vor allem die Anhänger der damals regierenden sozial-liberalen Koalition sahen in der KSZE-Grundakte die konsequente Umsetzung einer pragmatischen Entspannungspolitik und den Beginn eines blockübergreifenden Sicherheitssystems in Europa. Die oppositionelle CDU unter ihrem Vorsitzenden Helmut Kohl verweigerte sich hingegen und votierte bei der Abstimmung im Deutschen Bundestag gegen die Annahme. In den Reihen der Union befürchtete man, Helsinki könne vonseiten der Sowjetunion wie ein Friedensvertrag interpretiert werden. Damit wären nicht nur alle Ansprüche auf die ehemaligen deutschen Ostgebiete hinfällig gewesen, sondern vor allem einer Wiedervereinigung Deutschlands erhebliche Steine in den Weg gelegt worden.

Obwohl die Sowjetunion ebenso wie die DDR größtes Interesse an einem Ausbau der wirtschaftlichen Beziehungen hatten, betrieb der Kreml weiterhin eine aggressive Außen- und Sicherheitspolitik. Während die USA nach ihrer politischen und militärischen Niederlage in Vietnam ihre Rüstungsausgaben deutlich reduzierten und 1973 sogar die Wehrpflicht abschafften, betrieb die Sowjetunion eine zielgerichtete Aufrüstung. In der zweiten Hälfte der 70er Jahre lag der Anteil der Rüstungsausgaben am Bruttosozialprodukt in der Sowjetunion mit 12 bis 13 % etwa doppelt so hoch wie in den USA. In Moskau setzte man alles daran, die teuren strategischen Interkontinentalraketen am Verhandlungstisch mit den Amerikanern zu reduzieren, um gleichzeitig bei den nuklearen Mittelstreckenraketen, bei U-Booten und Schiffen massiv aufzurüsten. Als der Kreml 1977 ohne Vorankündigung damit begann, Mittelstreckenraketen vom Typ SS-20 zu stationieren, die aufgrund ihrer hohen Mobilität nur schwer aufgeklärt werden konnten, tat sich für den Westen und insbesondere die NATO eine ernstzunehmende militärstrategische Lücke auf. Zudem verstärkten die neuen Waffensysteme die politische Gefahr, die europäische Sicherheit von der US-amerikanischen abzukoppeln (siehe die Grafik auf S. 29).

Mit den Diskussionen über den NATO-Doppelbeschluss hatte die Frage, welche Sicherheit mit militärischen Mitteln in Zeiten des »Nuclear Overkill« überhaupt gewährleistet werden konnte und wie sich die Rüstungsspirale zurückdrehen ließe, einen Höhepunkt erreicht. Für viele ging es dabei fortan nicht um eine grundsätzliche, sondern um eine existenzielle Frage.

Bundesrepublik und Bundeswehr in den 80er Jahren

Zwischen Nachrüstung und Abrüstung Inmitten dieser emotionalen, oft polarisierenden Debatten stand die Bundesrepublik und mit ihr die Bundeswehr. Die westdeutschen Streitkräfte waren ein Findelkind der Bundesrepublik, das anfangs von vielen nicht gewünscht war, mit dem die Gesellschaft lange fremdelte, dem aber mit zunehmendem Alter langsam die Integration in die staatsbürgerliche Familie gelang. Als die Bundeswehr 1985 ihren dreißigsten Geburtstag feierte, schaute sie mit Stolz auf eine eigene

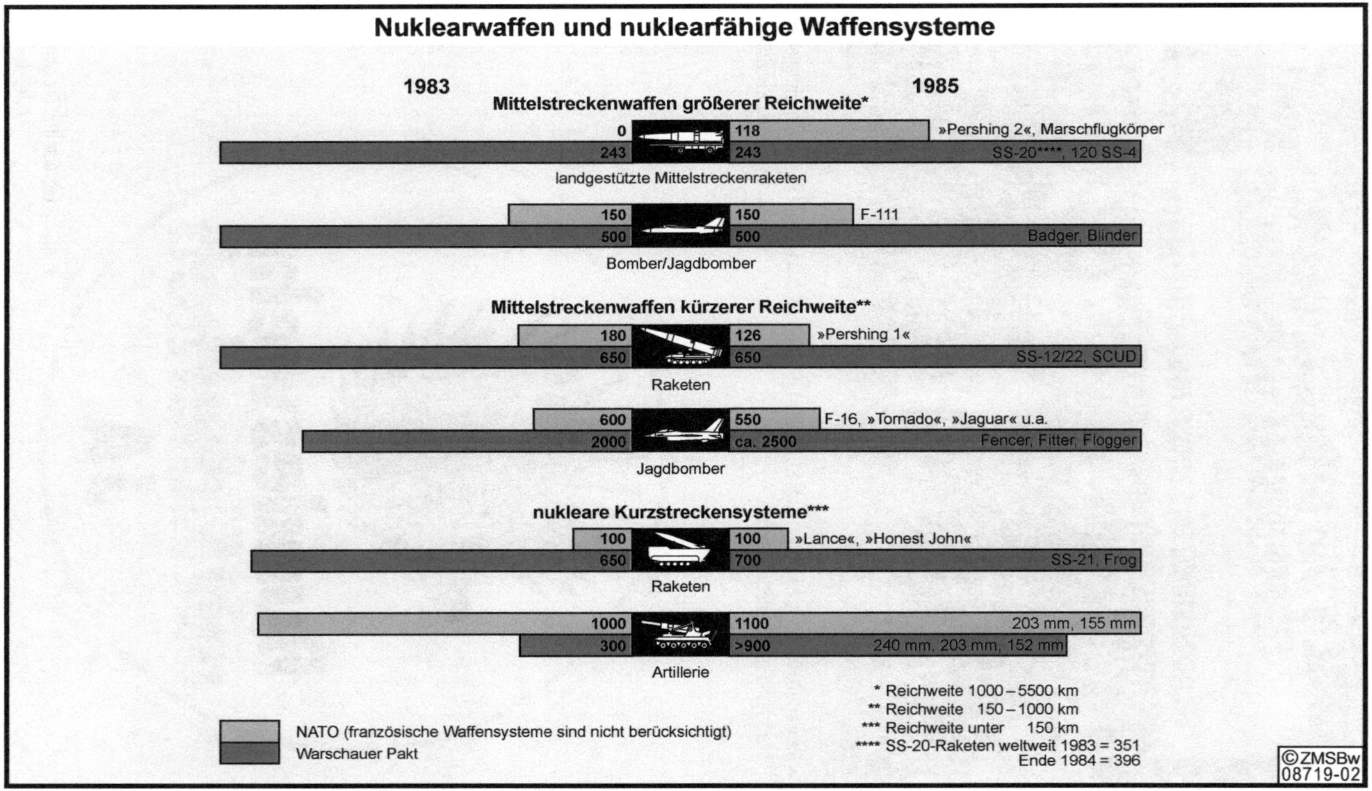
Nuklearwaffen und nuklearfähige Waffensysteme
1983
1985
Mittelstreckenwaffen größerer Reichweite*
0
118
»Pershing 2«, Marschflugkörper
243
243
SS-20****, 120 SS-4
landgestützte Mittelstreckenraketen
150
150
F-111
500
500
Badger, Blinder
Bomber/Jagdbomber
Mittelstreckenwaffen kürzerer Reichweite**
180
126
»Pershing 1«
650
650
SS-12/22, SCUD
Raketen
600
550
F-16, »Tornado«, »Jaguar« u.a.
2000
ca. 2500
Fencer, Fitter, Flogger
Jagdbomber
nukleare Kurzstreckensysteme***
100
100
»Lance«, »Honest John«
650
700
SS-21, Frog
Raketen
1000
1100
203 mm, 155 mm
300
>900
240 mm, 203 mm, 152 mm
Artillerie
NATO (französische Waffensysteme sind nicht berücksichtigt)
Warschauer Pakt
* Reichweite 1000 – 5500 km
** Reichweite 150 – 1000 km
*** Reichweite unter 150 km
**** SS-20-Raketen weltweit 1983 = 351
Ende 1984 = 396
©ZMSBw
08719-02

▲ Mehr als 300 000 Menschen nahmen am 10. Oktober 1981 an der bis dahin größten Friedensdemonstration in Deutschland im Hofgarten in Bonn teil. *picture alliance/Klaus Rose|Klaus Rose*

◂ Igel-Sticker, Mitte der 80er Jahre.
Andrea Ulke/MHMBw

Geschichte, die zu diesem Zeitpunkt länger war als die der Reichswehr und der Wehrmacht zusammengenommen. Als einzige Wehrpflichtarmee in der Demokratie unterschied sie sich grundlegend von allen anderen deutschen Streitkräften in Geschichte und Gegenwart (2.9 30 Jahre Bundeswehr).

Die Bundeswehr war fest verankert in der verfassungsmäßigen Ordnung eines Rechtsstaates, stand unter parlamentarischer Kontrolle und stützte sich mit dem Konzept der Inneren Führung auf den mitdenkenden und verantwortlich handelnden Staatsbürger in Uniform. Mit Slogans wie »Bundeswehr – mit Sicherheit JA!« brachten die Werbetexter des BMVg auf den Punkt, was viele Bürger dachten. Die Bundeswehr »produzierte« glaubwürdig Sicherheit und war vor allem ein Element der Abschreckung, gleichzeitig sahen aber viele Bundesbürger in ihr weniger ein Instrument der Kriegführung. Das spiegelt sich unter anderem in zahlreichen repräsentativen Meinungsumfragen, die ein stabiles, eher positives Meinungsbild über die Bundeswehr wiedergeben. 1984 stimmten 87 % der Westdeutschen der Aussage zu, die Existenz der Bundeswehr mache den Frieden sicherer und nur 11 % sahen in der Bundeswehr eine Gefahr für den Frieden (nachfolgende Zahlen nach 2.12 Klein, S. 471–482). Nach ihrer persönlichen Meinung befragt, sprachen sich 1985 immerhin drei Viertel für den Wehrdienst und ein Viertel für den waffenlosen Zivildienst aus. Im gleichen Zeitraum nahm die Zahl der Antragsteller auf Kriegsdienstverweigerung kontinuierlich zu; sie lag 1985 bei 53 907 und stieg bis 1989 auf 77 398. Die Ambiguität im Umgang mit der Bundeswehr zeigte sich am deutlichsten in der gering ausgeprägten Bereitschaft der Bundesbürger, mit der Waffe in der Hand einen Angriff abzuwehren: 1986 waren nur 22 % aller Befragten dazu bereit. Besonders unter Jugendlichen und jüngeren Erwachsenen wuchs das kritische Potenzial gegenüber dem Militär. Die Diskussionen um den NATO-Doppelbeschluss offenbarten schließlich eine große gesellschaftliche Zerrissenheit, denn 1983 lehnten etwa zwei Drittel aller Bundesbürger die Nachrüstung mit atomaren Mittelstreckenraketen ab. Die Zugehörigkeit zur NATO befürwortete am Ende des Jahrzehnts ein Großteil der westdeutschen Bevölkerung (86 %), ebenso die Präsenz US-amerikanischer Truppen in Deutschland (79 %). Gleichzeitig lehnte eine ebenso deutliche Mehrheit die Verteidigung durch die NATO ab, wenn dafür auf westdeutschem Gebiet Atomwaffen eingesetzt werden müssten. Die bundesdeutsche Gesellschaft hatte also ein ambivalentes Verhältnis zu »ihrer« Bundeswehr , insbesondere wenn es um den persönlichen Dienst an der Waffe und den Einsatz von Nuklearwaffen ging.

Seit ihrer Aufstellung war die Bundeswehr eine Bündnisarmee, deren Strategie und sicherheitspolitische Grundsätze sich an den Prämissen der NATO orientierten (2.3 Geiger). 1967 vollzog sich ein strategischer

Wandel von der »massive retaliation« (massive Vergeltung mit starker atomarer Komponente) zu einer »flexible response«: Auf eine militärische Aggression sollte abgestuft und flexibel geantwortet werden, zuerst mit konventionellen Waffen (= »Direktverteidigung«), danach mit dem gezielten Einsatz von Nuklearwaffen (= »vorbedachte Eskalation«) und schließlich, im äußersten Fall, mit strategischen Nuklearwaffen (= »allgemeine Reaktion«). Mit der Direktverteidigung nahm die Rolle konventioneller Waffen massiv zu.

Da der Warschauer Pakt bis zu seiner Auflösung im konventionellen Bereich in fast allen Belangen deutlich überlegen war, konnte die NATO auf eine Abschreckung mit Nuklearwaffen nicht verzichten. Die Bundeswehr verfügte zu keinem Zeitpunkt über eigene Atomwaffen, auch wenn das in der Gründungsphase, angetrieben vom damaligen Verteidigungsminister Franz Josef Strauß, zwischenzeitlich erwogen worden war. Statt einer nuklearen Zusammenarbeit mit Frankreich und Großbritannien partizipierte die Bundesrepublik über das Konstrukt der »nuklearen Teilhabe«. Gemeinsam mit den Niederlanden, Belgien, Frankreich und der Türkei stellte die Bundeswehr nuklearfähige Flugzeuge, Raketen (vom Typ Pershing 1 und Nike-Hercules) und Artilleriesysteme zur Verfügung, deren nukleare Munition aber unter amerikanische Bewachung blieb. Der Einsatz dieser Nuklearwaffen war durch die »Provisional Political Guidelines for the Tactical Defensive Use of Nuclear Weapons by NATO« an strenge Auflagen gebunden. Er setzte die Zustimmung der USA voraus (weil sie über die Waffen verfügten) sowie der Bundesrepublik (weil sie die Trägermittel bereitstellte, die von ihr oder auf ihrem Territorium eingesetzt werden sollten). De facto musste also eine einmütige Entscheidung zwischen dem US-Präsidenten und dem deutschen Bundeskanzler erfolgen.

Wenngleich die politische Bedeutung der »nuklearen Teilhabe« bis heute wohl höher zu bewerten ist als die militärische Effektivität, musste die Bundeswehr nuklearfähige Waffensysteme vorhalten, vor allem Kampfflugzeuge (F-104 Starfighter, später Tornado), Kurz- und Mittelstreckenraketen (Honest John, Sergeant, Lance, Pershing I) sowie Artilleriesysteme (Feld- und Panzerhaubitzen 155 mm und 203 mm). Aufgrund der geostrategischen Lage Deutschlands und als größter Truppensteller der NATO in Europa kam der Bundeswehr eine besondere Rolle zu, die sich in der Organisations- und Führungsstruktur, der Infrastruktur, Ausrüstung und Ausbildung niederschlug.

Im Heer, der mit Abstand größten Teilstreitkraft, war ein Teil der Kampfverbände zur Territorialverteidigung unter nationalem Oberkommando vorgesehen. Ein Großteil des Heeres sollte im Verteidigungsfall direkt dem Befehl von NATO-Kommandos unterstellt werden. Die Luftwaffe übertrug dem Bündnis bereits im Frieden die operative Führung über alle bodengestützten und fliegenden Kräfte des Luftangriffs und der Luftverteidigung (NATO Command Forces). Die Marine unterstützte im Verbund mit den NATO-Anrainerstaaten schwerpunktmässig die Sicherung der Ostsee, die strategisch wichtigen Ostseezugänge sowie die NATO-Seestreitkräfte im Atlantik und im Ärmelkanal.

Auf nahezu allen Ebenen der bundesdeutschen Sicherheits- und Verteidigungspolitik zeigte sich eine enge Verzahnung der Bundesrepublik mit dem Bündnis. In den multinational zusammengesetzten NATO-Stäben war die Bundeswehr entsprechend ihrer sicherheitspolitischen Bedeutung prominent vertreten: durch den Alliierten Oberbefehlshaber Europa Mitte (Commander-in-Chief Allied Forces Central Europe), den Befehlshaber der 4. Alliierten Taktischen Luftflotte (Allied Tactical Air Force) und den Stellvertretenden Chef des Stabes im NATO-Hauptquartier Europa (Supreme Headquarters Allied Powers Europe). Darüber hinaus übernahmen deutsche Viersterne-Generale bis zum Ende des Kalten Krieges dreimal den Vorsitz in der höchsten militärischen Instanz der Allianz, dem NATO-Militärausschuss: Adolf Heusinger (1963–1964), Johannes Steinhoff (1971–1974) und Wolfgang Altenburg (1986–1989).

Mitte der 80er Jahre hatten sechs NATO-Partner auf dem Territorium der Bundesrepublik permanent Streitkräfte stationiert (USA, Großbritannien, Frankreich, Kanada, Niederlande, Belgien). Allein die überwiegend in Süd- und Südwestdeutschland dislozierten US-Streitkräfte zählten Mitte der 80er Jahre 246 000 Soldatinnen und Soldaten. Hinzu kamen in insgesamt 370 Standorten Truppen aus Großbritannien (69 500), Frankreich (50 000), Belgien (28 500), den Niederlanden (5000) und Kanada (ca. 5000) (1.80 Zahlenspiegel, S. 31; geringfügig andere Zahlen bei 2.10 Fleckenstein, S. 2), des Weiteren Zehntausende Familienangehörige und Zivilbeschäftigte. Repräsentative Meinungsumfragen aus den späten 80er Jahren zeigen, dass die Bundesbürger ihr Verhältnis zu den in Westdeutschland stationierten US-Soldaten zu einem überwiegenden Teil als sehr gut/gut (ca. 60 %) und knapp über 30 % als »mittel« einschätzten (2.10 Fleckenstein).

Aufgrund der besonderen geostrategischen Bedeutung im Norden führten die Bundesrepublik und Dänemark gemeinsam und unter wechselnder Führung ein multinationales, teilstreitkraftübergreifendes Kommando zur Sicherung von Schleswig-Holstein und der Halbinsel Jütland (LANDJUT). Mit der 1987 getroffenen Entscheidung zum Aufbau einer Deutsch-Französischen Brigade (die allerdings erst 1991 in Dienst gestellt werden konnte) begann der schrittweise Aufbau multinationaler Verbände. Detaillierte Stationierungsabkommen regelten die Kostenverteilung und die Rechtsstellung der alliierten Soldaten in

Deutschland, wie der »Aufenthaltsvertrag« vom 23. Oktober 1954, mit dem die Stationierung ausländischer Streitkräfte in der Bundesrepublik einen völkerrechtlich verbindlichen Rahmen erhielt. Im April 1982 verpflichtete sich die Bundesrepublik zu einem »Wartime Host Nation Support«; dabei ging es darum, im Verteidigungsfall 96 000 Reservisten der Bundeswehr zur logistischen Unterstützung und Sicherung des Aufmarsches der REFORGER-Truppen der USA zur Verfügung zu stellen (REFORGER = Return of Forces to Germany).

Die Leistungen der Bundesrepublik im Rahmen der Landes- und Bündnisverteidigung waren beträchtlich. In den 80er Jahren hatte die Bundeswehr mit etwa 495 000 Soldaten den größten Umfang in ihrer Geschichte (345 000 Heer, 111 000 Luftwaffe, 39 000 Marine), unterstützt von 176 000 zivilen Mitarbeiterinnen und Mitarbeitern (davon 99 000 unmittelbar in den Streitkräften und 77 000 in der Wehrverwaltung). Davon waren etwa 220 000 Wehrpflichtige, die zu dieser Zeit einen 15-monatigen Wehrdienst leisteten. Damit verfügte die Bundeswehr über einen großen Stamm an erfahrenen, gut ausgebildeten Fach- und Führungskräften mit einem starken Unteroffizierkorps, aber auch über qualifizierte Reserven, um im Verteidigungsfall die Streitkräfte auf mehr als 1,3 Millionen Soldaten aufwachsen zu lassen (1 055 000 Heer, 217 000 Luftwaffe, 64 000 Marine).

Der dafür notwendige Finanzbedarf umfasste in den 80er Jahren durchschnittlich 3 % des Bruttoinlandsprodukts (1979: 3,1 %; 1989: 2,7 %). In absoluten Zahlen lag die Bundesrepublik in den 80er Jahren mit ihren Verteidigungsausgaben hinter den USA und noch vor Frankreich und Großbritannien in der westlichen Welt auf Platz 2. Mit der Stärkung konventioneller Streitkräfte entwickelte sich seit den 60er Jahren eine leistungsfähige Rüstungsindustrie (Leopard I, gemeinsam mit Frankreich Transportflugzeug Transall C-160, U-Boote und Zerstörer), deren Qualitätsprodukte teilweise noch heute im Einsatz sind (Marder, Leopard II, Gepard, Tornado). Unter den Rüstungsexportnationen rangierte Westdeutschland weltweit hinter den USA und Frankreich auf Platz drei. Die Bundesrepublik unterstrich damit ihre herausragende Bedeutung im Bündnis: als geostrategischer Faktor an der Nahtstelle des Kalten Krieges, als potenter Truppensteller und zuverlässiger NATO-Partner und als leistungsfähiger Rüstungsproduzent.

Heer Der Transformationsprozess der Bundeswehr in den 80er Jahren wirkte sich am stärksten in der größten Teilstreitkraft aus. Mit der Heeresstruktur 4 (1980–1992) setzte das Heer weiter auf eine hohe Verfügbarkeit sowie auf kleinere Kampfeinheiten und Kampfverbände, vor allem auf Bataillons- und Brigadeebene. Unter Beibehaltung des gleichen Personalansatzes wurden aus etwa 100 Kampftruppenbataillonen in der

Heeresstruktur 3 nun 140, womit sich die Zahl der Kampfbataillone in den Brigaden von drei auf vier erhöhte. Zugleich stellte das Heer gemischte Panzer- und Panzergrenadierbataillone auf. Die neue Struktur schuf eine höhere Führerdichte und sollte durch modernere Ausrüstung eine beweglichere Gefechtsführung ermöglichen. Die Grundstruktur des Feldheeres mit drei Korps, zwölf Divisionen und 36 Brigaden blieb bestehen. Das Territorialheer erhielt zur Stärkung zusätzlich insgesamt sechs teilgekaderte Heimatschutzbrigaden, die in Struktur und Ausrüstung den Brigaden des Feldheeres ähnelten, sowie sechs weitere Brigaden, die als »Geräteeinheiten« gekadert waren und mit größerem zeitlichen Vorlauf mobil gemacht werden konnten. Hinzu kamen 15 Heimatschutzregimenter. Das Heer erreichte in den 80er Jahren seinen höchsten Mechanisierungsgrad: Etwa 5000 Kampfpanzer und 2000 Schützenpanzer verteilten sich auf 67 Panzerbataillone und 64 Panzergrenadierbataillone, unterstützt durch 11 Regimenter und 83 Bataillone der Artillerie mit mehr als 1000 Artilleriesystemen. Die hohe Beweglichkeit des Heeres materialisierte sich nicht nur in leistungsfähigen Waffensystemen wie den Kampfpanzern Leopard I und Leopard II, dem Schützenpanzer Marder oder den Flugabwehrpanzern Gepard und Roland. Hinzu kam eine starke Panzerabwehrfähigkeit (Panzerabwehrlenkraketen TOW, HOT, Milan; Panzerabwehrhubschrauber BO-105) sowie eine wirksame und vor allem flexible Minenverlegefähigkeit (z.B. durch die durch Minenwerfer oder Artillerie fernverlegbare Panzerabwehrmine AT-2). Die Führungsfähigkeit sollte durch eine neue Generation weitreichender und vor allem sicherer Fernmeldemittel, wie der Funkgerätefamilie SEM 70/80/90, Richtfunkgeräten und dem Führungsinformationssystem Heros, sichergestellt werden.

Luftwaffe Im Unterschied zum Heer hatte die Luftwaffe bereits in den 70er Jahren begonnen, ihre Organisationsstruktur an die neuen sicherheitspolitischen und technischen Herausforderungen anzupassen. Mit der »Luftwaffenstruktur 1970« hatte sie eine funktionale, von Fachaufgaben bestimmte Gliederung eingenommen, die sich an der Organisation der U.S. Air Force orientierte. Neu war insbesondere die Aufgabentrennung zwischen Luftangriffs- und Luftverteidigungsdivisionen. Diese Struktur bildete den organisatorischen Rahmen bis zur Wiedervereinigung. Die seit 1970 erfolgte Schwerpunktverlagerung hin zu einer eher konventionellen Kriegführung und die damit verbundene Einführung neuer Waffensysteme erforderten eine neue Kommandostruktur. Statt der Gliederung in regionale Einsatzverbände (Nord und Süd) wurden drei Luftwaffenkommandos geschaffen, die alle in Köln-Porz saßen: das Luftwaffenamt, das Luftwaffenunterstützungskommando und schließlich das Luftflottenkommando mit insgesamt vier Luftwaffendivisionen. Die

Großverbände der Luftwaffe unterschieden sich strukturell in zwei Luftangriffsdivisionen (je ein Aufklärungsgeschwader RF-4E »Phantom«, zwei Jagdbombergeschwader Alpha-Jet, zwei bis drei Jagdbombergeschwader mit F 104 »Starfighter«, F-4F »Phantom« oder MRCA »Tornado«, sowie ein Flugkörper-Geschwader »Pershing«) mit insgesamt rund 520 Kampfflugzeugen, sowie zwei Luftverteidigungsdivisionen (mit Jagdgeschwadern zur Flugabwehr mit F 104-F »Starfighter« und F-4F »Phantom«, Flugabwehrraketengeschwadern mit den Flugabwehrraketensystemen Nike und Hawk sowie Fernmelderegimentern des Radarführungsdienstes).

Der gemeinsam mit Großbritannien und Italien entwickelte und in der Luftwaffe ab 1980 eingeführte »Tornado« verdeutlichte das veränderte Einsatzspektrum. Als Mehrzweckkampfflugzeug konnte er als tieffliegender Jagdbomber, zur Unterstützung von Bodentruppen, aber auch für die elektronische Kampfführung eingesetzt werden. Eine Ausrüstung mit taktischen Atomwaffen ermöglichte den Einsatz im Rahmen der »nuklearen Teilhabe«. Mit 30 % der NATO-Kampfflugzeuge und 50 % der bodengebundenen Flugabwehrraketen sowie 100 % der für die Luftverteidigung notwendigen Fernmeldemittel und Gefechtsstände bildete die Luftwaffe das Rückgrat der Luftstreitkräfte der Allianz in Mitteleuropa.

Marine Auch die Marine hatte im letzten Jahrzehnt des Kalten Krieges einen Kurswechsel zu vollführen. Die 1975 in Kraft getretene »Konzeption der Bundesmarine« sah noch eine strikte Trennung der Operationsgebiete Nordsee und Ostsee vor. Die Bundesmarine übernahm mit großen Teilen die Aufgabe einer »Escort Navy«. Sie sollte, in engem Schulterschluss mit den dänischen Seestreitkräften, die Ostseezugänge kontrollieren, um das operative Ziel einer Vereinigung der baltischen Flotte und der Nordmeerflotte der sowjetischen Seestreitkräfte zu verhindern. Entsprechend stark war die Bundesmarine mit sechs Geschwadern zur Minenabwehr, vier Schnellbootgeschwadern und vier eigenen Fliegerstaffeln zur Aufklärung und Seezielbekämpfung aufgestellt. Die Führungsorganisation der Bundesmarine ähnelte mit dem Marineamt, dem Marineunterstützungskommando und dem Flottenkommando der Grundstruktur der Luftwaffe.

Wegen der zunehmenden Bedrohung der NATO-Nordflanke, vor allem im Nordatlantik und der Norwegischen See, erweiterte die Allianz ihr operatives Spektrum Anfang der 80er Jahre. 1980 erließ die NATO eine Gesamtkonzeption für den Einsatz alliierter Seestreitkräfte, mit der die See-, Land- und Luftstreitkräfte in der Nordsee wesentlich beweglicher geführt werden konnten: *joint* (teilstreitkraftübergreifend) und *combined* (multinational). Im Juni 1980 beschloss der Bundessicherheitsrat, das Operationsgebiet künftig östlich der Linie Dover–Calais und nördlich der Linie Shetland–Bergen auszuweiten. In den 80er Jahren stellte die Bundesmarine etwa drei Viertel aller Seestreitkräfte in der Ostsee und ein Drittel aller schwimmenden Einheiten und Aufklärungskräfte im Nordatlantik. Technische Modernisierungen, wie die Zuführung der Mehrzweckfregatten der Bremen-Klasse, oder die Einführung von »LINK 11«, dem NATO-standardisierten digitalen Führungs- und Informationssystem, schufen die Voraussetzungen für abgestimmte Seeoperationen im Bündnisrahmen. Mitte des Jahrzehnts erreichte die Bundesmarine ihren größten Umfang mit 38 000 Mann, drei Lenkwaffenzerstörern (Lütjens, Rommel, Mölders) und vier Zerstörern (Hamburg-Klasse), acht Fregatten (F 122), 40 Schnellbooten, 50 Minensuchbooten sowie 112 Marine-Jagdbombern (MRCA »Tornado«).

Ab 1987 plante die Bundesmarine mit der Konzeption »Flotte 2005«, bei gleichbleibendem Personalbestand von etwa 35.000 Soldaten, die seegehenden Einheiten um etwa die Hälfte zu reduzieren und neue, noch leistungsfähigere Fregatten und U-Boote anzuschaffen. Obwohl die Deutsche Einheit die vollständige Umsetzung der Reform verhinderte, wurden hier die Grundlagen für Out-of-area-Einsätze geschaffen, für den Wandel »Von der Randmeermarine zur Blue-Water-Navy« (1.58 Rink, S. 65).

Sanitätsdienst Für den Sanitätsdienst, der seit 1970 einen eigenen Organisationsbereich bildete, gehörte die Gewinnung von geeignetem Fachpersonal zu den größten Herausforderungen. Mit verschiedenen finanziellen und strukturellen Maßnahmen, unter anderem der Öffnung des Sanitätsdienstes für Frauen ab 1975 oder der Aufstellung staatlich anerkannter Krankenpflegeschulen, gelang dem Sanitätsdienst der Bundeswehr in den 70er und 80er Jahren eine deutliche Qualitätssteigerung (2.11 Friederichs, S. 199–204). Im Zuge der Umsetzung der Heeresstruktur 4 erfolgte der Aufbau von 100 Standortsanitätszentren im Heer sowie 35 weiteren bei Luftwaffe und Marine. Die Bundeswehrlazarette wurden in Bundeswehrkrankenhäuser umbenannt und schon in den 70er Jahren für zivile Patienten geöffnet. Der Anschluss der militärmedizinischen Versorgung an zivile Standards zeigte sich auch in der Anerkennung des Bundeswehrzentralkrankenhauses in Koblenz als akademisches Lehrkrankenhaus der Universität Mainz. Mit der Gründung der Institute für Radiobiologie, Pharmakologie, Toxikologie und Mikrobiologie als Teil der Akademie des Sanitäts- und Gesundheitsdienstes der Bundeswehr in München 1984 erfolgte ein weiterer Schritt zur Professionalisierung des Sanitätsdienstes. Die Maßnahmen zeigten Wirkung und der Sanitätsdienst konnte schrittweise seine Personallücken schließen. In den 80er Jahren stieg der Anteil von länger dienenden Sanitätsoffizieren auf 75 % des Sollumfangs. Von den 3000 Dienstposten für Sanitätsoffiziere waren allerdings nur etwa 1800 mit Zeit- und Berufssoldaten besetzt (darunter 100 Frauen), während wehrpflichtige Ärzte, Veterinäre oder Apotheker auf 1200 Stellen ihren Dienst versahen. Unabhängig davon, dass sich der Sanitätsdienst der Bundeswehr in der akademischen Ausbildung, fachmedizinischen Versorgung und Pflege an den zivilen Standards orientierte, blieb der Kernauftrag die medizinische Versorgung der Truppe, auch im Spannungs- und Kriegsfall. Dazu gehörte unter anderem die Bereitstellung einer umfangreichen Logistik mit ausreichenden Reserven. Der Sanitätsdienst unterhielt hierfür nicht nur eigene, zum Teil dezentral dislozierte Apotheken, sondern sogar eine eigene Arzneimittelproduktion. So verfügten die Bundeswehrkrankenhäuser in Koblenz und Ulm über eigene industrielle Produktionsmöglichkeiten für die Herstellung von Medikamenten, Heil- und Pflegemitteln – ein autarkes System, das nach massiver Kritik durch den Bundesrechnungshof 2012 aufgelöst wurde.

Bundesrepublik und Bundeswehr am Vorabend der Friedlichen Revolution Die mit dem Machtwechsel in Moskau 1985 einhergehende außen- und sicherheitspolitische Dynamik wurde in der Bundeswehr mit hohem Interesse, zugleich aber auch mit Skepsis beobachtet. Die in Stockholm im September 1986 getroffenen Vereinbarungen über »Vertrauensbildende Maßnahmen« eröffneten nun erstmals die Möglichkeit, wechselseitig militärische Großmanöver zu beobachten. Auch die Neuausrichtung der deutlich defensiveren sowjetischen Militärdoktrin und -strategie 1987 sowie die sich anschließenden Initiativen zur Rüstungskontrolle und Abrüstung, wie der Ende 1987 ratifizierte INF-Vertrag über die beiderseitige Abrüstung landgestützter nuklearer Mittelstreckenraketen, wurden begrüßt. Aber es fehlte an hinreichendem Vertrauen in die Tragfähigkeit dieser Maßnahmen, nicht zuletzt, weil sowjetische Truppen noch bis 1989 in Afghanistan standen. In der Bundespolitik wurden die politischen Veränderungen in der Sowjetunion deshalb sehr unterschiedlich aufgenommen. Die oppositionelle SPD versuchte sich mithilfe verschiedener Diskussionsplattformen an einer »Sicherheitspolitik auf dem Nebengleis« (2.17 Bröckermann, S. 20). Vertreter der SPD und der SED erarbeiteten 1987 ein gemeinsames Diskussionspapier »Streit der Ideologien und die gemeinsame Sicherheit«. Gleichzeitig kam es im Rahmen internationaler Verpflichtungen und Organisationen immer wieder zu Kontakten zwischen teilweise hochrangigen Angehörigen der Bundeswehr und der NVA: im März 1986 bei einem Vortrag des Direktors des Militärgeschichtlichen Instituts der DDR, Generalmajor Prof. Dr. Reinhard Brühl, am Starnberger See (1.54 Echternkamp, S. 229–246); im März 1989, als auf Einladung des ehemaligen Staatssekretärs und »Architekten der Ostpolitik« Egon Bahr hochrangige NVA-Offiziere nach Hamburg kamen; schließlich im

Juni 1989 bei den »Saarbrücker Gesprächen« zwischen SED und SPD, an denen unter anderem Honeckers »Kronprinz« Egon Krenz und der Chef des Hauptstabes der NVA, Generaloberst Fritz Streletz, teilnahmen (2.17 Bröckermann, S. 21–23).

Trotz des spektakulären Staatsbesuchs von Honecker in der Bundesrepublik 1987 hielt die CDU-geführte Bundesregierung unter Kohl Distanz zur DDR-Führung und lehnte bei sicherheitspolitischen Themen offizielle Kontakte zur DDR ab. In Bonn vermied man Alleingänge im Bündnis und suchte in dieser Frage eher den direkten Kontakt nach Moskau. Im Oktober reiste eine Delegation des BMVg unter Leitung von Verteidigungsminister Rupert Scholz nach Moskau. Generalleutnant Jörg Schönbohm, zu diesem Zeitpunkt Leiter des Planungsstabes im BMVg, schrieb später, dass ihn die Haltung des sowjetischen Militärs in Abrüstungsfragen eher ernüchterte: »Das Eis in Moskau war gebrochen, aber die militärischen Fakten blieben unverändert« (1.112 Schönbohm, S. 15).

Die Bundeswehr stand zur gleichen Zeit vor neuen Herausforderungen. Im Februar 1988 wurde die »Heeresstruktur 2000« gebilligt, mit der das mittlerweile größte Problem, die eklatanten personellen Engpässe, beseitigt werden sollte. Sinkenden Geburtenraten bei gleichzeitig steigenden Anträgen auf Kriegsdienstverweigerung glaubte man nur durch Personalverringerungen und eine Anhebung der Wehrpflicht von 15 auf 18 Monate begegnen zu können. Obgleich die Bundeswehr bereits mit einem neuen Ausbildungszyklus plante, wurde die Anfang 1989 getroffene Entscheidung der Bundesregierung bereits im Laufe des Sommers ausgesetzt. Für die Bundeswehrplanung war das ein Worst-Case-Szenario, aber das dahinter liegende politische Rational war klar. Im Juni 1989 besuchte der sowjetische Staats- und Parteichef Michail Gorbatschow die Bundesrepublik und wurde hier zum Teil enthusiastisch empfangen. Bei einem vertraulichen Gespräch am 13. Juni zwischen Kohl und Gorbatschow im Garten des Bonner Kanzleramtes deutete sich erstmals an, dass die Sowjetunion einer Vereinigung beider deutschen Staaten nicht mehr grundsätzlich widersprechen würde. Der DDR-Staatsratsvorsitzende Honecker wusste vermutlich von der Tendenz dieses Gesprächs (1.42 Digutsch, S. 30 f.; 1.41 Die Vereinigung Deutschlands, S. 38–45.). Für viele noch unbemerkt, begann sich der politische Wind zu drehen: Ein Hauch von »Wind of change« lag im Sommer 1989 bereits in der Luft.

Eine asymmetrisch verflochtene Parallelgeschichte

In der DDR waren die Rahmenbedingungen teilweise ähnlich, zum größten Teil unterschieden sie sich aber fundamental von der Bundesrepublik. Wie die Bundesrepublik in der NATO spielte auch die DDR im Warschauer Pakt eine herausragende Rolle: als Industrienation, als »Frontstaat« und als Truppensteller. Ähnlich wie die Bundesrepublik galt die DDR bei ihren Bündnispartnern als gesellschaftspolitischer und wirtschaftlicher Musterschüler. Wie die Bundesrepublik lag die DDR an der Nahtstelle des Kalten Krieges, hatte neben den eigenen auch fremde Streitkräfte auf ihrem Territorium stationiert und wäre im Fall einer militärischen Auseinandersetzung sofort zur unmittelbaren Kampfzone und vermutlich zum Ziel von Kernwaffen geworden.

Die Asymmetrie zwischen beiden deutschen Staaten war allerdings nicht zu übersehen. Die Bundesrepublik war bedeutend größer als die DDR, sowohl in der Gesamtfläche (248 717 km^2 zu 108 333 km^2), als auch bei der Gesamtbevölkerung (61/16,6 Mio.) und der Bevölkerungsdichte (245/154 Einwohner pro km^2). Am deutlichsten zeigten sich die Unterschiede bei der wirtschaftlichen Leistungsfähigkeit, etwa im Außenhandelsumsatz, der in Westdeutschland fast doppelt so hoch war wie in Ostdeutschland (pro Kopf 5590/2881 US-Dollar). Der Zugang zum freien Welthandel verschaffte der Bundesrepublik einen entscheidenden Wettbewerbsvorteil und »Made in Western Germany« war auf dem Weltmarkt gefragt (1.80 Zahlenspiegel, S. 5, 41). Die Wirtschaft der Bundesrepublik war etwa dreimal so produktiv wie die der DDR. Dort lief die Produktion auf Verschleiß, der Investitions- und Modernisierungsstau war überall mit Händen zu greifen. Durch anhaltenden Importüberschuss und fehlende Deviseneinnahmen (die Auslandsverschuldung stieg in wenigen Jahren um das fünfzehnfache) drohte der DDR zu Beginn der 80er Jahre die internationale Zahlungsunfähigkeit. Zwei Drittel der Erlöse aus dem Außenhandel flossen in die Zinstilgung. Wettbewerbsfähige Qualitätsprodukte »Made in GDR« mussten verramscht werden, denn der Aufwand zum Erwirtschaften einer D-Mark betrug 4,4 Mark der DDR. Der drohende Staatsbankrott konnte nur durch Milliardenkredite aus der Bundesrepublik verhindert werden. Ost-Berlin musste enorme Anstrengungen unternehmen, um die Konsumwünsche seiner Bürger zu befriedigen und Spitzentechnologie einzuführen: »Liquidität ging vor Rentabilität« (1.63 Bröckermann, S. 773). Der wirtschaftliche Zerfall der DDR wurde im Westen zwar beobachtet, aber erstaunlicherweise nicht so dramatisch eingeschätzt – eine fatale Fehlannahme, wie sich im Vereinigungsprozess noch zeigen sollte.

Im Vergleich zu ihren östlichen Nachbarn im »nichtsozialistischen Wirtschaftsgebiet«, insbesondere der Sowjetunion, genossen die DDR-Bürger zwar einen höheren Lebensstandard. Aber in direkter Gegenüberstellung mit der Bundesrepublik offenbarten sich im selbsternannten »Arbeiter- und Bauernstaat« in nahezu allen Bereichen des Konsums und Lebensstandards eklatante Unterschiede: Das fing an beim schlechteren Warenangebot und der geringeren Verfügbarkeit von akzeptablem Wohnraum und ging bis zur deutlich niedrigeren durchschnittlichen Lebenserwartung in der DDR. Das galt auch für die Verschmutzung und den Schutz der Umwelt. In der Bundesrepublik entwickelte sich in den 80er Jahren ein wachsendendes Interesse für Umweltfragen, sichtbar in der Gründung der Umweltpartei »Die Grünen« 1979, in öffentlichen Diskussionen über Sauren Regen oder die Risiken der Atomenergie. In der DDR waren die Umweltprobleme ungleich größer und nicht nur in der Produktion, sondern auch im Alltag allenthalben zu fassen, allerdings ohne kritische Debatten.

Um sich von Erdöl- und Erdgasimporten unabhängiger zu machen, begann die DDR in den 70er Jahren, zunehmend einheimische Braunkohle abzubauen. Aber mit der Verdoppelung der Förderkosten und durch die Zunahme des Schwefeldioxidausstoßes um etwa ein Drittel musste ein hoher Preis gezahlt werden. Nur noch 3 % aller Gewässer galten in den 80er Jahren als intakt. Während der Heizperiode sorgte die ungefilterte Braunkohleverbrennung dafür, dass sich eine beißend-saure Dunstglocke über die Städte der Republik legte. Zugleich verfielen die Innenstädte, Eisenbahnlinien, Bahnhöfe und Straßen und offenbarten einen beklagenswerten Zustand. Das eigene Dilemma vor Augen, verfügten die DDR-Bürger indes über sehr gute Vergleichsmöglichkeiten. Wenn die »Westverwandtschaft« Pakete mit Konsumgütern in die DDR schickte, wenn DDR-Bürger Verwandte in der Bundesrepublik besuchten und vor allem, wenn jeden Abend eine Massenflucht ins Westfernsehen stattfand, öffnete sich für die Ostdeutschen die Tür in eine andere Welt.

Im Wettbewerb der Systeme hatte die DDR sicher in einigen sozialpolitischen Bereichen die Nase vorn, zum Beispiel bei der Vollbeschäftigung, der finanziellen Förderung junger Familien und der flächendeckenden Kinderbetreuung. Und das SED-Regime nutzte diese »sozialistischen Errungenschaften« zur Selbstlegitimierung. Je weniger diese Leistungen aber zu finanzieren waren und je mehr die wirtschaftliche Ineffizienz und der Verschleiß für jeden DDR-Bürger sichtbar wurden, um so stärker delegitimierte sich das System und steuerte unaufhaltsam auf einen Abgrund zu.

Abgesehen von ideologischen Phrasen fand die regierende SED auf die immer drängenderen wirtschaftlichen und ökologischen Fragen keine Antwort. Das SED-Regime hatte damit ein doppeltes Legitimationsproblem, denn der Herrschaftsanspruch stützte sich nicht nur auf einen repressiven Machtapparat, sondern auch auf das Versprechen steigenden Wohlstands. Es lässt sich trefflich darüber streiten, ob die »sicherste DDR der Welt« (2.22 Gieseke, S. 535) ein Unrechtsstaat war, aber sie war in jedem Fall kein Rechtsstaat und mit Sicherheit eine Parteidiktatur. Das manifestierte sich im Fehlen demokratischer Legitimation durch freie, gleiche und geheime Wahlen. Insofern waren die Volkskammer kein frei gewähltes Parlament und die Regierung der DDR nur ein willfähriger Agent der herrschenden SED. Die Repression spürten die Bürger in der Beschneidung der Meinungsfreiheit, dem Einschränken der Freizügigkeit, in der inhaltlichen Steuerung und Zensur der Medien und im Unterdrücken jeder zivilgesellschaftlichen oder politischen Opposition. Sobald es um gesellschaftskritische, nonkonforme oder politische Zusammenhänge ging, war an rechtsstaatliche Verfahren nicht mehr zu denken. Der staatlichen Willkür waren Tür und Tor geöffnet. Vom Kindergarten über Schule und Ausbildung bis zum Beruf lernten die DDR-Bürger mit Gängelung und Bevormundung umzugehen. Sie lernten sich anzupassen – und gleichzeitig einzuschätzen, wie weit sie in welchem Kontext kontrolliert Kritik üben durften. Wer dabei die oft unsichtbaren Grenzen überschritt, ging ein hohes Risiko ein. Wenn das SED-Regime es wollte, wurde brutal durchgegriffen.

Militarisierter Sozialismus

Die bewaffneten Organe Für die Überwachung und Einschüchterung ihrer Bürger setzte das SED-Regime auf einen Sicherheitsapparat, der sich durch ein hohes Maß an Überwachung, Erfassung, Mobilisierung und politischer Indoktrination auszeichnete. Strukturen der inneren und äußeren Sicherheit gingen teilweise nahtlos ineinander über. Ähnlich wie in der Bundesrepublik gab es auch in der DDR eine territoriale Verteidigungsebene, die auf Bezirks- und Kreisebene die zivil-militärische Zusammenarbeit koordinierte, unter anderem das Wehrersatzwesen, also die Erfassung und Rekrutierung von Personal. Alle militärischen, paramilitärischen und bewaffneten Institutionen bildeten die »bewaffneten Organe«. Dazu gehörten vor allem die Nationale Volksarmee (170 000 Mann) und die Grenztruppen (47 000 Mann), die beide dem Ministerium für Nationale Verteidigung (MfNV) unterstanden. Durch die 18-monatige Wehrpflicht (bei der Volksmarine 3 Jahre) konnte die NVA zudem auf etwa 400 000 Reservisten zurückgreifen, von denen 150 000 in aktiven »Reservistenkollektiven« organisiert waren. NVA und Grenztruppen bildeten den Kern der Streitkräfte der DDR.

Zu den bewaffneten Organen zählte zudem das Ministerium für Staatssicherheit (MfS, 91 000 hauptamtliche Mitarbeiter, Stand Oktober 1989), darunter das Wachregiment »Feliks Dzierżyński«, eine in Berlin stationierte schlagkräftige Truppe in Divisionsstärke. Das gesamte MfS verfügte über einen gewaltigen Waffenbestand und war »bürgerkriegsfähig ausgerüstet« (u.a. mit ca. 125 000 Pistolen, 75 000 Maschinenpistolen, Tausenden von Scharfschützengewehren, leichten und schweren Maschinengewehren) (2.23 Gieseke, S. 405). Die ganze Republik überspannte ein engmaschiges Netz aus Bezirks-, Kreis- und Objektdienststellen sowie eine Vielzahl von Objekten für geheime Treffen und zur Überwachung der Bürger. Die Stasi konnte sich außerdem auf einen metastasierenden Spitzelapparat von 170 000 »inoffiziellen Mitarbeitern« (IM) stützen, eine staatlich institutionalisierte Form der Denunziation. Durch die Besetzung von Schlüsselpositionen in Staat, Wirtschaft und Verwaltung mit verdeckt arbeiteten Spitzeln verfügte das MfS über ein ausgezeichnetes Lagebild, das von realistischen Wirtschaftsdaten bis zu repräsentativen Stimmungs- und Meinungsbildern reichte. Überall in der DDR hatte die Stasi ihre »Finger drin«. Neben der Überwachung setzte das MfS auf psychische und physische Gewalt, um Kritiker und Oppositionelle zu unterdrücken – und schreckte im Einzelfall auch nicht vor Liquidierung zurück. Das MfS verstand sich selbst als »Schild und Schwert der Partei«, es agierte aber nicht wie ein »Staat im Staate«, sondern folgte loyal den Direktiven der SED – bis zum Schluss.

Zur Gewährleistung der Inneren Sicherheit und Ordnung gebot das SED-Regime über die Kräfte des Ministeriums des Innern (MdI, 113 000 Mann) mit der Schutz-, Verkehrs-, Kriminal- und Transportpolizei sowie dem Pass- und Meldewesen, der Feuerwehr und dem Strafvollzug. Die Deutsche Volkspolizei (DVP, 60 000 Mann) war streng hierarchisch gegliedert, in allen 15 Bezirken und 189 Kreisen der DDR mit Dienststellen vertreten und übernahm neben normalen polizeilichen auch paramilitärische Aufgaben. Sie stand im Fall eines Konflikts im Innern oder Äußeren der NVA als Reserve zur Verfügung und war deshalb auch militärisch ausgebildet. Das MdI verfügte gleichfalls über kasernierte Kräfte, die VP-Bereitschaften (14 000 Mann), die sich in Ausrüstung und Ausbildung mehr an der NVA orientierten und die insbesondere bei inneren Unruhen zum geschlossenen Einsatz kommen sollten – ein Szenario, das sich im Herbst 1989 abzeichnete. 150 000 »Freiwillige Helfer der Volkspolizei« unterstützten die Volkspolizei als Laien, vor allem als Informanten und bei Überwachungs- und Kontrollaufgaben. Der Zoll zählte 8000 Angehörige; die Transportpolizei übernahm mit 6400 Mitarbeitern die polizeiliche Sicherung der Bahnanlagen, sie diente aber auch zur Unterstützung der Grenztruppen und der Stasi, zum

Beispiel um »verdächtige« Reisende oder potenzielle »Grenzverletzter« frühzeitig zu identifizieren.

Ebenfalls zu den bewaffneten Organen gehörten die »Kampfgruppen der Arbeiterklasse«, im Westen despektierlich »Betriebskampfgruppen« genannten. Die 189 000 »Kämpfer« bildeten eine Art Arbeitermiliz, in der oft lebensältere »Genossen« mit militärischem Basiswissen und ausgerüstet mit veralteten Waffen und Gerät im Spannungs- und Kriegsfall die »Volkseigenen Betriebe« schützen sollten. Im Bedarfsfall mussten sie sich darauf einrichten, die anderen bewaffneten Organe zu unterstützen, was im Herbst 1989 zu großen Verunsicherungen führte.

Neben den bewaffneten Organen spielten mehrere Massenorganisationen im »System der sozialistischen Landesverteidigung« eine große Rolle. Mit einem relativ kleinen Teil an hauptamtlichen Funktionären kam ihnen bei der »Sozialistischen Wehrerziehung« eine entscheidende Aufgabe zu. Dazu gehörten vor allem die Zivilverteidigung (ZV), die mit 491 000 Angehörigen den Zivilschutz in der DDR verantwortete, sowie die 640 000 Mitglieder zählende Gesellschaft für Sport und Technik (GST), deren unverdächtiger Name den eigentlichen Auftrag verschleierte. Die »Sozialistische Wehrerziehung« fungierte als der Motor einer plumpen Ideologie, die dem positiven Bild der »entwickelten sozialistischen Gesellschaft« den »aggressiven Imperialismus und Militarismus« gegenüberstellte. Die Herabwürdigung des »Klassenfeindes«, konkret benannt in der NATO, den USA und der Bundesrepublik, gipfelte in der pädagogischen Doktrin der »Erziehung zum Hass« (2.27 Rogg, S. 55–59).

Fasst man neben den 430 000 hauptamtlichen Mitarbeiterinnen und Mitarbeitern der bewaffneten Organe alle DDR-Bürger zusammen, die in diversen Massenorganisationen im Rahmen der »sozialistischen Wehrausbildung« erfasst, mobilisiert und agitiert wurden, dann zählte die DDR in den 80er Jahren weltweit zu den militarisiertesten Gesellschaften. Auch wenn man einrechnet, dass Doppel- oder sogar Dreifachmitgliedschaften in den bewaffneten Organen möglich waren, dann war immer noch ein erheblicher Teil der DDR-Bevölkerung in das »System der sozialistischen Landesverteidigung« eingebunden, vermutlich jeder vierte bis fünfte Erwachsene im erwerbstätigen Alter (2.27 Rogg, S. 7). Zieht man vergleichbare Organisationen heran, dann war es in Westdeutschland nur jeder 34. Bundesbürger. Zugleich schlugen enorme volkswirtschaftliche Kosten zu Buche, erst recht, wenn man die immer schwierigere ökonomische Situation der DDR sieht. Mindestens 11 % des Nationaleinkommens wurden für das »System der sozialistischen Landesverteidigung« aufgewendet, einschließlich der direkten und indirekten Kosten für die sowjetischen Besatzungstruppen (6.5 Karlsch, S. 1583 f.). Das SED-Regime hatte die DDR bis an die Zähne bewaffnet, weil sie einer doppelten Bedrohungsperzeption unterlag. Einerseits wurde ständig die Angst vor einem aggressiven Übergriff des Westens, allen voran der USA und der NATO, geschürt; andererseits traute das SED-Regime den eigenen Bürgern nicht und sah die einzige Möglichkeit in einer rigiden Überwachung und Kontrolle, einer massiven Mobilisierung und einer penetranten ideologischen Agitation (2.27 Rogg, S. 6–9; 2.24 Im Dienste der Partei, passim).

Ähnlich wie in der Bundesrepublik gab es für wehrpflichtige junge Männer seit 1964 die Möglichkeit, den Dienst mit der Waffe zu verweigern, allerdings nicht in Form eines zivilen Ersatzdienstes. Als sogenannte Bausoldaten waren Kriegsdienstverweigerer Angehörige der NVA, wurden in gesonderten Verbänden zusammengefasst und mussten häufig Arbeiten beim Bau von militärischen Infrastrukturprojekten leisten. Der SED-Staat diskriminierte die Bausoldaten: Die Arbeitsbedingungen waren oft sehr hart, Bausoldaten konnten nicht befördert werden und vor allem hatten sie nach ihrem Dienst praktisch keine Chance auf eine qualifizierte Berufsausbildung oder ein Studium. Wer den Sozialismus mit der Waffe in der Hand nicht verteidigen wollte, den behandelte das SED-Regime als einen Bürger zweiter Klasse.

NVA und Grenztruppen Die militärischen Rahmenbedingungen und Organisationsstrukturen in der DDR ähnelten in einigen Bereichen auf den ersten Blick denen der Bundesrepublik – und waren doch bei näherer Betrachtung grundverschieden. Das Militär war in der DDR physisch wesentlich präsenter als in der Bundesrepublik. Wie im Westen waren auch im Osten verbündete Truppen stationiert, allerdings nur die Gruppe der Sowjetischen Streitkräfte in Deutschland (GSSD), die 1988 unter dem neuen Namen Westgruppe der Truppen (WGT) etwa 420 000 Mann zählte. Im Verhältnis zur Größe des Territoriums und der Bevölkerungszahl war die militärische Präsenz dieser Truppen in der DDR damit zweieinhalbmal größer als in der Bundesrepublik. Die Gliederung, Ausbildung und Ausrüstung der NVA orientierte sich eng am sowjetischen Vorbild. Das betraf auch das Binnenverhältnis von Vorgesetzten zu Untergebenen. Verglichen mit der Bundeswehr zählte die NVA im Verhältnis dreimal mehr Offiziere und viermal mehr Generale und Admirale. Zugleich fehlte es an einem starken Unteroffizierkorps. Im Unterschied zur Bundesrepublik verfügte die DDR nur über eine überschaubare Rüstungsindustrie, die sich auf Kleinwaffen, ungepanzerte Fahrzeuge, Munition und auf Instandsetzungstechnik konzentrierte — mit Ausnahme der Boote der Volksmarine, die in der Peenewerft in Wolgast gebaut wurden.

Die *Landstreitkräfte* (LaSK) bildeten mit 100 000 Mann die größte Teilstreitkraft. Sie gliederten sich in einen nördlichen und einen südlichen Militärbezirk mit insgesamt zwei Panzerdivisionen und vier

▲ Braunkohlen-Kombinat Espenhain bei Leipzig, März 1990. Das angrenzende Dorf Mölbis galt zum Ende der DDR als das dreckigste Dorf Europas. *picture alliance/zb|Paul Glaser*

▲ Ausdruck der Interessenidentität von Militär und Gesellschaft: Wandmosaik am »Haus des Lehrers« in Berlin-Mitte (Rückseite, Otto-Braun-Straße), Aufnahme von 2019.
picture alliance/Bildagentur-online/Schoening|Bildagentur-online/Schoening

Mot. Schützendivisionen, die sich durch hohe Mobilität, Feuerkraft und Artilleriestärke auszeichneten. Mitte der 80er Jahre kamen Armeefliegerkräfte mit Mehrzweck- und Kampfhubschraubern hinzu (Mi-8 und Mi-24). Im Kriegszustand sollten die Landstreitkräfte auf 258 000 Mann anwachsen.

Die *Luftstreitkräfte/Luftverteidigung* (LSK/LV) gliederten sich mit 35 000 Mann in drei Divisionen. Alle Jagdfliegerkräfte, Flugabwehreinheiten und Gefechtsstände der LSK/LV unterstanden dem »Diensthabenden System« des Warschauer Paktes und damit direktem sowjetischem Oberbefehl. Im Mai 1989 erhielten die Luftstreitkräfte mit der MiG-29 das seinerzeit modernste sowjetische Kampfflugzeug – das einzige Hauptwaffensystem, das die Bundeswehr nach der Vereinigung für längere Zeit übernahm. Ähnlich wie die Bundeswehr unterhielt auch die NVA Kurzstreckenraketensysteme (Typ Luna). Diese konnten mit nuklearen Gefechtsköpfen bestückt werden, die sich allerdings in der Verfügungsgewalt der GSSD befanden.

Die *Volksmarine* übernahm mit 3 Flottillen und knapp 15 000 Mann die Küstensicherung der Ostsee, in engem Verbund mit den polnischen Seestreitkräften und der Baltischen Flotte der Sowjetunion. Anders als die Bundesmarine verfügte die Volksmarine über keine U-Boote.

Die *Grenztruppen der DDR* waren nicht Teil der NVA, sondern unterstanden mit ihren etwa 50 000 Mann direkt dem Ministerium für Nationale Verteidigung. Ihr Hauptauftrag bestand in der Überwachung, Sicherung und Kontrolle der innerdeutschen sowie der Grenze rund um West-Berlin. Ausbildung, Ausrüstung und Bewaffnung der Grenztruppen orientierten sich eng am Auftrag der motorisierten Infanterie, die im Kriegsfall durch die Grenztruppen direkt unterstützt werden sollte. Das »Grenzregime« der DDR war ein mit perfektionierter Perversion organisierter Teil des Herrschaftssystems, das vor allem nach innen wirken sollte, um DDR-Bürger an der Flucht in den Westen zu hindern. Dafür war dem SED-Regime nahezu jedes Mittel recht. Minen und völkerrechtswidrige Selbstschussanlagen, wie die »Splittermine SM-70«, wurden erst Mitte der 80er Jahre abgebaut, weil die Bundesrepublik dies zur Bedingung für die Gewährung weiterer Milliardenkredite machte. Ungeachtet der Tatsache, dass der berüchtigte »Schießbefehl« gegen geltendes DDR-Recht verstieß, führten erst anhaltende internationale Proteste im April 1989 dazu, den Einsatz der Schusswaffe auf flüchtende »Grenzverletzer« auszusetzen.

Das offizielle Selbstbild der NVA war in der einfachen Formel »Armee für Frieden und Sozialismus« ausgedrückt: Streitkräfte, die ausschließlich der Friedenssicherung dienten, die den Schutz der »sozialistischen Errungenschaften« sicherten, die klar »antifaschistisch« ausgerichtet waren und deshalb von der DDR-Bevölkerung vorbehaltlos unterstützt würden. In der programmatischen Selbstzuschreibung der NVA als »Armee des Volkes« spiegelte sich das Ideal einer Interessenidentität zwischen Militär und Gesellschaft. Tatsächlich betrieb die NVA eine geradezu ängstliche Geheimhaltung und schottete sich vom zivilen Leben weitgehend ab. Innerhalb der Streitkräfte herrschte kein Meinungspluralismus, sondern der Wille der Partei. Auf allen militärischen Führungsebenen existierten parallel Parteiorganisationen, die erzieherisch und kontrollierend wirken sollten. Die Parteifunktionäre hatten erhebliche Einflussmöglichkeiten, insbesondere bei Personalentscheidungen. Zudem verfügte die NVA über eine eigene Politische Hauptverwaltung (PHV), die mit ihren Politoffizieren für »Agitation und Propaganda« verantwortlich zeichneten und den Willen der Partei bis auf Kompanieebene umsetzten. 96 % aller Offiziere, 94 % aller Fähnriche und etwa 60 % aller Berufsunteroffiziere der NVA waren SED-Mitglied, dagegen gehörten nur etwa 6 % der Grundwehrdienstleistenden der Partei an. Militärische Effizienz und politische Ideologie standen durch diese Doppelstrukturen in einem ständigen Spannungsverhältnis.

Ein weiteres Kontrollelement bildete das MfS mit einer eigenen Hauptabteilung, in der NVA »Verwaltung 2000« genannt. Für deren »materielle Sicherstellung«, also Infrastruktur in Form von Liegenschaften, Bewaffnung und Fahrzeugen, trug das MfNV die Verantwortung. In wenigen Bereichen der DDR war die Dichte an inoffiziellen und konspirativen Mitarbeitern so hoch wie bei NVA und Grenztruppen. Auf 170 000 Volksarmisten kamen in den 80er Jahren zwischen 2300 und 2500 hauptamtliche Mitarbeiter. Etwa 10 % aller Armeeangehörigen waren »inoffizielle Mitarbeiter« des MfS, bespitzelten und denunzierten ihre Kameraden oder verfassten Berichte für die Stasi. Die höchsten »Absicherungsraten« (Durchsetzung mit IM) fanden sich in sensiblen Arbeitsbereichen wie den Nachrichtentruppen (Fernmelder) und höheren Stäben. Das MfS schreckte nicht einmal vor der Anstiftung zu Straftaten zurück, zum Beispiel wenn NVA Angehörige ihre eigenen Kameraden hintergingen, um geheime Unterlagen für die »Firma« zu besorgen. Damit trug das MfS wesentlich zu einem Klima der Heuchelei, des Misstrauens und der Angst bei und begünstigte so die Herrschaftskontrolle. Die negativen Effekte bezüglich des Inneren Gefüges wurden billigend in Kauf genommen, denn mit den Stimmungs- und Meinungsbildern des MfS sowie den Lageeinschätzungen und detaillierten Meinungsbefragungen der PHV verfügten die Spitzen von Partei, Armee und Stasi über ein sehr detailliertes Bild, wie »Volksarmisten« und »Grenzer« tickten (3.21 Wenzke).

Die NVA Ende der 80er Jahre Von außen betrachtet, erschien die NVA Mitte der 80er Jahre als gut ausgerüstete, professionell ausgebildete und politisch loyale Streitmacht, auf die sich das SED-Regime voll und ganz verlassen konnte. Im Westen und insbesondere in der Bundeswehr schätzte man die NVA als starken, ernstzunehmenden Gegner ein. Dazu trugen auch die hohe Präsenz und Fähigkeit zur schnellen Mobilisierung bei. 85 % aller NVA-Einheiten standen unter »ständiger Gefechtsbereitschaft«: Sie mussten Tag und Nacht in der Lage sein, in kürzester Zeit mit Personal und Technik und voll aufmunitioniert die Kasernen zu verlassen. Dieser ungewöhnlich hohe Bereitschaftsgrad forderte einen hohen Preis: ein intensives Übungsaufkommen, hohe Stundenbelastungen, rigide Urlaubs- und Ausgangsregelungen und als deren Folge soziale Spannungen, Frustration und Disziplinlosigkeiten in den Einheiten. In Einödstandorten, wo viele Verbände stationiert waren, verschärfte sich die Situation noch. Die Härte des Dienstes konnte nur durch die ständige Furcht vor einem Überfall der NATO begründet werden. Aber genau dieser Begründungszusammenhang funktionierte ab Mitte der 80er Jahre immer weniger, und das hatte mehrere Ursachen.

Zum einen war der DDR der Feind abhanden gekommen. In der Folge nahm die Wehrbereitschaft spürbar ab. 1987 ermittelte das Zentralinstitut für Jugendforschung, dass 30 % aller Jugendlichen nicht mehr an den »Klassenfeind« glaubten. Die Nachwuchsgewinnung für länger dienende Zeit- und für Berufssoldaten wurde immer schwieriger. Anfang 1989 wollten nur noch 60 % der Mannschaftssoldaten der NVA im Kriegsfall ihren Auftrag erfüllen. Während es noch relativ hohe Ressentiments gegenüber der NATO und insbesondere den USA gab, funktionierte das »Feindbild Bundeswehr« immer weniger. Auch jüngere Berufssoldaten und Offiziere äußerten jetzt Zweifel an der SED-Ideologie (2.28 Schroeder, S. 199–203; 2.27 Rogg, S. 543–553, 560–564).

Die immer schwierigere wirtschaftliche Situation schlug bei NVA und Grenztruppen voll durch. Um Lücken bei Bauprojekten oder in Produktionsbetrieben zu schließen, stellte das Ministerium für Nationale Verteidigung gezielt große Teile der NVA und der Grenztruppen, unterstützt von Einheiten der Volkspolizeibereitschaft, für »Einsätze in der Volkswirtschaft« frei (2.27 Rogg, S. 474–497). Während es anfangs vor allem um Einsätze im Braunkohletagebau im Winter ging, fanden sich im Verlauf der 80er Jahre immer mehr Soldaten in der Produktion, zum Beispiel der Chemieindustrie. In den 80er Jahren leisten so dauerhaft durchschnittlich 10 000 Soldaten ihren Dienst als »Arbeitssoldaten«. Seit den 70er Jahren unterhielt die NVA sogar strukturmäßige Einheiten, deren Aufgabe ausschließlich in der Erfüllung volkswirtschaftlicher Aufgaben lag. Viele der hier eingesetzten Soldaten zeichneten sich durch hohe Motivation und gute Arbeitsleistung aus. Die Vorgesetzten waren allerdings frustriert. Sie fühlten sich im zivil-wirtschaftlichen Arbeitsfeld ausgesprochen unwohl und beklagten den Verlust an militärischer Ausbildungsqualität. Der massenhafte Einsatz von Soldaten in der Volkswirtschaft legte die Ineffektivität und wirtschaftliche Schwäche der DDR schonungslos offen. Es war zudem kaum zu vermitteln, auf der einen Seite eine extrem hohe Präsenz und Gefechtsbereitschaft zu fordern, diese dann aber für wirtschaftliche Aufgaben zu opfern. Dieses System war nicht nur ineffizient, es war vor allem absurd: Während sich fachlich versierte Werktätige beschwerten, dass sie zu Reserveübungen eingezogen wurden, mussten gleichzeitig ungelernte Soldaten die Lücken in der Produktion füllen. Anfang Januar 1989 meldete die NVA, bis Ende 1990 zusätzlich (!) fast 30 000 Mann abstellen zu können. Viele sollten aus aufzulösenden Truppenverbänden kommen. Bereits im Frühjahr 1989 begann man die Hälfte der personalstarken Mot. Schützenregimenter aus dem System der Gefechtsbereitschaft herauszulösen.

Im Zuge der sowjetischen Abrüstungsinitiativen begann auch die DDR mit einer schrittweisen Reduzierung ihrer Streitkräfte. Als Honecker Anfang 1989 die Verkleinerung der NVA um 10 000 Mann verkündete, wollte er dies als vertrauensbildenden Beitrag zur Abrüstung und für Frieden und Sicherheit verstanden wissen. Tatsächlich ging es vor allem um »knallharte ökonomische Zwänge« (2.34 Wenzke, S. 46). Beispielhaft zeigte sich das bei den sechs aufzulösenden Panzerregimentern, deren Kasernen man zu »Ausbildungsbasen« umfunktionierte, um dort für wehrpflichtige Soldaten eine dreimonatige Grundausbildung durchzuführen und sie anschließend sofort zum Arbeitseinsatz in die Volkswirtschaft zu schicken. Weitere Einsparungen sahen Reduktionen um 40 % bei Kampfflugzeugen und um 30 % bei Kampfhubschraubern vor. Bei den Landstreitkräften sollte es etwa zwei Drittel der gepanzerten Gefechtsfahrzeuge und Artilleriesysteme und 40 % des Personals treffen. Perspektivisch sollten die Landstreitkräfte nur noch 63 000 Mann umfassen (1.63 Bröckermann, S. 804–808). Tausende von Berufssoldaten mussten vorzeitig entlassen und in den Arbeitsmarkt der DDR integriert werden. Aber es gab weder ein Konzept für sozialverträgliche Umplanungen noch eine offene Kommunikation mit den Betroffenen. So blieben nicht nur Karriereplanungen und Lebensentwürfe auf der Strecke. Die NVA-Führung und mit ihr die SED hatte bei den Armeeangehörigen schon massiv an Vertrauen verloren, als mit dem Sturm der Revolution der Untergang des SED-Regimes und damit das Ende der DDR eingeläutet wurde.

Friedliche Revolution, November 1989 bis März 1990

»Wir hatten alles geplant, wir waren auf alles vorbereitet, nur nicht auf Kerzen und Gebete.«
Erich Loest, Nikolaikirche. Roman (1995)

Gorbatschow, Glasnost und »Ein Volk, das nicht volkt«

Historische Prozesse und Veränderungen haben in der Regel viele Ursachen, und die Bedeutung einzelner Personen wird dabei häufig überschätzt. Mit Blick auf das Ende des Kalten Krieges und den Weg zur Deutschen Einheit liegt der Fall etwas anders. Hier hatten einzelne Persönlichkeiten mit ihren politischen Entscheidungen wesentlichen, wahrscheinlich sogar entscheidenden Anteil am Verlauf des Geschehens. Im besonderen Maße gilt das für Michail Gorbatschow, dessen historische Einordnung bis heute zwischen »größte[r] Reformer des 20. Jahrhunderts« und einem »Zauberlehrling« changiert (1.20 Wirsching, S. 30–35; 1.33 Rödder, S. 15–29; zu Gorbatschow siehe 1.87 Dalos). Als Gorbatschow mit seiner Wahl zum Generalsekretär der KPdSU am 11. März 1985 die internationale politische Bühne betrat, übernahm er die Führung eines Staates, der wirtschaftlich noch mehr am Boden lag als die DDR. Mit der Umsetzung des NATO-Doppelbeschlusses hatte die Sowjetunion den Rüstungswettlauf mit dem Westen verloren und drohte nun durch die geplante Modernisierung von dessen Streitkräften immer weiter ins Hintertreffen zu geraten. Vor allem durch das von den USA massiv vorangetriebene weltraumgestützte Raketenabwehrsystem Strategic Defense Initiative (SDI) legte die NATO nach. Die Sowjetunion und die Staaten des Warschauer Vertrages würden diesen Wettbewerb nicht gewinnen können, das war Gorbatschow relativ schnell klar. Die Sowjetunion musste ihre exorbitanten Rüstungskosten massiv reduzieren, damit Mittel für die wirtschaftliche Entwicklung, den Ausbau der Infrastruktur und den Konsum zur Verfügung standen. Gorbatschow wollte die Sowjetunion flott machen, um den globalen Anspruch einer Supermacht nicht aufgeben zu müssen. Die damit einhergehende »Ökonomisierung« der Außen- und Sicherheitspolitik bedeutete einen radikalen strategischen Schwenk der sowjetischen Politik, bei der massive Spannungen zwischen Partei- und Militärführung vorprogrammiert waren (2.7 Umbach, S. 329–385). Mit den zum Programm gewordenen Schlagworten »Glasnost« (= Offenheit) und »Perestroika« (= Umbau) versuchte der neue mächtigste Mann des Ostblocks die völlig verkrusteten Strukturen in Staat und Gesellschaft zu reformieren. Die Runderneuerung verfolgte zu diesem Zeitpunkt vor allem das Ziel, die Sowjetunion im Wettbewerb der politischen Systeme attraktiver und anschlussfähig zu machen.

Während Gorbatschow bei der inneren Reform des Sowjetsystems nur langsam vorankam, nahm sein außen- und sicherheitspolitischer Kurs rasant an Fahrt auf. Gorbatschow wurde später häufig vorgeworfen, sehr sprunghaft agiert zu haben, sodass er selbst sein engeres Umfeld immer wieder überraschte. Die dahinterstehende Kritik ist nachvollziehbar, aber sie lässt außer Acht, dass der KPdSU-Chef oft spontan handeln musste, um seine innenpolitischen Gegner vor vollendete Tatsachen zu stellen, und dass er in Fragen der Außen- und Abrüstungspolitik einen klaren strategischen Kurs verfolgte. Dazu gehörte die Umsetzung des 1987 verkündeten neuen strategischen Konzepts mit der Reduzierung des Angriffspotenzials und dem Wechsel zu einer »strategischen Verteidigung«. Die damit verbundenen massiven Truppenreduzierungen sollten 1989/90 umgesetzt werden und umfassten 500 000 Mann (davon etwa die Hälfte westlich des Urals in Polen, Ungarn, der ČSSR und der DDR), die Abschaffung von 40 % der Kampfpanzer und 20 % der Schützenpanzer. Mehr als 14 % der Verteidigungsausgaben sollten dadurch eingespart werden (2.7 Umbach, S. 431–447). Mit der Unterzeichnung des INF-Vertrags (Intermediate Nuclear Forces Treaty) im Dezember 1987 einigte sich die Sowjetunion mit den USA auf die Vernichtung aller landgestützten Flugkörper kürzerer (500 bis 1000 km) und mittlerer Reichweite (1000 bis 5500 km). Der ursprünglich unbefristete Vertrag wurde aufgrund anhaltender Spannungen zwischen den beiden Mächten 2019 auf unbestimmte Zeit außer Kraft gesetzt. Außenpolitisch bekannte sich Gorbatschow mit seiner Rede vor den Vereinten Nationen am 7. Dezember 1988 zum Gewaltverzicht und zur »Verbindlichkeit des Prinzips der freien Wahl« für alle Staaten. Damit leitete er den historischen Wandel von der 1968 verkündeten »Breschnew-Doktrin« (sozialistische Staaten verfügen nur über eine begrenzte Souveränität) zur »Sinatra Doktrin« ein (»I did it my way« – sozialistische Staaten dürfen ihre inneren Angelegenheiten souverän bestimmen) (3.4 Vor 50 Jahren). Für das darauffolgende Jahr ordnete Gorbatschow den Abzug der sowjetischen Truppen aus Afghanistan an (2.7 Umbach, S. 406–430, 468–483; 4.11 Jones).

Innenpolitisch stand Gorbatschow enorm unter Druck. Es gibt sogar Hinweise, dass man im sowjetischen Militär darüber nachdachte, Gorbatschow nach seiner Rede vor der UN-Generalversammlung im Dezember 1988 auf dem Rückflug aus New York abzuschießen, weil er die Ankündigung einseitiger Truppenreduzierungen vorher nicht mit den Spitzen der Sowjetarmee besprochen hatte (1.35 Sarotte, S. 155 f.). Die internen Spannungen innerhalb des Kremls zwischen Falken wie

Valentin Falin und Reformern wie Nikolai Portugalow wirkten wie Sand im Getriebe des diplomatischen Motors.

Parallel sendete Moskau deutschlandpolitische Signale, die aufhorchen ließen. Während der Wiener KSZE-Folgekonferenz machte Gorbatschow 1987 Zugeständnisse bei Reisefreiheiten, bei der Unabhängigkeit der Medienberichterstattung und der Bildung von Beobachtergruppen zur Einhaltung der Menschenrechte. Diese Zeichen konnte man durchaus als Relativierung der Zweistaatlichkeit und als »Existenzbedrohung« der DDR lesen (1.63 Bröckermann, S. 697). Im Juni 1988 beschrieb der hochrangige Mitarbeiter im sowjetischen Außenministerium Wjatscheslaw Daschitschew in einem Artikel für die Tageszeitung »Die Welt« die Mauer als ein überfälliges Relikt des Kalten Krieges (1.63 Bröckermann, S. 696). Der Kreml hatte offensichtlich einen deutschlandfreundlichen Kurs eingeschlagen, der nicht über Ost-Berlin, sondern über Bonn führte – und wieder spielten wirtschaftliche Ursachen eine entscheidende Rolle. Beim Besuch von Bundeskanzler Helmut Kohl im Oktober 1988 in Moskau gewährte die Bundesrepublik erneut Kredite in Höhe von 3 Mrd. DM. Mit Gorbatschows vielzitierter Aussage »Das Eis ist gebrochen« schienen jetzt Wege der Annäherung möglich, die noch wenige Jahre zuvor undenkbar waren (3.3 Offizieller Besuch). Bei seinem Gegenbesuch in Bonn im Juni 1989 ging der sowjetische Staats- und Parteichef noch weiter: »Wir sind auch zur Freundschaft mit der Bundesrepublik bereit. Und möge die Geschichte erneut entscheiden. Wir werden ihr jedoch kein Modell aufnötigen.« In einer gemeinsamen Erklärung bekräftigten Kohl und Gorbatschow, jeder Staat habe das Recht, sein eigenes politisches und soziales System zu wählen (3.1 Gemeinsame deutsch-sowjetische Erklärung). Gorbatschow nutzte sein Charisma und erschien glaubwürdig, als er wenige Tage später vor dem Europarat in Straßburg von einer »Philosophie des gemeinsamen europäischen Hauses« sprach, in dem »die Anwendung von Gewalt, vor allem militärischer Gewalt, zwischen den Bündnissen, innerhalb der Bündnisse oder wo auch immer« auszuschließen sei (3.2 Gorbatschow).

Während sich die Bonner Führung der Unterstützung ihres wichtigsten Bündnispartners USA sicher sein konnte, lag die Situation in Ost-Berlin völlig anders. Honecker wusste zwar spätestens seit 1987 vom neuen deutschlandpolitischen Kurs der Sowjetunion, aber dass die Unterstützung »der Freunde« für das SED-Regime wegfallen könnte, war der Führungsspitze der DDR offenbar nicht klar.

Die Erosion des SED-Regimes

Im Rückblick erscheint das Jahr 1987 als Wendemarke in der Geschichte der DDR, als ein Jahr »Zwischen Verheißung und Verfall« (2.20 Eisenhuth). Mit dem Staatsbesuch Honeckers in der Bundesrepublik vom 7. bis 11. September schien die kleine DDR endlich auf der großen politischen Bühne angekommen zu sein – auf Augenhöhe mit dem »anderen Deutschland«. In der »Hauptstadt der DDR« feierte man im gleichen Jahr den 750. Geburtstag Berlins mit großem Aufwand. Zahlreiche internationale Künstler wie Bob Dylan oder Carlos Santana gaben erstmals Konzerte in der DDR. An Pfingsten 1987 pilgerten Tausende junger Menschen in Ost-Berlin zum Brandenburger Tor, um David Bowie und Genesis zu hören, die auf der anderen Seite der Mauer, auf dem Reichstagsgelände, ein Open-Air Konzert gaben. Die Sicherheitskräfte der DDR versuchten mit allen Mitteln gegen die »Zusammenrottung oppositioneller Elemente« vorzugehen und waren am Ende machtlos gegen den friedlichen Protest: ein Vorgeschmack auf die Ereignisse im Herbst 1989.

Die multiple Erosion des SED-Staates war nicht nur in der Wirtschaft zu spüren. Je mehr sich die oppositionellen Gruppen organisierten, umso stärker ging der Staatsapparat mit seinen Kontroll- und Repressionsorganen gegen politisch Andersdenkende, Ausreisewillige und nicht zuletzt »feindlich-negative Kräfte« in den Kirchen vor, beispielhaft gegen die Umweltbibliothek der Berliner Zionskirche im November 1987 (vgl. 2.26 Neubert, S. 645–700). Zur gleichen Zeit ermächtigte ein geheimer Erlass die Spitzen der SED und der Massenorganisationen zum Tragen einer Waffe für »eventuelle Notfallsituationen« (1.63 Bröckermann, S. 855–866). Die Führungsspitze fühlte, dass etwas in Bewegung geraten war, hatte aber statt Argumenten und Konzepten nur ideologische Phrasen, Einschüchterung und Druck zu bieten.

Die Gängelung der DDR-Bürger nahm schleichend, aber spürbar zu. Mit Blick auf Glasnost und Perestroika fragten sich selbst bis dahin überzeugte SED-Genossen, warum der alte Politslogan nicht Anwendung fand: »Von der Sowjetunion lernen, heißt siegen lernen.« In einem Interview mit dem westdeutschen Magazin »Stern«, das kurz darauf am 10. April im Zentralorgan der SED »Neues Deutschland« veröffentlicht wurde, hielt kein geringerer als der Chefideologe der SED und Mitglied des Politbüros Kurt Hager dagegen: »Würden Sie, nebenbei gesagt, wenn Ihr Nachbar seine Wohnung neu tapeziert, sich verpflichtet fühlen, Ihre Wohnung ebenfalls neu zu tapezieren?«

Im Sommer 1989 überschlugen sich die Ereignisse. Bei den Kommunalwahlen am 7. Mai 1989 konnten Oppositionsgruppen nachweisen, dass die SED das Wahlergebnis massiv zu ihren Gunsten manipuliert hatte. Unmittelbar davor, am 2. Mai, entschloss sich der sozialistische

Nachbar Ungarn, seine Grenzanlagen nach Österreich abzubauen. Zu Beginn der Ferienzeit öffnete sich damit für DDR-Bürger unerwartet ein Tor in den Westen. Kurz darauf gingen Nachrichten um die Welt, dass die Kommunistische Partei Chinas am 3. und 4. Juni 1989 die friedlichen Proteste von Studenten in Peking blutig niedergeschlagen hatte (3.14 Jian). Das Massaker auf dem Platz des Himmlischen Friedens forderte Tausende Tote – und es schien die SED herauszufordern. Das »Neue Deutschland« titelte am 5. Juni: »Volksbefreiungsarmee Chinas schlug konterrevolutionären Aufruhr nieder«. Kurz darauf bezeugten hochrangige Parteifunktionäre wie Hans Modrow und Egon Krenz mit ihren demonstrativen Besuchen in Peking ihre Solidarität mit der chinesischen Staatsführung. In der DDR, aber auch im Westen nahm man diese Signale sehr ernst. Das SED-Regime mochte unter Druck stehen, aber zum Erhalt seiner Herrschaft war es wohl zum Äußersten bereit, vielleicht auch zu einer »chinesischen Lösung«.

Viele DDR-Bürger hatten den letzten Funken Hoffnung auf Reformen in der DDR verloren und sie stimmten nun mit ihren Füßen ab. Als Ungarn am 11. September seine Schlagbäume zu Österreich öffnete, ergoss sich ein Flüchtlingsstrom in den Westen. Bis Ende September flohen etwa 35 000 DDR-Bürger über diesen Weg in die Bundesrepublik, und die DDR begann immer mehr auszubluten. Als die SED-Führung ihren Bürgern die Einreise nach Ungarn untersagte, suchten Tausende in der Deutschen Botschaft in Prag Zuflucht und hofften auf eine politische Lösung – und einen Weg in die Freiheit. Viele DDR-Bürger wählten einen anderen Weg und blieben, ohne dass sich daraus automatisch eine Zustimmung zu den politischen Verhältnissen ablesen ließ. Viele konnten oder wollten den Schritt aus unterschiedlichen Gründen nicht gehen, setzten weiter auf Reformen und Veränderungen, forderten Meinungs- und Pressefreiheit, Reisemöglichkeiten, wirtschaftliche Freizügigkeit und politische Mitbestimmung.

Die dramatischen Veränderungen in der DDR wirkten auch in die bewaffneten Organen. Die Angehörigen von NVA und Grenztruppen waren zwar abgeschottet, lebten aber nicht »auf einem fernen Stern.« (3.39 Süß, S. 36).

In den geheimen Stimmungsbildern und Meinungserhebungen unter den Armeeangehörigen wurde die zunehmende Frustration immer offensichtlicher. Schon zu Beginn des Jahres 1989 bewerteten 50 % aller befragten Soldaten, ein Drittel der Unteroffiziere und ein Viertel der Offiziere die Politik der SED als nicht erfolgreich. Bei der Hälfte aller Befragten verfing das Feindbild nicht mehr. Selbst überzeugte SED-Genossen in Uniform haderten mit ihrer politischen Führung. Bei den bereits erwähnten Kommunalwahlen vom 7. Mai 1989 verweigerten über 1000 Armeeangehörige und Zivilbeschäftigte den vorge-

Der Generalsekretär des ZK der KPdSU, Michail Gorbatschow, während seiner Ansprache vor der Vollversammlung der Vereinten Nationen in New York, 7. Dezember 1988.
picture alliance/akg-images| akg-images

Ausreisewillige DDR-Bürger versuchen, über den Eisenzaun in die Prager Botschaft der Bundesrepublik Deutschland zu gelangen, 29. September 1989.
picture-alliance/Sven Simon| SVEN SIMON

Ehrenparade zum 40. Jahrestag der DDR, 7. Oktober 1989
picture alliance/akg-images| akg-images

schlagenen »Kandidaten der Nationalen Front« ihre Zustimmung. Die Massenfluchten machten vor den Kasernen nicht halt. Die Anzahl der Fahnenfluchten stieg dramatisch (2.19 Ehlert, S. 442 f.). Unter den Flüchtlingen in der Deutschen Botschaft in Prag befanden sich auch NVA-Angehörige. In den Kasernen kursierte oppositionelles Schriftgut; das gerade gegründete »Neue Forum« versuchte gezielt, Kontakte hinter dem Kasernenzaun aufzunehmen. Im Frühherbst 1989 konnten sich SED und NVA-Führung nicht mehr bedingungslos auf die Zuverlässigkeit und Einsatzbereitschaft ihrer Streitkräfte verlassen. Dennoch sollte allen bewaffneten Organen, insbesondere der NVA, im Herbst 1989 eine entscheidende Rolle zukommen.

Die bewaffneten Organe im Herbst 1989

Die Frage der Gewalt Die Frage der Gewalt spielte im Herbst 1989 eine wichtige, vielleicht sogar die entscheidende Rolle. Warum nutzte das SED-Regime seinen Machtapparat nicht zur Niederschlagung der Proteste? Wie agierten die bewaffneten Organe und die Sowjetstreitkräfte? Warum eskalierte die Situation nicht und warum gab es in der DDR keine »chinesische Lösung«? Schließlich: Was hielt die bewaffneten Kräfte davon ab zu putschten? Die Antworten darauf sind essenziell, um zu verstehen, weshalb die Revolution von 1989 am Ende eine friedliche blieb. Ob die bewaffneten Organe der DDR ›nicht konnten, nicht wollten oder nicht sollten‹ ist auch von zentraler Bedeutung, um bewerten zu können, inwieweit sie verantwortlich, besonnen und verhältnismäßig oder rechtswidrig und verantwortungslos gehandelt haben. Die zeitgeschichtliche Forschung, insbesondere jene zur Militärgeschichte der DDR, hat die lange Zeit offenen Enden in den letzten Jahren zusammenführen können, sodass sich heute Abläufe und Ereignisse gut rekonstruieren lassen und Motive und Begründungszusammenhänge relativ klar zu erkennen sind. Der Zeithistoriker Martin Sabrow sieht nicht allein den wirtschaftlichen Niedergang der DDR und die offenkundig fehlende Unterstützung der Sowjetunion als Ursache für den Zusammenbruch der SED-Diktatur, sondern auch einen fundamentalen Legitimationsverlust von Gewalt als politischer Handlungsoption am Ende des Kalten Krieges. Dieser schleichende und dann plötzlich hervorbrechende »Übergang von der Achtung zur Verachtung der Gewalt« ließ das SED-Regime am Ende dann zurückschrecken, seine Herrschaft mit Panzern und Gewehren zu verteidigen (3.19 Sabrow, S. 22; 3.18 Sabrow, S. 14). Die im historischen Rückspiegel sicher zutreffende Einordnung unterschied sich allerdings deutlich von der Wahrnehmung vieler Akteure, die im Herbst 1989 mit einer Eskalation rechneten.

Organisation der bewaffneten Kräfte und »Einsatzhundertschaften« Die Führungsriege der SED mochte buchstäblich »alt aussehen« und keine Konzepte für politische, wirtschaftliche und soziale Reformen anbieten. Aber sie war keineswegs bereit, das Feld ohne Widerstand zu räumen. Den eigenen Bürgern traute das SED-Regime offenbar schon lange nicht mehr, aber dafür immer noch den eigenen Genossen. Beispielhaft zeigt das der Erlass von 1987, der Spitzen der SED und der Massenorganisationen, wie des Freien Deutschen Gewerkschaftsbunds (FDGB) und der Freien Deutschen Jugend (FDJ), die Erlaubnis zum Tragen von Schusswaffen für »eventuelle Notfallsituationen« erteilte. Wie sich im Nachgang der Friedlichen Revolution herausstellte, hatten die leitenden Genossen eifrig Gebrauch davon gemacht. Mit einer Regelung vom April 1988 wurde die FDJ, die Nachwuchsorganisation der SED, angewiesen, sich darauf einzustellen, alarmierungsbereite »Sonderformationen« in Zugstärke von 30 Mann auf allen Bezirks-, Kreis- und Stadtebenen aufzustellen, um im Bedarfsfall zur »Auflösung von Zusammenrottungen, Verhinderung bzw. Einschränkung provokatorischer Handlungen westlicher Medienvertreter« bereit zu stehen. Als sich die Situation im Frühherbst 1989 tatsächlich dramatisch verschärfte, forderte Honecker am 22. September von den 1. Sekretären der Bezirksleitungen der SED (also den obersten SED-Parteichefs auf regionaler Ebene), dass »diese feindlichen Aktionen im Keime erstickt werden«. Am 26. September erließ er in seiner Eigenschaft als Vorsitzender des Nationalen Verteidigungsrates den Befehl Nr. 8/89 über »Maßnahmen zur Gewährleistung der Sicherheit und Ordnung in der DDR anlässlich des 40. Jahrestags der DDR«. Eigentlich sollte der runde Republikgeburtstag am 7. Oktober mit einer Militärparade und umfangreichem Begleitprogramm in Ost-Berlin einen Glanzpunkt in der Geschichte der DDR setzen, zumal der sowjetische Staats- und Parteichef Gorbatschow seine Teilnahme zugesagt hatte. Nur einen Tag später, am 27. September, setzte der Minister für Nationale Verteidigung, Armeegeneral Heinz Keßler, Honeckers Vorgabe mit dem Befehl 105/89 in seinem eigenen Unterstellungsbereich um. Der folgenschwere Befehl (Dokument vollständig abgedruckt bei 3.9 Glaser, S. 34–37) ordnete nicht nur eine »Sicherungsperiode« vom 6. bis 9. Oktober und eine »verstärkte Grenzsicherung«, sondern vor allem die Aufstellung von »*Einsatzhundertschaften*« an, die sich aus mehreren in Berlin und Umgebung stationierten Verbänden zusammen setzen sollten (Wachregiment in Berlin und Strausberg, Mot. Schützenregiment 2 in Stahnsdorf, Luftsturmregiment 40 in Lehnin, Transporthubschraubergeschwader 34, Grenzausbildungsregimenter aus dem Großraum Potsdam–Berlin – insgesamt in Berlin 1250 Mann).

Die SED schien mit der Mobilisierung ihres Sicherheitsapparates ernst zu machen. Aber welchen Nutzen konnte sie sich davon versprechen? Für die Einsatzhundertschaften gab es weder vorangegangene Planungen noch irgendeine Ausbildung, keine Ausrüstung und vor allem keine rechtliche Grundlage. Die Aufstellung dieser Struktureinheiten aus den Reihen der NVA und der Grenztruppen bedeutete einen klaren Bruch mit der DDR-Verfassung. Der Name »Hundertschaft« erinnerte verblüffend an die gleiche Bezeichnung bei den Polizeikräften für ein Kompanieäquivalent, wodurch schon in der Begrifflichkeit die Nähe zu polizeilichen Aufgaben hergestellt wurde. Der Befehl legte schließlich fest, dass Waffen und Munition mitzuführen seien, ohne dass Aussagen über den Einsatz der Schusswaffe gemacht wurden. Ob die republikweit zeitweise 183 Einsatzhundertschaften der NVA und der Grenztruppen nur als »stille Reserve«, als Drohkulisse, zur aktiven Unterstützung polizeilicher Aufgaben oder in direkter Konfrontation mit Demonstranten eingesetzt werden sollten, blieb offen. Vor allem wussten die betroffenen Armeeangehörigen nichts über ihren Auftrag. Ein drittes Mal, nach dem Aufstand des 17. Juni 1953 und dem Mauerbau ab 13. August 1961, griff das SED-Regime im Herbst 1989 mit seinem Militär in eine »akute innenpolitische Lage ein« (3.9 Glaser, S. 9). Durch den offenen Bruch mit der DDR-Verfassung war das eine politische und moralische Bankrotterklärung der SED, des Ministeriums für Nationale Verteidigung und der NVA-Führung. Kein General der NVA, kein Truppenkommandeur demonstrierte oder verweigerte den Befehl. Unterhalb der oberen Führungsebene der NVA war der Einsatz im Innern absolut unpopulär. Hier sah man die DVP und das MfS in der Pflicht, nicht zuletzt, weil deren Vorgehen gegen Oppositionelle seit dem Frühjahr 1989 immer mehr zur Routine geworden war (u.a. 3.7 Die DDR im Blick der Stasi). Zahlreiche Stimmungs- und Meinungsbilder aus diesen Tagen zeigten zudem, dass sehr viele Armeeangehörige mit den Inhalten der Demonstranten sympathisierten. Sie erkannten in den vermeintlichen »Konterrevolutionären« ihre eigenen Nachbarn, Freunde und Verwandten und befanden sich damit in einem eklatanten Gewissenskonflikt, als »Soldaten des Volkes« gegen das eigene Volk vorgehen zu müssen.

Ähnliche Legitimationsprobleme gab es bei den »*Kampfgruppen der Arbeiterklasse*«. Diese hatten bereits ab 1988 Jahre mit dem neuen Ausbildungskonzept »Sperren und Räumen von Straßen und Plätzen« den Schwerpunkt vom paramilitärischen Schutz ihres Betriebes hin zum Einsatz gegen »feindlich negative Kräfte« im Innern geändert. Die dafür benötigte Ausrüstung (vor allem Schlagstöcke, Führungsketten, Handfesseln) sollte die Deutsche Volkspolizei einlagern. Ähnlich wie bei der NVA rumorte es bei den Kampfgruppen: Man erkannte die unklare Rechtslage, wollte nicht gegen Bürger vorgehen, die aus nachvollziehbaren Gründen friedlich demonstrierten, und sah die professionellen Sicherheitsorgane in der Pflicht. Die offene Kritik, nicht zur »Knüppelgarde« werden zu wollen, führte dazu, die umstrittene Ausbildungsvorschrift Ende April 1989 vorläufig außer Kraft zu setzen. Damit war endgültig klar: Auch auf die Kampfgruppen der Arbeiterklasse konnte sich das Regime nicht mehr verlassen.

Das galt überraschenderweise auch für die kasernierten Einheiten des Ministeriums des Innern, die *Volkspolizei-Bereitschaften* (VPB). Deren dezentral dislozierte Kräfte zählten insgesamt 12 500 Mann und waren ursprünglich für den Einsatz im Innern zur »Beseitigung von Störungen der Öffentlichen Ordnung und Sicherheit« und damit auch zur Niederschlagung von inneren Unruhen vorgesehen: also ein Szenario, das sich im Herbst 1989 anbahnte. Die paramilitärisch ausgerüsteten und ausgebildeten VP-Bereitschaften kämpften Ende der 80er Jahre jedoch mit ähnlichen Problemen wie NVA und Grenztruppen, denn etwa zwei Drittel ihrer Kräfte wurden im volkswirtschaftlichen Einsatz verschlissen. Darunter litten nicht nur die Motivation der älteren Berufskader, sondern vor allem die Ausbildung in polizeilichen Grundfertigkeiten. Im Herbst 1989 waren die VPB deshalb nur bedingt einsatzbereit. Gleichwohl hatte der Nationale Verteidigungsrat unter seinem Vorsitzenden Honecker bereits Ende 1988 einen Befehl erlassen, wonach VP-Bereitschaften gegen politisch widerständige Bürger eingesetzt werden sollten.

Für die *Deutsche Volkspolizei* (DVP) gehörte das Vorgehen gegen Oppositionelle und Demonstranten, gemeinsam mit MfS und VPB, seit dem Frühjahr 1989 zum »Standardprogramm« (3.17 Niemetz, S. 55). Mit dem Prinzip der »Zuführung« verfügte die DVP über eine Vorstufe der Festnahme oder Verhaftung, für die sie nicht einmal eine Begründung benötigte. Nach einem anschließenden Verhör konnte eine formelle Verhaftung oder Freilassung erfolgen. Übergriffe und Misshandlungen waren keine Seltenheit und förderten das Misstrauen von immer mehr Bürgern gegenüber »ihrer« Volkspolizei. Als die Zahl der Demonstrationen und der Demonstranten im September sprunghaft anstieg, kamen die Polizeikräfte an ihre Grenzen. Großlagen mit Zehntausenden Demonstrierenden, wie man sie das letzte Mal beim Aufstand rund um den 17. Juni 1953 erlebt hatte, waren für die Volkspolizei neu. Die DVP verfügte zum Beispiel über Wasserwerfer, hatte diese aber bislang nie einsetzen müssen. Viele Volkspolizisten beklagten, dass sie sich bei den Einsätzen von der Staats- und Parteiführung allein gelassen fühlten. Am 2. Oktober wuchs die Zahl der Demonstranten in Leipzig so stark an, dass die Demo erst durch den massiven Einsatz von Bereitschaftspolizisten mit Helm, Schild und Schlagstock aufgelöst werden konnte.

Das mächtige *Ministerium für Staatssicherheit* reagierte in der angespannten Situation des Spätsommers und Herbstes 1989 zunehmend nervöser und schien zugleich zu äußerster Brutalität entschlossen. Die im Verlauf des Jahres durchgeführte MfS-Planübung »Brennweite 89« gegen »Demonstrativhandlungen« und die »Zusammenrottung von Personen« endete mit Festnahmen oder »Liquidierung« (3.5 Bröckermann, S. 131). Als Stasi-Minister Armeegeneral Erich Mielke auf einer Dienstbesprechung am 31. August fragte, ob ein neuer »17. Juni« drohe, verneinten dies seine Generale. Aber trotz seines weit gespannten Spitzelnetzes und zunehmenden Drucks auf die oppositionellen Kräfte gelang es dem MfS nicht, das Anschwellen der Proteste zu verhindern (3.8 Giesecke).

Prag, Deutsche Botschaft, 30. September Im September begannen sich aus den kirchlichen und oppositionellen Protestgruppen neue Bürgerbewegungen wie das »Neue Forum«, »Demokratie jetzt« oder der »Demokratische Aufbruch« zu formieren, die immer sichtbarer und selbstbewusster ihren Protest auf die Straßen trugen. In Leipzig begannen am 4. September die sogenannten Montagsdemonstrationen, die schnell stark anwuchsen und am 2. Oktober bereits 20 000 friedliche Demonstranten mobilisierten. Überall in der Republik forderten entschlossene, teilweise wütende, aber friedlich demonstrierende DDR-Bürger Reformen, Meinungsfreiheit und die Aufhebung von Reisebeschränkungen. Viele, die keine Zukunft mehr in der DDR sahen und den Weg über Ungarn nicht gehen konnten oder wollten, suchten Unterschlupf in den bundesdeutschen Botschaften in Ost-Berlin, Warschau und Prag. In der deutschen Vertretung in Prag herrschten Ende September dramatische Zustände, als etwa 6000 Flüchtlinge auf eine politische Lösung warteten. Als der bundesdeutsche Außenminister Hans-Dietrich Genscher am 30. September auf dem Balkon der Prager Botschaft die historischen Worte verkündete: »Wir sind zu Ihnen gekommen, um Ihnen mitzuteilen, dass heute Ihre Ausreise möglich geworden ist«, ahnte niemand, welch dramatischen Verlauf die Massenausreise in den folgenden Tagen nehmen würde. Die DDR bestand darauf, dass die Ausreise mit mehreren Sonderzügen der DDR-Reichsbahn über das eigene Staatsgebiet erfolgen musste, um so wenigstens den Anschein einer offiziellen »Ausreise« aufrechtzuerhalten. Um die weitere Ausreisewelle zu stoppen, setzte die DDR am 3. Oktober den visafreien Reiseverkehr mit der ČSSR aus, sodass Tausende Ausreisewillige DDR-Bürger nun »zurückfluteten«.

Dresden, 4.–8. Oktober Am 4. Oktober protestierten bis zu 8000 Bürger vor dem Dresdner Hauptbahnhof: Die einen wollten Reformen, die anderen den vielleicht letzten Zug in die Freiheit erwischen. Die Sicherheitskräfte waren zahlenmäßig deutlich unterlegen und in vielfacher Hinsicht überfordert. Als die Volkspolizei-Bereitschaften den Bahnhof räumten, eskalierte die Situation. Es flogen Pflastersteine und Brandflaschen, ein Funkstreifenwagen der Transportpolizei ging in Flammen auf, im Innern des Bahnhofs wurden einige Geschäfte verwüstet: Es lag »Bürgerkriegsstimmung« in der Luft (3.26 Lindner, S. 73). Am Ende gelang es den Sicherheitskräften nur unter massivem Aufgebot an Polizei, mit Schlagstöcken, Wasserwerfern und Tränengas den Bahnhof zu räumen. Bis zum 8. Oktober hielten die Gewalttätigkeiten rund um den Dresdener Hauptbahnhof und entlang der Bahnstrecken an. Die NVA unterstützte in dieser unübersichtlichen Situation mit insgesamt 18 Einsatzhundertschaften, die am 5. Oktober ihre Schusswaffen und Munition abgegeben und gegen Schlagstöcke und Schutzschilde getauscht hatten. Am 6. Oktober wurde aus einer Hundertschaft ein »Greiftrupp« gebildet, der gezielt Personen ergriff und der Polizei übergab. Es blieb die einzige gewalttätige Konfrontation zwischen NVA-Angehörigen und Demonstranten in diesen heißen Herbsttagen. Obgleich die Einsatzhundertschaften vor allem in Reserve gehalten wurden und vorwiegend Sicherungs- und Sperraufgaben übernahmen, wurden etliche Soldaten von den Demonstranten beschimpft. Mehr als 1300 Personen wurden in diesen Tagen in Dresden der Polizei »zugeführt« und ein Drittel von ihnen misshandelt, wie eine unabhängige Untersuchungskommission später feststellte. 77 VP-Angehörige erlitten Verletzungen, über die Zahl der verletzten Demonstranten liegen keine offiziellen Angaben vor, aber sie dürfte erheblich gewesen sein. Der Druck der Straße war schließlich so groß, dass sich die örtliche SED-Führung und Verantwortliche der Stadt Dresden am 8. Oktober auf Absprachen mit Vertretern der Kirchen und der Oppositionsgruppen einließen und sich die Situation vor Ort erst einmal entspannte: »So erzwangen sehr verschiedene Kräfte am 8./9. Oktober einen Dialog und eine Sicherheitspartnerschaft – einmalig in der Geschichte der DDR« (3.10 Glaser, S. 18). Insgesamt blieb die Lage aber weiter angespannt. Im Dresdner Staatsschauspielhaus artikulierten Schauspieler jeden Abend öffentlich ihren Protest, der die Dramatik der Ereignisse noch einmal unterstrich: »Ein Volk, das zur Sprachlosigkeit gezwungen wurde, fängt an gewalttätig zu werden« (3.26 Lindner, S. 73). Alarmierend hieß es einige Wochen später in einem MfS-Bericht, man müsse »seit Dresden in anderen Dimensionen denken, aus [einem] Schneeball darf keine Lawine werden.«

Berlin, 7./8. Oktober Am 7. Oktober spitzte sich die Lage weiter zu. Für das »Jubiläum 40«, den runden Geburtstag der DDR, wollte das SED Regime in der Hauptstadt mit einer Mischung aus Militärparade und volksfestartigen Angeboten die Leistungsfähigkeit und Entschlossenheit des sozialistischen Deutschland unter Beweis stellen: eine machtvolle Demonstration der Stärke, auch gegenüber den friedlichen Demonstranten. Anders als in Dresden hatte in Berlin das MfS die Gesamtverantwortung für die Absicherung übernommen, mit dem Zugriff auf die gewaltige Zahl von 23 000 Sicherheitskräften, darunter 15 000 Angehörige der Volkspolizei, mehrere Kompanien des MfS-Wachregiments »Feliks Dzierżyński«, etwa 700 MfS-Mitarbeiter in Zivil sowie 2000 »gesellschaftliche Kräfte«, also zuverlässige SED-Kader. Weil an diesem Tag alle Augen auf Berlin gerichtet waren, darunter die zahlreicher ausländischer Journalisten, setzte das Regime auf ein eher defensives Sicherheitskonzept: Prügelnde Polizisten und schreiende Demonstranten sollten keinesfalls auf den abendlichen Fernsehbildschirmen zu sehen sein. Dennoch eskalierte auch hier die Situation, als ein Demonstrationszug erst abgedrängt und anschließend unter Einsatz von Wasserwerfern und Schlagstöcken brutal aufgelöst wurde; Hunderte Demonstranten wurden festgesetzt. Ähnliche Szenen spielten sich in Jena, Magdeburg, Ilmenau, Arnstadt, Karl-Marx-Stadt (Chemnitz) und Potsdam ab. Im sächsischen Plauen demonstrierten 10 000 Bürger friedlich für politische Veränderungen und Reformen, bis die Bereitschaftspolizei die Nerven verlor, ein Tanklöschfahrzeug der Feuerwehr zum Wasserwerfer umfunktionierte und die Situation eskalierte.

Leipzig, 7./9. Oktober Auch in Leipzig kam zum »Jubiläum 40« keine Jubelstimmung auf. Bereits am 5. und 6. Oktober wurden in der »Leipziger Volksstimme« Leserbriefe von angeblichen Kommandeuren der Kampfgruppen abgedruckt, in denen diese verkündeten, gegen »die Feinde unserer DDR« entschieden vorzugehen, »Wenn es sein muss mit der Waffe in der Hand!« (3.17 Niemetz, S. 78; 1.79 Uniting Germany, Dok. 14, S. 55 f.). In der Öffentlichkeit war die Stimmung daraufhin so aufgeheizt, dass man sich genötigt sah, in Leipzig auf den ursprünglich geplanten Einsatz von Kampfgruppen zu verzichten. Am 4. Oktober wurden an die in Leipzig eingesetzten Einsatzhundertschaften der NVA Waffen und Munition ausgegeben, nach wenigen Stunden jedoch wieder eingezogen und dafür Schlagstöcke verteilt. In den Krankenhäusern richtete man sich auf den Massenanfall von Verwundeten ein und stellte zusätzliche Blutkonserven bereit. Am 7. Oktober ging die Staatsmacht dann in Leipzig mit unverhältnismäßiger Härte gegen die Demonstranten vor, wieder mit Schlagstöcken, mit Hunden und unter Einsatz von Wasserwerfern, unter Inkaufnahme vieler Verletzter und einhergehend mit stundenlangem Festhalten friedlicher Demonstrantinnen und Demonstranten unter teilweise menschenunwürdigen Bedingungen.

Für den 9. Oktober war in Leipzig die nächste Montagsdemonstration angesetzt und man musste mit dem Schlimmsten rechnen (1.34 Sarotte, S. 49–82). Die Staatsmacht bäumte sich noch einmal auf mit einem massiven Aufgebot an Volkspolizei, MfS, NVA-Einsatzhundertschaften und

Kampfgruppen. Aber erste Risse wurden sichtbar, zahlreiche Kämpfer der Arbeitermiliz und etliche junge Bereitschaftspolizisten wollten nicht als »Knüppelgarde« missbraucht werden. Für die später von Gregor Gysi und Manfred Gerlach in die Welt gesetzte Aussage, dass es am 9. Oktober »Schießbefehle« gegen Demonstranten gegeben habe, gibt es keinerlei Beweise (1.46 Keithly, S. 222; 1.42 Digutsch, S. 53; 1.41 Die Vereinigung Deutschlands, S. 64). Dass die Situation an diesem Abend nicht eskalierte, hatte mehrere Ursachen. Namhafte Bürger appellierten an die Besonnenheit und Gewaltlosigkeit, darunter die »Leipziger Sechs« mit dem hoch geachteten Gewandhauskapellmeister Kurt Masur. Nicht nur die Friedlichkeit, auch die gewaltige Zahl von 70 000 Demonstrierenden ließ die Einsatzkräfte kapitulieren. Wahrscheinlich ist es kein Zufall, dass erstmals an diesem 9. Oktober ein Slogan zu hören war, der der Friedlichen Revolution Flügel verleihen sollte: »Wir sind das Volk« (3.33 Zwahr).

Der 9. Oktober markiert einen Wendepunkt: Die Gewaltfrage im Herbst '89 war an diesem Tag eigentlich entschieden. Natürlich wären Volkspolizei, MfS und Volksarmee mit ihren Kräften in der Lage gewesen, die Demonstration zu sprengen, aber um welchen Preis? Die Risiken eines Bürgerkriegs mit einem unzuverlässigen Sicherheitsapparat und einer weiteren internationalen Isolation der DDR wären nicht beherrschbar gewesen. Zudem wartete die zuständige Bezirkseinsatzleitung der SED auf klare Weisungen aus Berlin, die einmal mehr ausblieben. Am 9. Oktober verlor das SED-Regime auch den Kampf um die Bilder. Systematisch hatten die Sicherheitsorgane seit September die Anwesenheit westlicher Journalisten verhindern können. Aber man hatte nicht mit der Entschlossenheit und Kreativität der eigenen Bürger gerechnet. Zwei mutigen »Videodesperados« gelang es am 9. Oktober, Aufnahmen von den Demonstrierenden zu machen und diese noch am gleichen Abend auf abenteuerliche Weise in den Westen zu verbringen, wo sie kurz darauf in den »Tagesthemen« zu sehen waren (1.34 Sarotte, S. 75–82). Damit waren die Bilder in der Welt: vom ersten großen Sieg über die SED-Diktatur.

Warum verlief die Revolution friedlich? Auf die Frage, warum die Revolution von 1989/90 am Ende friedlich verlief, gibt es nicht nur eine Antwort. Natürlich trugen die Hunderttausenden standhaft demonstrierenden DDR-Bürger ein Hauptverdienst. Es war das Zusammenwirken von »Opposition und Massenbewegung« (1.33 Rödder, S. 22), die durch immer mutigeres, drängenderes und frecheres Vorgehen die argumentativen Phrasen des Parteiapparates offenlegten. Sie bestimmten zunehmend den Kommunikationsraum und schufen damit eine wesentliche Voraussetzung, um die SED-Diktatur von der politischen Bühne zu fegen. Der

Ruf »keine Gewalt« richtete sich natürlich vor allem an die Sicherheitskräfte. Er mahnte aber ebenso die Demonstranten, durch Besonnenheit keinen Anlass zur Eskalation zu geben. Der Vorwurf einer bevorstehenden Konterrevolution lief so ins Leere: In den Bürgerprotesten manifestierte sich die Legitimitäts-, nicht die Systemfrage. Der Staatsmacht wurde so jede legitime Begründung für ein hartes Durchgreifen aus der Hand genommen. Unabhängig von allen moralischen Einordnungen wäre ein noch härterer Einsatz der Sicherheitsorgane unter Bündelung aller Kräfte punktuell vielleicht sogar machbar gewesen, zumal die leitenden Kader diese Möglichkeiten in Erwägung zogen. Insbesondere die Anwendung von Schusswaffen schwebte wie ein Damoklesschwert über den Protesten. Aber die Mehrheit der Angehörigen der NVA, der Grenztruppen und der Kampfgruppen war nicht bereit, Gewalt einzusetzen. Bei aller Ambiguität des Selbstbilds, eine »Friedensarmee« und »Volksarmee« zu sein, hätte ein strukturierter und massiver Einsatz gegen die Demonstranten die NVA-Einheiten zerrissen. Selbst die Volkspolizei-Bereitschaften, die als Speerspitze hätten eingesetzt werden können, verfügten in der Breite nicht über die notwendigen polizeitaktischen Fähigkeiten. Die personell stärksten bewaffneten Organe der DDR erwiesen sich in der Zuspitzung der Krise als schwach und vor allem als politisch nicht soweit gefestigt, wie es die SED-Führung voraussetzte und benötigt hätte. Schließlich hätte es eines politischen Willens bedurft, einer Anordnung oder wenigstens einer Zustimmung der SED-Spitze, weiter an der Gewaltspirale zu drehen. Doch allem schrillen Agitationsgeschwätz zum Trotz fehlte es der Partei an der Kraft und am Willen (1.7 Fulbrook, S. 252–257). Insofern hatten auch die Spitzenfunktionäre der SED und die Führung der Sicherheitskräfte weniger Verdienst, aber in jedem Fall Anteil am friedlichen Verlauf der Revolution.

Dass sich die gewaltsame Niederschlagung des Aufstands vom 17. Juni 1953 mit »Waffen gegen das Volk« (1.3 Diedrich) im Herbst 1989 nicht wiederholte, hat ohne Zweifel auch mit dem Verhalten der Sowjetunion zu tun. Die DDR war ein Produkt von Moskaus machtpolitischen Interessen, weswegen sich die Macht der SED-Diktatur immer auch auf die Gewehre der sowjetischen Besatzungstruppen stützte. Gorbatschows politische Agenda war eindeutig: Bereits im Sommer hatte Moskau Ost-Berlin mehrfach gewarnt, dass die sowjetischen Truppen bei einer Konfrontation zwischen SED-Regime und Bevölkerung nicht eingreifen würden (3.20 Uhl, S. 154). Eine sowjetische Intervention verbot sich nicht nur aus moralischen, sondern auch aus machtpolitischen Gründen. Zum einen hätte ein sowjetisches Eingreifen die Erfolge bei der Rüstungskontrolle und der Überwindung des Kalten Krieges zunichte gemacht. Die gesamte Entwicklung der Perestroika wäre unglaubwürdig und vielleicht sogar zum Scheitern verurteilt gewesen. Und schließlich hätten die wirtschaftlich so eminent wichtigen Beziehungen zur Bundesrepublik unwiederbringlich Schaden genommen (1.63 Bröckermann, S. 828–832; 1.94 Gorbatschow, S. 84). Das konnte sich die Sowjetunion, im wahrsten Sinn des Wortes, nicht leisten. Nach Polen und Ungarn begann jetzt, nicht zuletzt unter dem Eindruck des Falls der Mauer, auch in anderen Ostblockstaaten die kommunistische Herrschaft zusammenzubrechen: zuerst in Bulgarien am 10. November und der Tschechoslowakei am 28. November, Ende Dezember dann in Rumänien. Nicht überall verfügte die Sowjetunion über Besatzungstruppen und selbst wenn, wäre ein militärisches Eingreifen bei allen »Brudervölkern« kaum zu realisieren gewesen.

Schaut man wieder auf die DDR, dann ist die Argumentation des Historikers Martin Sabrow hilfreich, der das »Klischee einer desorientierten SED-Gerontokratie« nicht ohne Weiteres gelten lässt und stärker auf strukturelle Gründe hinweist. Sicherlich führten Honeckers schwere Erkrankung im Sommer 1989 und seine sichtliche Schwächung, als er im September auf die politische Bühne zurückkehrte, zu Sprachlosigkeit und einer »inneren Lähmung der SED-Führung« (3.19 Sabrow, S. 22 f.). Anfang Oktober begann sich die Macht jedoch immer mehr zugunsten von Egon Krenz (Stellvertretender Vorsitzender des Staatsrates und zweiter Mann hinter Honecker), Hans Modrow (1. Sekretär der SED-Bezirksleitung Dresden) und Günter Schabowski (Mitglied des Politbüros und 1. Sekretär der SED-Bezirksleitung Berlin-Ost) zu verschieben. Für sie war Gewaltverzicht die Conditio sine qua non, um Honeckers politisches Erbe anzutreten. Jede Eskalation der Gewalt hätte die Position der Hardliner in der Staats- und Parteiführung nur gefestigt. Ähnlich wie bei Gorbatschow mögen moralische Bedenken eine Rolle gespielt haben, aber es ging der neuen Politspitze der SED am Ende auch, vermutlich sogar vordringlich, um die Macht. Ihr Weg der »kompromisslosen Friedfertigkeit« (3.19 Sabrow, S. 26) hatte mithin eine knallharte machtpolitische Dimension.

Gleichwohl entwickelte sich rasch das Narrativ, die Volksarmee hätte sich aktiv gegen den Einsatz von Gewalt gestellt. Sie hätte, im weitesten Sinn, sogar Widerstand geleistet, durch besonnenes Handeln eine Eskalation verhindert und damit ihren Beitrag zum Sieg der Revolution geleistet. Dieser Versuch der historischen Legitimation entsprach, wie wir gesehen haben, nicht den Tatsachen. Aber er schuf ein Deutungsangebot, mit dem aus der Volksarmee eine »wahre Armee des Volkes« werden konnte. Nicht nur die Führungsspitze der NVA, selbst der letzte Verteidigungsminister der DDR, Rainer Eppelmann, bediente sich dieser Meistererzählung, die bis heute in der Welt ist. Tatsächlich hatte sich die militärische Führung im Herbst 1989 so verhalten wie immer: Sie folgte den Befehlen der Partei, und nur weil von dieser keine (mehr) kamen, blieben die entsprechenden Maßnahmen aus (1.73 Armee ohne Zukunft, S. 11; 1.48 Ovens, S. 231). Dass sich die NVA am Ende so passiv verhielt, ist kaum auf bessere Einsicht ihrer Führung zurückzuführen; wäre diese vorhanden gewesen, hätte die NVA-Führung dagegen opponieren müssen, ihre Soldaten im Innern gegen die Verfassung einzusetzen. Stattdessen wurde der Verfassungsbruch billigend in Kauf genommen. Die hier zu konstatierende Paralyse der DDR-Streitkräfte steht beispielhaft für eine an der Spitze führungsschwache und an der Basis stark verunsicherte Armee, die bis zum Schluss loyal zu ihrer politischen Führung stand.

Öffnung der Mauer Während in den Wochen danach immer mehr Menschen in der DDR für politische Veränderungen demonstrierten, nahm die interne Kritik in der SED-Führung zu. Im Fokus stand der seit 1971 an der Spitze von Staat und Partei stehende Honecker. In einer Sitzung des Politbüros, des höchsten Entscheidungsgremiums im SED-Staat, zwangen Honeckers engste Vertraute den vormals mächtigsten Mann der DDR am 17. Oktober zum Rücktritt. Unter den »Königsmördern« war auch Krenz, der schon seit Jahren als Honeckers »Kronprinz« galt. In seiner Antrittsrede als Generalsekretär des ZK vom 18. Oktober, die sich in ihrer Inhaltsleere kaum vom Politsprech vergangener Tage unterschied, wählte Krenz allerdings eine Formulierung, die eine ungeahnte Wirkung entfaltet sollte: »Mit der heutigen Tagung werden wir eine Wende einleiten, werden wir vor allem die politische und ideologische Offensive wiedererlangen« (3.23 Antrittsrede). Der Begriff der »Wende« suggerierte, dass die politischen Veränderungen von der SED ausgehen würden. Tatsächlich lag das Momentum aber schon lange bei dem immer vehementer protestierenden Staatsvolk und der Bürgerbewegung. Vor allem gab es keinerlei Anzeichen, dass die SED ihren Herrschaftsanspruch als alleinige Staatspartei aufgeben würde. »Wende« wird, wie kein anderer Begriff, bis heute für die revolutionären Veränderungen von 1989/90 gebraucht. Aber er greift zu kurz, entstammt einem vollkommen anderen Kontext und war ursprünglich anders gemeint. Und dennoch hat sich »Wende« als politisches Narrativ etabliert.

Die Empörung über das SED-Regime riss indes nicht ab, und die Demonstrationen weiteten sich aus. Am 23. Oktober skandierten 300 000 Menschen in Leipzig »Wir sind das Volk!« Am 4. November demonstrierten etwa eine Million Menschen in Berlin. Selbst wenn hier die Rahmenbedingungen etwas anders waren, so zeigt allein die Mobilisierung so vieler Menschen, wie tief der Frust in der DDR-Bevölkerung saß. Immer mehr namhafte Persönlichkeiten, Intellektuelle und Kulturschaffende äußerten sich jetzt öffentlich und forderten Rechtsstaatlichkeit, Pluralismus, persönliche Freizügigkeit und damit auch Reisefreiheit. Die Fluchtbewegungen über die Tschechoslowakei und Ungarn in die Bundesrepublik hielten weiter an. Auch innerhalb der NVA und der Grenztruppen nahmen die kritischen Diskussionen zu, mit eindeutiger Zielrichtung auf die weiterhin schweigende militärische Führung, namentlich den Minister für Nationale Verteidigung, Armeegeneral Keßler.

Mit einer neuen Reiseverordnung wollte die SED-Führung Druck aus dem Kessel nehmen und gleichzeitig durch ein gestaffeltes bürokratisches Verfahren Zeit gewinnen. Am Nachmittag des 9. November stimmten das (mittlerweile neu gewählte) Politbüro und das ZK der SED ihr zu (1.34 Sarotte, S. 127–167). Als Politbüromitglied Schabowski am Abend des gleichen Tages auf einer live vom DDR-Fernsehen übertragenen Pressekonferenz zum neuen Reisegesetz befragt wurde, war er weder mit dem Wortlaut noch mit der zeitlichen Abfolge der Neuregelung vertraut. So verlas er die eigentlich für den nächsten Tag bestimmte Pressemitteilung zu »ständigen Ausreisen«, die über »alle Grenzübergangsstellen der DDR zur BRD erfolgen«, und antwortete auf die Frage eines Journalisten, wann dies in Kraft trete, mit dem historischen Satz: »Das tritt nach meiner Kenntnis ... ist das sofort, unverzüglich.« (1.79 Uniting Germany, Dok. 8, S. 77 f.). Die sensationelle Nachricht verbreitete sich über westliche Medien in Windeseile. Ab 19 Uhr drängte sich eine ständig wachsende Zahl von Ost-Berliner Bürgern vor den Grenzübergangsstellen (GÜST). Ohne jede Planung, Absprache und Information der Sicherheitskräfte entstand dort eine außerordentlich gefährliche Situation. Der Chef der Grenztruppen, Generaloberst Klaus-Dieter Baumgarten, stellte später durchaus selbstkritisch fest: »Wir hatten die Grenzer im Stich gelassen« (1.82 Baumgarten, S. 196). Der militärische Führungsrat tagte an diesem Abend in Strausberg – und reagierte nicht! Auch wenn das Personal an allen GÜST die Uniform der Grenztruppen trug, handelte es sich in Wahrheit um »getarnte« hauptamtliche Mitarbeiter des MfS. Ohne Weisungslage bedeutete eine eigenmächtige Öffnung der Grenze formal einen rechtswidrigen Grenzdurchbruchsversuch, der hätte verhindert werden müssen. Auch wenn der Einsatz der Schusswaffe bei »rechtswidrigem Grenzübertritt« schon Anfang des Jahres strikt untersagt wurde, konnte niemand wissen, wie das Personal der GÜST in der zunehmend unübersichtlichen Situation reagieren würde. Am Ende sorgte der zunehmende Druck auf die GÜST dafür, dass der diensthabende Offizier, Oberstleutnant des MfS Harald Jäger, um 23:25 Uhr den Befehl gab: »Wir fluten jetzt« (3.12 Hertle, S. 180 ff., 382 ff.). Kurz nach Mitternacht öffneten sich an allen Grenzübergängen die Schlagbäume für Zehntausende DDR-Bürger, die von Ost- nach Westberlin strömten. In einer Stimmung aus Fassungslosigkeit und überschwänglicher Freude hörte man in dieser Nacht immer wieder das Wort »Wahnsinn!« Der Schriftsteller Durs Grünbein hat die Dramatik jener Nacht auf den Punkt gebracht: »Man hörte Sektkorken knallen, die einzigen Schüsse, die in dieser Nacht fielen« (3.31 Sektkorken).

Während Millionen Deutsche feierten und allein in den ersten drei Tagen drei Millionen DDR-Bürger ohne Kontrollen West-Berlin oder die Bundesrepublik besuchten, ahnte niemand, dass sich die Sicherheitslage im Hintergrund noch einmal zuspitzte. Unmittelbar nach der Öffnung der Mauer erteilte der Minister für Nationale Verteidigung, Keßler, am 10. November der 1. Mot. Schützendivision in Potsdam und dem Luftsturmregiment 40 in Lehnin den mündlichen Befehl, »erhöhte Gefechtsbereitschaft« herzustellen. Im Artillerieregiment 1 in Oranienburg wurden sogar Waffen und Munition ausgegeben, mit dem Ziel, gegen »Mauerbesetzer« in Berlin vorzugehen. Warum das MfNV dazu nicht seinen Einsatzhundertschaften den Marschbefehl erteilte, ist bis heute nicht klar. Die Fallschirmjäger des Luftsturmregiments 40 waren im Häuserkampf und in der Bekämpfung von Kleingruppen »hinter der Front« geschult und galten zudem als eine politisch zuverlässige Elite. Die Alarmierung von Truppenteilen der NVA lässt die Überlegung einer militärischen Option »zumindest vermuten« (2.19 Ehlert, S. 433; 3.13 Hertle, S. 216). Auch wenn der Befehl kurz darauf wieder aufgehoben wurde, sicherten immerhin noch zwei Hundertschaften der NVA vom 10. bis zum 12. November einen Grenzabschnitt am Brandenburger Tor, um ein »gewaltsames Überwinden« des Grenzabschnitts zu verhindern. Entschlossenes Handeln hätte anders ausgesehen.

Danach spielten NVA und Grenztruppen für den Fortgang der Friedlichen Revolution und den sich anbahnenden Vereinigungsprozess zwar kaum noch eine Rolle im Sinn einer »pars activa«. Ihre Bedeutung als »pars passiva« wuchs hingegen, denn Umfang, Struktur und Verortung der Streitkräfte in der DDR, einschließlich der hier stationierten sowjetischen Truppen, standen schon bald im Mittelpunkt des Interesses. Vor allem für die NVA wurden die letzten Monate die dramatischsten in ihrer Geschichte.

Der Zusammenbruch des SED-Regimes

Die Mauer war eine Krücke, ohne die die DDR nicht leben konnte. Ihr Bau sicherte der SED seit 1961 das politische Überleben; ihr Einsturz läutete 1989 das Ende der SED-Herrschaft ein. Unter den Trümmern des am 9. November zusammenbrechenden antifaschistischen Schutzwalls konnte sich die alte Führung unter Egon Krenz nicht mehr halten. Die Demonstrationen gegen die SED-Willkürherrschaft nahmen weiter zu

▲ Montagsdemo in Leipzig am 9. Oktober 1989 mit mehr als 70 000 Teilnehmern.
picture alliance/Volkmar Heinz/dpa-Zentralbild/ZB|Volkmar Heinz

▲ Tausende Ost- und Westberliner strömen in der Nacht vom 9. zum 10. November 1989 zur geöffneten Grenzübergangsstelle Bornholmer Brücke. *picture alliance/Caro|Kaiser*

▲ Feierlaunige Menschen auf der Berliner Mauer mit einer DDR-Fahne – das Staatswappen mit Hammer, Zirkel und Ährenkranz wurde herausgeschnitten. *IMAGO/imagebroker*

▲ Dresden Neustadt: Schriftzug am MfS-Gebäude in der Bautzener Straße, 1989/90.

IMAGO/Rolf Zöllner

und veränderten nun sichtbar ihren Tenor. Es ging nicht mehr nur um Reformen, sondern um eine radikale Veränderung der politischen Verhältnisse. Immer mehr Stimmen waren zu hören, die eine Vereinigung beider deutscher Staaten forderten. Am 13. November hörte man auf der Leipziger Montagsdemonstration erstmals neben den Sprechchören »Wir sind das Volk« auch »Wir sind ein Volk« und auf phantasievollen Transparenten waren Texte zu lesen wie »Mit Herz und Verstand, Deutschland einig Vaterland« – ein ironischer Hinweis auf einen Liedvers der, offiziell nicht gesungenen, DDR-Nationalhymne. Einige Demonstranten schwenkten schwarz-rot-goldene Fahnen mit herausgeschnittenem DDR-Emblem.

Die erste öffentliche Abrechnung mit dem SED-Regime erfolgte auf der Volkskammersitzung am 13. November, mit der Abberufung des alten Ministerrats und der Vereidigung einer neuen Regierung unter Hans Modrow als neuem Vorsitzenden des Ministerrats (= Ministerpräsident). Modrow übernahm sein Amt mit einer schweren Hypothek, denn als Chef der Bezirkseinsatzleitung der SED in Dresden trug er die Gesamtverantwortung für den brutalen Einsatz der Sicherheitskräfte rund um den Dresdner Hauptbahnhof vom 4. bis 9. Oktober.

Der Abgesang der alten Nomenklatur verdichtete sich im jämmerlichen Auftritt des jahrzehntelang gefürchteten MfS-Chefs Erich Mielke und seinem hilflosen Gestammel »ich liebe doch alle ... alle Menschen«. Die Volkskammer beschloss die Umbenennung des MfS in ein Amt für Nationale Sicherheit (AfNS), wodurch sich allerdings weder formal noch personell viel änderte. Die Bürgerbewegung beobachtete diesen »MfS-Klon« (1.63 Bröckermann, S. 852) sehr genau und deckte immer mehr kriminelle Machenschaften der Stasi auf, wie Waffenschiebereien oder das Netz der »Kommerziellen Koordinierung« (KoKo) von Alexander Schalck-Golodkowski. Das AfNS wiederum beschäftigte sich weiterhin mit der »Feindbekämpfung« und versuchte den Personalkörper und das Spitzelnetz zu erhalten. Vor allem erlaubte man den ehemaligen Stasi-Mitarbeitern, ungehindert Akten zu vernichten. Letzteres war ein folgenschwerer Fehler, der die politische und historische Aufarbeitung des Unterdrückungsapparates nachhaltig zurückwerfen sollte. Bürgerrechtler behinderten durch die Besetzung von Kreis- und Bezirksämtern des MfS die fortgesetzte Vernichtung von Akten und erhöhten so den politischen Druck. Am 14. Dezember wurde das AfNS zwar wieder aufgelöst und in einen Verfassungsschutz und einen Nachrichtendienst der DDR umgewandelt. Aber erst im Sommer 1990 konnten die Reste der MfS-Organisationen einigermaßen unter rechtsstaatliche Kontrolle gebracht werden.

Die Erosion des SED-Regimes war nicht mehr aufzuhalten. Mit überwältigender Mehrheit strich die Volksammer am 1. Dezember den Führungsanspruch der SED aus der DDR-Verfassung. Die SED löste sich nicht auf, signalisierte aber mit dem neuen Doppelnamen »SED-PDS« (Partei des Demokratischen Sozialismus) und dem charismatischen Gregor Gysi als neuem Parteivorsitzenden den Willen zur Veränderung – ohne einen radikalen Bruch zu vollziehen.

Die DDR-Bürger entdeckten sich jetzt immer mehr als mündige Staatsbürger. Die weitgehend von Zensur befreite Presseberichterstattung schuf einen völlig neuen Diskurs- und Informationsraum, der jetzt auch vor den abgeriegelten Kasernen der bewaffneten Organe nicht mehr Halt machte. Beispielhaft berichtete das aufmüpfige Fernsehmagazin »Elf 99« über das MfS-Wachregiment »Feliks Dzierżyński«. Es zeigte Soldaten, die sich nicht mehr als »Stasi-Schweine« beschimpfen lassen wollten und provokativ ein Transparent vor die Kamera hielten mit dem Text: »Wir sind auch das Volk!« Kurz danach löste die Modrow-Regierung das Wachregiment auf.

Im Winter 1989/90 gärte es überall und die DDR stand »am Rande des Abgrunds« (1.27 Jarausch, S. 119). Auf den weiterhin stark anwachsenden Demonstrationen gerieten Verfechter einer unabhängigen DDR und Anhänger eines geeinten Deutschland immer wieder aneinander. Die verunsicherte Volkspolizei war kaum noch Willens einzugreifen und hielt sich zurück. Und die Vertreter der alten politischen Klasse hatten mit ihrer Glaubwürdigkeit den letzten Rest an Amtsautorität verloren. Immer deutlicher trat das desolate Ausmaß von mehr als 40 Jahren politischer Repression und ökonomischer Misswirtschaft ans Tageslicht. Der Strom frustrierter DDR-Bürger, die ihrem Land den Rücken kehrten, riss nicht ab. In dieser ohnehin schwierigen Lage erwies sich die Regierung Modrow als schwach. Sie hoffte auf politischen Kredit ihrer Bürger, auf finanzielle Unterstützung durch die Bundesrepublik ohne politische Gegenleistungen, und sie setzte auf Zeit – all dies bekam sie nicht. Als Reaktion auf die zunehmende politische Lähmung entstanden überall in der DDR Runde Tische. Dabei handelte es sich um mit Vertretern der bisherigen Regierung und der Opposition paritätisch besetzte Foren, in denen hierarchiefrei und unter Wahrung wechselseitigen Respekts der weitere politische Prozess ausgehandelt wurde. Erstmals in der Geschichte der DDR stand damit eine Regierung unter Kontrolle einer unabhängigen Institution. Je mehr die Regierung in den folgenden Wochen an Vertrauen und an Durchsetzungsfähigkeit einbüßte, um so stärker etablierten sich die Runden Tische als eine Art »Ersatzparlament«. Neben dem Zentralen Runden Tisch in Berlin befasste sich vor allem ein Runder Tisch Militärreform mit Fragen der Neuausrichtung der NVA, mit Abrüstung und Verteidigung (1.48 Ovens, S. 345 ff). Gleichzeitig beschäftigten sich Untersuchungskommissionen mit Amtsmissbrauch und persönlicher Bereicherung von SED-Funktionären und auch mit den Übergriffen der Sicherheitskräfte im Herbst '89. Je grundsätzlicher die politische Aufarbeitung ansetzte, umso mehr stellte sich die Frage nach der Zukunft der DDR.

Die Deutschlandfrage im Winter 1989/90

Bis zum Fall der Mauer stand die Deutschlandfrage nicht oben auf der politischen Agenda, zumindest nicht in den Schaltstellen der Macht. Horst Teltschik, der außenpolitische Berater des Bundeskanzlers, lehnte sich in einem Interview für den Bonner Generalanzeiger im Juli 1989 zwar weit aus dem Fenster (»Die Deutsche Frage wird in Kürze wieder auf die internationale Tagesordnung kommen«), er wurde aber umgehend von seinem Chef zurückgepfiffen. Kanzler Kohl war äußerst ungehalten und die Bonner Opposition forderte gar Teltschiks Rücktritt. Auch wenn das politische Ziel einer Wiedervereinigung zum Grundsatzprogramm der Unionsparteien CDU und CSU gehörte: Unter den Vorzeichen der aktuellen sowjetischen Politik mussten selbst Optimisten von einem mehrere Jahre, wenn nicht Jahrzehnte dauernden Prozess ausgehen.

In seiner Regierungserklärung hatte der neue DDR-Ministerpräsident Hans Modrow am 17. November 1989 die Idee einer »Vertragsgemeinschaft« beider deutscher Staaten ins Spiel gebracht, allerdings ohne diesen Vorschlag näher zu umreißen und verbunden mit einer unmissverständlichen Absage an eine Wiedervereinigung. Doch mit dem 9. November hatte sich die Lage bereits grundlegend geändert. In der DDR begann die öffentliche Meinung in Richtung Wiedervereinigung zu kippen. Am 23. November positionierte sich das Europaparlament mit einer Resolution, die der DDR-Bevölkerung das Recht zusprach »Teil eines vereinigten Deutschlands und eines einigen Europas zu sein«. Aus Washington kamen unterstützende und aus Moskau zumindest wohlwollende Signale in Richtung Deutsche Einheit (1.118 Teltschik, S. 42–51). Mit Instinkt für die Situation ging Kohl jetzt in die deutschlandpolitische Offensive und legte am 28. November einen »10-Punkte-Plan« vor (3.32 When the Wall Came Down, S. 33–41; 1.79 Uniting Germany, Dok. 14, S. 86–89). Mit dem Papier setzte er einen Rahmen, der von der DDR freie Wahlen und einen grundlegenden Wandel des wirtschaftlichen und politischen Systems forderte, um dann über konföderative Strukturen zur Deutschen Einheit zu gelangen. Fragen der Bündniszugehörigkeit und konkrete Zeitlinien wurden bewusst ausgeklammert. Der »10-Punkte-Plan« stieß auf unterschiedliche Resonanz. Sowohl die amtierende SED-Regierung als auch zahlreiche Bürgerrechtsbewegungen reagierten reserviert bis ablehnend. Auch in der Bundesrepublik gab es kritische Gegenstimmen, besonders vom SPD-Kanzlerkandidaten Oskar Lafontaine und einigen namhaften

Intellektuellen. Den Regierungen Frankreichs unter François Mitterrand und Großbritanniens unter Margaret Thatcher ging der Prozess viel zu schnell (4.13 Meyer; 4.17 Schabert). In den Niederlanden und Italien sowie Polen herrschte große Skepsis, verbunden mit Ängsten vor einem wiedererstarkenden Deutschland. Aus Moskau kam ungewohnt scharfe Kritik; Gorbatschow äußerte sich verärgert und bemängelte fehlende Absprachen (1.35 Sarotte, S. 65–68, 76, 80; 1.101 Kohl, S. 1016 ff.). Dass Kohls Vorstoß nicht verpuffte, sondern in der historischen Rückschau ein Meilenstein auf dem Weg zur Deutschen Einheit wurde, hatte vor allem zwei Ursachen, die im weiteren Prozess noch eine herausragende Rolle spielen sollten. Zum einen konnte sich der deutsche Bundeskanzler der uneingeschränkten Unterstützung der USA sicher sein, wobei das enge Vertrauensverhältnis zwischen ihm und US-Präsident George H.W. Bush eine verlässliche Basis bildete. Den stärksten Rückenwind bekam der »10-Punkte-Plan« allerdings durch die Bürger der DDR. Das renommierte Zentralinstitut für Jugendforschung in Leipzig ermittelte in repräsentativen Meinungsbefragungen, dass die Zustimmung der Ostdeutschen für eine Wiedervereinigung zwischen November 1989 und Februar 1990 von 48 % auf 75 % gestiegen war. Kohl hatte ein gutes Gefühl für Stimmungen und damit für den richtigen Moment. Als der Bundeskanzler bei seinem Besuch der DDR am 19. Dezember vor begeisterten Menschen in Dresden sprach, war zumindest ihm endgültig klar, dass der Gedanke einer Föderation keine Zukunft mehr hatte: Die DDR-Bürger wollten etwas anderes, und zwar schnell.

Nur kurz darauf öffneten sich überraschende Spielräume in der Deutschlandpolitik. Bei einem informellen Treffen auf dem Landsitz Mitterrands am 4. Januar 1990 formulierte der französische Staatspräsident Kohl gegenüber zwar seine Bedenken, skizzierte aber zugleich, unter welchen Bedingungen Frankreich einer deutschen Vereinigung zustimmen würde: die Anerkennung der Oder-Neiße-Linie als östliche Grenze zu Polen; Deutschland dürfe nicht Atommacht werden; und schließlich die institutionelle Integration Deutschlands in eine europäische Wirtschafts- und Währungsunion (1.25 Heneghan, S. 131–142). Auch in der Sowjetunion kam zu Beginn des Jahres Bewegung in die Deutschlandfrage. Während Hardliner wie Valentin Falin, Leiter der Internationalen Abteilung im ZK der KPdSU, in ihrem Einfluss zurückgedrängt wurden, gewannen deutschlandfreundliche Reformer wie Nikolai Portugalow immer mehr an Gewicht, sichtbar in dessen Interview für die Bild-Zeitung am 24. Januar 1990: »Wenn das Volk der DDR die Wiedervereinigung will, dann wird sie kommen.« Zu diesem Zeitpunkt favorisierten Generalsekretär Gorbatschow und Außenminister Schewardnadse das Modell paneuropäischer Institutionen, in denen man die alten Verteidigungsbündnisse nicht mehr brauchte. Beide sowjetischen Spitzenpolitiker agierten in dieser Phase praktisch autonom. Ohne sich im komplexen Machtgefüge von Partei- und Regierungsinstanzen langwierig abzusprechen, schufen sie sich Freiräume, um außenpolitisch kreative und zuweilen überraschende Vorstöße zu unternehmen. Diese Flexibilität ging allerdings zu Lasten fachlich solider Vorbereitung, was sich vor allem bei komplexen Fragen und zeitlich dicht gestaffelten Entscheidungen zeigte. Die Verhandlungspartner der Sowjets wurden so immer wieder davon überrascht, wie groß die Diskrepanz zwischen dem bestand, was die Moskauer Führung kommunizierte, und dem, was auf Arbeitsebene ankam und umgesetzt wurde. Zudem hatte die Sowjetunion in diesen Monaten des weltpolitischen Umbruchs enorm mit sich selbst zu tun: an erster Stelle mit den wirtschaftlichen Problemen, den inneren Widerständen gegen die Reformpolitik sowie ersten Autonomiebestrebungen einzelner Sowjetrepubliken wie Litauen und Aserbaidschan. Während sich die Deutschlandfrage in der Bundesrepublik und der DDR immer mehr zum Dreh- und Angelpunkt der Politik entwickelte, stand das Thema aus sowjetischer Sicht nicht unbedingt im Mittelpunkt – sofern sich nicht Probleme wie die angeschlagene Wirtschafts- und Finanzpolitik damit lösen ließen. Auf der anderen Seite verfügte die Sowjetunion mit ihren in der DDR stationierten Streitkräften über einen Trumpf. Zudem saß sie am langen Hebel der bislang völlig offenen Frage der Bündniszugehörigkeit eines vereinten Deutschlands.

Mit Blick auf die Deutschland- und Sicherheitspolitik versuchte sich jetzt auch die DDR-Regierung ins Spiel zu bringen. In einem Radiointerview vom 30. Januar 1990 machte Gorbatschow deutlich, dass sich seine Meinung zugunsten der deutschen Einheit geändert habe (1.79 Uniting Germany, Dok. 1, S. 104 f.). Unmittelbar nach seiner Moskaureise am 30. Januar und mit Einverständnis Gorbatschows verkündete Ministerpräsident Modrow am 1. Februar auf einer Pressekonferenz in Ost-Berlin einen mehrstufigen Plan zur Wiedervereinigung. Dabei machte Modrow deutlich, dass der Weg zu einer Konföderation nur über die strikte militärische Neutralität beider deutschen Staaten laufen konnte. Auch wenn Ost-Berlin hierbei nur als Sprachrohr Moskaus fungierte, war damit eine klare Ansage verbunden: Der Weg für eine deutsche Vereinigung war frei, aber die von Moskau festgelegte Richtung konnte nur über eine Blockfreiheit führen.

In dieser Situation sorgte der bundesdeutsche Außenminister Hans-Dietrich Genscher mit zwei Reden am 6. Januar in Stuttgart und am 31. Januar in Tutzing für große Aufmerksamkeit, als er sich für eine gesamtdeutsche NATO-Mitgliedschaft »ohne Zuständigkeiten«, also ohne Truppenstationierungen und weitere Verpflichtungen auf dem

Territorium der DDR aussprach, mit anderen Worten: keine östliche Erweiterung des NATO-Territoriums. Weder die NATO-Partner noch das Bundeskanzleramt waren erfreut über diesen Alleingang. Genscher versuchte das Momentum zu nutzen und erklärte bei einem Besuch in Washington am 2. Februar, er und sein amerikanischer Kollege James Baker stimmten darin überein: »there was no interest to extend NATO to the East.« Bei den sich unmittelbar anschließenden Gesprächen Bakers in Moskau vom 7. bis 9. Februar spielten Abrüstungsfragen eine große Rolle. Auf der Basis der Protokolle und einer handschriftlichen Notiz Bakers lässt sich rekonstruieren, dass eine östliche Erweiterung der NATO für die USA und die Sowjetunion unter den damals denkbaren Rahmenbedingungen nicht in Frage kam: »Endergebnis: Vereintes Deutschland verankert in *(politisch) veränderter NATO – *deren Jurisdiktion sich nicht *ostwärts verschieben würde!!« (vgl. 1.35 Sarotte, S. 110). Ein genauer Blick auf Bakers Notiz und den Kontext macht allerdings deutlich, dass sich die Absage an die NATO-Osterweiterung nur auf das vereinte Deutschland bezog und nicht auf andere Staaten. An einen Zusammenbruch der Sowjetunion oder eine Auflösung des Warschauer Vertrags war zu diesem Zeitpunkt auch überhaupt nicht zu denken. Baker selbst hat später mehrfach deutlich gemacht, dass es dabei nicht um eine feste Zusage, sondern um eine Idee für spätere Verhandlungen ging (1.36 Sarotte, S. 82).

Dennoch liegt hier der Kern einer Kontroverse, die weit über die Deutschlandfrage hinausreicht und die bis heute wirkmächtig ist (1.36 Sarotte, passim). Gorbatschows größter Fehler war sicherlich, das Treffen mit Baker nicht ohne irgendeine schriftliche Fixierung der Ergebnisse beendet zu haben. Später behauptete Russland, die Signale des amerikanischen Außenministers in Moskau hätten ihnen Sicherheit vermittelt, dass die NATO nicht expandieren würde. Von US-Seite wird das Treffen Gorbatschow-Baker bis heute differenzierter betrachtet: weil es sich nur um eines von vielen Folgegesprächen handelte, weil es ausschließlich um Deutschland ging, weil kein deutscher Vertreter anwesend war und vor allem, weil die sowjetische Seite bis zur Ratifizierung des Zwei-plus-Vier-Vertrages und darüber hinaus nie Ansprüche geltend gemacht hatte. Es handelte sich zu diesem Zeitpunkt um nicht mehr als eine Idee, die schnell wieder eingefangen werden sollte.

Unmittelbar vor seiner für den 10. Februar angesetzten Reise nach Moskau erhielt Kanzler Kohl von der US-Regierung deutlich voneinander abweichende Nachrichten. Während Baker noch einmal die Linie seines Gesprächs mit Gorbatschow bestätigte (»Certainly any extension of the zone of NATO would be unacceptable«, zitiert nach 1.34 Sarotte, S. 111), verfolgte US-Präsident George H.W. Bush einen anderen Kurs. In einem Brief, den Kohl am 9. Februar, unmittelbar vor seiner Reise nach

[redacted]

- 6 -

I have got one or two other points. We don't favorably view a neutral Germany. The FRG says that this is not a satisfactory approach. A neutral Germany in our view is not necessarily going to be a non-militaristic Germany. It could well decide that it needed its own independent nuclear capability as opposed to depending on the deterrent of the United States. All our allies and East Europeans we have spoken to have told us that they want us to maintain a presence in Europe. I am not sure whether you favor that or not. But let me say that if our allies want us to go, we will be gone in a minute. Indeed, if they want us to leave we'll go and I can assure you that the sentiment of the American people is such that they will want us to leave immediately. The mechanism by which we have a US military presence in Europe is NATO. If you abolish NATO, there will be no more US presence.

We understand the need for assurances to the countries in the East. If we maintain a presence in a Germany that is a part of NATO, there would be no extension of NATO's jurisdiction for forces of NATO one inch to the east. At the end of the day, if it is acceptable to everyone, we could have discussions in a two plus four context that might achieve this kind of an outcome. Maybe there is a better way to deal with the external consequences of German unification. And if there is I am not aware of it. We don't have German agreement but we have mentioned it to Genscher and he said he wants to think about it. Dumas liked it and now I have mentioned it to you.

<u>Gorbachev</u>: Basically, I share the course of your thinking. The process is underway. We have to adjust this process. We have to adjust this new reality and not be passive in ensuring that stability in Europe is not upset. Well for us and for you regardless of the differences there is nothing terrifying in the prospect of a unified Germany. But this is simplistic. First of all, we both are interested in improving European conditions and we can't simply stand by. Now what kind of Germany are we going to face in the future? How can it be included in world structures?

Second, there are different perspectives in London, Paris, Budapest and Warsaw. Yesterday I had a talk with Jaruzelski. He knows that you are here today and Kohl and Genscher will be here tomorrow. Given that, he wants to call and talk. The German question is the key question for him. It is critical to the Poles.

<u>Baker</u>: That's right.

<u>Gorbachev</u>:

▲ Transkript vom Protokoll des Gesprächs zwischen US-Außenminister James Baker und Generalsekretär Michail Gorbatschow vom 9. Februar 1990 in Moskau. Baker umreißt die US-Perspektive der zukünftigen Bündniszugehörigkeit eines vereinten Deutschlands, vorzugsweise nicht neutral und innerhalb der NATO. Gleichzeitig unterstreicht er die Sicherheitsinteressen »im Osten«: »Wenn wir eine Stationierung in einem Deutschland aufrechterhalten, das Teil der NATO ist, würde sich die Zuständigkeit der NATO für die NATO-Streitkräfte nicht um einen Zentimeter nach Osten erweitern.«

Quelle: National Security Archive, Memorandum of conversation between Mikhail Gorbachev and James Baker in Moscow, <https://nsarchive.gwu.edu/document/16116-document-05-memorandum-conversation-between>. Zitat im Text hervorgehoben, Übersetzung M. Rogg.

Moskau, erhielt, legte sich der amerikanische Präsident eindeutig fest, nämlich auf einen »special military status for what is now the territory of the GDR« (zitiert nach 1.35 Sarotte, S. 112, S. 272, Anm. 99). Sowohl der US-Präsident als auch der deutsche Bundeskanzler setzten sich also über ihre Außenminister hinweg.

Der Moskaubesuch Kohls und Genschers vom 10. Februar bestätigte den sowjetischen Kurswechsel in der Deutschlandfrage. Das wachsende Vertrauen zwischen den Gesprächspartnern spielte dabei eine entscheidende Rolle, aber auch die umfangreichen Zusagen bezüglich deutscher Wirtschaftshilfe – ein Faktor, der auf dem Weg zur Deutschen Einheit noch mehrfach ins Spiel kommen sollte. Kohl und Gorbatschow waren sich einig: »Die Hauptfrage sei der Status des künftigen Deutschland, vor allem der militärische.« Uneinigkeit bestand in der Umsetzung: Gorbatschow plädierte für eine bündnispolitische Neutralität, Kohl sprach sich dagegen aus. Grundsätzlich machte der sowjetische Staats- und Parteichef allerdings klar, »dass die Deutschen ihre Wahl selbst treffen müssten« (1.76 Deutsche Einheit, Dok. 174, S. 798; 1.118 Teltschik, S. 137–143; 1.79 Uniting Germany, S. 107). Damit waren die beiden Schlüssel gefunden, um das Tor zur Deutschen Einheit zu öffnen: Wirtschafts- und Finanzfragen auf der einen und Streitkräfte und Bündniszugehörigkeit auf der anderen Seite. Auch wenn Wichtiges noch ungeklärt blieb, eröffnete sich jetzt eine realistische Chance, die Tür zur Wiedervereinigung zu öffnen.

Schon zwei Tage später, am 12. Februar 1990, einigten sich die NATO-Außenminister in Ottawa auf das weitere Procedere: ein Format, bei dem die Zukunft beider deutscher Staaten mit den vier alliierten Siegermächten des Zweiten Weltkriegs, den USA, der Sowjetunion, Großbritannien und Frankreich, verhandelt werden sollte (1.79 Uniting Germany, Dok. 7, S. 114 f.; 1.105 Ritter, S. 85–88). In der wohl überlegten Formel wurde deutlich, dass es nicht um Viermächteverhandlungen über das Schicksal Deutschlands ging (Vier plus Zwei), sondern um die künftige deutsche Frage, in Abstimmung und mit Zustimmung der ehemaligen Siegermächte (Zwei plus Vier). Durch das exklusive Format sollten komplizierte Abstimmungsprozesse vermieden werden. Vor allem sollte es keine Friedenskonferenz »à la Versailles 1919« geben, in der früher oder später die Forderung nach Reparationen auf die Tagesordnung gekommen wäre.

Mit den Zwei-plus-Vier-Verhandlungen wechselten die politischen Akteure nicht nur von der großen Bühne zum Kammerspiel, jetzt wurde zudem offenbar, dass es Haupt- und Nebenrollen gab. Naturgemäß standen die USA und die Sowjetunion als Supermächte im Mittelpunkt sowie die Bundesrepublik als größte Wirtschaftsmacht in Europa. Das bekam vor allem die kleine DDR zu spüren, deren Delegation bei den Zwei-plus-Vier-Verhandlungen schnell den Eindruck gewann, dass die Westdeutschen sie nicht als Subjekt, sondern als Objekt der Verhandlungen behandelten. Mit Blick auf Kohls Strategie, die eigenen Stärken voll auszuspielen (wirtschaftliche Potenz, Berechenbarkeit und Zuverlässigkeit als Partner in NATO und EU), kann man das Vorgehen nachvollziehen, auch weil sich früh abzeichnete, dass der Weg zur deutschen Einheit nicht über eine langwierige Ablösung des alten Grundgesetzes und die Erarbeitung einer neuen Verfassung nach Art. 146 GG erfolgen würde. Vielmehr wurde der schnellstmögliche Vollzug über die »Beitrittsklausel« nach Art. 23 GG gesucht. Nicht die Asymmetrie beider Deutschlands in den Zwei-plus-Vier-Verhandlungen sorgte innerhalb der DDR-Delegation für Verbitterung, sondern dass man sie auf offener Bühne und ohne Skrupel spüren ließ, wer Koch und wer Kellner war.

Wie sehr der Prozess von der engen Abstimmung zwischen der US- und der Bundesregierung abhing, zeigte sich im engsten Kreis bei einem informellen Treffen in Camp David am 24. und 25. Februar, allerdings ohne Bundesaußenminister Genscher (3.34 Memorandum). Für die amerikanische Seite gab es eine klare Aufgabenverteilung: Die USA übernahmen ihre angestammte Führungsrolle in außen- und sicherheitspolitischen Fragen, auch wenn es um Überzeugungsarbeit innerhalb der NATO ging, während die Bundesrepublik innerdeutsche Prozesse steuern und die Sowjets durch finanzielle und wirtschaftliche Zusagen gewinnen sollte. Bush brachte dies Kohl gegenüber expressis verbis zum Ausdruck: »You have deep pockets.« Zudem machte der US-Präsident unmissverständlich klar, dass ein vereintes Deutschland Mitglied der NATO sein müsste, dass es keinen deutschen Sonderstatus geben dürfe und dass US-Truppen in jedem Fall auch in Zukunft in der Bundesrepublik verbleiben müssten. Natürlich ging es in all diesen Punkten um die Sicherheit *für* ein vereintes Deutschland, aber eben auch *vor* einem neuen, starken Deutschland. Kohl verabschiedete sich in Camp David endgültig von der Idee eines neutralen Deutschland: »Germany doesn't want neutrality in any way. This would be a deadly decision.« Er stellte mit Blick auf die bislang eindeutig ablehnende Haltung der Sowjetunion fest, dass diese vor allem verhandelte und am Ende die finanzielle Frage stehen würde: »They need money.« Bush und Kohl stimmten darin überein, dass Gorbatschows Situation keineswegs gefestigt sei, dass sie kein Interesse an dessen Schwächung hätten und dass es für die Sowjetunion auch um eine Frage der Ehre gehe.

So einig über die Frage der NATO-Zugehörigkeit wie zwischen Kohl und Bush war man sich in der Bundesregierung indes nicht. Dort zeichnete sich schon vor Camp David ein scharfer Dissens zwischen Bundesverteidigungsminister Gerhard Stoltenberg und Außenminister

Genscher ab, der eine NATO-Mitgliedschaft Gesamtdeutschlands zwar unterstützte, eine Stationierung von Bundeswehrsoldaten auf dem Territorium der DDR aber kategorisch ausschloss. Um keine innere Front innerhalb seiner Koalitionsregierung zu eröffnen, sprach der Kanzler in Form einer Regierungserklärung am 15. Februar 1990 ein »Machtwort«, vorläufig zugunsten Genschers (1.33 Rödder, S. 202), aber die Spannungen waren damit nicht gelöst (1.36 Sarotte, S. 96 f.). Alle politischen Akteure schauten jetzt auf den 18. März, den Tag der ersten freien Volkskammerwahlen, an dem die DDR-Bürger selbst entscheiden würden, welchen Weg die Deutsche Einheit nehmen sollte.

Militärreform: Mit dem Rücken zur Wand

Die vier Monate zwischen Mauerfall und Volkskammerwahl, zwischen dem Zusammenbruch der SED-Herrschaft und der ersten (und einzigen) freien Volkskammerwahl markieren eine Schwellenzeit: eine Zeit des Übergangs, der offenen Fragen und Verunsicherungen, der Abrechnungen und beginnenden Aufarbeitung, aber auch des Aufbruchs und Optimismus. Mit der Abberufung des alten Ministerrats der DDR am 13. November 1989 verlor auch der ungeliebte Armeegeneral Heinz Keßler seinen Posten und wurde durch den bisherigen Chef der Volksmarine Vizeadmiral Theodor Hoffmann ersetzt (1.88 Ehlert). Der neue Minister für Nationale Verteidigung galt, obgleich natürlich SED-Mitglied, als politisch unbelastet und charakterlich integer. Anders als sein Vorgänger stand er weder im Ruf, ein Büttel des SED-Regimes zu sein, noch waren ihm persönliche Bereicherung oder Amtsmissbrauch anzulasten. Hoffmann war allerdings auch kein »Nur-Militär«, sondern ein qualifizierter Marineoffizier mit der Fähigkeit zu nüchterner Analyse und vor allem aufgeschlossen für die politischen Veränderungen. Diese wurden ihm gleich durch die neue Regierung unter Ministerpräsident Modrow auf den Weg gegeben, der in seiner Regierungserklärung am 17. November 1989 forderte, die Militärdoktrin der DDR neu zu fassen, ein neues Wehrpflichtgesetz zu erarbeiten und Strukturen für einen zivilen Wehrersatzdienst aufzubauen.

Die Ausgangslage hätte für Hoffmann kaum schwieriger sein können: Erwartungen und Skepsis waren gleichermaßen hoch, die Zeit war knapp, und die Volksarmee wie die Grenztruppen wechselten zwischen größter Verunsicherung und Frustration. Die NVA wurde als Vertreter und Symbol für die Herrschaft des SED-Staates wahrgenommen, ihr öffentliches Ansehen war im Keller. Hoffmann war davon überzeugt, dass die Streitkräfte der DDR einer grundlegenden Veränderung an Haupt und Gliedern bedurften, für die sich schnell der Begriff »Militärreform«

etablierte (ausführlich 3.35 Hanisch/Heider, T. 1, S. 29–90). Auch wenn die grundsätzliche Idee auf der Hand lag, ging die politische Initiative einer »Reform des Militärwesens in der DDR« nicht von den »Reformern« im MfNV aus, sondern war Teil des bereits im November 1989 beschlossenen Aktionsprogramms der SED, das wiederum auf ältere Vorlagen zurückgriff (1.48 Ovens, S. 299). Erste Überlegungen einer kleinen, reformorientierten Gruppe von NVA-Offizieren zu einer Neuorientierung der Militär- und Sicherheitspolitik waren vermutlich schon 1987 entstanden. Die nunmehr politisch initiierte Reform verfolgte vier Hauptziele: 1. die Verwirklichung demokratischer Grundsätze in der Armee, 2. das Auflösen der alten Politstrukturen, 3. tiefgreifende personelle Veränderungen bei gleichzeitiger sozialer Stabilisierung und 4. dem Dienst als Soldat wieder einen Sinn zu geben. Parallel mussten zahlreiche leitende Militärkader in den folgenden Monaten ihren Hut nehmen. Allein zwischen Januar und Ende April 1990 wurden 33 Generale und Admirale sowie 211 Obersten und Kapitäne zur See in den Ruhestand verabschiedet. An der Spitze wurden fast alle wichtigen Positionen neu besetzt. Die wichtigste betraf den Chef Hauptstab, die einflussreichste Position hinter dem Minister, die viele Jahre mit Generaloberst Fritz Streletz besetzt gewesen war, den nun der fachlich fähige Generalleutnant Manfred Grätz ersetzte.

Bereits am 25. November 1989, also nur eine Woche nach seiner Ernennung zum Minister, konstituierte sich unter Leitung des Hauptinspekteurs der NVA, Generalleutnant Hans Süß, eine »Zentrale Arbeitsgruppe Militärreform«. Im Zentrum standen anfangs Fragen nach dem Auftrag der NVA, ihren Bündnisverpflichtungen in einem veränderten sicherheitspolitischen Umfeld, die Stellung von Armee und Gesellschaft, das Innere Gefüge und die strikte »Entpolitisierung« (4.3 Herspring, S. 86) der Streitkräfte. Die Errichtung eines »Konsultations- und Informationsstützpunktes« in Strausberg sollte Soldaten aller Dienstgradgruppen die Möglichkeit geben, eigene Vorschläge zu unterbreiten. Immerhin gingen dort bis Januar 1990 über 4600 Vorschläge ein, wobei soziale Fragen und die Erschwernisse des Dienstalltags den Schwerpunkt bildeten. Obwohl die ersten Schritte in die richtige Richtung gingen, hakte es schon zu Beginn. Das lag zum einen an der Zusammensetzung der Reformkommission, die überwiegend aus hohen und höchsten Offizieren bestand, von denen viele der Reform skeptisch bis unwillig gegenüberstanden. Zudem fehlte es an einer breiten Beteiligung von Wehrpflichtigen und jungen Unteroffizieren, die sich mit ihren Problemen weiter allein gelassen fühlten. Ein Konzept für Streitkräfte in einem vereinten Deutschland wurde nicht ins Auge gefasst. »In ihrer Zielsetzung zeigten sich die Militärreformer im Grunde konservativ. Sie hielten zunächst an der Hoffnung auf die

Reformierbarkeit des bestehenden Systems in Richtung eines ›demokratischen Sozialismus‹ fest und arbeiteten auf die Einbettung der NVA in diesen Rahmen hin« (1.42 Digutsch, S. 78). So resultierte die am 7. Dezember ins Leben gerufene »Kommission Militärreform der DDR« unter Vorsitz von Minister Hoffmann, die eigentlich eine Expertenkommission mit 17 Unterarbeitsgruppen war, am Ende in einer »Militäreform ›von oben‹« (2.19 Ehlert, S. 436), die mit der Dynamik der Ereignisse nicht mitzuhalten vermochte.

Reformen waren nicht nur zwingend, sie mussten vor allem schnell erfolgen, denn in der Truppe gärte es. Die Volksarmee erwies sich keinesfalls als so wetterfest, dass man den Sturm der Friedlichen Revolution in den Kasernen aussitzen konnte. Zwischen Anfang Dezember 1989 und Ende April 1990 verlor die NVA etwa 1500 Mann allein durch Fahnenflucht. Mehr als 200 Offiziere bewarben sich bis März 1990 bei der Bundeswehr, dem vormaligen »Klassenfeind«, zu diesem Zeitpunkt allerdings ohne jede Aussicht auf Übernahme. Während viele ältere Berufskader und hier vor allem höhere Offiziere maßlos enttäuscht von der SED waren und mit einer Mischung aus Hoffnung und Skepsis auf Entscheidungen der neuen Führungsriege warteten, verlor die NVA dramatisch bei ihrem Führungsnachwuchs. Bis Dezember 1989 hatten an der Offizierhochschule der Landstreitkräfte in Löbau mehr als 700 Offizierschüler und an der Offizierhochschule der Luftstreitkräfte/Luftverteidigung in Kamenz etwa 100 Offizierschüler ein Entlassungsgesuch gestellt. Bei den Grenztruppen sah es ähnlich dramatisch aus.

In dieser Phase größter Unruhe und Orientierungslosigkeit waren die Grenzen zwischen innerer Emigration, Protest, Verweigerung und teilweise sogar Meuterei fließend. Es gab Berichte über Vorgesetzte, die sich scheuten, Disziplinarmaßnahmen zu verhängen, in der Sorge, später vielleicht dafür zur Rechenschaft gezogen zu werden. Das MfS, das vorerst weiter seine »Arbeit« auch in NVA und Grenztruppen machte, stellte in mehreren Lageberichten Ende November und Anfang Dezember Destabilisierungstendenzen sowohl bei der militärischen Führung als auch bei der Truppe fest, wo man sich der Ausbildung durch Desinteresse oder Verweigerung entzog.

Die Minister reagierte auf die Forderungen mit dem Grundsatzbefehl Nr. 136/89 vom 9. Dezember 1989 – eine Zäsur, die »zweifellos einen Meilenstein des demokratisch orientierten Reformprozesses« markierte (1.50 Wenzke, S. 168). Die angekündigten Veränderungen umfassten scheinbar Lapidares wie die Einstellung des ungeliebten Frühsports oder die Erlaubnis für Grundwehrdienstleistende, nach Dienst Zivil tragen zu dürfen; aber sie betrafen auch Grundsätzliches wie das Absenken der Gefechtsbereitschaft oder die Aussetzung des Reservistenwehrdienstes.

Soldatenproteste und die Eskalation in Beelitz Vielen ging das nicht weit genug. Sie sahen in den ersten Veränderungen nur Zugeständnisse »kosmetischer Art« (2.19 Ehlert, S. 439). Tatsächlich scheinen die dringenden Probleme der Truppe zu diesem Zeitpunkt die »Kommission Militärreform« und die Ministeriumsspitze nur bedingt erreicht zu haben. Überall in der Republik trauten sich jetzt Soldaten, ihre Belange öffentlich kundzutun (3.35 Hanisch/Heider, T. 1, S. 43–52). Bereits am 13. November 1989 demonstrierten bis zu 200 Soldaten des Pionierbaubataillons 12 in Merseburg. Beflügelt durch die Selbstermächtigung der Herbstdemonstrationen gründeten sich jetzt überall Interessenvertretungen und »wilde« Soldatenräte. In ihnen benannten die Betroffenen offen Missstände und stellten konkrete Forderungen. Zu den drängendsten Problemen gehörte unter anderem: die Verkürzung der immer noch 18 Monate dauernden Wehrdienstzeit, die Einführung eines Wehrersatzdienstes, die Herabsetzung des Höchstalters bei Einberufungen, eine neue Urlaubsregelung mit Ausgang an jedem Wochenende für die Grundwehrdienstleistenden, der freie Zugang zu westlichen Medien in den Kasernen, ein Kündigungsrecht für Berufssoldaten, die Garantie von staatsbürgerlichen Grundrechten für alle Armeeangehörigen, die Abschaffung der Militärjustiz sowie die Legalisierung unabhängiger Interessenvertretungen und die Entpolitisierung der Volksarmee durch die Abschaffung der Politorgane.

Die Proteste eskalierten zum Jahreswechsel 1989/90, als etwa 300 Soldaten am brandenburgischen Standort Beelitz unter dem Motto »Die Demokratie darf nicht vor dem Kasernentor halt machen« eine Petition mit 24 Punkten verfassten – stark verdichtete Probleme, die überall in der NVA zu spüren waren. Hier wurden Soldaten ausgebildet, die anschließend in der Volkswirtschaft eingesetzt werden sollten, die nur aus Prinzip an Silvester in der Kaserne bleiben mussten und deren Vorgesetzte offenbar kein Fingerspitzengefühl für die hochexplosive Situation hatten. Admiral Hoffmann erkannte die Brisanz, fuhr am 2. Januar nach Beelitz und suchte das persönliche Gespräch mit den Protestierern. Vor der Kaserne solidarisierten sich derweil Bürger, Vertreter der Kirchen, des Neuen Forums und der SDP/SPD. Ein mittlerweile hinzugekommenes Team des DDR-Fernsehens sorgte für mediale Öffentlichkeit. All das schuf einen Rahmen, der noch vor wenigen Wochen undenkbar gewesen wäre. Durch sein besonnenes und glaubwürdiges Auftreten konnte Hoffman die Situation deeskalieren, mit dem Versprechen, dass man im MfNV zu allen Punkten zügig Stellung nehmen würde. Noch vor Ort verkündete er vor laufenden Kameras sofortige Verbesserungen bei den dienstlichen Rahmenbedingungen, unter anderem die Abschaffung des Samstagsdienstes und das Ersetzen der Anrede »Genosse« durch »Herr« oder »Frau«. Beelitz war indes kein Einzelfall. Anfang Januar 1990 zählte man an 39 Standorten Soldatenstreiks und

▲ Proteste von NVA-Soldaten in Beelitz zur Jahreswende 1989/90. *MAZ/Michael Hübner*

Demonstrationen. Teilweise verweigerten Soldaten ihren Vorgesetzten den Befehl. Delegationen aller Truppenteile machten sich selbstständig auf den Weg nach Strausberg, um im Ministerium ihre Forderungen direkt vorzubringen. Viele Kritikpunkte standen ohnehin auf der Agenda der Militärreform. Aber durch die Demonstrationen wurde deutlich, wie sehr sich das Selbstbewusstsein der jungen Soldaten verändert hatte. Gleichzeitig kritisierten zahlreiche Kommandeure den neuen Minister für sein Einknicken gegenüber den »Meuterern«. Tatsächlich ging es nicht mehr nur um die dramatisch gesunkene Einsatzbereitschaft. Je mehr Soldaten vorzeitig entlassen wurden oder ihren Dienst nur unwillig leisteten, um so schwieriger gestaltete sich die Bewachung der militärischen Objekte. Hier drohte ein ernsthaftes Sicherheitsproblem, das während des gesamten Übergangs- und Vereinigungsprozess anhielt. Führung und Truppe waren innerlich zerrissen, sodass Spekulationen über die politische Zuverlässigkeit ins Kraut schossen und die Bild-Zeitung am 22. Januar 1990 gar über Putschpläne in der NVA berichtete (1.48 Ovens, S. 350). Auch wenn bis heute keinerlei Beweise dafür gefunden werden konnten, verhärtete sich das Bild einer taumelnden Armee.

Wie sehr das neue Selbstbild der »Volksarmee als Armee des ganzen Volkes« von Wunschdenken getragen war, zeigte eine repräsentative Meinungserhebung von Anfang Januar 1990 in allen drei Teilstreitkräften, einschließlich der Grenztruppen. Danach hatten 51 % aller Wehrpflichtigen, 67 % aller Unteroffiziere und 91 % aller Offiziere noch Vertrauen in die Regierung Modrow. Im Unterschied zu den Wehrpflichtigen gab es bei den Berufssoldaten und Offizieren, trotz der vielen Parteiaustritte seit dem Herbst 1989, eine ungebrochene Systemloyalität. Oben und Unten »tickten« bei der Volksarmee also sehr unterschiedlich.

Parallel zu den teilweise anarchischen Strukturen des Protestes formierte sich eine Gewerkschaft der Armeeangehörigen. Mit der Gründung des Verbands der Berufssoldaten der DDR (VBS) am 20. Januar 1990 etablierte sich schnell eine weitere Interessenvertretung aller Armeeangehörigen, die sich an den Strukturen des Deutschen Bundeswehr-Verbandes (DBwV) orientierte und bis Mitte 1990 auf stattliche 45 000 Mitglieder anwuchs. Dem VBS gelang es, die Unterwanderung durch Angehörige der Politorgane der NVA zu verhindern und stattdessen demokratische Strukturen aufzubauen. Schon im Februar nahm er offiziell mit dem DBwV Verbindung auf.

Auflösung von Parteistrukturen, MfS, Grenztruppen und Militärjustiz Zu den wichtigsten Maßnahmen der Militärreform gehörte ohne Zweifel die Auflösung des Parteiapparats in der NVA. Weil die NVA eine Parteiarmee war, in der die SED bis in die kleinsten Zellen hinein agitierte, steuerte und überwachte, und weil Karrieren für Berufssoldaten ohne SED-Mitgliedschaft ausgeschlossen waren, setzte die Militärreform hier die Axt an die Wurzel. Im selbstgewählten Slogan, aus der »Armee des Volkes« eine »Armee des ganzen Volkes« zu machen, schwingt unterschwellig mit, dass die über Jahrzehnte beschworene Interessenidentität von Volk und Armee ein Propagandakonstrukt war (vgl. 2.27 Rogg, passim). Der Zerfall der SED spielte den Militärreformern sicherlich in die Karten. Von den einst 1 780 000 Genossen im Dezember 1989 fanden sich in der neuen SED-PDS Ende Februar 1990 nur noch 650 000. Viele Armeeangehörige begrüßten die Auflösung der Parteistrukturen in den Streitkräften. Bis zum Jahresende 1989 stellten die fast 300 Parteiorganisationen der NVA ihre Arbeit ein. Mit dem Befehl Nr. 6/90 löste das Ministerium für Nationale Verteidigung am 16. Januar mit Wirkung zum 15. Februar 1990 alle Politorgane der NVA auf. Der Ausbildungsgang »Politoffizier« wurde mit sofortiger Wirkung abgeschafft. An die Stelle von »Agitation und Propaganda« trat nun die »Verwaltung Staatsbürgerliche Arbeit« mit den Schwerpunkten Bildung und Information, Fürsorge und Betreuung, Öffentlichkeitsarbeit und Nachwuchsgewinnung. Dass zahlreiche Politoffiziere in der neuen

Organisation übernommen wurden, förderte nicht deren Ansehen und Vertrauen. Gleichwie: Die SED-PDS hatte jetzt keinen organisatorischen Zugriff mehr auf die NVA, und zum ersten Mal in der Geschichte der Volksarmee war Raum für Meinungsvielfalt und Meinungsfreiheit.

Mit der Auflösung des MfS und der Umwandlung zum AfNS endete auch die Arbeit der »Verwaltung 2000« in der NVA – zumindest auf dem Papier. Am 22. Januar 1990 äußerte sich Admiral Hoffmann vor Vertretern des Runden Tischs widersprüchlich, es hätte »Gemeinsamkeiten zwischen Staatssicherheit und NVA [...] nie gegeben«, und die Armeeangehörigen hätten »mit Empörung von den Abhöraufgaben der Staatssicherheit erfahren. Sie distanzieren sich davon und fordern eine schnelle Auflösung der Staatssicherheit« (zitiert nach 2.19 Ehlert, S. 455). Tatsächlich wussten viele Armeeangehörige von den Machenschaften der Stasi in den Kasernen (2.27 Rogg, S. 375), nur das Ausmaß der flächendeckenden Überwachung durch die »Militärtschekisten« konnte niemand erahnen. Die »Auflösung« der Verwaltung 2000 verlief tatsächlich in einer unübersichtlichen Grauzone, denn mit dem Befehl Nr. 15/90 vom 16. Februar baute das MfNV nun eine eigene Militärabwehr auf, deren Kern aus erfahrenen Spezialisten der Hauptabteilung I (HA I) des MfS stammte und die bis August 1990 im Ministerium für Abrüstung und Verteidigung existierte (3.22 Wolf, S. 88–90). Da sich die Diensträume der »Militärtschekisten« hinter Kasernenzäunen befanden und somit der Überwachung und Kontrolle durch Bürgerrechtsgruppen weitgehend entzogen waren, konnten in den folgenden Monaten zahlreiche kompromittierende Akten vernichtet werden, insbesondere von sogenannten IM (= Inoffiziellen Mitarbeitern) und GMS (Gesellschaftlichen Mitarbeitern für Sicherheit). Die hohe Zahl von NVA-Angehörigen, die kaum ein Jahr später einen Antrag auf Übernahme in die Bundeswehr stellten, bevor ihre IM-Vergangenheit aufflog, könnte damit zu tun haben, dass sich viele in trügerischer Sicherheit wähnten.

Im Unterschied zur Bundeswehr verfügte die NVA über eine eigene Militärjustiz. Neben ihrer Zuständigkeit bei Dienstvergehen und zivilen Straftaten innerhalb der NVA war sie zugleich Teil der politischen Strafjustiz, mit der das SED-Regime seine Herrschaft untermauerte. Die Militärjuristen versuchten zwar, sich dem Reformprozess anzupassen, gleichzeitig aber ihren Apparat zu retten, bis die Rechtsprechung per Volkskammerbeschluss im Juli 1990 der zivilen Gerichtsbarkeit übertragen wurde.

Mit dem Fall der Mauer und der Öffnung der Grenzen hatten auch die militärisch aufgestellten Grenztruppen ihren Auftrag verloren. Zudem waren die Grenztruppen, die in den Augen vieler DDR-Bürger eine Hauptverantwortung für das brutale Grenzregime trugen, bei großen Teilen der Bevölkerung ausgesprochen unbeliebt. Anfang 1990 beschloss

Stärke der NVA zwischen März 1988 und Ende Juni 1990

	MfNV, Zentrale Truppen	LaSK	LSK/LV	VM	GT	Zivilbeschäftigte	gesamt (ohne GT und Zivilbeschäftigte)
März 1988	30.460	105.370	35.950	15.660	39.600	k.A.	187.440
Januar 1990	k.A.	99.300	34.200	14.100	k.A.	31.150	k.A.
Planung Anfang 1990	13.200	49.400	24.300	13.100	k.A.	38.900	k.A.
März 1990	17.500	81.000	26.500	10.000	28.000	35.800	135.000*
Ende Juni 1990	k.A.	k.A.	k.A.	k.A.	k.A.	47.800	102.800

Quellen: 1.50 Wenzke, S. 158; 1.96 Hoffmann, S. 53, 163; 2.34 Wenzke. Die Zahlen weichen in der Literatur und in den Akten mitunter erheblich voneinander ab, abhängig davon, welche Kräfte bei der Stärkeberechnung berücksichtigt wurden (mit oder ohne Grenztruppen, MfNV usw).

* 135.740 nach 1.96 Hoffmann, S. 163.

die Regierung Modrow die Umwandlung der Grenztruppen in ein ziviles Grenzschutzorgan, das ab Ende 1990 nicht mehr dem Ministerium für Nationale Verteidigung, sondern dem Innenministerium unterstellt sein sollte. Bei Auftrag und Struktur dieser zivilen Grenzpolizei orientierte man sich am westdeutschen Bundesgrenzschutz. Gleichzeitig sollte ein massiver Personalabbau von 40 000 auf 28 000 Mann erfolgen.

Die tiefgreifenden Veränderungen zeigten sich auch in der Organisation und im Personalumfang der Streitkräfte. Ein Kernproblem bildeten die Arbeitseinsätze der NVA in der Volkswirtschaft, die man einerseits für den Erhalt der maroden Industrie zwingend brauchte und die andererseits den Dienst als Soldat völlig unglaubwürdig machten. In einer nicht genau datierten Unterrichtung für Ministerpräsident Modrow vom Dezember 1989/Januar 1990 stellte Admiral Hoffmann fest, »dass inzwischen 48 500 Armeeangehörige in der Volkswirtschaft tätig sind«, und schloss, »dies wirkt sich auf die Dauer weder günstig auf die Volkswirtschaft noch auf die Armee aus und ist zu beseitigen« (zitiert nach 2.27 Rogg, S. 495 f.). Dennoch hielt das MfNV noch eine gewisse Zeit an der Arbeitsreserve der »Fabriksoldaten« fest und plante für Dezember mit einer Verstärkung von 6600 Soldaten in der Industrie und 2000 Bausoldaten in sozialen Einrichtungen. Im Zuge der Soldatenstreiks Anfang Januar 1990 fuhr das MfNV die Einsätze in der Volkswirtschaft aber immer weiter herunter.

In wenigen Monaten verringerte sich der Gesamtumfang der Volksarmee dramatisch, auch weil der Grundwehrdienst von 18 auf 12 Monate sowie der Dienst als Soldat auf Zeit von drei auf zwei Jahre abgesenkt wurde. Zum 26. Januar 1990 wurden 26 000 Grundwehrdienstleistende und 13 000 Unteroffiziere auf Zeit vorzeitig entlassen. Zugleich kamen Anfang 1990 8,5 % der Wehrpflichtigen ihrer Verpflichtung zum Dienst nicht mehr nach. Anfang 1990 legte das MfNV einen Gesamtumfang der NVA von etwas mehr als 100 000 Mann und weniger als halb so viel Zivilbeschäftigten fest. Rechnet man die Grenztruppen mit ein, dann schrumpften die Streitkräfte innerhalb eines Jahres um mehr als die Hälfte.

Dialog und Aufarbeitung Zur Glaubwürdigkeit der Militärreform gehörte vor allem die Herstellung von Transparenz. Was einfach klang, erwies sich in der Umsetzung als schwierig. DDR-Bevölkerung und Volksarmee standen in einem aseptischen Verhältnis. Der »zivile Sektor« wusste in Wahrheit wenig von dem, was sich hinter den Kasernenzäunen der »Objekte« abspielte, und die grellen Bilder und schrillen Parolen der Militärpropaganda wurden von den meisten DDR-Bürgern als solche entlarvt. Unter den Vorzeichen der Militärreform öffneten sich jetzt auch die armeeeigenen Medien langsam für eine kritischere Berichterstattung. Beispielsweise folgte auf die Wochenzeitung »Volksarmee« das Wochenblatt mit dem sinnstiftenden Namen »Trend«, in dem nun nicht mehr allein über die NVA, sondern auch über die Bundeswehr und andere Streitkräfte berichtet wurde. Auch das »Armeefilmstudio der NVA« begann jetzt mit Produktionen, die eher der gesellschaftspolitischen Realität entsprachen, beispielsweise »Grenzdurchbruch '89« (8.1 D 483, produziert im November/Dezember 1989 mit düsterer Szenerie und verunsicherten Grenzsoldaten im O-Ton), »Verweigerer im Dienst« (8.2 D 485, Bericht über den Einsatz der ersten Zivildienstleistenden), »NVA – ade!« (8.3 D 492, Soldaten in Eggesin und Torgelow sprechen über ihre Motive nach der »Wende«).

Zur neuen Offenheit gehörte auch die Zusammenarbeit der NVA-Führung mit Vertretern von Regierung und Opposition am Runden Tisch, wo es neben Fragen der Militärreform auch um sicherheitspolitische Konzepte ging. Die am Runden Tisch diskutierten und am 27. Februar bestätigten »Militärpolitischen Leitsätze der DDR« (abgedruckt bei 1.96 Hoffmann, S. 310–312) entwickelten die Idee einer blockfreien DDR, deren rein defensiv ausgerichtete Streitkräfte Teil einer europäischen Sicherheitsarchitektur sein sollten. Die NVA firmierte danach als »Armee des gesamten Volkes«, die sich schrittweise rechtsstaatlichen Strukturen annähern sollte, mit grundsätzlichen Überlegungen eines Dienstlaufbahngesetzes, einer neuen Innendienstvorschrift, einem neuen Fahneneid, einem Grenzgesetz sowie gesetzlichen Regelungen für einen waffenlosen Zivildienst. Mit Signalbegriffen wie »Abrüstung«,

»Vertrauensbildung«, »mündiger Staatsbürger« und »demokratische Mitbestimmung« präsentierte sich hier eine völlig neue Volksarmee. Mit den Vorschlägen, einen »Wehrdienstbeauftragten« zu benennen, also einen unabhängigen Obmann der Volkskammer nach Vorbild des westdeutschen Wehrbeauftragten, sowie die Führung des Ministeriums für Nationale Verteidigung in die Hände eines Zivilisten zu geben, deutete sich der radikale Wandel von einer Parteiarmee zu einer Parlamentsarmee an.

Beim 13. und zugleich letzten »Runden Tisch Militärreform« am 19. Februar 1990 zeigte sich noch einmal deutlich, dass die NVA mittlerweile an Konzepten arbeitete, in denen die NVA weiter nach sowjetischem Vorbild bewaffnet und als Teil eines europäischen Sicherheitssystems neben der Bundeswehr bestehen sollte. Der Runde Tisch lehnte, entsprechend Hoffmanns Entwurf, klar den Beitritt der DDR zur Bundesrepublik nach Art. 23 GG ebenso ab wie eine NATO-Mitgliedschaft des zukünftigen vereinten Deutschlands, denn diese sei »im Rahmen einer europäischen Friedensordnung nicht in Einklang zu bringen« (1.96 Hoffmann, S. 153). Um eine Destabilisierung zu vermeiden, sollten beide deutsche Staaten für eine nicht näher bestimmte Zeit Mitglied ihrer Bündnisse bleiben. Eine Ausdehnung der NATO in Richtung Oder–Neiße-Linie oder gar bis zum Bug wurde kategorisch ausgeschlossen. Bei der SED-PDS und den pazifistisch geprägten Bürgerrechtlern am Runden Tisch kam das gut an.

Wenn Hoffmann auch den Runden Tisch überzeugen konnte, so hatte er noch keinesfalls die eigene Truppe geschlossen hinter sich. Querschüsse kamen unter anderem von der Anfang Januar gegründeten »Studiengruppe Entmilitarisierung der Sicherheitspolitik« (SES). Eines ihrer Mitglieder, Kapitän z.S. Dr. Siegfried Fischer, Hochschullehrer an der Militärakademie »Friedrich Engels«, unterstützte öffentlich den von mehreren Oppositions-, Friedens- und Kirchengruppen getragenen Vorschlag »Aktion '89«, wonach die DDR vollständig demilitarisiert werden sollte. Das Konzept einer Entmilitarisierung der Sicherheitspolitik war keinesfalls neu und mehr als eine realitätsferne »Pazifistenspinnerei«. Es knüpfte vielmehr an Überlegungen von Sicherheitspartnerschaften und einer gesamteuropäischen Sicherheitspolitik an, deren Grundzüge schon in der westlichen Friedensbewegung und Teilen der SPD entwickelt worden waren. Nicht nur dort, sondern auch bei vielen politischen Gruppierungen der neuen Bürgerrechtsbewegung gab es Sympathien für solche Überlegungen. Deshalb darf es auch nicht verwundern, dass Vertreter des Runden Tisches die disziplinare Reglementierung gegenüber Fischer scharf kritisierten und dafür sorgten, dass diese kurz darauf aufgehoben wurde. Die Vorschläge der SES hatten dennoch keine Chance: »Die

Armee als letzte der DDR verbliebene ›Souveränitätsreserve‹ im Tausch gegen einen ›langfristigen Konföderationsübergang‹, die Dauer des Entmilitarisierungsprozesses als Garantiefrist für die staatliche Existenz der DDR – diese Rechnung ging nicht auf« (1.48 Ovens, S. 325–344, Zitat S. 344).

Wie unterschiedlich die Meinungsfreiheit gehandhabt wurde, zeigte das Beispiel von drei hochrangigen NVA-Offizieren (darunter mit Oberst Hans-Werner Weber der persönliche Adjutant des Ministers), die sich mit einem auf den 27. Februar datierten Schreiben direkt an den westdeutschen Bundesminister der Verteidigung Stoltenberg wandten mit dem Vorschlag der »geordneten Auflösung der Streitkräfte der DDR« und der »Vorbereitung der möglichen Dislozierung der Bundeswehr auf dem ehemaligen Territorium der DDR« (1.120 Weber, S. 63 f.). Bis heute ist nicht klar, ob Stoltenberg das Schreiben überhaupt erreichte. Als das Papier am 23. April unter der Überschrift »Verschwörung in der NVA?« in der Zeitung »Junge Welt« abgedruckt wurde, erfolgte die Entfernung der Autoren aus dem Dienst, und Weber konnte sich einem Verfahren wegen Landesverrats nur durch Absetzung in die Bundesrepublik entziehen.

Wichtige Schritte, um Vertrauen zu gewinnen, waren die Aufdeckung von Amtsmissbrauch und die Abschaffung von Privilegien. Mit der legendären Fernsehreportage des Jugendmagazins »Elf 99« am 25. November 1989 erhielten die DDR-Bürger erstmals einen unverstellten Blick auf den »realexistierenden Konsum« der SED-Spitze. In den Augen vieler DDR-Bürger galten die Angehörigen der Volksarmee, insbesondere die Berufssoldaten, als privilegiert. Tatsächlich zeichnet die Forschung mittlerweile ein differenzierteres Bild (2.27 Rogg, S. 564–575). Unstrittig ist, dass die Führungsspitze der NVA teilweise ungehemmt Ressourcen für private Zwecke nutzte (1.42 Digutsch, S. 82–84; 5.17 Koop, S. 30–35); nicht so Admiral Hoffmann, der direkt nach seiner Übernahme der Amtsgeschäfte als neuer Minister am 7. Dezember einen »Ausschuss zur Untersuchung von Amtsmissbrauch, Korruption und persönlicher Bereicherung in der Nationalen Volksarmee und den Grenztruppen der DDR« einsetzte. Das war ein mutiger Schritt, denn niemand konnte das Ausmaß ahnen. Der am 15. März 1990 vorgelegte Bericht der Kommission präsentierte anhand von 368 untersuchten Fällen ein vielschichtiges Bild, wobei es sich fast ausschließlich um die Führungsspitze der NVA handelte. Deren staatlich subventionierte Jagdleidenschaft, die Nutzung militärischer Luftfahrzeuge und Kfz für private Zwecke, wie Urlaubsflüge mit Familienangehörigen, der vereinfachte Kauf von Pkw, der illegale Erwerb von Valuta, aber auch die militärtechnische Unterstützung beim privaten Wohnungsbau unterstrichen, dass es einem Großteil der Militärelite der DDR an Rechtsbewusstsein und

Wahrnehmungsfähigkeit fehlte. Einmal mehr zeigte sich auch bei der Aufarbeitung des SED-Regimes ein hohes Maß an Ambiguität: Während ein Arbeitsbericht zu Amtsmissbrauch und Korruption in der Zeitschrift »Militärreform« (2/1990) schon am 10. Januar veröffentlicht wurde, liegt heute nur noch der 23-seitige Abschlussbericht vor; die umfangreichen Untersuchungsakten gelten nach wie vor als verschwunden (1.42 Digutsch, S. 84; 4.3 Herspring, S. 72 f.).

Die Militärreform: nur eine »Unvollendete«? Am 4. März 1990 brachte der »Spiegel« unter der Überschrift »Ein Trümmerhaufen der Gefühle« die Lage in der NVA treffend auf den Punkt: »Die DDR-Armee, einst der Stolz der SED, ist in wenigen Monaten zusammengebrochen, ein verlorenes Häuflein mit aufsässigen Soldaten und verängstigten Offizieren« (Der Spiegel, 10/90, S. 34–48). Und dennoch: Gemessen an der Vielzahl der Herausforderungen, den inneren Widerständen und der Kürze der Zeit konnte sich die Zwischenbilanz der Militärreform sehen lassen. Mit der Entpolitisierung der NVA und dem eingeleiteten Demokratisierungsprozess, der Verkürzung der Wehrdienstzeit von 18 auf 12 Monate, der Beendigung »volkswirtschaftlicher Einsätze« in Industrie und Produktion, der Herabstufung der Gefechtsbereitschaftsstufen und der Verabschiedung eines Zivildienstgesetzes waren wichtige Weichen gestellt. Die geplante, aber nicht mehr realisierte Ausgliederung der Grenztruppen nicht mitgerechnet, verlor die NVA durch die vorzeitige Entlassung von Wehrdienstleistenden und Berufssoldaten sowie die Abschaffung der Politoffiziere binnen weniger Monate 50 000 Mann. Dass die NVA in dieser Phase dynamischer Veränderungen, hoher Verunsicherung und bei gleichzeitigem Wegfall ihres jahrzehntelang eingeübten Feindbildes nicht völlig zusammenbrach oder gar zu einem unkontrollierbaren politischen Akteur wurde, war nicht zuletzt das Verdienst der Militärreformer, die dem Kurs von Admiral Theodor Hoffmann folgten.

Dennoch blieb die Militärreform am Ende hinter ihren eigenen Erwartungen zurück. Sie war eine Reform ohne hinreichenden gesellschaftspolitischen Bezug, ohne Begründungszusammenhang zwischen der Rolle von Streitkräften in Staat und Gesellschaft. Das lag vor allem daran, dass es in der Öffentlichkeit zu keiner kritischen Auseinandersetzung mit der Rolle der NVA im SED-Staat und mit ihrer Funktion im Herrschaftsgefüge der Diktatur gekommen war. Aus der »Armee des Volkes« einfach begrifflich eine »Armee des ganzen Volkes« zu machen, genügte nicht.

Auf dem Weg zur Deutschen Einheit, März 1990 bis Oktober 1990

»Lass uns Dir zum Guten dienen,
Deutschland, einig Vaterland.«
Nationalhymne der DDR, 1. Strophe

Der 18. März 1990: Erste freie Volkskammerwahlen

Anfang des Jahres 1990 befand sich die Regierung Modrow in einer ausweglosen Situation: Die Wirtschaft war im freien Fall und das Vertrauen in die Regierung unter SED-PDS-Führung erschüttert, sodass täglich fast 2000 DDR-Bürger ihr Heil im Westen suchten. Ende Januar entschied sich die Regierung, die für den 6. Mai geplante Volkskammerwahl auf den 18. März vorzuziehen (4.2 Jochheim). Meinungsumfragen zeigten, dass eine überwältigende Mehrheit der DDR-Bürger eine rasche Deutsche Einheit wünschte. Der kurze Wahlkampf wurde von diesen Stimmungsbildern nachhaltig geprägt. Deutschland- und Wirtschaftsfragen standen im Vordergrund. Während die Bürgerrechtsparteien mit strukturellen und konzeptionellen Problemen zu kämpfen hatten, setzten die SPD und die konservative »Allianz für Deutschland« auf Hilfeleistung aus dem Westen. Die West-CDU zögerte lange mit einer direkten Unterstützung der Ost-CDU, bei der es sich nicht um eine neue Partei handelte. Die populäre Bezeichnung »Blockflöten« machte deutlich, in welchem Ausmaß die ehemaligen Blockparteien mit dem SED-Regime kollaboriert hatten. Zudem traten die konservativ-liberalen Kräfte nicht einheitlich auf. Erst mit dem Zusammenschluss von Ost-CDU, Demokratischem Aufbruch (DA) und Deutscher Sozialer Union (DSU) am 5. Februar zur »Allianz für Deutschland« ging ein schlagkräftiger politischer Wettbewerber an den Start, der jetzt von der West-CDU und namentlich Helmut Kohl massiv unterstützt wurde. Gleichwohl blieb das persönliche Verhältnis zwischen dem Spitzenkandidaten der Allianz, dem Ost-Berliner Rechtsanwalt und langjährigen Mitglied der Ost-CDU Lothar de Maizière, und Helmut Kohl eher distanziert. Keine der Parteien hatte Erfahrungen mit Wahlkämpfen und alle traten mit »politischen Amateuren« an (1.9 Görtemaker, S. 744).

Die Voraussetzungen der einzelnen Parteien und Parteibündnisse für die erste freie Volkskammerwahl und auch die Programme hätten unterschiedlicher kaum sein können. Die SED-PDS verfügte zwar über die mit Abstand beste Infrastruktur und mit Gregor Gysi und Hans Modrow über zwei prominente, sich gut ergänzende Galionsfiguren, aber sie zog einen gewaltigen Schleppsack aus historischer Verantwortung und Vertrauensverlust hinter sich her. Inmitten eines bunten und in Teilen auch chaotischen Wahlkampfs machte die SED-PDS den Vorschlag, die NVA sofort um die Hälfte zu reduzieren, die Einberufungen zum Grundwehrdienst einzustellen und zügig damit zu beginnen, Berufssoldaten auf zivile Berufe umzuschulen – all dies ohne Absprache mit der Führung der NVA. Die SED-PDS machte so die Abschaffung der Wehrpflicht zu einem Spitzenthema ihres Wahlkampfs und schien damit, zumindest bei den Führungskadern der NVA, zu punkten. Eine Umfrage vom 6. März ergab eine Zustimmung von 83 % aller Offiziere für die Politik der SED. Wesentlich komfortabler aufgestellt erschien die Sozialdemokratische Partei in der DDR (SDP), die sich im Januar 1990 in SPD umbenannte und der die Meinungsforscher während des gesamten Wahlkampfs einen deutlichen Sieg prophezeiten. Die SDP wusste sich früh von der SED zu distanzieren und traute sich selbst viel zu. Die Sozialdemokraten kündigten deshalb binnen weniger Tage ein Wahlbündnis mit den fünf Bürgerrechtsbewegungen Neues Forum (NF), Demokratie Jetzt (DJ), Demokratischer Aufbruch (DA), Initiative Frieden und Menschenrechte (IFM) und Vereinigte Linke (VL) – eine Entscheidung mit gravierenden Folgen. NF, DJ und IFN firmierten daraufhin zu einem eigenen »Bündnis 90«. Die mitgliederstarke Liberal-Demokratische Partei (LDP), als »Blockpartei« ähnlich belastet wie die Ost-CDU, bildete mit dem gleichnamigen Ostableger der Freien Demokratischen Partei (FDP) einen »Bund Freier Demokraten«.

Außen- und sicherheitspolitische Konzepte der Parteien In den Wahlkampfprogrammen spielten die außen- und vor allem sicherheitspolitischen Vorstellungen nur eine nachgeordnete Rolle; die Parteien blieben hier teilweise vage in ihren Formulierungen (Auszüge bei 1.73 Armee ohne Zukunft, S. 353–357). Dennoch zeigten sich erhebliche Unterschiede zwischen den Parteien und Wahlbündnissen. Die *PDS* verfolgte einen schrittweisen Übergang zu einem deutschen Staatenbund im Rahmen einer europäischen Einigung bei gleichzeitiger Blockfreiheit und Entmilitarisierung Deutschlands. Die *SPD* ging mit dem klaren Bekenntnis zur »Einheit der deutschen Nation« in den Wahlkampf, mit dem Ziel, eine föderativ geprägte Einheit im europäischen Rahmen zu gestalten. Die Wiedervereinigung sollte über Art. 146 GG erfolgen, also das Ersetzen des Grundgesetztes der Bundesrepublik durch eine neu zu schaffende gesamtdeutsche Verfassung. Beide Prozesse waren auf Aushandlung, Konsens und Zeit ausgerichtet. In der »*Allianz für Deutschland*« bestand Einigkeit über einen möglichst raschen Beitritt der DDR zur Bundesrepublik auf der Grundlage von Art. 23 GG. Sicherheitspolitisch plädierte die CDU für eine Entmilitarisierung der DDR im Laufe von zehn Jahren mit dem Ziel, Teil eines europäischen Sicherheitssystems zu werden. Ähnlich positionierte sich der DA, der für Blockfreiheit und Entmilitarisierung der DDR eintrat. Die DSU strebte Sicherheitspartnerschaften mit anderen Staaten an. Damit verfolgte die »Allianz für Deutschland« einen grundlegend anderen außen- und sicherheitspolitischen Kurs als Kohls CDU. *Bündnis 90* plädierte auf dem Weg zur Einheit für mehr Zeit und Gründlichkeit und sprach sich kategorisch mit dem Wahlkampfslogan »Kein Anschluss unter dieser Nummer« gegen ein Verfahren nach Art. 23 GG aus. Sicherheitspolitisch verfolgte das Bündnis 90 die Entmilitarisierung beider deutscher Staaten.

Bei der Frage der deutschen Einheit folgte nur die »Allianz für Deutschland« der Linie der westdeutschen Bundesregierung, und sicherheitspolitisch gab es allenfalls mit der DSU größere Schnittmengen mit Bonn. Unmittelbar nach Gründung der »Allianz für Deutschland« verkündete Kanzler Kohl am 6. Februar die zeitnahe Errichtung einer Wirtschafts- und Währungsunion mit der DDR: ein überraschender »taktischer Coup« (1.33 Rödder, S. 208–216, hier S. 210), der im Wahlkampf eine enorme Dynamik entwickeln sollte.

Ihr Bild von der Stimmung in den Streitkräften machte sich die NVA-Führung durch Meinungsumfragen, deren Ergebnisse allerdings nach wie vor nur für den internen Gebrauch bestimmt waren. In einer Erhebung vom 6. bis 9. März zeigte sich, dass der Einigungsprozess bei der Hälfte der Mannschaftssoldaten, einem Viertel der Unteroffiziere und einem Zehntel der Offiziere mit Hoffnungen verbunden war. Alle anderen äußerten persönliche Sorgen und Bedenken, vor allem hinsichtlich sozialer und wirtschaftlicher Sicherheit. Lag es daran, dass sich die große Mehrheit der Armeeangehörigen ein vereintes Deutschland mit neutralem Status wünschte (drei Viertel aller Mannschaftssoldaten und zwei Drittel aller Berufsunteroffiziere und Berufsoffiziere)? Bei der Gretchenfrage »Eine oder zwei oder keine Armee in einem geeinten Deutschland?« urteilten die NVA-Angehörigen sehr differenziert. Für ein Nebeneinander von Bundeswehr und NVA sprachen sich 41 % der Offiziere, 15 % der Unteroffiziere und nur 5 % der Mannschaftssoldaten aus. Gemeinsame, gesamtdeutsche Streitkräfte präferierten 31 % aller Offiziere, 45 % aller Unteroffiziere und 40 % aller Mannschaften. Alle anderen befragten Armeeangehörigen wünschten sich eine Auflösung sowohl der NVA als auch der Bundeswehr (1.95 Hoffmann, S. 185–187). Die Meinungserhebungen sind ein Spiegelbild der Verunsicherung und Orientierungslosigkeit in der NVA.

Überraschung am Wahlabend Auf den Tag genau fünf Monate nach Honeckers Sturz brachte der Wahlabend des 18. März eine faustdicke Überraschung. Mit 48,1 % ging die »Allianz für Deutschland« als eindeutiger

Sieger durchs Ziel, gefolgt von der weit abgeschlagenen SPD mit 21,8 %, der SED-PDS mit 16,3 % und dem BFD mit 5,3 %. Die Bürgerrechtsgruppierung »Bündnis 90« erreichte mit 2,9 % ein überraschend schlechtes Ergebnis. Die Impulsgeber und Akteure aus Kirche, Friedens- und Umweltgruppen, die maßgeblich zum Umsturz des alten SED-Regimes beigetragen hatten, waren in der Wahl abgestraft worden: »Die Revolution ist wie Saturn, sie frisst ihre eigenen Kinder« (Georg Büchner, Dantons Tod, 1. Akt, 1. Szene; zur Wählerverteilung 1.28 Kowalczuk, S. 47–49). Verknüpft mit der ungewöhnlich hohen Wahlbeteiligung von 93,4 % hatte die Volkskammerwahl den Charakter eines Volksentscheids. Während die Runden Tische noch von den Altkadern des Regimes und den Bürgerrechtsgruppen bestimmt waren, hatte sich mit der Volkskammerwahl eine neue politische Kraft etabliert, die für freiheitlich-rechtsstaatliche Demokratie, für die sofortige Einführung der D-Mark und der Marktwirtschaft und für den schnellstmöglichen Weg zur Einheit Deutschlands stand.

In der NVA reagierte man unterschiedlich auf das Wahlergebnis, das vor allem bei Berufssoldaten Betroffenheit auslöste (1.95 Hoffmann, S. 196). Wenngleich keine repräsentativen Zahlen vorliegen, kann man doch erkennen, dass die SED-PDS in Städten und Gemeinden mit einem hohen Anteil an Berufssoldaten (zum Beispiel Neubrandenburg, Rostock und natürlich Strausberg, dem Sitz des MfNV) überdurchschnittlich gut abschnitt (1.48 Ovens, S. 325).

Regierungsbildung Die »Allianz für Deutschland« stand als Wahlsieger »vor der paradoxen Herausforderung, die DDR zu demokratisieren, um sie abzuschaffen« (1.27 Jarausch, S. 198). Sie musste dafür eine Wirtschafts-, Währungs- und Sozialunion mit der Bundesrepublik auf den Weg bringen, die Restitution der 1952 abgeschafften Länderstrukturen in die Wege leiten, rechtsstaatliche Strukturen etablieren, die Hinterlassenschaft des Grenzregimes an der innerdeutschen Grenze und in Berlin abbauen und vor allem auf der Grundlage von Art. 23 GG den Beitritt der DDR zum Bundesgebiet in die Wege leiten. Historisch gab es dafür keine Blaupause, weder in Bonn noch in Ost-Berlin war so etwas vorbereitet worden, und alles sollte in kürzester Zeit passieren. Um die für Verfassungsänderungen notwendige Zweidrittelmehrheit sicherzustellen, bildete de Maizière eine Koalition der Allianz mit SPD und Liberalen. Die Regierung de Maizière verstand sich als Gegenentwurf zur SED-PDS und spiegelte in der Zusammensetzung des Kabinetts eine ähnliche Sozialstruktur und berufliche Herkunft wie die Volkskammer: jung, christlich, akademisch qualifiziert und politisch unerfahren. Vor allem Letzteres führte, neben der rasanten Geschwindigkeit, mit der gravierende politische Entscheidungen zu treffen waren, dazu, dass die letzte Regierung der DDR oft an ihre Grenzen stieß: kein Wunder bei mehr als 150 Gesetzen, die im Lauf der kommenden sechs Monate in der Volkskammer verabschiedet werden mussten. Schnell merkte die neue Regierung, dass sie im Vereinigungsprozess weit weniger politisches Gewicht in die Waagschale werfen konnte, als sie gehofft hatte. Ungeachtet dessen sorgte die neue Regierungsmannschaft bei den weiteren Diskussionen über die Wiedervereinigung für eine deutliche Verbesserung des internationalen Klimas. Vor allem die britische Regierung unter Margaret Thatcher begann langsam ihre Vorbehalte gegenüber der Deutschen Einheit aufzugeben, allerdings ohne die NATO in irgendeiner Form in Frage zu stellen.

Doch genau das Thema der Bündniszugehörigkeit führte schon bald zu einem gravierendenden Dissens zwischen den deutschen Regierungschefs. In den Koalitionsvereinbarungen vom 12. April sprach sich die künftige DDR-Regierung dafür aus, »den Prozess der Ablösung der Militärbündnisse durch ein gesamteuropäisches Sicherheitssystem zu fördern«. Sie stellte unmissverständlich fest: »Die NATO-Mitgliedschaft eines vereinten Deutschlands ist den osteuropäischen Staaten nur zumutbar« bei Aufgabe der bisher gültigen NATO-Strategien (Vorneverteidigung, Flexible Response, nuklearer Erstschlag) (zitiert nach 1.73 Armee ohne Zukunft, Dok. 10, S. 372). Unmittelbar nach seiner Vereidigung vor der Volkskammer am 12. April unterstrich der neue Ministerpräsident Lothar de Maizière in seiner Regierungserklärung, die NVA würde auch nach einer Wiedervereinigung »auf dem heutigen Gebiet der DDR erhalten bleiben«, ging aber nicht weiter auf die Bündniszugehörigkeit ein. Die außen- und sicherheitspolitischen Ziele der neuen DDR-Regierung orientierten sich in Richtung einer Einbettung der Zwei-plus-Vier-Gespräche in den KSZE-Prozess und einer Blocküberwindung, die in eine gesamteuropäische Sicherheitsordnung münden sollte. Mit der klar zwischen Bonn und Washington abgestimmten Linie einer gesamtdeutschen NATO-Mitgliedschaft war das nicht vereinbar. Bei seinem ersten Gespräch mit Kohls sicherheitspolitischem Berater Horst Teltschik am 16. April in Ost-Berlin erklärte de Maizière, er könne die NVA nicht auflösen, weil die zu entlassenden Offiziere und Unteroffiziere »ein Sicherheitsrisiko für ihn und seine Regierung« bedeuten würden (1.118 Teltschik, S. 198; siehe auch 1.73 Armee ohne Zukunft, Dok. 11, S. 374). Zudem verwies er auf den außerordentlich populären Antrag der PDS, die Wehrpflicht abzuschaffen – ein Ansinnen, dem die neue Regierung unbedingt zuvorkommen wolle, nicht zuletzt, weil damit auch der Zivildienst zur Disposition stünde. Am gleichen Tag erreichte die DDR-Regierung eine inoffizielle sowjetische Note (4.1 Inoffizielle Note), von der eine Kopie auch an die Bundesregierung ging und in der Moskau zwei Dinge unmissverständlich klarmachte: Die Eingliederung Gesamtdeutschlands in die NATO sei »unannehmbar«, und das gelte auch, wenn man das Territorium der jetzigen DDR zeitweilig oder dauerhaft aus deren Einflusssphäre ausklammerte. Stattdessen schlug die sowjetische Führung ein gesamteuropäisches Sicherheitssystem vor – mit einem »Übergang vom gegenwärtigen System zweier Bündnisse zu einer kollektiven Sicherheitsstruktur«. Damit waren die Claims abgesteckt: Bonn folgte der Linie Washingtons, Ost-Berlin jener Moskaus, und zwischen diesen Positionen war wenig Spielraum erkennbar.

Das Ministerium für Abrüstung und Verteidigung

Bei der Bildung des Kabinetts de Maizière aus CDU, DSU, SPD und BFD fand die Partei »Demokratischer Aufbruch« anfangs keine Berücksichtigung. Ihr Gründungsmitglied und erster Vorsitzender Wolfgang Schnur war unmittelbar vor der Volkskammerwahl als IM der Staatssicherheit aufgeflogen und damit ursächlich für das miserable Ergebnis von 0,9 % verantwortlich. Immerhin fand ein damals fast unbekanntes Mitglied des DA den Weg in die zweite Reihe der Regierung: die neue Stellvertretende Regierungssprecherin Angela Merkel. Vermutlich erst auf sanften Druck aus Bonn wurde der DA in den Kreis der Koalitionspartner aufgenommen, allerdings zu einem Zeitpunkt, als schon alle Kabinettsposten, bis auf einen, vergeben waren. Dass am Ende nur noch das Verteidigungsressort übrig war, sagt viel über den Stellenwert sicherheits- und verteidigungspolitischer Fragen sowie über die politischen Kompetenzen und Interessen in der bunten Koalition de Maizière. Ein Brief von Admiral Hoffmann an den designierten Ministerpräsidenten und Vorsitzenden der CDU, in dem er die Verfassungstreue und Loyalität der NVA zum Ausdruck brachte und sicherheitspolitische Vorschläge für die neue Regierung unterbreitete, blieb ohne Antwort. Nicht zu Unrecht befürchtete Hoffmann, dass die Probleme und Aufgaben der Streitkräfte »nicht so ernst gesehen würden, wie wir sie eigentlich empfanden« (1.95 Hoffmann, S. 197). Mit dem Vorsitzenden des DA Rainer Eppelmann fiel die Wahl für den Posten des neuen Verteidigungsministers immerhin auf keinen Unbekannten. Eppelmann war evangelischer Pfarrer, bekennender Kriegsdienstverweigerer und ehemaliger Bausoldat, Mitinitiator der Berliner Initiative »Frieden schaffen ohne Waffen«, ein mutiger Mann, der sich immer wieder mit der Stasi angelegt hatte, kurzum: eine »Galionsfigur der Friedensbewegung« (1.73 Armee ohne Zukunft, S. 19). Im letzten Kabinett Modrow fungierte Eppelmann für wenige Wochen als Minister ohne Geschäftsbereich und hatte sich dort intensiver mit Fragen der Sicherheitspolitik und der NVA befasst. Nach eigener Aussage knüpfte Eppelmann seine Berufung zum Minister an eine Auflage: das

Ministerium für Nationale Verteidigung sollte programmatisch in »Ministerium für Abrüstung und Verteidigung« (MfAV) umbenannt werden.

Die Streitkräfte der DDR erhielten damit nicht nur ihren ersten zivilen Minister. Eppelmann brachte auch eine Führungsmannschaft aus persönlich Vertrauten oder Parteifreunden des DA mit: Werner E. Ablaß (DA, zuletzt Leiter eines evangelischen Altenheims – Staatssekretär und ständiger Vertreter des Ministers), Bertram Wieczorek (Arzt und Stv. Fraktionsvorsitzender der CDU in der Volkskammer – Parlamentarischer Staatssekretär), Frank Marczinek (parteilos, ehemaliger Hauptmann der NVA – Staatssekretär für Abrüstung), Michael Hahn (Vorsitzender der Jugendorganisation des DA – Soldatenbeauftragter), Klaus Gille (DA – Umweltbeauftragter), Gerd A. Engelmann (DA, Lehrer mit Berufsverbot – Leiter des Personalamtes) sowie Dietmar Herbst (SPD, einziges Mitglied der Ministeriumsspitze aus dem Westen, mit Eppelmann über die Friedensbewegung bekannt – Leiter des Beraterstabes) (3.35 Hanisch/Heider, T. II, S. 4–14). Bis auf Marczinek und Wieczorek, der immerhin seinen Grundwehrdienst bei der NVA geleistet hatte, verfügte niemand über persönliche Erfahrungen beim Militär oder militär- oder sicherheitspolitische Expertise. Im Zuge eines Immobilienskandals kam 2007 ans Licht, dass Frank Marczinek zwischen 1985 und 1989 als »Inoffizieller Mitarbeiter zur politisch operativen Durchdringung und Sicherung des Verantwortungsbereichs« (IMS) mit dem MfS zusammengearbeitet hatte. Seit dem 5. Juli unterstützte der »Architekt der Ostpolitik«, der westdeutsche SPD-Politiker Egon Bahr, Rainer Eppelmann als Berater.

Die neue politische Führung des Ministeriums, die am 18. April 1990 ihre Dienstgeschäfte übernahm, war mehr als eine programmatische Ansage. Nicht wenige Menschen in Ost und West schüttelten den Kopf. Vor allem in der NVA empfanden zahlreiche Altkader die Ernennung eines ehemaligen Bausoldaten und Wehrdienstverweigerers, Pfarrers und Friedensaktivisten zum Minister als Provokation. Eppelmann selbst kokettierte mit seiner neuen Rolle, stellte sofort ein Kruzifix auf seinen Schreibtisch und hatte nichts dagegen mit »Herr Pfarrer« angesprochen zu werden. Das ehemalige Politbüromitglied Günter Schabowski bezeichnete die Entscheidung für Eppelmann als »absurd« (1.106 Schabowski, S. 302). Eppelmann mochte schillernd wirken, aber er war nicht naiv. Im letzten Kabinett Modrow hatten sich er und Admiral Hoffmann kennen und in gewisser Weise auch schätzen gelernt. Und nun bot Eppelmann seinem Vorgänger Hoffmann überraschend an, die neu zu schaffende Dienststellung eines »Chefs der NVA« zu übernehmen: als truppendienstlich verantwortlicher, höchster Soldat der Volksarmee. Hoffmann hatte sich eigentlich schon auf seine Zurruhesetzung vorbereitet. Er hatte sich als Minister durch Tatkraft, Loyalität, menschliche

Integrität und nicht zuletzt militärfachliche Qualifikation einen Namen gemacht. Schließlich willigte er ein, auch weil sich Ministerpräsident de Maizière für diese Lösung stark gemacht hatte. Durch diesen geschickten Schachzug gelang es Eppelmann, die Sorge vieler NVA-Angehöriger vor den »Militär- und Politamateuren« für einen Moment zu entkräften.

Zur Unterstützung des Ministeriums in Organisations- und Strukturfragen hatte Bundesverteidigungsminister Stoltenberg bereits Ende März Ministerialdirigent Friedhelm Krüger-Sprengel nach Strausberg entsandt. Der von ihm ausgearbeitete Vorschlag für die Neuausrichtung des Ministeriums berücksichtigte Eppelmanns Schwerpunkte Abrüstung und Umwelt und orientierte sich zugleich an den Grundprinzipien des Bundesverteidigungsministeriums. Das spiegelte sich unter anderem in der Stellung des Chefs der NVA, der, ähnlich wie der Generalinspekteur der Bundeswehr, unterhalb der Staatssekretäre angesiedelt werden sollte. Nach massivem Protest Hoffmanns und der militärischen Führung des Ministeriums änderte Eppelmann die Zuständigkeiten, sodass der oberste Soldat der NVA dem Minister direkt unterstellt wurde. Zugleich arbeiteten dem Chef der NVA alle Stäbe und Abteilungen des MfAV direkt zu. Die Spannungen zwischen Hoffmann und Krüger-Sprengel, in dem viele Mitarbeiter im MfAV einen »Bonner Maulwurf« sahen, führte schließlich Anfang Mai zu dessen Abberufung.

In der Gliederung des MfAV drückt sich einerseits eine klare Verschiebung aus in Richtung einer zivilen Führung des Ministeriums mit einem zivilen Minister, Staatssekretären sowie Schlüsselpositionen, wie der Hauptabteilung Personal, die ebenfalls mit einem Zivilisten besetzt war. Frauen fehlten gänzlich in der Leitungsebene des Ministeriums. Kontinuität zeigte sich in den militärfachlichen Grundstrukturen des Hauses sowie der nachgeordneten Teilstreitkräfte und in einer erstaunlich hohen Zahl von Spitzenmilitärs, die weiterhin in ihrer Funktion verblieben. Staatssekretär Ablaß hat diese Entscheidung später nicht nur mit drohendem Verlust an Führungs- und Fachexpertise, sondern auch mit Blick auf die laufenden Verpflichtungen im Warschauer Vertrag begründet: »Das Ganze hätte uns dann auch die Verhandlungen mit den Sowjets erheblich erschwert« (1.81 Ablaß, S. 186).

Ein Deutschland, zwei Armeen, ein Bündnis? Sicherheits- und militärpolitische Konzepte

Der Weg zur deutschen Einheit schien im April 1990 geebnet: In der DDR hatten die Bürger ein beeindruckendes Votum abgegeben; die erste frei gewählte Volkskammer hatte für Beitrittsverhandlungen nach Art. 23 GG gestimmt; die Bundesregierung bereitete mit der Ankündigung einer Wirtschafts-, Währungs- und Sozialunion den sozioökonomischen Rahmen; durch den klaren Kurs der USA gaben die westlichen Siegermächte Frankreich und Großbritannien ihre Vorbehalte immer mehr auf; und Gorbatschows Äußerungen waren unmissverständlich, dass die Sowjetunion die Entscheidung der Deutschen über ihre staatliche Zukunft akzeptieren würde. Obwohl es dazu dezidierte Meinungen gab, hatten alle Parteien den sensibelsten Punkt in ihren Beratungen bis dahin offengelassen oder nach hinten geschoben: die militär- und sicherheitspolitischen Aspekte. Diese betrafen vor allem die Bündniszugehörigkeit eines vereinten Deutschlands und die damit verbundene Grenze des NATO-Vertragsgebiets sowie die Zukunft des Warschauer Vertrages. In diesem Zusammenhang spielten auch die Obergrenzen der Truppen und die Frage nach Herstellung und Gebrauch von ABC-Waffen eine Rolle. Zum anderen ging es um die in beiden Teilen Deutschlands stationierten ausländischen Truppen, insbesondere um die Soldaten, Zivilbeschäftigten und Familienangehörigen der Sowjetstreitkräfte. Und schließlich spielte ein außenpolitisches Thema eine wichtige Rolle, das eng mit Sicherheitsinteressen und tief liegenden Bedrohungsperzeptionen verknüpft war: die Anerkennung der polnischen Westgrenze. Alle diese Themen hatten ihren Ursprung im Ende des Zweiten und dem Beginn des Kalten Krieges. Alle politischen Entscheidungsträger hatten als Kinder, Jugendliche oder junge Soldaten ihre individuellen Gewalt- und Verlusterfahrungen gemacht, was eine Erklärung dafür ist, dass die Themen so emotional besetzt und so sehr von Vorbehalten bestimmt waren und deshalb nur auf der Basis wechselseitigen Vertrauens gelöst werden konnten.

Auch wenn die Bindungskräfte an der Peripherie des sowjetischen Satellitenreiches durch die demokratischen Revolutionen in Polen, der ČSSR, Ungarn sowie die wachsenden Autonomiebestrebungen in den Baltischen Staaten und in Aserbaidschan deutlich nachließen, befand sich Moskau auf den ersten Blick immer noch in einer starken Position. Die Sowjetunion war weiterhin eine militärische Supermacht und Hegemon in der Warschauer Vertragsgemeinschaft, und bei ihren »Waffenbrüdern« stand sie weiterhin mit schlagkräftigen Armeen im Land. Ganz besonders galt das für die 300 000 hervorragend ausgerüsteten Soldaten der Westgruppe der Truppen (WGT), Moskaus stärksten Trumpf in den folgenden Verhandlungsmonaten. Andererseits ging der Westen im Frühjahr 1990 relativ geschlossen in die anstehenden Verhandlungen mit der Sowjetunion. Vor allem wusste man in Washington und in Bonn schon seit Längerem, dass dieser wirtschaftlich und finanziell das Wasser bis zum Hals stand. Ohne finanzielle Hilfe von außen konnte Moskau seine internen Probleme nicht lösen. Und nur Bonn und die westdeutschen Banken waren, nicht zuletzt durch Helmut

Kohls Einfluss, bereit, überhaupt noch Geld in das ökonomisch verrottete Sowjetsystem zu pumpen. Damit hatte der Bundeskanzler einen wirksamen Hebel in der Hand. Washington und Bonn verfolgten eine Politik, die von der amerikanischen Historikerin Mary Sarotte treffend als »Carrots and Sticks« (Zuckerbrot und Peitsche) beschrieben wurde (1.35 Sarotte, S. 151 f.). Die Peitsche war die permanent im Raum stehende desaströse finanzielle und ökonomische Situation der Sowjetunion; das Zuckerbrot stand für in Aussicht genommene finanzielle und wirtschaftliche Hilfen, um die sich Bonn kümmerte, sowie eine Reform der NATO, derer sich die USA annahmen. Am Ende stand eine wohl kalkulierte Strategie von Bush und Kohl, die Robert Gates, der damalige Stellvertretende Nationale Sicherheitsberater des US-Präsidenten, nüchtern auf den Punkt brachte: »to bribe the Sowjets out of Germany« (sinngemäß: die Sowjets aus Deutschland rausbestechen, 1.91 Gates, S. 492). Es ist zu bezweifeln, ob Gorbatschow ohne die eklatante Schwäche der Sowjetunion zu so weitreichenden Geständnissen bereit gewesen wäre. Im historischen Rückspiegel betrachtet war der Zusammenbruch des Sowjetimperiums im Frühjahr und Sommer 1990 nicht mehr aufzuhalten, gleich welche Summen im Spiel gewesen wären. Dass es am Ende nur ein paar Milliarden D-Mark waren, die das Überleben der Sowjetunion kurzfristig sicherten und den Weg zu einem geeinten Deutschland innerhalb der NATO frei machten, ist die eigentliche Kränkung, die man bis heute in Russland nicht vergessen hat.

Eine besondere Dynamik entwickelten die anstehenden Verhandlungen auch, weil die jeweiligen Parteien im eigenen Lager nicht immer mit einer gemeinsamen Stimme sprachen, insbesondere in Moskau und in Bonn. Die Alleingänge des bundesdeutschen Außenministers Genscher sorgten bei den US-Amerikanern immer wieder für Irritationen. Großes Vertrauen genoss dort hingegen der außen- und sicherheitspolitische Berater des Bundeskanzlers Horst Teltschik, der aus dem Kanzleramt heraus immer mehr Einfluss auf die Geschicke des Einigungsprozesses nahm, »almost acting like a foreign minister himself« (1.35 Sarrote, 1989, S. 159). Innerhalb des Kabinetts hatte Genscher in Verteidigungsminister Stoltenberg seinen schärfsten Widerpart. Stoltenberg sprach sich, nach eigenen Aussagen bereits »im Februar«, klar für ein vereintes Deutschland mit einer Armee in der NATO aus (1.114 Stoltenberg, S. 448). Mit einer eher vage formulierten gemeinsamen Erklärung von Stoltenberg und Genscher Mitte Februar 1990 sollte der Dissens ausgeräumt werden: Die DDR sollte nicht entmilitarisiert und auf ihrem Territorium keine der NATO assignierten Truppen stationiert werden. Die Bundesregierung hielt sich damit offen, zu einem späteren Zeitpunkt über gesamtdeutsche Streitkräfte zu entscheiden. Unausgesprochen war damit klar, dass es für Deutschland keinen sicherheitspolitischen Sonderstatus geben würde: »An einer einheitlichen Führung deutscher Streitkräfte bestand kein Zweifel« (4.24 Schönbohm, S. 406). Damit war aber noch nicht geklärt, was aus der NVA werden sollte. Offenbar gab es im BMVg Denkmodelle, eine wie auch immer organisierte und unterstellte NVA in einer Stärke von 60 000 bis 70 000 Mann nach einem Zeitraum von drei bis vier Jahren durch Streitkräfte zu ersetzen, »die auf der Wehrpflicht basieren und Bundeswehr heißen« (4.24 Schönbohm, S. 407).

Obwohl man vonseiten der Bundeswehr lieber zurückhaltend vorgehen wollte, nahmen die Kontakte zwischen den ost- und westdeutschen Streitkräften jetzt zu. Bis zum 31. Juli wurden mehr als 2000 Begegnungen gezählt. Die bis dahin geltenden Reisebeschränkungen für Geheimnisträger der Bundeswehr wurden aufgehoben. Eine »Rahmenrichtlinie über dienstliche und außerdienstliche Kontakte zwischen Soldaten der Bundeswehr und Angehörigen der NVA« trat allerdings erst am 1. Juni in Kraft. Zum gleichen Zeitpunkt wurde im BMVg eine Lenkungsgruppe zur Verbesserung der Abstimmung mit dem MfNV eingerichtet (1.52 Zilian, S. 60–62).

Die vorsichtige Reserviertheit der Bundeswehr hatte ihren Grund. Die Vorbehalte gegenüber der Volksarmee als Parteiarmee konnten auch durch erste Schritte der Militärreform nicht ausgeräumt werden. Die personelle Kontinuität in militärischen Spitzenverwendungen, vor allem aber die aus Sicht der Hardthöhe bislang viel zu unkritische Auseinandersetzung mit dem SED-Regime und der Rolle der Volksarmee im Herrschaftsgefüge der DDR nährten diese Zweifel. Zudem hatte man in Bonner Bundeswehrkreisen die Äußerungen der Strausberger Ministeriumsspitze zur Zukunft der NVA mit Skepsis aufgenommen.

Zusammenarbeit und Differenzen zwischen MfAV und BMVg Unter diesen Vorzeichen fand das erste gemeinsame Treffen auf Ministerebene am 27. April in der Nähe des Flughafens Köln-Wahn statt. Eppelmann, der in Begleitung der Staatssekretäre Ablaß und Wieczorek und des Chefs Hauptstab Generalleutnant Grätz anreiste, setzte große Hoffnungen auf die zukünftige Zusammenarbeit. Allerdings wurde schnell klar, dass der eher distanziert auftretende Stoltenberg und der joviale Eppelmann nicht nur in ihrem Selbstverständnis und ihrem Habitus grundverschieden waren. Zudem sorgte eine Dankadresse von Staatssekretär Wieczorek an Generalleutnant Grätz für das besonnene Verhalten der Streitkräfte im Herbst '89 bei den Vertretern der Bundeswehr für Irritationen. Trotz Militärreform und Vereinigungsprozess war die Skepsis gegenüber der NVA unverändert vorhanden. Während die Bundeswehr die militär- und verteidigungspolitischen Eckpfeiler des Vereinigungsprozesses klar vor Augen hatte

(NATO-Mitgliedschaft eines vereinten Deutschlands mit einer Armee), suchte man im MfAV, aber auch im Außenministerium der DDR nach einem Weg des schrittweisen »Ausschleichens« aus den alten Strukturen, etwa in Form einer verbindlichen KSZE-Sicherheitsarchitektur ohne NATO-Mitgliedschaft mit möglichst langer Überleitung der Volksarmee in die Bundeswehr. Mit Blick auf die Sicherheitsinteressen der Sowjetunion sah das MfAV die Mitgliedschaft der DDR im Warschauer Vertrag noch als bindend (1.81 Ablaß, S. 34–45). Eppelmann selbst brachte das Dilemma auf den Punkt: »Auf der einen Seite wollen wir zu unseren Verträgen stehen und uns als verlässliche Partner darstellen, um die Nachbarn nicht zu verunsichern. Gleichzeitig wollen wir mit der Bundesrepublik Deutschland zusammenwachsen und vertrauensvoll darüber nachdenken, wie wir zwei Armeen vereinigen und eine gemeinsame Verteidigungspolitik gestalten können. Das passt im Grunde hinten und vorne nicht« (1.89 Eppelmann, S. 37; Gespräch mit Rainer Eppelmann, in: 1.73 Armee ohne Zukunft, S. 319–322). Diese Einschätzung mag auch mit unterschiedlicher Perzeption und Erinnerung der Gespräche zu tun haben, denn vonseiten der Bundeswehr war man sich sicher, es herrsche ein gemeinsames Verständnis darüber, dass ein vereintes Deutschland Mitglied der NATO sein solle (5.9 Schönbohm, S. 34). Darauf hatten sich Eppelmann und Stoltenberg letztlich auch in einer gemeinsamen Erklärung am 27. April verständigt: »Unser Ziel ist ein vereintes Deutschland als Mitglied der Atlantischen Allianz, ohne dass militärische Strukturen oder Einrichtungen der NATO auf das Territorium der DDR ausgeweitet werden« (1.77 Dokumente zur deutschen Militärgeschichte, Dok. 201, S. 846).

Dennoch klammerte sich Ost-Berlin an die gebetsmühlenartig wiederholten Aussagen der Kremlführung. Am 29. April hatte de Maizière mit seinen wichtigsten Ministern Moskau besucht und fand sich in den sicherheitspolitischen Überlegungen zur Bündniszugehörigkeit und zur NVA einmal mehr bestärkt (4.12 De Maizière besucht Gorbatschow). Ganz anders als in der Verlautbarung Eppelmanns und Stoltenbergs nur zwei Tage vorher in Bonn hieß es in einem internen Bericht des MfAV vom 29. April, »Deutschland soll und will eine Brückenfunktion zwischen NATO und Warschauer Vertrag einnehmen«, und man sei sich bewusst, »dass die NVA die Loyalität zum Warschauer Vertrag wahren muss« (1.77 Dokumente zur deutschen Militärgeschichte, Dok. 202, S. 850).

Auf seiner ersten Kommandeurtagung als Minister war Eppelmann am 2. Mai sehr deutlich geworden. Er dankte der NVA-Führung für ihr umsichtiges Handeln im Herbst '89 mit markigen Worten, »dass Sie sich aufopfernd und mutig an die Seite des Volkes gestellt haben [...] Sie und viele Ihrer demokratisch gesonnenen Mitarbeiter aus dem Offizierskorps haben mit dieser Haltung ein Blutbad wie in China oder Rumänien verhindert« (1.73 Armee ohne Zukunft, Dok. 12, S. 375). Eppelmann brachte die Kernideen seiner sicherheitspolitischen Agenda noch einmal auf den Punkt: »Es wird auch nach der Vereinigung auf dem DDR-Territorium eine zweite deutsche Armee geben, die, in kein Militärbündnis integriert, hier eigene territoriale Sicherheitsfunktionen ausüben wird [...] Das ist auch Ergebnis der Absprachen mit Minister Stoltenberg. Es wird aber keine NATO-Truppen auf dem Gebiet der heutigen DDR geben [...] Wir sind für keinerlei Bündnisverschiebung, sondern für eine Bündnisüberwindung auf beiden Seiten« (ebd., Dok. 19, S. 388 f.). Damit konnte sich der Minister der Zustimmung seiner Spitzenmilitärs sicher sein. Da kaum einer der Anwesenden eine Vorstellung von der sehr klaren Verhandlungsposition der Bundesregierung hatte, keimte bei vielen NVA-Kommandeuren die trügerische Hoffnung, es könne für die NVA und damit auch mit ihrer eigenen Karriere noch eine gewisse Zeit weitergehen. Auch in der übrigen NVA kam Eppelmanns Grundsatzrede offensichtlich gut an (ebd., Dok. 21, S. 396 f.).

Auf der nur drei Wochen später angesetzten zweiten Kommandeurtagung am 23. Mai distanzierte sich Admiral Hoffmann noch einmal deutlich von den sicherheitspolitischen Überlegungen in Bonn und führte pointiert aus, der Warschauer Vertrag stünde »für Sicherheit und Frieden in Europa«, niemand möchte dessen Mitgliedschaft missen, denn schließlich habe man dort »viele Freunde« und »unsere politische und auch militärische Heimat« gefunden (1.73 Armee ohne Zukunft, Dok. 22, S. 397 f.). Der Chef Hauptstab, Generalleutnant Grätz, verkündete im Anschluss Konzepte zur Verbesserung der Gefechtsbereitschaft und zum Wiederaufbau der Mobilmachungsfähigkeit. All diese Überlegungen spiegelten eine gewisse Realitätsferne. Dazu gehörte auch, dass die Militärs auf der Kommandeurtagung unter sich blieben, also ohne die zivile Führungsspitze des MfAV tagten.

Nach anfänglich positiven Signalen waren nun die Spannungen zwischen ziviler politischer Leitung und militärischer Führung offensichtlich. Dabei standen gewaltige sicherheitspolitische Herausforderungen an, insbesondere das Verhältnis zur Sowjetunion und darin eingeschlossen die Frage der Bündniszugehörigkeit. Auf der turnusmäßigen Tagung der Verteidigungsminister der Warschauer Vertragsstaaten, die am 13. und 14. Juni kurioserweise in Strausberg stattfand, positionierte sich Eppelmann sehr klar. Einerseits ging er weiterhin von einem Bestehen der NVA als »strukturell veränderte Streitkräfte/Territorialarmee im östlichen Landesteil« aus. Andererseits rechnete er mit einer baldigen Auflösung des Warschauer Vertrages und sah die Zukunft des geeinten Deutschlands in der NATO, allerdings ohne deren Truppenpräsenz östlich der Elbe. Der Austritt der DDR aus dem östlichen

Verteidigungsbündnis stand damit unausgesprochen im Raum. Weder bei den Sowjets noch in der Führungsspitze der NVA kam diese klare Ansage gut an. Eppelmann konnte nur mit Glück einen Eklat vermeiden, weil auch der ungarische Verteidigungsminister Austrittsüberlegungen seines Landes ankündigte. Damit war ein klares Signal für eine zeitnahe, fundamentale Neuordnung der europäischen Sicherheitsstrukturen gesetzt.

Trotz der teilweise erheblichen Spannungen zwischen ziviler Leitung im MfAV und militärischer Führung der NVA war man sich allerdings weiter einig im Leitbild: »Ein Staat – zwei Armeen« (3.35 Hanisch/Heider, T. II, S. 4–143). Diese Linie passte auch zur Stimmung innerhalb der NVA, wie sie ein Informations- und Meinungsbild vom Mai 1990 wiedergab. Danach votierte ein erheblicher Teil der Armeeangehörigen für die Deutsche Einheit (ca. zwei Drittel der Mannschaften, ca. die Hälfte aller Unteroffiziere und ca. ein Viertel aller Offiziere), und nur ein verschwindend geringer Teil aller Armeeangehörigen sprach sich für eine Auflösung der Volksarmee aus (8 % Mannschaften, 7 % Unteroffiziere, 1 % Offiziere) (2.19 Ehlert, S. 462).

Die außerordentlich geringe Bereitschaft zur Auflösung der NVA lässt aufmerken. Noch bis unmittelbar vor der Friedlichen Revolution verlor die NVA bei allen Dienstgradgruppen an Ansehen, das Vertrauensverhältnis zu den Vorgesetzten nahm ab und das »Feindbild-Bundeswehr« erodierte (2.27 Rogg, S. 529–564). Nach der Friedlichen Revolution blieb die NVA zwar weiterhin hochgradig verunsichert. Aber es schien, dass die Maßnahmen der Militärreform entweder langsam griffen oder dass sich die Armeeangehörigen sicher waren, die Verhältnisse innerhalb der Truppe könnten sich ändern. Immerhin ließen Forderungen nach basisdemokratischen Veränderungen nach und viele Soldatenräte lösten sich auf. Vielleicht gab es auch einfach nur ein starkes Bedürfnis, mit der an und für sich wenig geliebten Volksarmee ein letztes, sichtbares Stück DDR wenigstens kurzfristig in die neue Zeit zu retten. In jedem Fall wird hier deutlich, dass man sowohl im MfAV als auch in der Truppe verkannte, wie schwach die Stellung Moskaus und Ost-Berlins und wie stark die Position der USA und der Bundesrepublik bei den anstehenden Entscheidungen war.

Parallel verfolgte man im MfAV jetzt die Idee eines massiven Rückbaus der NVA, deren Personalkörper von 135 000 Mann im Frühjahr 1990 binnen zwei Jahren etwa halbiert werden sollte. Nachdem die Anzahl der Großwaffensysteme zwischen 1989 und 1990 bereits um 20 % reduziert worden war, sollten nun weitere 30 % folgen. Um die damit verbundenen sozialen Härten abzufedern, suchte das Ministerium nach Modellen für sozialverträgliche Entlassungen und Umschulungen, die vor allem jüngeren Berufssoldaten den Übergang in das Zivilleben erleichtern sollten. Etliche ehemalige Armeeangehörige zogen allerdings nur die Uniform aus und wechselten als Zivilbeschäftigte in die militärische Verwaltung. Ohne den Statuswechsel wäre eine Weiterbeschäftigung auch nicht möglich gewesen, weil die Tätigkeiten der Wehrverwaltung gemäß Grundgesetz von einer Zivilverwaltung wahrgenommen werden mussten. Im MfAV hoffte man weiterhin auf eine mindestens mittelfristige Zwischenlösung, allerdings ohne dass hierzu interne Ressortabstimmungen oder eine explizite Unterstützung vonseiten der Regierungsspitze erfolgte.

Im Unterschied dazu blieb man im BMVg klar auf Kurs. Es gab zwar weiterhin unterschiedliche Auffassungen zwischen Auswärtigem Amt und Verteidigungsministerium über die sicherheitspolitische Ausgestaltung und den Status und die Stationierung von Truppen im Beitrittsgebiet. Aber die klare Positionierung im Kanzleramt stärkte das weitere Vorgehen im BMVg.

Das Agieren der Kremlführung gab indes weiteren Anlass zu Optimismus. Im Verlauf des Zwei-plus-Vier-Prozesses verfolgte die Sowjetunion in Fragen der NATO-Mitgliedschaft Deutschlands keinen aggressiven Kurs, sondern ließ immer wieder durchblicken, dass es nicht zuletzt darum ging, Kritiker in den eigenen Reihen zu überzeugen (1.24 Die Einheit, Dok. 95, S. 467–473). Mit großer Aufmerksamkeit hatte man in Bonn zur Kenntnis genommen, dass Gorbatschow am Endes seines Besuchs in Washington am 3. Juni auf einer gemeinsamen Pressekonferenz einer freien Entscheidung Deutschlands über seine zukünftige Bündniszugehörigkeit keine Steine mehr in den Weg gelegt hatte. Mit diesem Rückenwind räumte nun Verteidigungsminister Stoltenberg auf der Kommandeurtagung am 13. Juni in Fellbach jeden Zweifel aus dem Weg (1.73 Armee ohne Zukunft, Dok. 33, S. 411). Er stellte fest, dass die Bundesregierung und die Regierung der DDR darin übereinstimmten, die Wehrpflicht beizubehalten, und jeder Form einer demilitarisierten DDR eine Absage erteilten. Man verfolge das Ziel, in einem vereinten Deutschland »nach einer kurzen Übergangsfrist zu einer deutschen Armee zu kommen«. Die Verbände der NVA würden »als Teil einer umfassenden Territorialorganisation neu zu strukturieren sein«. Dem Sicherheitsbedürfnis der osteuropäischen Staaten wolle man entgegenkommen, indem keine NATO-Verbände und auch keine NATO-Strukturen auf das Territorium der ehemaligen DDR verlegt würden, so lange dort noch Sowjetsoldaten stationiert seien. Kaum zwei Wochen später, am 2. Juli, begannen in Bonn die ersten Überlegungen zu möglichen Obergrenzen gesamtdeutscher Streitkräfte. In einem Abstimmungsgespräch zwischen Kohl, seinem Kanzleramtschef Rudolf Seiters, Teltschik sowie Stoltenberg in Begleitung von Generalmajor Klaus Naumann schlug der Verteidigungsminister die Zahl der akti-

▲ Der Minister für Abrüstung und Verteidigung Rainer Eppelmann übernimmt die Amtsgeschäfte von seinem Vorgänger, dem Minister für Nationale Verteidigung Admiral Theodor Hoffmann, April 1990.

BArch, Bild 183-1990-0418-031, Klaus Oberst

▲ Helmut Kohl und Michail Gorbatschow in Archys/Kaukasus am 15. Juli 1990, mit Außenminister Hans-Dietrich Genscher (links) und Finanzminister Theo Waigel (rechts).

Bundesregierung, B 145 Bild-00180706, Roberto Pfeil

ven Soldaten von 370 000 Mann bei Heer und Luftwaffe sowie 25 000 bei der Marine vor. Abhängig von den noch ausstehenden Abstimmungen in den Zwei-plus-Vier-Verhandlungen orientierte sich die Obergrenze von knapp unter 400 000 Mann daran, für die europäischen Nachbarn kein Risiko darzustellen. Dabei galt es auch, die seit dem 6. März aufgenommenen Wiener »Verhandlungen für Konventionelle Streitkräfte in Europa« (VKSE) nicht aus dem Blick zu verlieren, die allen europäischen Nachbarn Abrüstungen und Obergrenzen auferlegen würden.

Es ist viel darüber spekuliert worden, warum man im Ministerium für Abrüstung und Verteidigung so lange an der Idee »Ein Staat – zwei Armeen« und zumindest vonseiten der Militärs an der zeitlich befristeten Bindung in zwei Militärblöcken festhielt. Das MfAV unter Eppelmanns Leitung irritierte mit seinen Positionierungen nicht nur die Sowjetunion (schnellstmöglicher Austritt aus dem Warschauer Vertrag) sondern auch die Bundesrepublik (Zwei-Armeen-Idee, Vertragsgebiet NATO nur bis zur Elbe). Dem kleinsten außen- und sicherheitspolitischen Akteur fehlte mithin ein verlässlicher Sponsor. Der war auch innerhalb des eigenen Kabinetts nur bedingt zu finden, denn der DDR-Außenamtschef Markus Meckel äußerte sich früh schon beim ersten Zwei-plus-Vier-Treffen der Außenminister am 5. Mai in Bonn unmissverständlich, dass die demokratischen Revolutionen in Osteuropa nicht zum Ziel gehabt hätten, am Ende in der NATO zu landen (1.76 Deutsche Einheit, S. 1092). Sowohl Eppelmann als auch Meckel waren vom Pazifismus geprägte evangelische Pfarrer, die quasi über Nacht auf dem harten Boden der politischen Realität landeten. Beide hatten keine internationale politische Erfahrung und vor allem verfügten sie nicht über genügend Rückhalt und Autorität in ihren Ministerien. Die idealistische Vision eines dritten Wegs, einer völlig neuen gemeinsamen europäischen Sicherheitsarchitektur, hatte unter diesen Bedingungen keine Chance.

Entscheidung in Washington, Finale im Kaukasus

Auf der Zielgeraden zu einer Einigung über die Ausgestaltung der Deutschen Einheit spielten »Kredite und Kooperationen als Katalysator« eine entscheidende Rolle (1.118 Teltschik, S. 230). Ein Staatsbankrott der Sowjetunion hätte in dieser entscheidenden Phase unkalkulierbare Folgen für die politische Zukunft Gorbatschows und den gesamten Verhandlungsprozess gehabt. Vor allem die Bundesregierung nutzte hier mit strategischem Geschick die Gunst der Stunde. In geheimer Mission fädelte Kohls enger Vertrauter Teltschik gemeinsam mit Hillmar Kopper und Wolfgang Röller, den Vorstandsvorsitzenden der Deutschen Bank und der Dresdner Bank, in Moskau am 13. und 14. Mai einen ungebundenen Sofortkredit über 5 Mrd. DM ein. Was finanzökonomisch unsinnig erscheinen mochte, zeigte politische Wirkung. Wenig später erklärte Kohl vor dem Bundesvorstand der CDU, »für die Sowjetunion sei die Frage künftiger Wirtschaftsbeziehungen wichtiger als die deutsche NATO-Zugehörigkeit« (zitiert nach 1.33 Rödder, S. 22 f.).

Die wirtschaftlichen Probleme der Sowjetunion waren damit allerdings nicht gelöst. Ende Mai flog Gorbatschow zu einem Gipfeltreffen nach Washington, bei dem es unter anderem um ein Sonderabkommen über wirtschaftliche Zusammenarbeit ging. In der gemeinsamen Pressekonferenz am 3. Juni teilte US-Präsident Bush mit, er und Gorbatschow stimmten voll und ganz darin überein (»in full agreement«), dass auf der Grundlage der Helsinki-Grundakte die Frage der Bündniszugehörigkeit allein von den Deutschen entschieden werden müsse; die Signatarstaaten hätten, so schrieb es die Grundakte fest, »the right to belong or not to belong to international organizations, to be or not to be a party to treaties of alliance« (1.30 Rice/Zelikow, S. 381). Gegen den Wortlaut der Presseerklärung hatte Präsident Gorbatschow keine Einwände erhoben. Das war eine Sensation, denn mit der souveränen Entscheidung über die Bündniszugehörigkeit stimmte er de facto einer NATO-Mitgliedschaft des vereinten Deutschlands zu. Gorbatschows nach Washington mitgereiste Berater, allen voran Valentin Falin und Marschall Sergej Achromejew, waren entsetzt über den Alleingang ihres Präsidenten (1.36 Sarotte, S. 119 f.). Der Geist war jetzt aus der Flasche. Die USA wussten, dass Gorbatschow damit Zugeständnisse gemacht hatte, die ihn innenpolitisch noch stärker unter Druck setzen würden, zumal der XXVIII. Parteitag der KPdSU unmittelbar vor der Tür stand. Weder in Washington noch in Bonn konnte irgendjemand ein Interesse an einer Schwächung Gorbatschows haben. Im Weißen Haus erkannte man, dass überzeugende Signale einer grundlegenden Neuausrichtung der NATO den Reformern im Kreml Wind unter die Flügel bringen würden. Bereits im Mai hatte US-Außenminister Baker Gorbatschow gegenüber Zusicherungen gemacht; dazu gehörten unter anderem eine künftige Begrenzung des Umfangs der Bundeswehr, ein Verbot der Entwicklung eigener Atomwaffen durch das vereinte Deutschland, Gespräche über die taktische Atombewaffnung, eine Übergangszeit für den Abzug der sowjetischen Truppen, Änderungen an der NATO selbst und schließlich Garantien dafür, dass die wirtschaftlichen Interessen der Sowjetunion während des Vereinigungsprozesses respektiert werden würden (1.35 Sarotte, S. 164). Um ein öffentlich sichtbares Signal nach Moskau senden zu können, terminierte man den Sondergipfel der NATO in London geschickt auf den gleichen Zeitraum (5.–6. Juli) wie den Parteitag der KPdSU (2.–14. Juli). Tatsächlich machte die NATO große Zugeständnisse. In ihrem Abschlusstext setzten die NATO-Staaten unmissverständliche Zeichen des Vertrauens: Der Sowjetunion und den Staaten des Warschauer Paktes reichte man wortwörtlich »a hand of friendship«, verbunden mit dem Angebot, die Beziehungen auf ein völlig neues Fundament zu stellen (1990 Summit: a turning point in ›East-West‹ relations: nato.int/cps/en/natohq/news_116133.htm). Konkret bedeutete das eine umfassende Reduzierung der nuklearen und konventionellen Streitkräfte, eine Abkehr von der bisherigen Strategie der »flexible response« zu einer Doktrin der »Waffen des letzten Rückgriffs«, eine Stärkung des KSZE-Prozesses sowie eine Verstärkung der militärischen Kontakte. Unmittelbar nach dem NATO-Gipfel besuchte Kohl am 9./10. Juli den G7-Gipfel in Houston,Texas, um dort unter den führenden Weltwirtschaftsnationen um weitere finanzielle Hilfen für die Sowjetunion zu werben. Sein Appell verhallte allerdings ungehört. Damit war klar, dass Deutschland alleine zahlen musste, aber genau das stärkte auch Kohls Verhandlungsposition gegenüber der Sowjetunion.

Archys im Kaukasus Trotz des gewaltigen innenpolitischen Drucks und zahlreicher Attacken ging Gorbatschow am Ende gestärkt aus dem XXVIII. Parteitag hervor und wurde am 10. Juli mit deutlicher Mehrheit erneut als Staats- und Parteichef bestätigt. Ohne Zweifel hatten die Finanzspritzen aus Bonn und die NATO-Signale aus London ihren Teil dazu beigetragen, dass der Parteitag zu einem Erfolg der Reformer wurde. Die Kremlführung verfügte jetzt über deutlich mehr politischen Spielraum. Nach dem monatelangen Zickzack-Kurs in der Deutschlandfrage, den Andeutungen und Rückziehern bestand nun die große Chance, einen verbindlichen Kurs festzulegen. Gorbatschows unmittelbar nach dem Parteitag ausgesprochene Einladung an Helmut Kohl nach Moskau und anschließend in Gorbatschows Heimatort Stawropol im Kaukasus zu kommen, ließ sich als Zeichen gewachsenen Vertrauens deuten. Über die Details von Deutschlands NATO-Mitgliedschaft, den vollständigen Verzicht der vier Siegermächte auf ihre Rechte, die Obergrenze gesamtdeutscher Streitkräfte und schließlich den Abzug der sowjetischen Truppen aus Deutschland hatte man sich noch nicht verbindlich geeinigt. An den entscheidenden Verhandlungen zwischen dem 14. und 16. Juli nahmen weder die deutschlandpolitischen Berater im Kreml noch Vertreter der DDR-Regierung teil – ein machtpolitisches Zeichen und eine Brüskierung der Betroffenen.

Unmittelbar vor den Gesprächen in Moskau und im Kaukasus entschied die Bundesregierung am 13. Juli, den Grundwehrdienst rückwirkend zum 1. Oktober 1989 von 15 auf 12 Monate zu verkürzen. Die damit verbundene Reduzierung der Bundeswehr um 35 000 Mann war zwar schon lange geplant, ließ sich jetzt aber als deutliches Signal ernsthafter Abrüstungsbemühungen politisch nutzen.

In der gelösten Atmosphäre der sowjetischen Staatsdatscha einigte man sich schließlich in allen Punkten: Zum Ersten konnte das vereinigte Deutschland selbst über seine Bündniszugehörigkeit entscheiden und damit de facto weiter in der NATO bleiben. Damit würden die in den Artikeln 5 und 6 des NATO-Vertrags geltenden Sicherheitsgarantien sofort mit der Vereinigung in Kraft treten. Lediglich für eine Übergangszeit durfte die NATO keine Truppen auf dem vormaligen Territorium der DDR stationieren, womit die dort befindlichen Verbände der Bundeswehr vorläufig nicht der NATO assigniert werden durften. Diese Regelung galt so lange, bis die sowjetischen Truppen aus Ostdeutschland abgezogen waren. Zweitens einigte man sich darauf, dass mit dem Abschluss des Zwei-plus-Vier-Vertrags der Vier-Mächte-Status für Deutschland erlöschen sollte. In einem dritten Punkt wurde die Obergrenze gesamtdeutscher Streitkräfte auf 370 000 Mann festgesetzt. Gorbatschow stimmte zu, dass die Bundeswehr unmittelbar nach der Vereinigung in Ostdeutschland und Berlin Truppen stationieren durfte und dass diese, nach Abzug der sowjetischen Truppen, in die NATO integriert werden durften. Viertens und letztens sollte ein gesonderter Vertrag den Aufenthalt der sowjetischen Streitkräfte in Ostdeutschland für drei bis vier Jahre regeln. Beide Seiten bekräftigten, dass ein geeintes Deutschland ABC-Waffen weder produzieren noch vorhalten durfte (1.26 Jarausch, Dok. 16, S. 175–178).

Nicht nur die Sowjetunion hatte sich entscheidend bewegt, auch Deutschland musste einige grundsätzliche Zugeständnisse machen: bei der Obergrenze seiner Streitkräfte, beim endgültigen Verzicht auf die Ostgebiete (ein jahrzehntelanges »no go« in der von Kohl geführten CDU) und nicht zuletzt bei den noch anstehenden Zahlungen in Milliardenhöhe. Gemessen am politischen Gewinn war dieser Preis allerdings zu verschmerzen.

In mehreren sich anschließenden Verträgen sollte die praktische Umsetzung erfolgen: dem Zwei-plus-Vier-Vertrag (12.9.1990), dem Vertrag über die Stationierung und den Abzug der sowjetischen Truppen (12.10.1990), dem Überleitungsvertrag für die damit verbundenen Kosten (12.10.1990) sowie einem »Generalvertrag« über »Gute Nachbarschaft, Partnerschaft und Zusammenarbeit zwischen der Bundesrepublik Deutschland und der UdSSR« (9.11.1990).

Sowohl die Teilnehmenden als auch Historiker bezeichneten die Vereinbarungen im Kaukasus als »Durchbruch« (1.118 Teltschik, S. 324; 1.35 Sarotte, S. 177; 1.9 Görtemaker, S. 764). Spätere Darstellungen sprechen gar vom »Wunder im Kaukasus« (4.8 Conradt). Aber der Schlussstein, der im Kaukasus gesetzt wurde, gründete auf einer rationalen Basis, die schon Wochen vorher gelegt worden war. Neben der US-amerikanischen Vermittlung und der wechselseitigen Bereitschaft zu Kompromissen basierte der Erfolg auf persönlichem Vertrauen. Die gelöste Atmosphäre der Gespräche spiegelte sich in den »Strickjackenbildern« von Gorbatschow und Kohl am Gebirgsbach bei Archys – ein Foto, das zu den Bildikonen des 20. Jahrhunderts gehört.

Bis heute ranken sich Mythen um Garantien bezüglich der Verschiebung der NATO-Grenzen. Die historische Forschung liefert dazu einen eindeutigen Befund (v.a. 1.36 Sarotte; 1.76 Deutsche Einheit, Dok. 353, S. 1355–1367; komprimiert: 1.35 Sarotte, S. 177–186, 199 f., 204–206; 1.41 Die Vereinigung Deutschlands, S. 381–393; 4.18 WD 2-3000-031/16). Es finden sich keinerlei Hinweise in den Protokollen und auch keine diesbezüglichen Aussagen auf der anschließenden Pressekonferenz. Auch die Zeitzeugen haben später klar Position bezogen. Der Historiker und Dokumentarfilmer Ignaz Lozo hat in seiner ausgezeichneten Filmdokumentation von 2015 »Poker um die Deutsche Einheit« zahlreiche Protagonisten zu Wort kommen lassen, unter anderem Wladislaw Terechow, in Archys Mitglied der sowjetischen Delegation: »Der Begriff der NATO-Osterweiterung ist ein Begriff einer späteren Epoche. Als die Deutschlandverhandlungen geführt wurden, ging es nicht um die Erweiterung in direktem Sinne, also nicht um den Beitritt neuer Staaten. Darüber wurde nicht gesprochen. Es ging um viel bedeutendere Fragen, nämlich darum, dass unsere Sicherheitsinteressen nicht verletzt würden. Und darum, dass die Wiedervereinigung nicht zu neuen Bedrohungen führt.« Gorbatschow selbst äußerte an anderer Stelle: »Es ging nur um das Territorium der DDR [...] Es hat keinerlei Trickserei gegeben. Wir haben einen Vertrag unterschrieben und der wurde erfüllt. Alles andere sind Erfindungen, mit denen man uns, den Deutschen oder sonst wem etwas anheften will.« Und kein geringerer als der damalige sowjetische Verteidigungsminister Marschall Dimitri Jasow, der dann im August 1991 gegen Gorbatschow putschte, stellte fest: »Gorbatschow hat mit mir nie über solche Garantien des Westens gesprochen. Ich weiß aber nicht, ob er mit den USA irgendwelche Absprachen zu dieser Frage getroffen hat. Ich glaube aber, dass es solche Gespräche nie gegeben hat« (8.5 Poker um die Deutsche Einheit).

Angesichts der historischen Bedeutung des Treffens im Kaukasus reagierte man auf sowjetischer Seite teilweise entsetzt. Außenminister Schewardnadse musste sich unmittelbar nach der Einigung im Kaukasus vor kritischen Mitarbeitern und Journalisten rechtfertigen, ob die Sowjetführung nicht übereilt und fahrlässig gehandelt hätte: »Wir sind außerstande, Deutschlands Vereinigung zu stoppen, es sei denn mit Gewalt. Doch das käme einer Katastrophe gleich« (1.109 Schewardnadse, S. 253). In der Tat agierten Deutschland und die USA in der entscheidenden Phase der Verhandlungen nicht nur geschickt, sondern auch extrem schnell. Gorbatschow hingegen hatte schlicht »too many balls in the air and too little time to deal with them« (1.35 Sarotte, S. 200).

Der Zwei-plus-Vier-Vertrag und die unmittelbaren Folgen

Mit der Weichenstellung im Kaukasus schienen auch die letzten Hindernisse für den Abschluss des Zwei-plus-Vier-Vertrags aus dem Weg geräumt. Doch bis unmittelbar vor der für den 12. September in Moskau geplanten Ratifizierung wurde noch hart über Details verhandelt; wieder standen die Streitkräfte und das Geld im Mittelpunkt. Am Ende einigten sich Kohl und Gorbatschow auf Zahlungen in Höhe von 12 Mrd. DM zuzüglich eines zinslosen Kredits über 3 Mrd., mit denen die Stationierungskosten der sowjetischen Truppen in Deutschland bis Ende 1994, deren Transportkosten in die Sowjetunion sowie der Bau von Wohnungen und Infrastruktur für die zurückgekehrten Soldaten und ihre Familien bezahlt werden sollten. Eine langwierige Kontroverse entzündete sich zwischen Deutschland und Polen um die völkerrechtlich verbindliche Anerkennung der Oder-Neiße-Grenze. Obgleich niemand in der Bundesregierung ernsthaft eine Rückforderung der ehemaligen deutschen Ostgebiete in Betracht zog, blieben die stark in der CDU verankerten Vertriebenenverbände und ostdeutschen Landsmannschaften eine politische Größe, auf die Kanzler Kohl Rücksicht nehmen musste. Die virulenten Befürchtungen der gerade ins Amt gekommenen, ersten demokratischen Regierung in Polen konnten nur in mühevollen Gesprächen und der Teilnahme Polens an den Zwei-plus-Vier-Verhandlungen am 17. Juli ausgeräumt werden. Am 14. November 1990 unterzeichneten Deutschland und Polen schließlich den Vertrag, der die Grenze zwischen beiden Staaten völkerrechtlich verbindlich regelte und einen weiteren Schlusspunkt in der europäischen Nachkriegsordnung setzte (4.9 Domber; 4.14 Pick, S. 620–626; 1.33 Rödder, S. 239-244).

Während Frankreich seine Zurückhaltung zugunsten der Deutschen Einheit sukzessive aufgegeben hatte (4.7 Bozo; 4.17 Schabert) blieb die britische Regierung unter Margaret Thatcher bis zum Schluss misstrauisch (4.16 Salmon; 4.13 Meyer). Am Vorabend der Unterzeichnung in Moskau konnten die zögernden Briten im letzten Moment noch überzeugt werden, keinen Sonderstatus für Truppenmanöver der NATO in Ostdeutschland einzufordern. Die Unterzeichnung des Zwei-plus-Vier-Vertrags (offiziell »Vertrag über die abschließende Regelung in Bezug auf Deutschland«) durch die Außenminister der Siegermächte des Zweiten Weltkriegs (USA, Sowjetunion, Großbritannien, Frankreich), sowie der beiden deutschen Staaten Bundesrepublik und DDR regelte nicht nur die außen- und sicherheitspolitischen Aspekte der deutschen Vereinigung. Der Zwei-plus-Vier-Vertrag entsprach praktisch einem Friedensvertrag, mit dessen Ratifizierung das vereinte Deutschland seine volle Souveränität erhielt und der de facto das Ende der Nachkriegsordnung bedeutete.

Zehn Artikel regelten die Außengrenzen Deutschlands und die verbindliche Grenze zu Polen, verpflichteten Deutschland auf eine Friedenspolitik und eine Reduzierung der gesamtdeutschen Streitkräfte auf 370 000 Mann, setzten den Rahmen eines Vertrags über den Abzug der sowjetischen Streitkräfte binnen drei bis vier Jahren. Des Weiteren legte der Vertrag die Modalitäten für die Territorialverteidigung des Beitrittsgebietes fest, wonach dort nach der Vereinigung ausschließlich deutsche Verbände stationiert werden durften, die erst nach dem Abzug der sowjetischen Truppen auch der NATO unterstellt werden konnten. Ausländische Streitkräfte und Atomwaffen oder deren Träger durften dort weder stationiert noch dorthin verlegt werden. Deutschland erhielt das freie Recht der Bündniswahl und nach Erlöschen der Vier-Mächte-Rechte die volle völkerrechtliche Souveränität. Unmittelbar vor dem Tag der Vereinigung wurden am 2. Oktober 1990 alle 35 KSZE-Staaten auf ihrer Tagung in New York vom Zwei-plus-Vier-Vertrag und seinen Folgen offiziell unterrichtet. Damit erhielt der Vertrag die Zustimmung aller Staaten Europas und Nordamerikas (1.77 Dokumente zur deutschen Militärgeschichte, Dok. 211, S. 880–882; 1.24 Die Einheit, Dok. 164, S. 743–745).

Die historischen Folgen können kaum hoch genug eingeschätzt werden. Kohls und Genschers Außenpolitik hatte die Weichen zu einer echten Partnerschaft mit der Sowjetunion gestellt. Die NATO wurde gestärkt und der europäische Einigungsprozess auf den Weg gebracht. Die USA hatten sich mit ihrer bereits 1989 festgelegten Politik der »4 Prinzipien« (friedlicher Prozess, Selbstbestimmungsrecht der Nationen, territoriale Unverletzlichkeit, gesamtdeutsche Mitgliedschaft in NATO und EU) durchgesetzt. Die Sowjetunion war der eigentliche Verlierer, weil die strukturellen ökonomischen und sozialen Probleme und die immer stärkeren Forderungen nach nationaler Eigenständigkeit weiterhin ungelöst blieben.

Immerhin hatte der Zwei-plus-Vier-Prozess zu einer nicht für möglich gehaltenen Annäherung zwischen den Großmächten USA und Sowjetunion geführt. Das zeigte sich beispielhaft in der beiderseitigen Verurteilung des Überfalls Kuwaits durch den Irak am 2. August 1990. Obwohl es sich beim Irak um einen ehemaligen Verbündeten handelte, hielt sich die Sowjetunion außenpolitisch weitgehend zurück, als die USA eine Koalition zur Rückeroberung Kuwaits schmiedeten (Operation »Desert Storm«, 17. Januar bis 28. Februar 1991). Obgleich die deutsche Öffentlichkeit eine Beteiligung der Bundeswehr am Militäreinsatz breit diskutierte, blieb es bei der Entsendung kleiner Einheiten zum Schutz der NATO-Flanke im Rahmen der »Operation Ace Guard« (4.6 Beeger/Humm). Dass Deutschland die internationale Koalition am Ende vor allem durch umfangreiche Zahlungen unterstützte (10 von 61 Mrd. US-Dollar Gesamtkosten), hatte sicherlich mit der ungeklärten Frage zu tun, ob ein Einsatz der Bundeswehr außerhalb des NATO-Gebietes verfassungsgemäß sei. Eine wesentliche Rolle spielte dabei auch, dass der Zwei-plus-Vier-Vertrag in Moskau erst am 3. März 1991 ratifiziert wurde. Dennoch stand der Vorwurf der »Scheckbuch-Diplomatie« im Raum (6.75 Conze, S. 69).

Planungen auf der Hardthöhe: Ein Volk, ein Staat, eine Armee

Mit den Entscheidungen im Kaukasus waren die Grundlagen für die Planungen zukünftiger gesamtdeutscher Streitkräfte gelegt. Gleichwohl hatte man im Planungsstab des BMVg bereits Mitte Juli in einer kleinen Arbeitsgruppe begonnen, erste verteidigungspolitische Überlegungen für gesamtdeutsche Streitkräfte anzustellen. Von einer systematischen Stabsarbeit konnte da aber noch keine Rede sein. Über den Zustand der NVA und den Stand der diversen Verhandlungsformate gab es kaum verlässliche Informationen. Abgesehen von den Spitzengesprächen auf Minister- und Staatssekretärsebene existierten nach wie vor keine offiziellen Kontakte auf Arbeitsebene. Um die laufenden Zwei-plus-Vier-Verhandlungen, die Gespräche über den Einigungsvertrag und die noch ausstehenden Entscheidungen in Moskau und Archys nicht durch indiskrete Presse-Leaks zu gefährden, nahm die politische Leitung im BMVg die militärische Führung an die Kandare. Auf der Hardthöhe bewegte man sich, wie es der damalige Generalinspekteur Dieter Wellershoff ausdrückte, »auf Zehenspitzen zwischen rohen Eiern herum« (1.73 Armee ohne Zukunft, S. 168).

Mit der Entscheidung vom 13. Juli, den Grundwehrdienst von 15 auf 12 Monate zu verkürzen, war nur ein erster Schritt für die größte Strukturveränderung in der Geschichte der Bundeswehr gemacht. In kaum weniger als zweieinhalb Monaten sollten jetzt Entscheidungen getroffen und Maßnahmen in die Wege geleitet werden, Streitkräfte einer völlig unterschiedlichen Organisation und Kultur mit Personal, Material und Kommandostrukturen zu übernehmen und binnen vier Jahren gesamtdeutsche Streitkräfte von rund 460 000 Soldaten (West) und rund 90 000 Soldaten (Ost) auf eine Höchstgrenze von 370 000 zu reduzieren. Der gewaltige Aufwuchs, quasi aus dem Nichts, um ca. 20 % und die anschließende Reduzierung um ca. 30 % waren eine gewaltige Aufgabe, für die es keinen historischen Vergleich gab.

Innerhalb der Bundeswehr gab es schon seit dem Frühjahr auf allen Ebenen intensive und teils sehr kontroverse Diskussionen, wie mit den Angehörigen der NVA umzugehen sei. In »Die Zeit« vom 15. Juni zeichnete ein Oberst der Bundeswehr ein sehr differenziertes Bild: »Das Spektrum der Meinungen reicht von eindeutiger Ablehnung über minimale Gesprächsbereitschaft, den Willen zur Hilfe bei der Umgestaltung der NVA durch ihre eigene militärische Führung bis hin zur offenen Partnerschaft« (1.73 Armee ohne Zukunft, Dok. 36, S. 417 f.). Quer durch alle Dienstgrade und Altersgruppen hatten viele Bundeswehrsoldaten große Vorbehalte gegenüber einer pauschalen Übernahme von NVA-Angehörigen in die Bundeswehr. Der antidemokratische Charakter der »Volksarmee«, ihre Politisierung durch die SED, ihr Beitrag zur Militarisierung der DDR, das Leitbild der »Erziehung zum Hass« und nicht zuletzt die inhaltliche und strukturelle Nähe von Landesverteidigung und Grenzregime schien vielen Bundeswehrangehörigen eine zu hohe Hürde, um aus den Gegnern von gestern Kameraden von morgen machen zu können. Die Bemühungen der Militärreform in der NVA und die Loyalität der militärischen Führung gegenüber der neuen politischen Leitung im MfAV fanden zwar Anerkennung. Für weiteres Misstrauen sorgte allerdings die fehlende kritische Auseinandersetzung der Volksarmee mit ihrer Rolle im SED-Staat. Nach den ersten dienstlichen Kontakten an der Führungsakademie der Bundeswehr in Hamburg und dem Zentrum Innere Führung in Koblenz hegten Bundeswehroffiziere »Zweifel an der Fähigkeit, Glaubwürdigkeit und Zuverlässigkeit von NVA-Offizieren in ihrem Verhältnis zur Demokratie und an ihrer Loyalität« (1.73 Armee ohne Zukunft, Dok. 63, hier S. 455). Der damalige Generalinspekteur, Admiral Dieter Wellershoff, brachte es rückblickend auf den Punkt: »Erstens: Die NVA konnte als Armee nicht integriert werden. Zweitens: Die NVA bestand aber aus Menschen. Und die Verantwortung für die Menschen wurde auch in Bonn gespürt« (ebd., S. 170).

Im BMVg entschied man sich für eine Art »Konkursverfahren« mit dem Ziel der anschließenden Liquidierung. Konkret hieß das: Auflösung der Organisationsstrukturen, rigoroser Abbau beim Personal bei selektiver Übernahme von wenigen qualifizierten Mitarbeitern, die akzeptieren mussten, nun zu neuen Konditionen zu arbeiten. Die Obergrenze für gesamtdeutsche Streitkräfte bedeutete auch, dass schon rein rechnerisch für jeden übernommenen Zeit- und Berufssoldaten der NVA ein Bundeswehrangehöriger (West) entweder entlassen werden musste oder nicht verlängert werden konnte. Bei den Planungen für eine gemeinsame Führungsstruktur von BMVg und MfAV hatte man sich bereits Mitte Juni 1990 im Organisationsstab des BMVg auf ein Modell festgelegt: »Unter dem Blickpunkt der verfassungspolitisch gebotenen *einheitlichen* politischen Verantwortung und Führung der künftigen Bundeswehr (Bundeswehr und NVA) ist *ein* Bundesminister der Verteidigung mit *einem* Bundesministerium der Verteidigung (bis auf Weiteres in Bonn) [...] unverzichtbar« (1.73 Armee ohne Zukunft, Dok. 32, hier S. 410).

Wenngleich von unterschiedlichen Seiten später immer wieder von »geheimen Planungen« des BMVg über die Zukunft gesamtdeutscher Streitkräfte die Rede war, agierte man auf der Hardthöhe relativ offen. In mehreren Gesprächen auf Staatssekretärsebene mit dem MfAV Mitte Juni stellt die westdeutsche Seite klar, dass man von einer Gesamtstärke der verbliebenen NVA-Angehörigen von 50 000 bis 70 000 Mann ausging, die in einer Armee und unter Führung eines Ministeriums dienen sollten.

In einer Presseerklärung vom 3. August wurde Verteidigungsminister Stoltenberg sehr deutlich (1.73 Armee ohne Zukunft, Dok. 61, S. 452 f.). Für die Streitkräfte des vereinten Deutschlands strebte er mittelfristig eine Ausrüstung mit einheitlichem Material an, weshalb die DDR ihre Beschaffungsvorhaben über die Warschauer Vertragsstaaten reduzieren müsse. Mit dem Beitritt der DDR zur Bundesrepublik solle die im Grundgesetz verankerte Wehrverfassung für ganz Deutschland gelten. Aspekte des Dienstrechts, die statusrechtliche, versorgungsrechtliche oder besoldungstechnische Fragen der Soldaten beträfen, müssten sich aus dem allgemeinen Recht des öffentlichen Dienstes ableiten, für das der Bundesminister des Inneren zuständig sei. Nach den Vorstellungen der Bundesregierung gelte auch, »dass die Mitarbeiter des Öffentlichen Dienstes der heutigen DDR und damit auch die Soldaten der jetzigen NVA nicht automatisch die Rechtsstellung unserer Beamten und Soldaten erhalten können.« Für Soldaten der NVA, die nicht übernommen werden könnten, seien Versetzungen in den Ruhestand und Angebote der beruflichen Fort- und Weiterbildung vorzubereiten.

Kurz darauf erhielt der damalige Stabsabteilungsleiter Planung im Führungsstab der Streitkräfte, Brigadegeneral Klaus Reinhardt, am 13. August von Minister Stoltenberg den Auftrag, ein Konzept für die Übernahme der NVA zu erarbeiten. Reinhardt hatte bereits im Januar 1990 während eines Kuraufenthalts ein »Nonpaper« zu einer möglichen Übernahme der NVA verfasst, das auf Weisung von Generalinspekteur Wellershoff allerdings sofort vernichtet wurde (1.42 Digutsch, S. 225 f.; vgl. auch 1.52 Zilian, S. 62). Wie man es auch dreht und wendet: Ohne verlässliche Grundlagen sollte nun binnen 14 Tagen eine tragfähige Konzeption für die gesamtdeutsche Streitkräfteplanung auf den Tisch gelegt werden. Zur gleichen Zeit eröffnete der Minister dem Leiter des Planungsstabes im BMVg, Generalleutnant Jörg Schönbohm, dass er ihm die Aufgabe des Befehlshabers des neu aufzustellenden Bundeswehrkommandos Ost übertragen wolle. Die Entscheidung für

Schönbohm sollte sich in mehrfacher Hinsicht als Glücksfall erweisen. Wie kein anderer Soldat im BMVg hatte er die Militärpolitik der letzten Monate auf das Engste begleitet, er galt als charakterlich integer und durchsetzungsstark und kehrte darüber hinaus nun in seine alte Heimat Brandenburg zurück, wo er geboren wurde.

Am 17. August nahm eine »Verbindungsgruppe des BMVg zum MfAV« unter Brigadegeneral Ekkehard Richter und Ministerialdirigent Gunnar Simon in Strausberg die Arbeit auf. Ihre Aufgabe bestand darin, eine Verbindung zwischen dem MfAV und dem BMVg aufzubauen, dem Informationsbedürfnis der NVA-Angehörigen Rechnung zu tragen, eine Bestandsaufnahme bei Personal, Material, Infrastruktur und Finanzen durchzuführen und damit Voraussetzungen für die Übernahme der Befehls- und Kommandogewalt herzustellen. Schon eine Woche später legte die Verbindungsgruppe dem Bundesverteidigungsminister ein umfassendes Lagebild vor (1.77 Dokumente zur deutschen Militärgeschichte, Dok. 208, S. 865–868). Danach hatte die kurz zuvor im MfAV getroffene Entscheidung, ältere Berufssoldaten vorzeitig zur Ruhe zu setzen, für große Unzufriedenheit und Unsicherheit gesorgt. Mit Verweis auf ein Gespräch zwischen den Ministern Stoltenberg und Eppelmann ermittle Letzterer »3–4 Generale ›handverlesen‹, die nach Beitritt der DDR in der Bw (Ost) Dienst tun sollen. Dies wäre als ›Ehrenschutz‹ der NVA notwendig« (ebd., S. 866). Zusammenfassend stellte Brigadegeneral Richter fest, dass es jetzt auf »Takt und ›Menschenführung‹« im Umgang mit den NVA-Angehörigen ankomme, »da die Mehrzahl der Soldaten kooperativ mitarbeiten und so motiviert sind, dass sie die NVA als geordneten Truppenkörper übergeben wollen« (ebd., S. 868). Trotz aller Vorbehalte gegenüber der NVA wurde die Frage der Übernahme von einigen wenigen Generalen und Admiralen der NVA in die Bundeswehr teilweise auch in der ministeriellen und militärischen Führung des BMVg gutgeheißen. Angesichts der emotionalen Aufladung und großen Symbolwirkung war eine sachgerechte Entscheidung alles andere als einfach. Bis heute ist das Thema ein Stein des Anstoßes.

Mit einer ministeriellen Weisung legte Verteidigungsminister Stoltenberg Ende August das weitere Verfahren für die Übernahme der NVA-Soldaten fest (1.112 Schönbohm, S. 31 f.). Mit der staatlichen Einheit wurden sie Angehörige der Bundeswehr; das galt jedoch nicht für die Soldaten der anderen bewaffneten Organe, beispielsweise der aufgelösten Grenztruppen. Die Verbände der NVA sollten schrittweise und so rasch wie möglich aufgelöst werden. Die Bundeswehr sollte im Beitrittsgebiet neue Truppenteile mit ehemaligen Angehörigen der NVA und Angehörigen der Bundeswehr in einer Gesamtstärke von 50 000 Mann aufstellen. Die zum 1. September 1990 neu einberufenen

Wehrpflichtigen der NVA würden nach den Rechtsgrundsätzen der Bundeswehr ausgebildet werden.

Mit dem Bundeswehrkommandos Ost (BwKdo Ost) entstand mit dem Stichtag der Vereinigung eine zeitlich befristete, teilstreitkräfteübergreifende, gemischt besetzte höhere Kommandobehörde. Ihre Hauptaufgabe bestand in der Koordinierung der Führungs-, Überleitungs- und Abwicklungsaufgaben im Beitrittsgebiet, um die Voraussetzungen für die Einnahme der künftigen Bundeswehrstruktur zu schaffen. Dazu gehörte auch der Aufbau einer Wehrverwaltung nach Artikel 87b GG in Form der ebenfalls neu aufzustellenden Wehrbereichsverwaltung Ost. Neben der Auflösung und Transformation ehemaliger Truppenteile der NVA verantwortete das BwKdo Ost auch die Übernahme und Sicherung gewaltiger Mengen von Waffen, Munition und Gerät zur eventuellen Weiterverwendung oder Abgabe an verbündete Streitkräfte. Schließlich sollte das BwKdo Ost die sowjetischen Streitkräfte bei ihrem Abzug aus dem Beitrittsgebiet unterstützen. Es wurde als »Dreisternekommando« ausgeplant, mit einem Generalleutnant an der Spitze (Jörg Schönbohm), einem Stellvertretenden Befehlshaber (Generalmajor Werner von Scheven), einem Chef des Stabes (Brigadegeneral Peter Jacobs), einem Verbindungsstab zur sowjetischen »Westgruppe der Truppen« (Generalmajor Hartmut Foertsch) sowie den nachgeordneten Befehlshabern und Kommandeuren. Der in acht Abteilungen gegliederte Stab in Strausberg setzte sich aus 240 Offizieren und Unteroffizieren aus der alten Bundeswehr, 360 Offizieren und Unteroffizieren aus der ehemaligen NVA sowie etwa 200 zivilen Mitarbeitern zusammen (1.112 Schönbohm, S. 32 f.).

Das BwKdo Ost war in mehrfacher Hinsicht ein Novum in der Geschichte der Bundeswehr, denn erstmals standen Verbände aller drei Teilstreitkräfte (Heer, Luftwaffe, Marine) sowie dem zentralen Sanitätsdienst unter einem Kommando. Vom ersten Tag an sollten alle Kommandobehörden ab der Divisionsebene unter dem Befehl eines Bundeswehrgenerals oder -admirals stehen. Bei den darunter liegenden Regimentern sollten 50 % und bei den Bataillonen 30 % aller Kommandeure aus dem Westen kommen. Den verbliebenen ehemaligen NVA-Kommandeuren wurden Ausbildungsunterstützungsgruppen zur Seite gestellt, um die Überleitung auf Ausbildungs-, Führungs- und Logistikstandards der Bundeswehr zu erleichtern. Gleichzeitig band man ehemaliges militärisches Spitzenpersonal der NVA durch zeitlich befristete »Beraterverträge«, um dessen Insiderwissen zu nutzen. Schönbohm selbst stellte später anerkennend fest, »ohne ihre Ratschläge hätten wir möglicherweise Fehler gemacht« (4.24 Schönbohm, S. 411). Unter Führung von Brigadegeneral Jacobs, dem designierten Chef des Stabes im BwKdo Ost, wurde ein Vorauskommando nach Strausberg in

Marsch gesetzt, um die Arbeitsbereitschaft in kürzester Zeit herzustellen.

Mit der »Rahmenrichtlinie für die Planung der Bundeswehr im vereinten Deutschland« vom 31. August 1990 steckte Verteidigungsminister Stoltenberg noch einmal verbindlich den sicherheitspolitischen Kurs ab und leitete daraus die Aufgaben der Bundeswehr für die Zukunft ab (1.77 Dokumente zur deutschen Militärgeschichte, Dok. 209, S. 869–875). In kluger Abwägung stellte der Minister fest, dass auf die Jahrzehnte der West-Ost-Konfrontation nun eine »umfassende Zusammenarbeit« folge: »Das Ende der sowjetischen Hegemonie ebnet den Weg für Freiheit und Demokratie. Die Einheit Deutschlands ist ein entscheidender Schritt zu einer gesamteuropäischen Friedensordnung.« Dennoch gelte es, in der militärischen Risikoanalyse alle potenziellen Gefährdungen zu erfassen, denn: »Von besonderer Bedeutung bleiben dabei auch künftig die militärischen Fähigkeiten der Sowjetunion.« Solange sowjetische Truppen noch in Deutschland stünden, sei die Verteidigungsorganisation der Bundeswehr im Osten auf Schwerpunkte zu konzentrieren. Nach dem Abzug der sowjetischen Streitkräfte sei das »Gebiet der heutigen DDR voll in die Verteidigungsplanungen zu integrieren.« Mit dem Inkrafttreten der Vereinigung Deutschlands »gibt es nur noch eine deutsche Streitmacht.«

Was das konkret für den Umgang der Bundeswehr mit der NVA bedeutete, machte der Generalinspekteur in einem Brief an alle Kommandeure vom 24. September 1990 deutlich, mit dem Auftrag, dies auch im unterstellten Bereich zu besprechen (1.73 Armee ohne Zukunft, Dok. 86, S. 507–510). Admiral Wellershoff machte kein Hehl daraus, dass die Diskussionen über den Umbau der Bundeswehr zu gesamtdeutschen Streitkräften »teilweise äußerst kontrovers und mit persönlichen Vorbehalten« geführt würden. Mit Blick auf ihre Rolle als »Armee der Partei und Instrument einer Diktatur« werde die NVA »als Institution nicht weiter bestehen. Symbole, Uniformen und Traditionen der NVA werden nicht übernommen. Es gibt keine Integration der NVA in die Bundeswehr. Am Tage der Vereinigung werden Soldaten der NVA durch Organisationsentscheidung des Bundesministers der Verteidigung Soldaten der Bundeswehr.« So unmissverständlich sich der Generalinspekteur von der Institution NVA distanzierte, so deutlich machte er klar, dass die gewaltige Aufgabe »ohne oder gegen die Angehörigen der NVA nicht zu bewältigen« sei. Mit Verweis auf die Prinzipien der Inneren Führung und das damit verknüpfte Menschenbild appellierte er an »Takt und Fingerspitzengefühl«, die »Pflicht zur Kameradschaft« und mahnte: »Siegergefühle und Überheblichkeit sind fehl am Platze.« In seinen Dank und seine Anerkennung schloss er ausdrücklich »auch unsere neuen Kameraden« ein.

In diesen und anderen Grundlagendokumenten zeigt sich anschaulich, dass die Bundeswehrführung die vor ihr liegende gewaltige Herausforderung mit großer Entschlossenheit und Klarheit im Handeln, aber auch mit viel Empathie für die schwierige soziale, ökonomische und psychologische Situation der ›neuen Kameraden‹ angehen wollte. Ungeachtet der teilweise hohen Erwartungen und Hoffnungen sollte sich die Überwindung der Vorbehalte auf beiden Seiten als vielleicht größte Herausforderung im Einigungsprozess erweisen.

Stiller Abgesang. Das Ende der NVA

Während man im BMVg nach den Entscheidungen im Kaukasus einen klaren Kurs fuhr, schien man im MfAV eher zu dümpeln. Natürlich war die Situation im Ost-Ministerium aus mehreren Gründen ungleich schwieriger.

Erstens hatte die DDR-Außenpolitik spätestens seit Archys den letzten Rest an Sichtbarkeit und Eigenständigkeit verloren. Wenn überhaupt, dann hätte sie nur bei einem andauernden Dissens zwischen Moskau und Bonn eine Chance gehabt. Ohne Einbettung in eine außenpolitische Konzeption stand die Sicherheits- und Verteidigungspolitik des MfAV auf verlorenem Posten.

Ein *zweiter Punkt* betrifft die Ambiguität, mit der das MfAV über die Zukunft der NVA nach der Vereinigung kommunizierte. Auf Staatssekretärs- und Arbeitsebene am 21. Juni in Bonn und fünf Tage später in Ost-Berlin stimmte es zwar »kompatiblen Wehrstrukturen und der Übernahme unserer Wehrgesetzgebung« zu (4.24 Schönbohm, S. 409). Doch kurz darauf äußerte sich Minister Eppelmann öffentlich zu einer verkleinerten, selbstständigen NVA nach der Deutschen Einheit und bemühte dabei, mit Blick auf den Deutschen Bund und das Kaiserreich, sogar historische Analogien (1.73 Armee ohne Zukunft, Dok. 49, S. 436 f.). Am 5. Juli, unmittelbar vor den entscheidenden Gesprächen im Kaukasus, nahm Eppelmann in einer öffentlichen Fragestunde der Volkskammer zu gesamtdeutschen Streitkräften Stellung. Er sprach von einer »Zielaussage« und einer über Jahre gehenden prozesshaften Entwicklung: »eine Armee mit einem Oberbefehl. Solange es aber noch zwei Bündnisse in Europa gibt, werden wir dem Rechnung zu tragen haben, und wir werden die deutschen Soldaten unterschiedlich strukturieren müssen.« Fatalerweise bezifferte er den zahlenmäßigen Anteil der ehemaligen NVA auf 50 000 bis 70 000 Soldaten (1.73 Armee ohne Zukunft, Dok. 47, S. 433–435). In einem Interview für die Tageszeitung »Die Welt« am 2. August erklärte Eppelmann doppeldeutig, es werde zwar eine gesamtdeutsche Armee geben, »aber nur auf dem Papier«.

Spätestens mit dem Beschluss, dass ein vereintes Deutschland selbstbestimmt über seine Bündniszugehörigkeit entscheiden würde, war dem Konzept »Ein Staat – zwei Armeen« der Boden entzogen. Der immer wiederkehrende Hinweis auf die zwingende Rücksichtnahme auf sowjetische Sicherheitsinteressen und der geradezu ängstliche Blick auf die in Ostdeutschland noch stationierten Sowjettruppen mochte den leidvollen biographischen Erfahrungen im Umgang mit der Sowjetunion geschuldet sein. Er verkannte allerdings die zunehmende politische und ökonomische Schwäche des Kremls und seine immer stärkere Abhängigkeit von den westdeutschen Zahlungen. Angesichts der laufenden internationalen Absprachen und der klaren Linie der beiden stärksten Akteure USA und Bundesrepublik irritierte das mehr hoffnungs- als realpolitisch geleitete Modell »Ein Staat – zwei Armeen« nicht nur die Bundeswehr, sondern auch die Bundesregierung.

Drittens weckte der Schlingerkurs innerhalb der NVA trügerische Hoffnungen auf eine zeitlich befristete, sicherheitspolitische »Teilautonomie« Ostdeutschlands nach der Vereinigung. Je mehr sich zeigte, dass diese Erwartungen nicht erfüllt werden konnten, umso mehr nahm das Vertrauen der NVA-Angehörigen in ihre politische Leitung ab. Dazu gehörte auch die quälend lange Ungewissheit, mit der Eppelmann die NVA-Angehörigen über ihre Zukunft im Unklaren ließ. Vor allem den älteren Berufskadern wurde immer mehr bewusst, dass sie zu den Verlierern der Vereinigung gehören würden, nicht zuletzt, weil sie tatsächlich etwas zu verlieren hatten. In einer Meinungsbefragung im Militärbezirk III zwischen Juli und August 1990 äußerten drei Viertel aller befragten Berufsoffiziere, sie hätten erhebliche Zukunftssorgen; 94 % fühlten sich nicht ausreichend informiert.

Viertens verfügte die NVA weder in der Regierung de Maizière, noch in der Bevölkerung der DDR, noch in der SED-PDS über eine Lobby. Man kann dies als weiteren Beleg dafür nehmen, dass die Volksarmee auch nach dem Zusammenbruch des SED-Regimes alles andere als eine »Armee des (ganzen) Volkes« war. Statt der jahrzehntelang propagandistisch beförderten »Interessenidentität« von Militär und Gesellschaft in der DDR offenbarte sich jetzt auch öffentlich der wahre Charakter eines aseptischen Verhältnisses. Wie schlecht es um das Ansehen der Volksarmee in der DDR stand, hatte das Institut für Politische Psychologie im April 1990 erhoben: Nur 1 % (sic) der Befragten erachtete es als wichtig, für NVA-Angehörige eine Zukunftsperspektive zu schaffen (6.58 Leonhard, S. 118). Die Impulse der Militärreform waren nicht durchdringend genug, um das katastrophale Image der Streitkräfte in so kurzer Zeit grundlegend zu verbessern. Zudem konnte man in der zivilen Führung des MfAV selbst kein uneingeschränktes Bemühen erkennen, sich für die Belange der Berufssoldaten der NVA mit Nachdruck und Phantasie einzusetzen.

Fünftens spielte der enorme Zeitdruck des Vereinigungsprozesses eine entscheidende Rolle: »Als sich die Ereignisse zu überschlagen begannen, blieb nämlich keine Zeit mehr für einen parlamentarischen Beratungsprozess, der diesen Namen verdient hätte« (4.27 Ehlert, S. 705). Weder im Kabinett der letzten DDR-Regierung noch im zuständigen Parlamentsausschuss oder in der Volkskammer stand das Thema auf der Agenda. Der Volkskammerausschuss für Abrüstung und Verteidigung beriet den Einigungsvertrag erstmals am 5. September, nachdem das umfassende Vertragswerk schon am 31. August unterzeichnet worden war. Die vom Ausschuss eingebrachten Änderungsvorschläge fanden somit keine Aufnahme im Vertragswerk mehr. Hans Ehlert hat es auf den Punkt gebracht: Die NVA war »die Armee, die nicht mehr gebraucht wurde« (4.27 Ehlert).

Vereidigung am 20. Juli 1990 Während im Kaukasus Mitte Juli die ›Würfel gefallen waren‹ (1.95 Hoffmann, S. 296), entschied sich das MfAV an einer öffentlichkeitswirksamen Maßnahme festzuhalten, die bis heute Rätsel aufgibt. Da mit dem Ende des SED-Regimes auch der Eid der Soldaten auf den »Arbeiter- und Bauernstaat« hinfällig war, verabschiedete die Volkskammer bereits am 26. April einen neuen Fahneneid.

Fahneneid der NVA 1962–1989

»Ich schwöre: Der Deutschen Demokratischen Republik, meinem Vaterland, allzeit treu zu dienen und sie auf Befehl der Arbeiter-und-Bauern-Regierung gegen jeden Feind zu schützen. Ich schwöre: An der Seite der Sowjetarmee und der Armeen der mit uns verbündeten sozialistischen Länder als Soldat der nationalen Volksarmee jederzeit bereit zu sein, den Sozialismus gegen alle Feinde zu verteidigen und mein Leben zur Erringung des Sieges einzusetzen.«

Fahneneid der NVA 1990

»Ich schwöre, getreu dem Recht und den Gesetzen der Deutschen Demokratischen Republik meine militärischen Pflichten stets diszipliniert und ehrenhaft zu erfüllen. Ich schwöre, meine ganze Kraft zur Erhaltung des Friedens und zum Schutz der Deutschen Demokratischen Republik einzusetzen.«

Schon im Mai wurden die ersten neu einberufenen Wehrpflichtigen auf die neue Eidesformel verpflichtet. Zum gleichen Zeitpunkt legte das MfAV fest, die neuen Zeit- und Berufssoldaten am symbolträchtigen 20. Juli zu vereidigen (ausführlich 3.35 Hanisch/Heider, T. II, S. 128–143). Staatssekretär Ablaß hatte angeordnet, dass die Kokarden in den Dienst-

und Feldmützen der NVA ab dem 20. Juli von Hammer und Zirkel »befreit« und durch das schlichte Schwarz-Rot-Gold ersetzt werden sollten (siehe Abb. S. 131). Mit einer Vereidigung am Jahrestag des Attentats auf Hitler versuchte sich die NVA nun wirkmächtig in die Tradition der Männer um Oberst i.G. Graf Stauffenberg und Generalmajor Henning von Tresckow zu stellen – sichtbar auch in der Umbenennung zweier Hauptgebäude des MfAV in Strausberg nach den beiden Verschwörern. Das MfAV konnte damit Anschluss an das Traditionsbild der Bundeswehr gewinnen. Vor allem ging es darum, eine historische Brücke zwischen dem Widerstand gegen das NS-Regime und der Friedlichen Revolution zu bauen, über die die Soldaten der NVA gehen konnten, wie Minister Eppelmann in seiner Ansprache am 20. Juli betonte: »Dagegen haben sie sich gewehrt, die Stauffenbergs und Tresckows, die Bonhoeffers und Brechts, in deren Tradition wir leben wollen und im November 1989 auch gelebt haben. Und das waren nicht nur einige Pastoren, das waren eben auch einige Offiziere und Soldaten dieser Nationalen Volksarmee, die rational und emotional dieser Tradition verpflichtet handelten« (zitiert nach 1.73 Armee ohne Zukunft, S. 38). Vor allem in der Bundesrepublik konnte man daraufhin zahlreiche skeptische Stimmen vernehmen, von den Medien, über die Bundeswehr bis zu den Opferverbänden und Überlebenden des Widerstands – wenngleich den meisten verborgen geblieben war, dass sich das Stauffenbergbild schon am Ende des SED-Regimes verändert hatte (4.29 Heinemann, S. 338). Nicht wenige Bundesbürger zeigten sich über den Schritt irritiert, denn in ihren Augen hatte in der DDR noch vor Kurzem ausschließlich der kommunistische Widerstand gegen den Nationalsozialismus öffentliche Würdigung gefunden. Ein Artikel in der Frankfurter Allgemeinen Zeitung vom 21. Juli 1990 brachte es auf den Punkt: »dass der neue Eid als NVA-Waschanlage funktionieren soll. Danach soll alles wieder gut sein [...] Das kann für uns nicht in Frage kommen« (zit. nach 1.73 Armee ohne Zukunft, Dok. 55, S. 445 f.).

Personalstrukturmaßnahmen und weiterer Vertrauensverlust Beim Umgang mit dem NVA-Personal befanden sich sowohl das MfAV als auch das BMVg in einem Dilemma. Einerseits waren Führungspersonal und Spezialisten der NVA erforderlich, um die Überleitung in die Bundeswehr zu organisieren. Auch mussten Soldaten die militärischen Einrichtungen bewachen. Gerade der letztgenannte Punkt beschäftigte das Bundeswehrkommando Ost in der Anfangszeit über die Maßen. Andererseits musste jedem klar sein, dass man Personal der NVA nur für kurze Zeit brauchte und nur ein geringer Teil eine realistische Chance auf eine Übernahme hatte. Je früher dieser Zusammenhang offen kommuniziert wurde, desto mehr stand zu befürchten, dass sehr viele Armeeangehörige ihren Dienst umgehend quittieren würden. Ob dieser Umstand die Kommunikation gegenüber den NVA-Angehörigen, vor allem den besonders betroffenen Berufssoldaten, bewusst oder unbewusst geleitet hat, lässt sich vor dem Hintergrund der aktuellen Forschung und Quellenlage nicht eindeutig belegen. Die unbestritten unglückliche Kommunikation des MfAV führte aber zu einem wachsenden Vertrauensverlust zwischen der Truppe und der Führung im Strausberger Ministerium.

In diesem Kontext ist auch die Entscheidung zu sehen, ältere Berufssoldaten in den vorgezogenen Ruhestand zu verabschieden. Mit dem Befehl 28/90 vom 7. August, der am 15. August in Kraft trat, verfügte Minister Eppelmann, bis zum 3. Oktober 1990 alle Berufssoldaten, die älter als 55 Jahre waren, in die »befristete erweiterte Versorgung« zu entlassen. Der »Sensenbefehl« (4.3 Herspring, S. 137) bedeutete nichts anderes als einen erzwungenen Vorruhestand. Gerüchte machten die Runde, dass die Personalmaßnahme auf alle über 50-jährigen Soldaten ausgeweitet würde. Durch Intervention der militärischen Spitze der NVA hielt Eppelmann zwar verbindlich an der Altersgrenze von 55 Jahren fest, aber durch die wiederholt schlechte Kommunikation war weiteres Vertrauen zu Bruch gegangen.

Wie groß der Vertrauensverlust zwischen der neuen politischen Leitung des MfAV und der alten militärischen Führung der NVA tatsächlich war, zeigte sich beispielhaft an Äußerungen von Staatssekretär Marczinek während eines Vortrags an der Führungsakademie der Bundeswehr in Hamburg, der unmittelbar danach im Magazin »Stern« (Nr. 27/90) abgedruckt wurde: Die »stalinistischen Elemente« in der NVA, so Marczinek, seien bislang »nur mit Seifenlauge traktiert worden«, weshalb der Minister künftig »mit Salzsäure nachwachsen« wolle. Die prompte Entrüstung aus den Reihen der NVA offenbarte einmal mehr das angespannte Verhältnis zwischen Truppe und ziviler Leitung.

Der Einigungsvertrag und seine Bestimmungen für die ehemaligen NVA-Angehörigen Nachdem die Abgeordneten der Volkskammer am 23. August mit der überwältigenden Mehrheit von 81 % den Beitritt der DDR zum »Geltungsbereich des Grundgesetztes der Bundesrepublik Deutschland« nach Art. 23 GG mit Wirkung zum 3. Oktober beschlossen hatten, war der Weg zur Unterzeichnung des Einigungsvertrages frei. Das 1000 Seiten umfassende staatsrechtliche Kernstück der Vereinigung wurde im Sommer unter Hochdruck zwischen den Regierungen in Bonn und Ost-Berlin verhandelt, am 31. August unterzeichnet und am 20. September in beiden Parlamenten verabschiedet (1.107 Schäuble; https://www.gesetze-im-internet.de/einigvtr/BJNR208890990.html; 3.32 When the Wall Came Down, S. 108–114)). Die Asymmetrien zwischen den Verhandlungspartnern in Ost und West, insbesondere in der teilweise schlechten Vorbereitung und unzureichenden Abstimmung innerhalb der DDR-Regierung, waren nicht zu übesehen. Mit dem Abstand von mehr als drei Jahrzehnten lässt sich der Einigungsvertrag, mit Blick auf die DDR, durchaus als ein Akt der »Rechtsausdehnung« bewerten, manche sprechen sogar von »Rechtsvernichtung« (6.58 Leonhard, S. 122). Im besonderen Maße wird das in den Abschnitten des Einigungsvertrages deutlich, die sich mit dem Rechtsstatus und Versorgungsfragen der ehemaligen NVA-Angehörigen beschäftigen (Anlage I Kap. XIX Sachgebiet A – Recht der im öffentlichen Dienst stehenden Personen, Abschnitt II, III; Sachgebiet B – Recht der Soldaten, Abschnitt II, III, BGBl. II, 28.9.1990, Art 20 Einigungsvertrag, S. 885, 1164). Einerseits schufen die Regelungen Rechtsklarheit: Die ehemaligen Angehörigen der NVA verloren ihre bisher »bestehenden soldatischen Rechte und Pflichten« und wurden »mit dem Wirksamwerden des Beitritts Soldaten der Bundeswehr«. Zugleich wurden sie nicht anders behandelt als andere Angehörige des Öffentlichen Dienstes in der DDR, also in dieser Hinsicht formal weder bevorzugt noch benachteiligt: Das schuf ein hohes Maß an Sicherheit. Jeder ehemalige NVA-Angehörige konnte sich auch frei entscheiden, den Dienst sofort zu quittieren oder unter bestimmten Bedingungen bei der Bundeswehr zu bleiben. Das Dienstverhältnis für Soldaten auf Zeit und Berufssoldaten dauerte grundsätzlich sechs Monate und endete, wenn innerhalb dieser Zeit keine Weiterverwendung vorgesehen war. Für das endgültig zu übernehmende Personal legte das Gesetz eine Probezeit fest: Für die Angehörigen des Bundesministeriums des Innern (Bundesgrenzschutz) wurden drei Jahre festgeschrieben, für die Bundeswehr zwei. Bei Soldaten sollte dann innerhalb dieser zwei Jahre durch ein differenziertes Prüfverfahren über eine endgültige Verwendung als länger dienender Zeitsoldat oder die Übernahme zum Berufssoldaten entschieden werden.

Die fast 51 000 zivilen Mitarbeiter der ehemaligen NVA, die von der Bundeswehr übernommen wurden, sollten so rasch wie möglich in die Wehrverwaltung wechseln. Die Bundeswehrverwaltung sollte zusammen mit den Truppenverwaltungen im Beitrittsgebiet perspektivisch etwa 20 000 Dienstposten umfassen. Die Wahrnehmung von öffentlichen Aufgaben war schnellstmöglich Beamten zu übertragen, für die vorübergehend abweichende beamtenrechtliche Regeln anzuwenden seien. Eine »Bewährungsfeststellungskommission« prüfte die Vorschläge zur Übernahme in das Beamtenverhältnis. Dafür waren, nach haushaltsrechtlichen Vorgaben, rund 3000 Stellen vorgesehen. Spitzenpositionen der Wehrverwaltung sollten nur in Ausnahmefällen mit ehemaligen Zivilbeschäftigten der NVA besetzt werden können.

Die Bestimmungen des Einigungsvertrages wurden sehr unterschiedlich wahrgenommen. Für viele NVA-Angehörige gab es nun erstmals eine verlässliche Grundlage für die persönliche Planung. Allein die Möglichkeit der Übernahme von NVA-Personal in die Bundeswehr war alles andere als eine Selbstverständlichkeit. Mit Blick auf die ideologische Durchdringung der NVA, ihre Führungskultur und ihr Selbstverständnis gab es in der Bundeswehr massive Vorbehalte, insbesondere unter lebensälteren Zeit- und Berufssoldaten. Eine Entlassung aller Zeit- und Berufssoldaten der NVA oder zumindest der mittleren und höheren Offiziere wäre keineswegs abwegig gewesen und wurde in der westdeutschen Presse meinungsstark diskutiert, zum Beispiel am 25. Juli in der Frankfurter Allgemeinen Zeitung: »Auflösen – ohne Rest« (1.73 Armee ohne Zukunft, D. 58, S. 448–450). Das BMVg und insbesondere Verteidigungsminister Stoltenberg entschieden sich anders, nämlich »vielen von ihnen eine faire Chance zu geben, ihre Eignung für den Beruf des Soldaten in der Demokratie oder für die Tätigkeit als ziviler Mitarbeiter unter Beweis zu stellen« (5.14 Trost, S. 184). Dahinter verbarg sich ein vielschichtiges Rational. Gerade weil sich die Bundeswehr als ideologiefreier Gegenentwurf zur NVA verstand, konnte das Angebot der konditionierten Übernahme ein Zeichen des Vertrauens des gesamtdeutschen Staates setzen. Ungleich schwerer wogen vermutlich die pragmatischen Gründe: Die NVA wurde zwar als Armee nicht mehr gebraucht, ihr Personal aber doch – vorerst. Für einen bruchlosen Übergang benötigte man das Knowhow über Führungs- und Organisationsstrukturen, Logistik usw. Die Dienstposten der ehemaligen NVA konnten unmöglich von einem auf den anderen Tag von Bundeswehrsoldaten übernommen werden. Allein zur Bewachung der Liegenschaften, der Waffen und Munition brauchte man kontinuierlich Personal. Und einmal mehr waren Spezialisten gefordert, wenn es um die Absteuerung, Konversion und Verwertung der materiellen Hinterlassenschaften der NVA (und der Grenztruppen) ging. Wären mit dem Tag des Beitritts alle Zeit- und Berufssoldaten der NVA entlassen worden, hätte die Bundeswehr die Lücke unmöglich schließen können. Insofern gab es zum Konzept einer konditionierten Übernahme des Personals der NVA durch die Bundeswehr keine Alternative.

Zwischen Sinn- und Existenzkrise, Frustration und Hoffnung Obwohl der »Elitenmix« bei den meisten Großorganisationen im Vereinigungsprozess eher typisch war und nicht nur ein Angebot für eine Weiterbeschäftigung, sondern sogar eine Perspektive in der gesamtdeutschen Bundeswehr bestand, sahen sich die meisten NVA-Angehörigen als Verlierer, teilweise sogar als Opfer des Vereinigungsprozesses. In den Stimmungsbildern der NVA, den Lageberichten der Bundeswehr, in den Medien, der Erinnerungsliteratur und Gesprächen mit Zeitzeugen spiegelt sich ein annähernd identisches Bild. Viele ehemalige NVA-Berufssoldaten waren von der SED-PDS enttäuscht, sie fühlten sich von der politischen und teilweise auch militärischen Führung ausgenutzt und missbraucht. In einer Mischung aus Sinn- und Existenzkrise war das Selbstwertgefühl stark beschädigt. Über allem stand die lähmende Unklarheit, wie es nach der Vereinigung sozial und finanziell weitergehen würde. Die meisten NVA-Angehörigen standen mit ihren Familien vor dem »Trümmerfeld [ihres] bisherigen Lebensinhalts« (1.77 Dokumente zur deutschen Militärgeschichte, Dok. 210, S. 877). Das Selbstbild ihrer Lebensleistung, ihres »Dienstes für den Frieden«, der schließlich zur Blocküberwindung beigetragen hatte, sahen die NVA-Soldaten nicht anerkannt. Das gleiche galt für das passive Verhalten der NVA im Herbst 1989, die nach der Lesart vieler eine wesentliche Leistung und Voraussetzung für die politischen Veränderungen in der DDR gewesen war. Die Diskrepanz zwischen der propagandistisch aufgeladenen Bedeutung der Volksarmee im SED-Regime und der nun erfahrenen Gleichgültigkeit führte bei sehr vielen NVA-Angehörigen zu tiefen Verletzungen. Auch wenn viele es nicht wahrhaben wollten, fühlten sich gerade die NVA-Offiziere als Verlierer, weil sie etwas zu verlieren hatten: den Sinn ihres beruflichen Handelns, höchste staatliche Anerkennung, gute finanzielle Alimentierung und eine planbare, gesicherte Zukunft. All das stand nun auf dem Prüfstand.

Die letzte Kommandeurtagung der NVA am 12. September offenbarte noch einmal die Ratlosigkeit der politischen Führung im MfAV. Minister Eppelmann verkündete die Umsetzung der Bestimmungen des Einigungsvertrags für die NVA, ergänzt durch Vorträge von Brigadegeneral Richter und Ministerialdirigent Simon von der »Verbindungsgruppe des BMVg« und von Staatssekretär Ablaß, die alles daran setzten, Transparenz herzustellen und Vertrauen aufzubauen. Dazu gehörte vor allem das Benennen verbindlicher Eckpunkte. In deutlich verkleinerten gesamtdeutschen Streitkräften plante die Bundeswehr zu diesem Zeitpunkt perspektivisch mit etwa 25 000 ehemaligen NVA-Angehörigen: 3000 Truppenoffizieren, 1000 Offizieren des Militärfachlichen Dienstes, 4000 Berufsunteroffizieren, 15 000 Unteroffizieren auf Zeit (Soldat auf Zeit, kurz: SaZ, mit Verpflichtungszeiten von 3 bis 15 Jahren) sowie 2000 länger dienenden Mannschaftssoldaten (1.73 Armee ohne Zukunft, Dok. 80, S. 490).

Letzte Befehle und Personalmaßnahmen Am 15. September entließ Eppelmann die gesamte Führungsspitze der NVA. Mit nur noch wenigen Generalen und Admiralen, darunter Generalmajor Lothar Engelhardt als letzter Chef der NVA und Generalmajor Michael Schlothauer als Chef Hauptstab, wollte Eppelmann ein Zeichen für einen reibungslosen politischen Wechsel zum Tag der Vereinigung setzen. Im MfAV hatten viele die Hoffnung, dass einige »handverlesene« Generale und Admirale in die Bundeswehr übernommen werden. Eppelmann selbst hatte in einem Interview Anfang September die Hoffnung genährt, von den ehemals etwa 300 Generalen und Admiralen würde es »am 3. Oktober noch 30 geben« (4.28 Trend, 23/90, S. 3). Bis heute konnte nicht geklärt werden, auf welcher Grundlage diese Zahlen in den Raum geworfen und in welcher Form Planungsabsichten oder Zusagen vonseiten des BMVg kommuniziert wurden. Fest steht hingegen, dass Stoltenberg spätestens am 20. September entschieden hatte, keinen Spitzenmilitär der NVA zu übernehmen, während man im MfAV noch mehrere Tage vom Gegenteil ausging (1.73 Armee ohne Zukunft, S. 54). Um die Expertise der militärischen Leitung dennoch nutzen zu können, bot das BMVg fünf ehemaligen Generalen und Admiralen der NVA zeitlich befristete zivile Beraterverträge an: Die Generalmajore Engelhardt (Verbindungsgruppe zur Westgruppe der sowjetischen Streitkräfte) und Schlothauer (Überführung Logistik und Landstreitkräfte), die Generalleutnante Rolf Berger (Überführung Luftstreitkräfte) und Klaus-Jürgen Baarß (Strukturen und Ausbildung beim BwKdo Ost) sowie Vizeadmiral Hendrik Born (Überführung Volksmarine) willigten ein und leisteten damit einen wichtigen Beitrag im Transformationsprozess der frühen 1990er Jahre.

In diesen Wochen der anhaltenden Verunsicherungen administrierte das MfAV noch wesentliche Verordnungen zur Vorbereitung der NVA auf den Tag der staatlichen Einheit. Die wichtigste betraf die Unterzeichnung des Protokolls über die Herauslösung der NVA aus den Vereinten Streitkräften des Warschauer Vertrags am 24. September durch Minister Eppelmann und Armeegeneral Pjotr Luschew in Berlin. Die Komplexität dieser Maßnahme zeigte sich beispielhaft im Bereich der Luftraumüberwachung, die in der DDR genauso wie in der Bundesrepublik zu den Aufgaben der Luftstreitkräfte gehörte, die wiederum fest in die jeweiligen Bündnisstrukturen eingebunden waren. Zur Überwachung und Verteidigung des Luftraums der DDR war die NVA in das »Diensthabende System« integriert. Dieses wiederum unterstand dem Vereinten Kommando der Warschauer Vertragsstaaten, weshalb sehr schnell eine Lösung gefunden werden musste. Da die NATO bis zum Abzug der sowjetischen Truppen keine Zuständigkeit in Ostdeutschland haben durfte, musste die Luftraumüberwachung durch die Luftwaffe der Bundeswehr in eigener Zuständigkeit sichergestellt werden. Mit viel Eigeninitiative und Kreativität gelang es Soldaten der Luftwaffe (West) und der LSK/LV (Ost) unmittelbar vor dem 3. Oktober ein gesamtdeutsches Luftlagebild herzustellen: ein »Vorzeigeprojekt« auf dem Weg zu einer gesamtdeutschen Bundeswehr (4.23 Hauck/Kloß).

Für die NVA, die über Jahrzehnte einen extrem hohen Stand der Gefechtsbereitschaft sicherzustellen hatte, erging bereits am 30. August der Befehl, alle Waffensysteme abzumunitionieren und sicherheitsempfindliches Material bis zum 18. September einzulagern. Da Frauen in der Bundeswehr zu diesem Zeitpunkt nur der Dienst innerhalb des

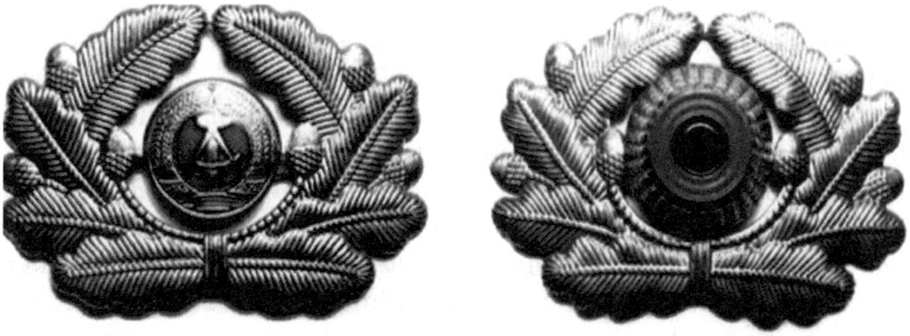

Kokarden der NVA: alt und neu (20. Juli 1990).

https://de.m.wikipedia.org/wiki/Datei:Kokarden-Austausch_bei_der_NVA,_Mitte_1990.jpg

Ein Offizier der NVA in Lehnitz bei Oranienburg erhält am 21. September 1990 seine neue Uniform mit rotem Barett.

picture alliance/Wolfgang Kumm|Wolfgang Kumm

»Fahne einpacken«: Die Fahnen von zwei Bataillonen in Bad Düben werden bei einem Appell am Vorabend der Übernahme durch die Bundeswehr eingerollt, 2. Oktober 1990.

BArch, Bild 183-1990-1002-013, Friedrich Gahlbeck

Sanitätsdienstes offenstand, wurden alle weiblichen Armeeangehörigen der NVA außerhalb des medizinischen Dienstes am 7. September formal aus den Streitkräften entlassen und ihre Dienstposten in zivile Planstellen umgewandelt. Im September erfolgte auch die formale Auflösung der letzten noch existierenden bewaffneten Organe: des Zivilschutzes (2. September), der Grenztruppen (21. September), und der Transportpolizei (30. September). Die Kampfgruppen der Arbeiterklasse waren bereits Ende Mai demobilisiert worden. Die letzten Rumpfeinheiten der Volkspolizei-Bereitschaften gingen in den Bereitschaftspolizeien der neuen Bundesländer auf. Die Übernahme der Liegenschaften, vor allem aber die Entsorgung und Konversion von Material, Waffen und Munition aller bewaffneten Organe, einschließlich des MfS, sowie der Abbau der Grenzanlagen stellte vor allem die Bundeswehr noch lange vor große Herausforderungen.

Offenbar als Reaktion auf die Entscheidung, am Ende kein Spitzenpersonal der NVA in die Bundeswehr zu übernehmen, überließ Minister Eppelmann überraschend am 28. September die undankbare Aufgabe der Entlassung der verbliebenen 24 Generale und Admirale seinem Stellvertreter Staatssekretär Ablaß. Dieser erinnerte sich später: »Der Staatssekretär hat die Männer verabschiedet, die vom Staatsoberhaupt bestellt worden waren. Sie haben das als ein Wegjagen empfunden« (1.81 Ablaß, S. 173).

Während es nun klar war, dass die Soldaten der Bundeswehr aus West und Ost ab dem 3. Oktober unter einer Fahne und einer verfassungsmäßigen Ordnung ihren Dienst verrichten würden, stand noch die Frage im Raum: in welcher Uniform? Dass *eine* Armee auch nur *eine* Uniform tragen konnte, stand außer Frage. Die Bundeswehr führte allerdings nicht genügend Dienstanzüge und Ausgehuniformen in ihrem Bestand, um gut 100 000 NVA-Soldaten auszustatten. Weil sie aber im Verteidigungsvorrat über eine ausreichende Zahl an Kampfanzügen verfügte, hatten alle Soldaten der Bundeswehr im Beitrittsgebiet ab dem 3. Oktober den Feldanzug zu tragen. Dabei stellte sich heraus, dass die Soldaten der Bundeswehr (West) im Durchschnitt größer waren als die Soldaten der Bundeswehr (Ost), die wiederum größere Köpfe hatten (1.86 Carl, S. 459). Wenngleich das Maß an äußerer Differenz gering oder nebensächlich erscheinen mag, so waren die Unterschiede zwischen den Streitkräften in Ost und West doch vielfältiger, als die meisten wahrhaben wollten.

Die letzten Tage vor der Wiedervereinigung verliefen in West- und Ostdeutschland unter völlig unterschiedlichen Vorzeichen. Bei der zentralen Einweisung aller 850 Offiziere und Unteroffiziere der Bundeswehr in ihre künftigen Aufgaben in Ostdeutschland herrschte am 1. Oktober in Hannover »Aufbruchstimmung« (1.112 Schönbohm, S. 53). Ganz anders verlief der letzte Appell im Strausberger Ministerium für Abrüstung und Verteidigung am 2. Oktober, den das Armeefilmstudio der NVA in einer seiner letzten Produktionen festgehalten hat. Die Szenen zeigen ein uneinheitliches Erscheinungsbild der angetretenen Soldaten und Ausdruckslosigkeit in den Gesichtern; mit kraftloser Stimme ertönte das letzte Kommando: »Fahne einpacken« (8.4 Flaggenwechsel). Ehemalige NVA-Angehörige empfinden diesen letzten öffentlichen Auftritt der Volksarmee bis heute als würdelos (6.68 Schultheiß, S. 189). Am Vorabend der Wiedervereinigung feierten die Menschen »in Berlin und ganz Deutschland ein einziges Fest. Nur in Strausbergs Straßen gingen die Lichter aus« (1.37 Scheven, S. 478).

Bundeswehrkommando Ost, Oktober 1990 bis Juli 1991

»Wir [...] kommen nicht als Sieger und Eroberer.
Wir kommen als Deutsche zu Deutschen.«
Generalleutnant Jörg Schönbohm, 4. Oktober 1990

Der 3. Oktober 1990

Mit Inkrafttreten der Deutschen Einheit ging in der Nacht vom 2. auf den 3. Oktober die Befehls- und Kommandogewalt über die Streitkräfte der ehemaligen DDR auf den Bundesminister der Verteidigung über. Für die Bundeswehr markiert dieser Tag eine historische Zäsur. Am 3. Oktober hatte die Bundesrepublik ihre volle staatliche Souveränität erlangt und die über vier Jahrzehnte andauernde staatliche Teilung überwunden. Noch vor einem Jahr hatten sich zwei politisch, strukturell und kulturell höchst unterschiedliche Armeen gegenübergestanden, die zudem in gegnerischen Verteidigungsbündnissen organisiert waren. Unter diesen Vorzeichen waren die Auflösung einer Armee und das Integrieren eines Teils ihres Personals und Materials in die anderen Streitkräfte ein unerhörter Akt, für den es in der modernen Geschichte kein Beispiel und auch keinen »Masterplan« gab. Angesichts der Systemdifferenz und der Geschwindigkeit des Prozesses verfügte die Bundeswehr nur über ein ungenaues Lagebild. In einem Lagevortrag für den Bundesminister der Verteidigung brachte es Generalleutnant Jörg Schönbohm am 31. Oktober 1990 auf den Punkt: »Die Erkenntnisse über die NVA waren schlechter, als wir glauben können« (BArch, BwKdo Ost, G3 vom 31.10.1990). Obwohl man sich mit der NVA als »potentiellem Gegner« stets intensiv beschäftigt hatte, obwohl es sich in beiden Fällen um Wehrpflichtarmeen handelte, obwohl beide deutsche Armeen in ihren Bündnissen eine ähnliche Rolle spielten, musste man nun feststellen, dass vieles in den ostdeutschen Streitkräften völlig anders war als in der Bundeswehr: nicht nur in der Organisation und Administration, sondern vor allem im Selbstverständnis und in der Führungskultur. Man sprach die gleiche Sprache, aber das war keine Gewähr, sich auch zu verstehen. Viele DDR-Bürger hatten in einer »Zwischenmoderne« gelebte, wie es eine Studie des Instituts für Sozialdatenanalyse Ende Mai 1990 formulierte (1.33 Rödder, S. 339 f.). Mit der Vereinigung wurden die Ostdeutschen von jetzt auf gleich »in eine Zeit der Postmoderne und ihrer Pluralisierung katapultiert«, wobei zahlreiche Gewissheiten verloren gingen. In Streitkräften, die ihre Identität und ihren Auftrag ganz wesentlich aus der Loyalität zum eigenen und der Abgrenzung zum anderen Gesellschaftssystem definierten, musste diese Turbotransformation besonders schwerfallen. Mit dem Vollzug der Wiedervereinigung hatten viele, bewusst oder unbewusst, das Gefühl, zu den Siegern oder Verlierern des Kalten Krieges zu gehören, zu den Gewinnern oder Verlierern der Geschichte.

Bundeswehr und NVA »vereinigten« sich nicht. Die NVA hatte mit dem 2. Oktober aufgehört zu existieren und die Bundeswehr übernahm nun die uneingeschränkte Verantwortung für das Personal und das Material. Nüchtern betrachtet ging es um die Abwicklung der »NVA-Konkursmasse« und damit nicht um eine Fusion oder Vereinigung von Partnern. Damit bestand vom ersten Tag an ein hierarchisches Gefälle mit erheblichem Konflikt- und vor allem Frustrationspotenzial. Die Bundeswehr spielte nach Regeln, die sie selbst festgelegt hatte und beherrschte, verbunden mit dem nicht zu unterschätzenden Motivationsschub, gestalten und entscheiden zu können. Die neuen Bundeswehrangehörigen in Ostdeutschland mussten sich von heute auf morgen in einem für sie vollkommen ungewohnten Rechts- und Verwaltungsrahmen bewegen. Sie mussten neue Vorgesetzte akzeptieren, von deren Entscheidungen ihre berufliche und damit soziale Zukunft abhing. Sie mussten hinnehmen, dass ihre alten Kenntnisse und Erfahrungen an Wert verloren hatten. Sie befanden sich mehrheitlich nicht in einer aktiven, sondern einer passiven Rolle und sahen einer völlig ungewissen Zukunft entgegen. Je höher sie im Dienstgrad standen, desto stärker war in der Regel ihr Verlust an Status und Bedeutung. Bundesverteidigungsminister Stoltenberg hat das Überwinden dieser Spannung in seinem Tagesbefehl vom 3. Oktober 1990 trefflich formuliert: »Die Teilung unseres Landes ist überwunden. Nun gilt es, auch das Trennende im Denken und Empfinden zu beseitigen. Die Soldaten stehen vor einer besonderen Herausforderung, sie müssen vom Gegeneinander zum Miteinander finden [...] Von denjenigen, die sich für den Dienst in der Bundeswehr bewerben, erwarte ich Lernbereitschaft, bereitwillige Übernahme von Verantwortung und das offene Herangehen an neue Aufgabenstellungen. Die Soldaten der Bundeswehr fordere ich auf, die neuen Soldaten unvoreingenommen aufzunehmen, ihnen kameradschaftliche Hilfestellung zu geben und die schnelle Integration zu fördern [...] Es kommt darauf an, den Prozess der Integration und der Truppenreduzierung in solch einer Weise durchzuführen, dass wir nach der deutschen Einheit eine einheitliche Bundeswehr erreichen, die ihren Verfassungsauftrag im gesamten Staatsgebiet erfüllen kann« (1.73 Armee ohne Zukunft, Dok. 93, S. 519 f.).

Die im Einigungsvertrag grob umrissenen Festlegungen für gesamtdeutsche Streitkräfte galt es so schnell wie möglich in ein Regelwerk umzusetzen. Da die NVA nicht über eine zivile Wehrverwaltung verfügte, mussten die Organisationsstrukturen nach Art. 87b GG erst aufgebaut werden. Zugleich hatte die gesamtdeutsche Bundeswehr das Kunststück zu vollbringen, innerhalb weniger Jahre ihren Personalumfang drastisch zu beschneiden, der sich auf 460 000 Soldaten West und ca. 90 000 Soldaten Ost (davon ca. 50 000 ehemalige Zeit- und Berufssoldaten) belief, sowie auf 183 000 Zivilbedienstete West (Beamte, Angestellte und Arbeiter) und 48 000 Zivilbeschäftigte Ost. Mit anderen Worten: Die Bundeswehr musste die Personalstärke bei den Soldaten von 550 000 auf 370 000 reduzieren (ca. ein Drittel) und allein in den neuen Bundesländern die zivilen Stellen auf ca. 20 000 abbauen (minus 58 %) (7.4 Fünf Jahre).

Auf dem Territorium der ehemaligen DDR waren nicht nur Entscheidungen zur Auflösung von Einheiten und Verbänden und zur Entlassung oder Übernahme von Personal zu treffen. Hinzu kamen das Erfassen und anschließende Absteuern der militärischen Altlasten durch Verkauf, Konversion oder Vernichtung. Auch hier hatten die Verantwortlichen nur eine ungefähre Ahnung, aber keine konkreten Vorstellungen von den Dimensionen und möglichen Herausforderungen. Schließlich galt es, den Abzug der sowjetischen Streitkräfte zu unterstützen und das zeitlich befristete Miteinander vor Ort möglichst konfliktfrei zu gestalten.

Generalleutnant Schönbohm, der am 3. Oktober das Kommando über das neu aufgestellt Bundeswehrkommando Ost (BwKdoOst) übernahm, war die historische Dimension der vor ihm liegenden Aufgabe bewusst. Ohne die systemischen Unterschiede zwischen dem demokratisch und dem diktatorisch regierten Deutschland zu verwischen, fand er kluge Worte, mit denen er die Anpassungsleistung und Umorientierung der ehemaligen NVA-Angehörigen würdigte und die Herausforderung als Gemeinschaftsaufgabe herausstellte: »Wir, die wir jetzt als Ihre Vorgesetzten, aber auch als Ihre Untergebenen zu Ihnen gekommen sind, kommen nicht als Sieger oder Eroberer. Wir kommen als Deutsche zu Deutschen [...] Es gilt, die Einheit auch für unsere Streitkräfte umzusetzen – ein Volk, ein demokratischer Staat, eine Armee [...] So, wie unsere Bundesfahne und unsere Nationalhymne Symbol der deutschen Einheit sind, so müssen es auch die Streitkräfte werden« (1.112 Schönbohm, S. 61 f.). Wenngleich noch nicht wortwörtlich ausbuchstabiert, kann man hier erstmals den semantischen und ideellen Kern der Wortschöpfung »Armee der Einheit« erkennen.

Auftrag und Kommandostruktur

In der Geschichte der Bundeswehr war das BwKdo Ost ein Novum und ein Unikum zugleich. Erstmals standen alle Teilstreitkräfte unter einem einheitlichen militärischen Kommando, räumlich begrenzt auf das Beitrittsgebiet – einschließlich Berlin – und zeitlich befristet auf neun Monate. Der Befehlshaber unterstand dem Bundesministerium direkt und wurde truppendienstlich – und damit nur rein formal – vom Stellvertretenden Generalinspekteur geführt (1.52 Zilian, S. 62–69; siehe das Organigramm auf S. 138). Die Inspekteure hatten keine direkte Befehlsbefugnis über ihre Teilstreitkräfte unter dem Kommando des BwKdo Ost. Damit verfügte dessen Befehlshaber durch seine Sonderstellung über eine Machtfülle und über Gestaltungsmöglichkeiten wie kein anderer Soldat der Bundeswehr. Darüber hinaus war das BwKdo Ost ein struktureller Zwitter. Vor allem in der Anfangsphase mussten alte NVA-Strukturen und Organisationsprinzipien so lange fortbestehen, bis die Bundeswehrstrukturen griffen. Und schließlich galt es, die internationalen Verpflichtungen zu erfüllen, keine NATO-Strukturen und damit auch keine NATO-Unterstellungen im Beitrittsgebiet zu etablieren, solange sich noch sowjetische Streitkräfte auf deutschem Boden befanden. Für die Luftwaffe, insbesondere die Luftraumüberwachung, stellte das eine besondere Herausforderung dar. Flugsicherheit, Luftraumüberwachung und nicht zuletzt die Koordination des Übungsbetriebs der weiterhin fliegenden Luftstreitkräfte der WGT mussten gewährleistet werden (5.10 Skiba; 6.3 Finke, S. 281–285).

Die zeitlich befristete Eigenständigkeit und Sonderstruktur des BwKdo Ost fand nicht nur Befürworter: »Ist denn dieses Bundeswehrkommando Ost wirklich nötig? Werden nicht auf diese Weise zwei Armeen geschaffen, fast so, wie Eppelmann sie gewollt hat? Wäre es nicht besser gewesen, von Anfang an klare, auf die Bundeswehr bezogene Strukturen einzurichten?« (so Stephan-Andreas Casdorff am 19.10.1990 in der Süddeutschen Zeitung). Wenngleich auf der Hardthöhe nicht jeder ein Freund des schnellen und vor allem selbstständigen Führungsstils in Strausberg war, bestand doch Konsens, dass es flexibler Strukturen und entschiedenen Handelns bedurfte, um die gewaltigen Aufgaben in der Kürze der Zeit zu lösen.

Das BwKdoOst hatte fünf Kernaufträge zu erfüllen (5.9 Schönbohm, S. 39 f.):

1. die sofortige Übernahme und Führung aller Land-, Luft- und Seestreitkräfte der ehemaligen NVA;
2. die Auflösung aller Dienststellen und Truppenteile, die nicht der zukünftigen Streitkräftestruktur der Bundeswehr entsprachen;
3. die Übernahme und Verwahrung des alten NVA-Materials bis zur weiteren Verwendung, Weitergabe oder Vernichtung;
4. die Unterstützung der sowjetischen Streitkräfte bei der Vorbereitung und Durchführung ihres Abzugs und
5. die Umsetzung dezentraler Führungsorganisationen und der Aufbau neuer Verbände.

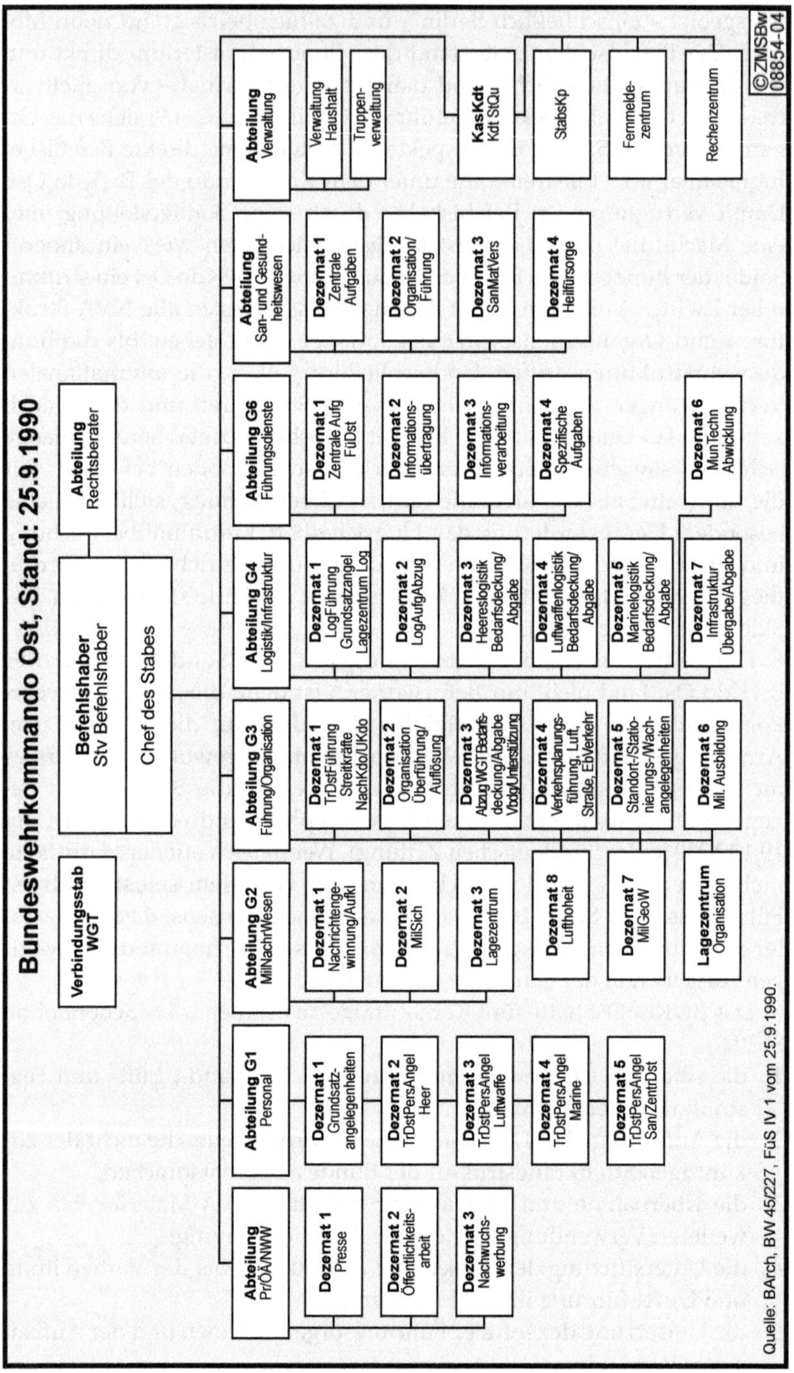
Bundeswehrkommando Ost, Stand: 25.9.1990
Verbindungsstab WGT
Befehlshaber
Stv Befehlshaber
Chef des Stabes
Abteilung Rechtsberater
Abteilung Pr/ÖA/NWW
Dezernat 1 Presse
Dezernat 2 Öffentlichkeitsarbeit
Dezernat 3 Nachwuchswerbung
Abteilung G1 Personal
Dezernat 1 Grundsatzangelegenheiten
Dezernat 2 TrDstPersAngel Heer
Dezernat 3 TrDstPersAngel Luftwaffe
Dezernat 4 TrDstPersAngel Marine
Dezernat 5 TrDstPersAngel San/ZentrDst
Abteilung G2 MilNachrWesen
Dezernat 1 Nachrichtengewinnung/Aufkl
Dezernat 2 MilSich
Dezernat 3 Lagezentrum
Dezernat 8 Lufthoheit
Dezernat 7 MilGeoW
Lagezentrum Organisation
Abteilung G3 Führung/Organisation
Dezernat 1 TrDstFührung Streitkräfte NachKdo/UKdo
Dezernat 2 Organisation Überführung/Auflösung
Dezernat 3 Abzug WGT Bedarfsdeckung/Abgabe Vbdg/Unterstützung
Dezernat 4 Verkehrsplanungsführung, Luft, Straße, EbVerkehr
Dezernat 5 Standort-/Stationierungs-/Wachangelegenheiten
Dezernat 6 Mil. Ausbildung
Abteilung G4 Logistik/Infrastruktur
Dezernat 1 LogFührung Grundsatzangel Lagezentrum Log
Dezernat 2 LogAufgAbzug
Dezernat 3 Heereslogistik Bedarfsdeckung/Abgabe
Dezernat 4 Luftwaffenlogistik Bedarfsdeckung/Abgabe
Dezernat 5 Marinelogistik Bedarfsdeckung/Abgabe
Dezernat 7 Infrastruktur Übergabe/Abgabe
Abteilung G6 Führungsdienste
Dezernat 1 Zentrale Aufg FüDst
Dezernat 2 Informationsübertragung
Dezernat 3 Informationsverarbeitung
Dezernat 4 Spezifische Aufgaben
Dezernat 6 MunTechn Abwicklung
Abteilung San- und Gesundheitswesen
Dezernat 1 Zentrale Aufgaben
Dezernat 2 Organisation/Führung
Dezernat 3 SanMatVers
Dezernat 4 Heilfürsorge
Abteilung Verwaltung
Verwaltung Haushalt
Truppenverwaltung
KasKdt Kdt StQu
StabsKp
Fernmeldezentrum
Rechenzentrum
©ZMSBw 08854-04
Quelle: BArch, BW 45/227, FüS IV 1 vom 25.9.1990.

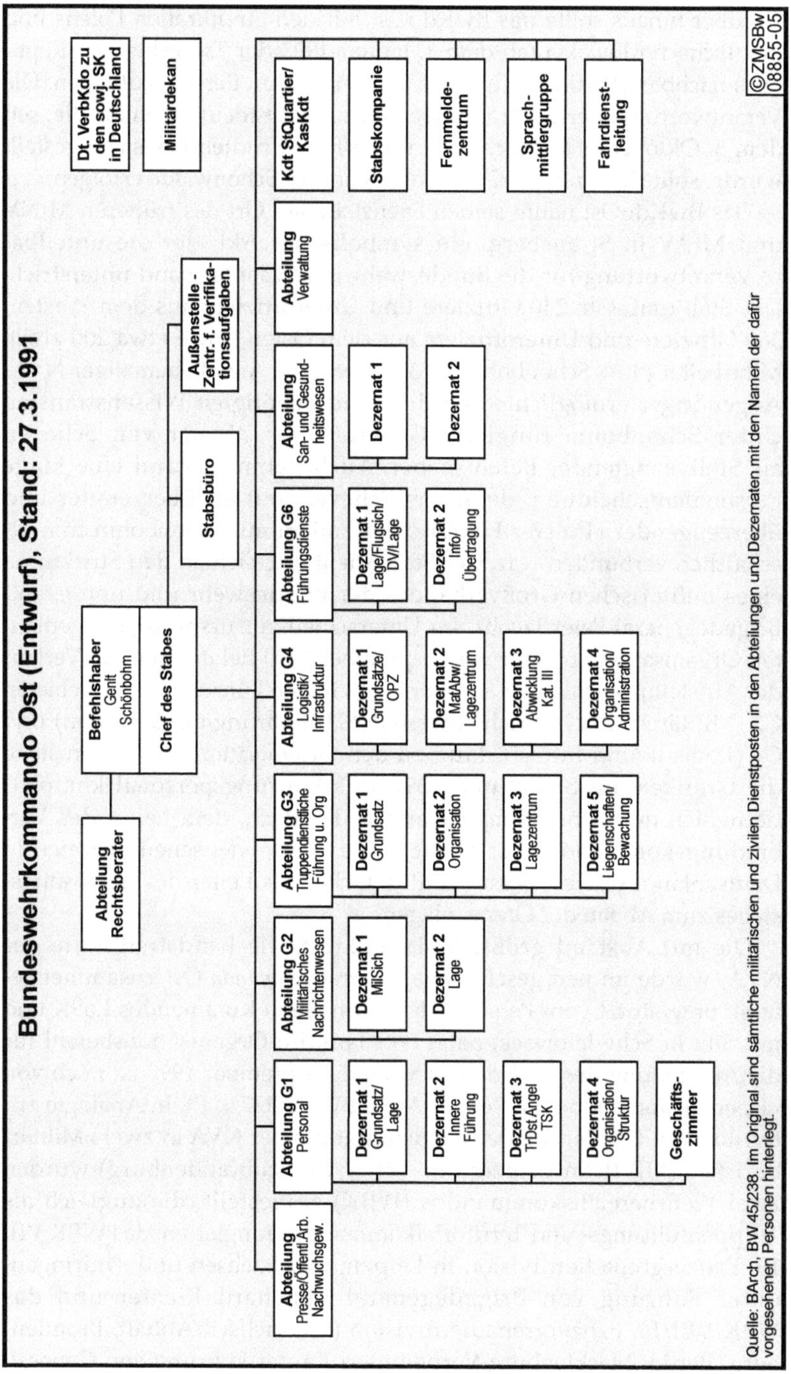

Quelle: BArch, BW 45/238. Im Original sind sämtliche militärischen und zivilen Dienstposten in den Abteilungen und Dezernaten mit den Namen der dafür vorgesehenen Personen hinterlegt.

Darüber hinaus sollte das BwKdoOst mit den Streitkräften Polens und der Tschechoslowakei (ab dem 1. Januar 1993 der Tschechischen Republik) nachbarschaftliche Kontakte im grenznahen Bereich aufbauen. Die Verantwortung der Luftraumüberwachung Ostdeutschlands, die seit dem 3. Oktober 1990 durch die Luftwaffe in Erndtebrück sichergestellt wurde, sollte bis Ende 1992 über den Standort Schönwalde erfolgen.

Das BwKdoOst nahm seinen Dienstsitz am Ort des früheren MfNV und MfAV in Strausberg; ein symbolischer Akt, der die unteilbare Verantwortung für die Bundeswehr in Ostdeutschland unterstrich. Der Stab umfasste 240 Offiziere und Unteroffiziere aus dem Westen, 360 Offiziere und Unteroffiziere aus dem Osten sowie etwa 200 zivile Mitarbeiter (1.112 Schönbohm, S. 33). Der hohe Anteil ehemaliger NVA-Angehöriger ermöglichte den dringend benötigten Wissenstransfer. Unter Schönbohm fungierte Generalmajor Werner von Scheven als Stellvertretender Befehlshaber. Auch dahinter stand eine kluge Personalentscheidung, denn von Scheven galt als überzeugter und überzeugender »Innerer Führer«, der zudem mit Schönbohm freundschaftlich verbunden war. Der Stab orientierte sich an den Strukturen eines militärischen Großverbandes der Bundeswehr und unterstand Brigadegeneral Peter Jacobs. Im Unterschied zur ursprünglich geplanten Organisationsstruktur vom September 1990 fiel der Stab im Verlauf der Aufstellung schlanker aus, vor allem in den Führungsgrundgebieten G2 (Militärisches Nachrichtenwesen), G3 (Führung/Organisation) und G4 (Logistik und Infrastruktur; zu den Organisationsstrukturen siehe die Grafiken auf S. 138 und 139). Das Führungspersonal komplettierte sich mit Generalmajor Hartmut Foertsch, dem Leiter des Verbindungskommandos zur Westgruppe der sowjetischen Truppen in Deutschland, sowie Oberst i.G. Rolf Ocken als Leiter des Auflösungsstabes zum Abbau der Grenzanlagen.

Die mit Abstand größte Teilstreitkraft, die Landstreitkräfte der NVA, wurde im neu geschaffenen *Heereskommando Ost* zusammengefasst, unterstützt vom Personal des vormaligen Kommandos LaSK und mit Sitz in Schwielowsee, nahe Potsdam (im Organisationsbefehl für die Aufstellung des BwKdo Ost vom 25. September 1990 ist noch von »Heereskommando« die Rede, BArch, BW 45/227, o.P). In Analogie zur territorialen Gliederung der Landstreitkräfte der NVA in zwei »Militärbezirke« (MB III in Leipzig und MB V in Neubrandenburg) wurden zwei Wehrbereichskommandos (WBK) aufgestellt, die zugleich als Truppenführungs- und Territorialkommandos fungierten: das WBK VII/13. Panzergrenadierdivision in Leipzig (für Sachsen und Thüringen) unter Führung von Brigadegeneral Ekkehard Richter und das WBK VIII/14. Panzergrenadierdivision (für Sachsen-Anhalt, Brandenburg, Berlin, Mecklenburg-Vorpommern) unter Führung von Generalmajor Rupprecht Haasler. Die Zählweise der neuen Großverbände und Territorialkommandos orientierte sich an der Systematik der alten Bundeswehr mit ihren bislang zwölf Divisionen und sechs WBKs. Die sechs NVA-Divisionen in den WKBs sollten in der ersten Jahreshälfte 1991 aufgelöst werden und in je einer Heimatschutzbrigade aufgehen. Der Begriff »Heimatschutzbrigade« wurde mit Bedacht gewählt, um bezüglich der Auflagen des Zwei-plus-Vier-Vertrags jeden Zweifel auszuräumen, es könne sich um NATO-assignierte Großverbände handeln. Die Transformationsaufgabe war gewaltig, denn innerhalb eines Jahres sollte je ein Armeeäquivalent mit drei Divisionen zu je einer Division mit drei Heimatschutzbrigaden umgewandelt werden (BArch, BW 45/238, Dislozierung HSchBrig; Bw 45/10 Stationierungsplanung vom 30.11.1990).

Das gesamte Personal und Material von LSK/LV wurden ab dem 3. Oktober unter dem Kommando der *5. Luftwaffendivision* mit Sitz in Strausberg-Eggersdorf zusammengefasst. Ähnlich wie das BwKdo Ost handelte es sich auch bei der 5. LwDiv um ein Unikum. Im Unterschied zur Struktur der Luftwaffe im Westen umfasste die Division unter Führung von Generalmajor Bernhard Mende alle Dienstbereiche und war damit wie eine »Luftwaffe im Kleinen« organisiert.

Die Marine richtete in Rostock ein *Abschnittskommando Ost* unter Führung von Konteradmiral Dirk Horten ein und begann mit der Zusammenlegung der Schnellbootflottille in Warnemünde sowie der Technischen Schule in Stralsund.

Zur Umstrukturierung und massiven Reduzierung des Personals hatte man bereits im BMVg einen Auflösungsplan für das BwKdo Ost erstellt, der drei Kategorien von Truppenteilen vorsah (BArch, BW 45/238, BwKdo Ost vom 26.6.1991, hier: Kategorisierung vom 4.10.1990):

- C-Kategorie: Truppenteile, die noch vor der Übernahme am 3. Oktober aufzulösen waren (22 TrTle, u.a. Militärgerichte, Militärstaatsanwaltschaften und Propagandaeinheiten),
- B-Kategorie: Truppenteile, die nicht mehr benötigt wurden und nach einer Übergangsfrist bis zum 30. Juni, in Ausnahmefällen bis zum Ende des Jahres 1991 aufgelöst werden sollten (434 TrTle, insgesamt 715 Einzeldienststellen),
- A-Kategorie: Truppenteile, die in der Bundeswehr erhalten bleiben sollten (417 TrTle, insgesamt 697 Einzeldienststellen).

Die damit verbundenen Herausforderungen beschreibt beispielhaft der Zeitzeugenbericht »Abenteuer Einheit«, verfasst vom damaligen Brigadegeneral und Kommandeur der 9. Panzerdivision im Vorpommerschen Eggesin, Hans-Peter von Kirchbach, und seinen Mitstreitern, Oberstleutnant i.G Manfred Meyers und Oberstleutnant Victor Voigt (1.99 Kirchbach/Meyers/Voigt, passim). Der zu NVA-Zeiten als besonders schlagkräftig eingestufte Großverband zählte im Oktober 1990, nachdem fast alle Wehrpflichtigen entlassen worden waren, nur noch etwa 3500 Soldaten. Dadurch ergaben sich ganz praktische Probleme bei der Bewachung von Lagern und Depots, die überall in der DDR durch tödliche Hochspannungsleitungen gesichert gewesen waren. Mit Blick auf die nunmehr auch im Beitrittsgebiet geltenden Rechtsgrundsätze wurden die elektrisch gesicherten Zäune überall in der DDR in der Nacht vom 2. auf den 3. Oktober abgeschaltet. Angesichts des fehlenden Personals gestaltete sich die Bewachung der Liegenschaften als besondere Herausforderung. Durch die Auflösung von Standorten, das Zusammenführen des Materials und die schrittweise Übernahme der Bewachung durch ziviles Personal konnte die Wachstärke zwar um über zwei Drittel gesenkt werden (Oktober 1990: fast 10 000 Soldaten, Mai 1991: ca. 3300), aber die Wachbelastung lag mit durchschnittlich 9 % immer noch doppelt so hoch wie im Westen. Generalmajor von Scheven brachte es in einem Zeitungsinterview auf den Punkt: »Wir sind in den vergangenen Monaten eine Wach- und Schließgesellschaft geworden« (Tagesspiegel, 2.6.1991).

Es galt nicht nur, logistische und infrastrukturelle Hindernisse zu beseitigen und in kürzester Zeit einheitliche Führungsstrukturen und Ausbildungsstandards aufzubauen. Zu den größten Schwierigkeiten gehörten die anhaltenden Verunsicherungen und Zukunftsängste der ehemaligen NVA-Angehörigen, das Überwinden von Vorurteilen und das Gewinnen wechselseitigen Vertrauens. In einem Vortrag auf der Kommandeurtagung des neu aufgestellten Heereskommandos Ost am 29. April 1991 äußerte sich Brigadegeneral von Kirchbach über seine ersten Eindrücke: »Unsicherheit, Spannung, Skepsis und Entschlossenheit zum Dialog [...] Ich sehe Soldaten, die sich beim Tragen der neuen Uniformen sichtlich unwohl fühlen, ich bemerke Blicke, die den meinen ausweichen, ich sehe Bilder überraschender Disziplinlosigkeit, ich sehe menschenunwürdige Unterkünfte« (BArch, BW 45/50, Korps/TerrKdo Ost – G2, o.P.).

Verunsicherungen gab es aber nicht nur innerhalb der Streitkräfte. Viele aus dem Westen kommende Bundeswehrangehörige sahen sich mit unerwarteten Problemen konfrontiert, die ein Bundeswehroffizier beispielhaft für den Standort Eggesin beschreibt: »Vor allem muss versucht werden, die Menschen der Region für die Bundeswehr zu gewinnen«, denn die jahrzehntelange Durchsetzung der militärischen Dominanz hatte die DDR-Bürger dem Militär entfremdet: »NVA und Bürger haben nicht zusammengehört. Die Bundeswehr aber wird eine Armee der Bürger sein« (1.99 Kirchbach/Meyers/Voigt, S. 61). Nicht nur in der Bevölkerung, auch bei den Volksvertretern mussten Vorbehalte gegenüber dem Militär überwunden werden, beispielsweise für die Teilnahme an den ersten Feierlichen Gelöbnissen, wie am 19. Oktober

1990 im thüringischen Bad Salzungen: »Es war nicht einfach, die wenige Wochen zuvor erstmals frei gewählten Kommunalpolitiker hierfür zu gewinnen« (1.114 Stoltenberg, S. 451). Gleichwohl nutzte die Bundeswehr alle Möglichkeiten, sich öffentlich zu zeigen und sich offen zu geben, nicht zuletzt im Umgang mit den Medien.

In der territorialen Organisation orientierte sich das BwKdoOst an den Aufgaben und Strukturen der Bundeswehr im Westen, indem in den fünf neuen Bundesländern 15 Verteidigungsbezirkskommandos mit insgesamt 45 Verteidigungskreiskommandos aufgebaut wurden. Hinzu kam die Standortkommandantur Berlin (VBK 100), die eine herausgehobene Stellung haben sollte. Der Zuschnitt der 15 VBKs und die Standorte der Stäbe folgten anfangs den insgesamt 15 Wehrbezirkskommandos der DDR und damit der Struktur der DDR-Bezirke (BArch, BW 45/182, BwKdo Ost, G 3/5, Stationierung von Kommandobehörden; siehe die Grafik auf S. 144) – ein sichtbares Zugeständnis an die erst im Aufbau befindlichen fünf neuen Bundesländer. So wie die beiden WBKs auf Länderebene bildeten die VBKs und VKKs auf Bezirks- und Kreisebene ein Scharnier zwischen Bundeswehr und den zivilen Verwaltungsstellen, besonders den Regierungspräsidenten, Landräten, Oberbürgermeistern und nachgeordneten Kommunen. Auch hier galt es für die Bundeswehr, ein bisher nicht gekanntes Vertrauen zum Militär aufzubauen.

Parallel zum BwKdo Ost wurde, ebenfalls zum 3. Oktober, in Strausberg die *Außenstelle des BMVg* unter Leitung des vormaligen Staatssekretärs Werner E. Ablaß eingerichtet, die zugleich als Vertretung des BMVg gegenüber Bundes- und Landesbehörden in Berlin fungierte. Die rund 300 Dienstposten umfassende Behörde (214 für Zivilpersonal, 93 für militärisches Personal, wobei der Anteil des Personals aus dem Westen nie über einem Viertel liegen sollte), kümmerte sich vor allem um Personalfragen und Auswahlverfahren der ehemaligen Soldaten und Zivilbeschäftigten der NVA. Zudem übernahm die Außenstelle die Steuerung des Aufbaus der Bundeswehrverwaltung in den neuen Bundesländern, Haushalts- und Rechtsangelegenheiten, Liegenschaftsangelegenheiten, Bauwesen und Finanzen, Umweltschutz, Sozialangelegenheiten und nicht zu vergessen die Berufsförderung.

Schließlich übernahm die *Wehrbereichsverwaltung VII (WBV VII)* unter Leitung ihres ersten Präsidenten Karl Johanny die Aufgaben der allgemeinen territorialen Bundeswehrverwaltung. Der ehemalige Leiter des Personalamtes im MfAV, Gerd A. Engelmann, wurde ihr Vizepräsident. Mit Ablaß und Engelmann fanden sich damit beim Aufbau der Bundeswehr in Ostdeutschland lediglich zwei Führungspersönlichkeiten, die auch im MfAV eine herausgehobene Stellung innegehabt hatten. Die Notwendigkeit zeitlich befristeter Doppelstrukturen zeigte sich beispielhaft im Bereich der Wehrverwaltung, wo das Gebühr-

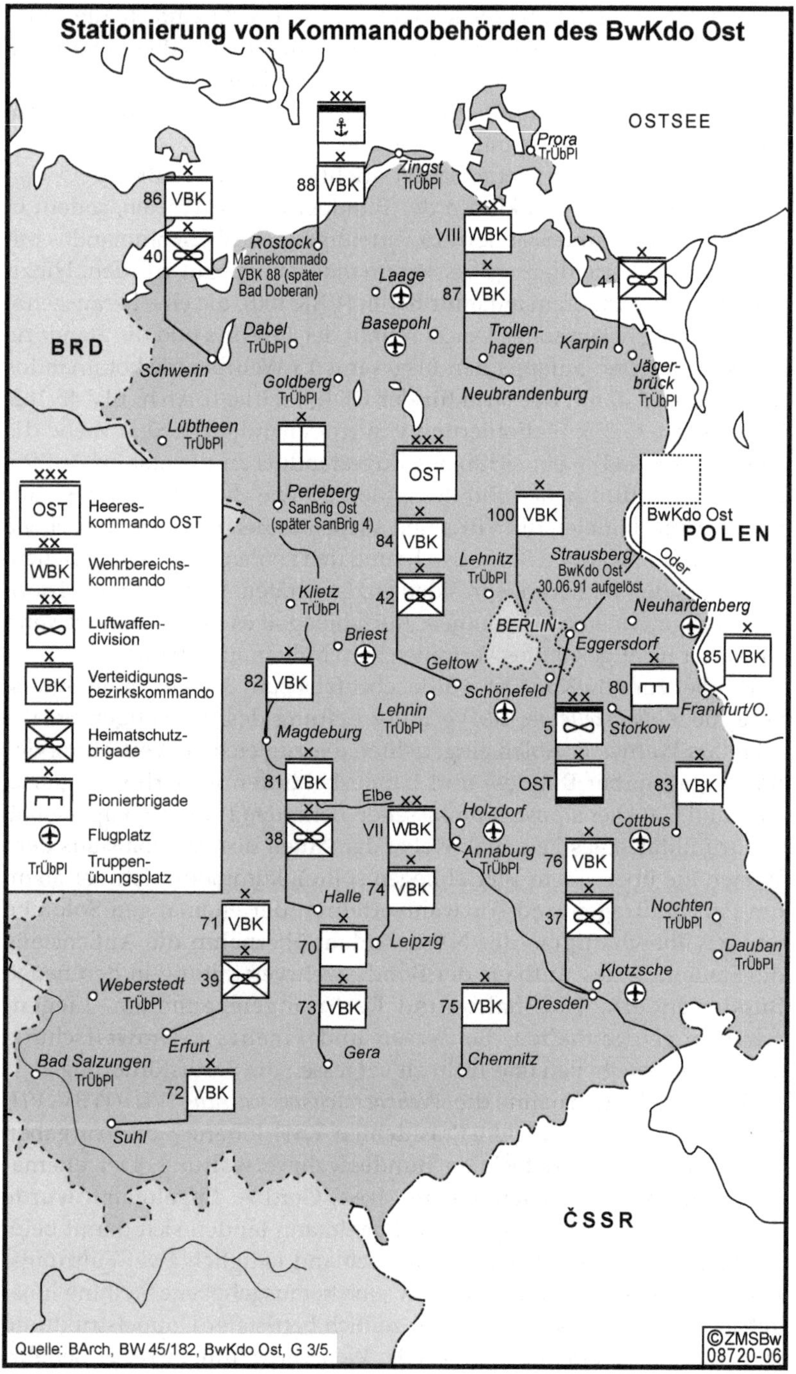
Stationierung von Kommandobehörden des BwKdo Ost
OSTSEE
BRD
POLEN
ČSSR
Heeres-kommando OST
Wehrbereichs-kommando
Luftwaffen-division
Verteidigungs-bezirkskommando
Heimatschutz-brigade
Pionierbrigade
Flugplatz
TrÜbPl Truppen-übungsplatz
Rostock
Marinekommando VBK 88 (später Bad Doberan)
Zingst TrÜbPl
Prora TrÜbPl
Schwerin
Dabel TrÜbPl
Goldberg TrÜbPl
Lübtheen TrÜbPl
Laage
Basepohl
Trollenhagen
Neubrandenburg
Karpin
Jägerbrück TrÜbPl
Perleberg SanBrig Ost (später SanBrig 4)
Klietz TrÜbPl
Briest
Lehnitz TrÜbPl
Strausberg BwKdo Ost 30.06.91 aufgelöst
BwKdo Ost
Oder
Neuhardenberg
BERLIN
Eggersdorf
Geltow
Schönefeld
Lehnin TrÜbPl
Magdeburg
Storkow
Frankfurt/O.
Elbe
Holzdorf
Annaburg TrÜbPl
Cottbus
Halle
Leipzig
Nochten TrÜbPl
Dauban TrÜbPl
Klotzsche
Dresden
Weberstedt TrÜbPl
Erfurt
Gera
Chemnitz
Bad Salzungen TrÜbPl
Suhl
Quelle: BArch, BW 45/182, BwKdo Ost, G 3/5.
©ZMSBw 08720-06

▸ Generalleutnant Jörg Schönbohm, Befehlshaber des Bundeswehrkommandos Ost, bei der Kommandoübernahme am 4. Oktober 1990.
BArch, Bild 183-1990-1004-025, Friedrich Gahlbeck

◂ Soldaten der Bundeswehr und der ehemaligen NVA tauschen sich über technische Details am Kampfpanzer T-72 aus (5. v.l.: Oberst Hans-Peter von Kirchbach, Kommandeur der 9. Panzerdivision), 10. November 1990.
bpk/Bundesstiftung Aufarbeitung/ Klaus Mehner

▸ Verteidigungsminister Gerhard Stoltenberg im Gespräch mit Rekruten anlässlich des ersten Bundeswehrgelöbnisses in Ostdeutschland, Bad Salzungen, 19. Oktober 1990.
IMAGO/sepp spiegl

niswesen, einschließlich der Rentenzahlungen, erst allmählich von den Truppenverwaltungen zum Wehrbereichsgebührnisamt VII verlagert werden konnte. Eine Kammer des *Truppendienstgerichts Nord* fand ihre Heimstatt in Potsdam.

Für die meisten Soldaten änderte sich mit dem 3. Oktober auch das Vorgesetztenverhältnis, mit neuen Vorgesetzten und Untergebenen aus Ost *und* West. Viele Bundeswehrsoldaten äußerten große Vorbehalte, ehemalige NVA-Angehörige als Vorgesetzte akzeptieren zu müssen. Aber eine vollständige Entlassung des Führungspersonals, eine »Enthauptung der Schlange« (eine Formulierung, die sich mehrfach im amtlichen Schriftgut des BMVg und des BwKdo Ost findet), wäre weder organisatorisch sinnvoll noch praktisch umzusetzen gewesen. Die Bundeswehrführung wusste, dass die Besetzung von Kommandeursdienstposten und von Schlüsselpersonal im Bereich der Stabsabteilungen, der Personalführung und der Öffentlichkeitsarbeit entscheidend war, um früh Handlungssicherheit zu erlangen und Vertrauen aufzubauen. Man entschied sich deshalb für ein abgestuftes Verfahren. Alle höheren Führungsebenen ab Division wurden ausschließlich mit westdeutschen Offizieren besetzt. Auf Regimentsebene gab es eine hälftige Besetzung mit Kommandeuren aus dem Westen und aus dem Osten. Auf Bataillonsebene und darunter sollten etwa 30 bis 40 % aller Führungspositionen mit westdeutschen Offizieren besetzt werden. Sämtliches Schlüsselpersonal aus den Führungsgrundgebieten 1 (Personalführung) und 3 (Truppenführung, Organisation, Ausbildung und Erziehung) sowie alle Abteilungsleiter in Stäben, alle Generalstabsdienstposten, Jugendoffiziere und Offiziere in der Freiwilligenannahmeorganisationen wurden vorerst nur mit Offizieren aus dem Westen besetzt.

Tatsächlich zeigte sich schon sehr schnell, wie wichtig es war, mit Führungspersonal aus dem Westen Führungsfähigkeit zu erlangen. Nach mehreren Besuchen im BwKdo Ost kam der Beauftragte für Erziehung und Ausbildung beim Generalinspekteur (BEA GI) in einem Kurzbericht vom 8. November 1990 zu einem klaren Ergebnis: »Kdr Ost [...] haben ein völlig anderes Verständnis von Menschenführung und eine Hemmschwelle gegenüber der Inneren Führung, haben kaum Durchgriff auf ihre Einheiten und können ihre Soldaten nicht motivieren, führen unverändert auf Distanz und wissen nicht, was in ihren Untergebenen vorgeht [...] Kdr West – führt persönlich, unmittelbar am Mann, sieht seinen Schwerpunkt bei der Erziehung, bei Führern und Ausbildern, hat schon jetzt deutliche Spuren in Auftreten, Disziplin, Erscheinungsbild der Kaserne und Betreuung hinterlassen im Vergleich zu Einheiten die von ehem. NVA-Kdr geführt werden, hat das Vertrauen seiner Soldaten erworben« (BArch, BW 45/65 Erlasse, hier: Kurzbericht BEA vom 8.11.1990 etc., o.P.).

Von großer Bedeutung war die Installierung von »Patenverbänden« der Bundeswehr. Diese wurden nach dem klassischen militärischen Prinzip des »Couleurverhältnisses« zugeordnet, bei dem es sich um kein Unterstellungsverhältnis und auch nicht um einen Ergänzungstruppenteil, sondern um praktische und vor allem schnelle Hilfe auf Arbeitsebene handelte. Schönbohm bezeichnete diese Verbände später als »Korsettstangen« beim Aufbau des BwKdo Ost. Das Wissen um direkte Ansprechpartner half in der Anfangsphase erheblich bei der Überwindung unterschiedlichster Schwierigkeiten. Die permanente Abstellung von Führungspersonal riss dabei Lücken in der Ausbildung und Führung der Bundeswehr im Westen, die kompensiert werden mussten. Mitte September 1990 zählte allein das Heer 14 Generale, 29 Oberste, 436 Stabsoffiziere, etwa 200 weitere Offiziere des Truppendienstes sowie 14 Offiziere des Militärfachlichen Dienstes der »alten« Bundeswehr, die in Ostdeutschland am 3. Oktober Dienst tun würden. Insgesamt etwa 2000 Soldaten und 250 Beamte wurden in 156 sogenannten Kommandeur-,123 Verstärkungs- und 175 Ausbildungsgruppen für die Allgemeine Grundausbildung nach Ostdeutschland kommandiert, um im Stamm der dortigen Verbände und Einheiten aktive Unterstützung zu leisten.

Die Motivation, »in den Osten« zu gehen, konnte sehr unterschiedlich sein. Für die Soldaten der ersten Stunde standen überwiegend ideelle Gründe im Vordergrund – eine Beobachtung, die viele ehemalige NVA-Angehörige bis heute teilen (6.58 Leonhard, S. 179). Die Möglichkeit, an einer historischen Aufgabe mitwirken zu dürfen, persönliche, zum Teil verwandtschaftliche Beziehungen in die ehemalige DDR, die allgemeine Euphorie der Wiedervereinigung, Abenteuerlust und Pioniergeist oder einfach nur staatsbürgerliches Ethos spielten eine Rolle. Mit der Zeit scheinen materielle Aspekte stärkere Bedeutung erlangt zu haben, und zugleich nahm die Bereitschaft, freiwillig in Ostdeutschland Dienst zu verrichten, stetig ab. Tatsächlich empfanden viele Soldaten aus dem Westen den Dienst in den neuen Bundesländern, vor allem wegen des langen und mühevollen Wochenendpendelns, als belastend. Im Unterschied zu den Altbundesländern befand sich die Verkehrsinfrastruktur der ehemaligen DDR in einem erbärmlichen Zustand, sodass viele an den Wochenenden nicht zu ihren Familien fahren konnten. Die dienstlich bereitgestellten Unterkünfte verfügten oft über einen Standard, den man im Westen nicht akzeptiert hätte. Und auch ein Umzug der Familien an den neuen Standort kam in der Regel nicht in Frage, weil es keinen funktionierenden Wohnungsmarkt gab. Die Bundeswehr versuchte diese Defizite unbürokratisch zu kompensieren, mit teilweise großzügigen Regelungen für das Pendeln an den Wochenenden und nicht zuletzt durch das attraktive

Angebot einer Shuttle-Verbindung der Flugbereitschaft der Luftwaffe. Bundeswehrangehörige aus dem Westen erhielten ab dem 1. April 1991 eine Aufwandsentschädigung, die bei Stabsoffizieren monatlich bis zu 2500 DM betragen konnte. Inoffiziell kursierten Bezeichnungen wie »Buschzulage«, »Buschgeld« oder »Ostkohle«, mit denen die Asymmetrie zwischen Ost und West einmal mehr sichtbar wurde. Für »Westsoldaten« mochte die Aufwandsentschädigung ein angemessener Ausgleich für besondere Härten wie den Verlust an Lebensqualität, lange Trennung oder den Verzicht auf das regelmäßige Telefonieren mit der Familie sein. In den Augen vieler »Ostsoldaten« verstärkte sie nur noch die kulturelle, soziale und wirtschaftliche Differenz und damit das Gefühl, Soldaten zweiter Klasse in einem abgehängten Deutschland zu sein. Die Aufwandsentschädigung wurde schließlich schrittweise reduziert und zum 31. Dezember 1995 abgeschafft.

NVA-Bewaffnung und Ausrüstung Mit der formalen Übernahme von Waffen und Gerät der aufgelösten bewaffneten Organe (MfS, Grenztruppen, Kampfgruppen der Arbeiterklasse, GST, ZV, Transportpolizei) und mit den eingelagerten Reserven der NVA für den Kriegsfall musste die Bundeswehr im Herbst 1990 ein gewaltiges Waffenarsenal und einen gigantischen Fuhrpark übernehmen:

Waffen und Gerät der bewaffneten Organe der DDR, Stand: 3.10.1990

767	Luftfahrzeuge (davon 446 Flugzeuge, 185 Hubschrauber, 136 von der NVA ausgemusterte Luftfahrzeuge)
208	Schiffe und Boote (Kriegsschiffe und sonstige Marinefahrzeuge)
2 761	Kampfpanzer
9 467	gepanzerte Fahrzeuge (davon 6 050 gepanzerte Kampffahrzeuge, 3 417 sonstige gepanzerte Fahrzeuge)
133 900	Radfahrzeuge (davon 86.000 LKW oder Sonderfahrzeuge)
2 199	Artilleriesysteme
1 376 650	Handfeuerwaffen
303 690	Tonnen Munition
62 535	Tonnen flüssige kritische Stoffe (davon 14 335 t flüssige Raketenstoffe und Reinigungsmittel, 48 200 t flüssige Gefahrenstoffe)
ca. 19 000	Tonnen Bekleidung und persönliche Ausrüstung
ca. 15 600	Tonnen Sanitätsmaterial

Quellen: Bericht der Bundesregierung; BArch, BW 45/238, BwKdo Ost, Stand 3.10.1990, S. 98, mit leicht veränd. Zahlen.

Allein die nackten Zahlen machen deutlich, warum man die DDR zurecht zu den militarisiertesten Gesellschaften der neueren Geschichte zählen muss. Anfangs nutzten die Verbände im BwKdo Ost für ihre Ausbildung das übernommene Gerät der NVA, weil es zur Verfügung stand, weil die Offiziere und Unteroffiziere auf den Mustern geschult waren und weil die Bundeswehr im Westen nicht über genügend Großgerät und Waffen verfügte, um Großverbände aus dem Stand auszurüsten. Ein kaum zu unterschätzendes Problem bestand im Fehlen zuverlässiger Bestandslisten. Zum Kommandowechsel am 3. Oktober hatte die Bundeswehr keine belastbaren Übersichten erhalten. Die NVA-Führung hatte penibel darauf geachtet, dass Waffen und Munition in den Kasernen und Depots verblieben waren. Aber das BwKdo Ost musste erst mit einem gesonderten Befehl vom 11.10.1990 dafür sorgen, dass der »schwunghafte Handel« mit Militärgerät unterbunden werden konnte (BArch, BW 45/188, BwKdo Ost G3/1 vom 22.11.1990). In Hinblick auf eine weitere Nutzung wurde das gesamte Wehrmaterial der NVA durch das BwKdo Ost erfasst und in drei Kategorien eingeteilt (Bw 45/227, FüS V 1, Anlage 1 vom 28.9.1990):

- *Kategorie 1*: Material, das auf Dauer oder zeitlich befristet genutzt werden und mit dieser Entscheidung in die Materialverantwortung der jeweiligen Inspekteure übergehen sollte.
- *Kategorie 2*: Material, das vorübergehend für die Aufrechterhaltung des Betriebes und für Maßnahmen infolge der Umstrukturierung genutzt werden sollte. Dieses Material sollte danach ausgesondert und verwertet werden oder es sollte über seine künftige Verwendung nach einer späteren Bewertung entschieden werden.
- *Kategorie 3*: Material, dessen Nutzung in der Bundeswehr nach dem 3. Oktober 1990 ausgeschlossen wurde und das schnellstmöglich auszusondern und zu verwerten war. Zu »exportierendes/reexportierendes« Material sollte in Einzelstücken im betriebsfähigen Zustand gehalten werden.

Die Zuordnung hing von mehreren Faktoren ab. Im Vordergrund standen die Kosten, das heißt, Material der ehemaligen NVA sollte nur weiter genutzt werden, wenn dies kostengünstiger war als eingeführtes oder neu beschafftes Bundeswehrmaterial. Langfristig sollten alle Truppenteile der Bundeswehr einheitlich ausgerüstet werden. Zudem sollten die logistischen Abhängigkeiten durch die Sowjetunion minimiert werden.

Schnell zeigte sich, dass die Weiternutzung des meisten NVA-Materials nur für einen befristeten Übergang sinnvoll sein konnte. Dazu gehörte die mittelfristige Nutzung des Schützenpanzers BMP-1, von Transporthubschraubern (Mi-8), und Transportflugzeugen (IL-62, L 410S). Von wenigen Ausnahmen abgesehen, sollte ehemaliges NVA-

Material ausschließlich in den neuen Bundesländern genutzt werden. Viele robuste und zuverlässige Waffen, wie zum Beispiel die legendäre »Kalaschnikow« AK-47 oder AK-74, hatten andere Kaliber, entsprachen nicht den NATO-Standards oder erfüllten nicht die Sicherheitsbestimmungen der Bundeswehr. Für eine einheitliche Ausbildung und vor allem Logistik musste man sich langfristig auch auf eine einheitliche Ausrüstung festlegen. Das BwKdo Ost kam nach gründlicher Prüfung in den meisten Fällen zum Schluss, dass das ehemalige NVA-Material weder für eine intensive Nutzung noch für einen Einsatz in allen Gefechtsarten geeignet war. Bezüglich Ergonomie, Umweltschutz und Wirtschaftlichkeit verfügte die Bundeswehr über die deutlich bessere Ausrüstung. Zudem konnte man absehen, dass eine verkleinerte Bundeswehr mit dem vorhandenen »Westmaterial« auskommen würde. Zu den wenigen Großwaffensystemen, die weiter genutzt wurden, gehörten die Mehrzweckhubschrauber Mi-2 und Mi-8 (die schon nach wenigen Jahren wieder abgegeben wurden) sowie das Jagdflugzeug MiG-29. Für die Übernahme des Strahlfliegers hatte man im BMVg schon vor Aufstellung des BwKdo Ost viel Sympathien bekundet. Die MiG-29 galt dort als modern und leistungsfähig, während es in der Luftwaffenführung Vorbehalte gab, nicht nur bezüglich der logistischen Herausforderungen, sondern auch auch wegen der tatsächlichen Leistungsfähigkeit, vor allem aber wegen der Schwächen in der operativen Nutzung (5.6 Ridderbusch). Am Ende ging es darum, ein politisches Zeichen zu setzen, denn die MiG-29 war das einzige Hauptwaffensystem, das von der Bundeswehr mittelfristig weiter genutzt wurde. Im Jagdgeschwader 73 »Steinhoff« in Laage wurde das Muster bis 2004 geflogen.

Infrastruktur, Liegenschaften, »bundeswehruntypische« Dienststellen Das BwKdoOst musste auch die gesamte militärische Infrastruktur der NVA und der Grenztruppen übernehmen. Die 1460 einzelnen Truppenteile, Dienststellen und Einrichtungen verteilten sich auf 903 Standorte mit 2257 Liegenschaften, darunter etwa 800 Militärische Sicherheitsbereiche. Zusammen mit den neun Truppenübungsplätzen und 19 größeren Standortübungsplätzen entsprach das militärisch genutzte Areal etwa der Größe des Saarlandes. Etwa 200 militärische Einrichtungen mussten zugleich neu aufgebaut werden. Bis Mitte 1991 erfasste der neue Stationierungsplan 903 Truppenteile und Dienststellen (ohne Standortverwaltungen und Kreiswehrersatzämter), die sich auf 429 Liegenschaften in 170 Standorten verteilten. Die aufgelösten Liegenschaften mit einer Gesamtfläche von 63 000 Hektar gingen an die Bundesvermögensverwaltung zur weiteren Verwertung über.

Neben dem Umfang und der gewaltigen Größe der anzusteuernden Infrastruktur bildeten Umweltbelastungen der Böden ein andauerndes Problem. Auch der Zustand der Kasernen, in der NVA spröde »Objekt« genannt, machte der Bundeswehr zu schaffen. Da die noch intakten Kasernen aus der Kaiserzeit, Reichswehr und Wehrmacht fast ausschließlich von den sowjetischen Besatzungstruppen genutzt worden waren (und sich mittlerweile in beklagenswertem Zustand befanden), hatte die NVA die meisten Liegenschaften neu bauen müssen. Von einem Gesamtbestand von 2123 »Objekten« der ehemaligen NVA und Grenztruppen waren etwa 17 % vor 1945 gebaut, etwa 9 % zwischen 1945 und 1960 und etwa 74 % zwischen 1961 und 1989. Zu diesen militärischen Objekten kamen noch 560 Standorte mit ca. 64 000 Wohnungen hinzu, die von Angehörigen der Streitkräfte und ihren Familien genutzt wurden. In fast allen Zeitzeugenberichten finden sich drastische Beschreibungen über den heruntergekommenen Zustand der Unterkunftsgebäude, über Verwahrlosung und Dreck: »Die Kasernen wirken grau und trist, sie sind es auch« (1.99 Kirchbach/Meyers/Voigt, S. 92–98). Über seinen ersten Eindruck beim Betreten einer NVA-Kaserne im Herbst 1990 berichtete ein Bundeswehroffizier: »Der erste Gang in einen Unterkunftsblock jedoch bringt horrifizierende Einblicke. Stuben, Waschräume und Toiletten sind meist völlig verwahrlost. Es stinkt erbärmlich. Trotz des manchmal erkennbaren Bemühens, mit eigenen Mitteln Verbesserungen zu erreichen, ist überall nur die totale baulich-technische Vernachlässigung zu sehen« (ebd., S. 36). Viele Küchen, im NVA-Jargon »Tropfsteinhöhlen«, spotteten jeder Beschreibung. Im Unterschied dazu befanden sich die Technischen Bereiche für Waffensysteme und Fahrzeuge, in der NVA »Parks« genannt, in der Regel in einem vorzüglichen Zustand, wie Brigadegeneral von Kirchbach urteilte: »Alles, was uns sonst ärgert, ist hier ganz anders« (ebd., S. 97). Für das BwKdo Ost ließ sich die materielle Hinterlassenschaft der NVA in einer einfachen Formel zusammenfassen: Was man nicht brauchte, gab es in gutem Zustand und im Überfluss (Militärtechnik, Waffen, Munition), und was man dringend brauchte, war meist unbrauchbar (Unterkünfte).

Truppenteile und Dienststellen: Auflösen oder erhalten? Beim Aufbau neuer Organisationsstrukturen stand das BwKdo Ost ständig vor der Herausforderung, Entscheidungen über das Fortbestehen oder die Auflösung von Dienststellen zu treffen. Dabei ging es teilweise um Einrichtungen, die in der NVA ihren festen Platz hatten, die es aber in der Bundeswehr nicht gab. Dazu gehörten beispielsweise:

- Ingenieurbautruppen mit Kapazitäten zur Erstellung von Rohbauten,
- die »Armeesportvereinigung Vorwärts« (mit vier Sportfördergruppen, einem Fußballclub und 14 nachgeordneten Sportvereinen),

- das Armeefilmstudio der NVA (später in Filmstudios der NVA umbenannt), das 1991 aufgelöst wurde, oder
- das Erich-Weinert-Ensemble, ein breit aufgestelltes Künstlerensemble, zu dem unter anderem ein Ballett, das Kabarett »Die Kneifzange« und der international renommierte Männerchor »Carl Maria von Weber« gehörte, der trotz massivem öffentlichem Protest 1994 aufgelöst wurde (5.12 Koop, S. 125–138).

Zu den wenigen Sonderdienststellen der NVA, die erhalten blieben, zählte das »Armeemuseum der DDR«, das sich noch vor der deutschen Einheit in »Militärhistorisches Museum Dresden« (MHM) umbenannte. Verteidigungsminister Stoltenberg erkannte die Chance, die einzigartige Sammlung an diesem besonderen Ort zu erhalten und entschied bereits unmittelbar nach der Vereinigung, das MHM nicht abzuwickeln. Stattdessen ließ er es zum Leitmuseum der Bundeswehr ausbauen.

Mit der Indienststellung des Territorialkommandos Ost in Potsdam/Geltow im April 1991 unter dem neuen »Kommandierenden General und Befehlshaber Korps und Territorialkommando Ost« (KTK Ost), Generalmajor von Scheven, wurden die WBKs VII und VIII mit ihren Divisionen und Heimatschutzbrigaden in einer neuen Führungsstruktur zusammengefasst. Mit der Verschmelzung von Truppen- und Territorialkommandos auf Korps- und Divisionsebene übernahm das KTK Ost bereits das Organisationsprinzip der zukünftigen Heeresstruktur 5. Korps- und Territorialkommando blieben allerdings bis zum Abzug der sowjetischen Streitkräfte unter rein nationaler Führung. Auch die Luftwaffe betrat in den neuen Bundesländern Neuland, indem sie alle Aufträge und Fähigkeiten in einem Großverband bündelte. Unter dem Kommando der 5. Luftwaffendivision wurde ein Flugabwehrraketenkommando mit zwei FlaRak-Geschwadern und einem Transportgeschwader aufgebaut. Die Entscheidung, ein oder zwei Jagdgeschwader zu erhalten, sollte zu einem späteren Zeitpunkt fallen. Die Marine behielt ihre bereits am 3. Oktober 1990 eingenommene Grundstruktur mit dem Ausbau der Unterstützungseinheiten in Warnemünde. Die kurze Geschichte des BwKdo Ost endete zum 1. Juli 1991 mit der gleichzeitigen Überführung in eine dezentrale Struktur und der Übernahme der Verantwortung durch die jeweiligen Teilstreitkräfte.

Innerhalb von neun Monaten wurde der Personalumfang der ehemaligen NVA um fast die Hälfte auf etwa 48 500 Soldaten reduziert (Heer – 57 % auf 39 000, Luftwaffe – 38 % auf 8000, Marine – 15 % auf 1500). Die unbestritten große organisatorische Leistung konnte nur mit tiefgreifenden Personalstrukturmaßnahmen erreicht werden, die in vielen Fällen mit dramatischen persönlichen Veränderungen und Enttäuschungen einhergingen und bis heute kontrovers diskutiert werden.

Personalstrukturmaßnahmen, Besoldung, Dienstgrad, personelle Integration

Aus heutiger Sicht war das Konzept einer drastischen Reduzierung des ehemaligen Personals der NVA bei gleichzeitigem Angebot einer stufenweisen Übernahme sinnvoll und sinnstiftend. Ohne die Möglichkeit der Übernahme und die damit verbundene Chance der Integration hätte zudem das spätere Narrativ der »Armee der Einheit« nicht funktioniert. Für die ehemaligen NVA-Angehörigen waren die Strukturentscheidungen hart, verbunden mit einer Zeit großer Unsicherheit und häufig gravierenden persönlichen Einschnitten. Die meisten ahnten, dass die Chance auf eine Übernahme gering war. Aber mit Blick auf die systemischen Unterschiede beider Armeen, vor allem die ideologische Vereinnahmung der NVA durch die SED und ihre Rolle im Herrschaftssystem der DDR, wäre auch keine andere Entscheidung nachvollziehbar gewesen. Mit gutem Grund gab es innerhalb der Bundeswehr teilweise erhebliche Vorbehalte gegenüber der NVA, vor allem gegenüber ihren Offizieren. Aber auch vonseiten der bundesdeutschen Medien und aus der Politik regte sich Kritik an der Personalstrategie des BMVg. So berichtete die Süddeutsche Zeitung über einen Brief des Bundesfinanzministers und CSU-Vorsitzenden Theo Waigel an seinen Kabinettskollegen Gerhard Stoltenberg, in dem er einforderte, Mitarbeiter im Öffentlichen Dienst könne nur werden, wer die Gewähr dafür biete, jederzeit für die freiheitlich-demokratische Grundordnung einzutreten: »Ein Offizier der Bundeswehr, der Mitglied der SED-Nachfolgeorganisation PDS geworden ist, erfüllt diese Voraussetzungen sicherlich nicht, zumal, wenn er vorher Mitglied der SED gewesen ist« (SZ vom 19.10.1990).

Unbestritten setzte die Bundeswehr klare Zeichen im Umgang mit der SED-Diktatur. Um die unmissverständliche Distanzierung vom Politsystem der NVA auch nach außen sichtbar zu machen, wurde kein General und Admiral der NVA übernommen und Oberste und Kapitäne zur See nur im Ausnahmefall und mit niedrigerem, der Bundeswehr angepasstem Dienstgrad. Lediglich Generalmajor Eberhard Beyer fand nach dem 3. Oktober eine kurzzeitige Weiterverwendung in der Bundeswehr als Oberstarzt, um die Sicherung des Sanitätsdienstes im Beitrittsgebiet zu gewährleisten.

Die Entscheidung des BMVg, bedingt Führungspersonal der ehemaligen NVA zu übernehmen, folgte vor allem pragmatischen Überlegungen. Dabei hatte man allerdings auch »die Katze im Sack gekauft«, denn schon in der Planungsphase der Übernahme von Personal und Material zeigte sich sehr deutlich, wie wenig man von den Strukturen der NVA und vor allem von ihrem Inneren Gefüge wirklich wusste. Das änderte sich rasch nach dem 3. Oktober, wie es vielerorts zum Ausdruckt kommt, etwa in den Lageberichten des BwKdo Ost, in den Einschätzungen im BMVg, aber auch in den Medien, die vor allem in den neuen Bundesländern mit Interesse auf die Bundeswehr schauten.

Um das Rational der zu treffenden Personalentscheidungen besser zu verstehen, lohnt sich ein Vergleich der Führungsstrukturen in NVA und Bundeswehr (beispielhaft für die Militäreliten 1.56 Loch). Im Unterschied zur Bundeswehr war die NVA eine kopflastige Armee (1.52 Zilian, S. 103). 21 % ihres Gesamtpersonals bestand aus Offizieren, 6 % aus Fähnrichen, einer NVA-spezifischen Dienstgradgruppe, deren Aufgaben in der Bundeswehr von spezialisierten Feldwebeldienstgraden oder in Einzelfällen auch von Offizieren des Militärfachlichen Dienstes hätten wahrgenommen werden können. Mit steigender Hierarchie wuchs der Wasserkopf. Im Verhältnis zur Bundeswehr verfügte die NVA über dreimal so viele Offiziere, dreimal so viele Generale/Admirale und sogar sechsmal so viele Oberste/Kapitäne zur See. Viele Offiziere im Dienstgrad Oberstleutnant/Fregattenkapitän hatten Funktionen, die in der Bundeswehr Fachdienstoffiziere oder dienstälteste Unteroffiziere (mit Portepee) übernahmen. Auf einigen Dienstposten wurden Offiziere ohne Versetzungen oder Veränderung ihres Aufgabenbereichs »durchbefördert«, im Ausnahmefall vom Oberleutnant bis zum Oberst. Bei Besetzungen von Führungspositionen wie Kompaniechef, Bataillonskommandeur oder Kommandant eines Bootes galten allerdings ähnliche Grundsätze wie bei der Bundeswehr. In jedem Fall wurde in der NVA im Durchschnitt deutlich schneller befördert als in der Bundeswehr. Die hohe Führungsdichte war ein Grund, warum die Verantwortung in der Volksarmee systembedingt grundsätzlich geteilt und auf Funktionen beschränkt blieb. Dieser Logik folgend hatte ein NVA-Kommandeur eine Verantwortlichkeit, die sich in der Regel auf die Einsatzführung beschränkte, nicht aber das Personalmanagement oder das Innere Gefüge umfasste. Diese Aufgaben übernahmen unter anderem die Politstellvertreter oder Organe der Partei. Anderseits garantierte die extrem hohe Dichte an Offizieren Systemloyalität und eine politische Durchherrschung der Armee. Die Kopflastigkeit ging zu Lasten der Basis. Im Verhältnis zur Bundeswehr verfügte die NVA über 20 % weniger Mannschaften. Vor allem kannte die NVA, ebenso wie die Sowjetstreitkräfte, kein Unteroffizierkorps mit selbstbewussten Fachleuten, die Führungsverwendungen innehatten. Stattdessen versuchte man die Lücke bei den »Militärspezialisten« durch die Einführung der eigenen Dienstgradgruppe der Fähnriche zu schließen. Auch beim Stand der Ausbildung gab es eklatante Unterschiede. Die Bundeswehr legte großen Wert darauf, dass jeder länger dienende Zeit- oder Berufssoldat über eine qualifizierte, wenn möglich zivilberuflich nutzbare Ausbildung verfügte: Berufsunteroffiziere durch einen Berufsfachschulabschluss und Offiziere durch ein Studium an einer der beiden Bundeswehruniversitäten. Zeitsoldaten hatten die Möglichkeit, eine zivilberuflich anerkannte Ausbildung oder Zertifizierung im Rahmen des Berufsförderungsdienstes (BFD) nachzuholen oder aufzufrischen. Dieses vielfältige zivilberufliche Ausbildungsangebot fehlte in der NVA. Hier verfügten nur wenige Spezialisten, vor allem im technischen Bereich, über eine zivilberuflich nutzbare und vor allem anerkannte Ausbildung. Auch wenn die NVA ihre Offizierschüler auf »Offiziershochschulen« ausbildete und die Militärakademie in Dresden oder das Militärgeschichtliche Institut in Potsdam über das Promotionsrecht verfügten, konnte man mit den hier erworbenen Abschlüssen auf dem zivilen Arbeitsmarkt kaum reüssieren. Hinzu kam eine eklatante Entfremdung zwischen den militärisch sozialisierten Soldaten und dem zivilen Arbeitsumfeld – ein Dilemma, das im Übrigen schon in der DDR intern immer wieder moniert wurde (vgl. 2.27 Rogg, S. 524–527).

Die meisten ehemaligen NVA-Soldaten befanden sich damit in einer prekären Situation. Vor allem unter den Offizieren konnten sich viele nach dem Zusammenbruch des SED-Regimes mit den neuen politischen Verhältnissen nicht anfreunden. Ihnen blieb die Bundeswehr mindestens suspekt, sodass sie die bundesdeutschen Streitkräfte nach der Wiedervereinigung so schnell wie möglich verlassen wollten. Andere ahnten, dass sie es mit ihrer rein militärischen Profession auf dem zivilen Arbeitsmarkt schwer haben würden, und scheuten den Schritt, die Uniform an den Nagel zu hängen. Wieder andere hatten Sorge, ob ihr militärfachliches Knowhow ausreichen würde, um in einer Armee mit Auftragstaktik, Innerer Führung und unter NATO-Standards zu bestehen. Soldaten mit einem höheren Lebensalter, insbesondere ältere Stabsoffiziere, ahnten, dass ihre Chancen auf eine Übernahme in die Bundeswehr gering waren. Allein zwischen dem 10. September 1990 und dem 7. März 1991 sank die Zahl der ehemaligen Stabsoffiziere der NVA um 85,5 % von 17 882 auf 2470 (BArch, BW 45/274, BwKdo Ost G1 vom 7.3.1991). Ehemalige Politoffiziere hatten keine Chance auf Übernahme. Besonders diejenigen, die mit dem MfS zusammengearbeitet hatten, mussten davon ausgehen, umgehend entlassen zu werden, sobald sie ihre Tätigkeit für die Stasi offenlegten. Die Qualität der Zusammenarbeit mit dem MfS spielte in diesem Fall keine Rolle – eine Frage, die im Lichte der heutigen Forschung differenzierter gesehen werden würde.

Die besten Chancen auf eine Übernahme in die Bundeswehr hatten Unteroffiziere mit und ohne Portepee, gut qualifizierte Fähnriche, jüngere Offiziere und medizinisches Fachpersonal, denen keine zu enge Parteinähe oder Zusammenarbeit mit dem MfS nachzuweisen war. Nach den im Einigungsvertrag festgelegten Kategorien übernahm die

Bundeswehr 24 000 Offiziere (davon 9000 Stabsoffiziere), 14 000 Unteroffiziere mit Portepee, 9000 Unteroffiziere ohne Portepee und 42 000 Mannschaftsdienstgrade (davon 39 000 Wehrdienstleistende). Für die Zeit- und Berufssoldaten legte der Einigungsvertrag drei Stufen der Übernahme fest (5.19 BMVg, S. 503–505):

- Wartestand oder Weiterverwendung,
- Übernahme als Soldat auf Zeit für die Dauer von zwei Jahren (SaZ 2),
- Übernahme in ein weiterführendes Dienstverhältnis als länger dienender Zeit- oder als Berufssoldat.

Die etwa 1000 Soldaten im *Wartestand* gehörten zu Dienststellen und Einheiten, die mit dem 3. Oktober nicht in das BwKdo Ost überführt wurden, zum Beispiel die Angehörigen der ehemaligen militärischen Aufklärung der NVA. Bei ihnen ruhte das Dienstverhältnis, sie trugen keine Uniform, leisteten keinen Dienst, hatten keinen Arbeitsvertrag, führten keine Dienstgrade und erhielten für sechs Monate (bei über 50-Jährigen neun Monate) ein Wartegeld von 70 % ihrer Bezüge.

Die etwa 50 000 *Weiterverwender* behielten vorerst ihren Status, wobei ihnen ein vorläufiger Dienstgrad verliehen wurde, der sich nach Ausbildungsstand, Alter und Verantwortungsbereich an der Bundeswehr orientieren sollte – ein außerordentlich sensibles Thema, angesichts der erheblichen strukturellen Unterschiede zwischen NVA und Bundeswehr. Ihre Dienstbezüge richteten sich zunächst nach der »1. Besoldungs-Übergangsverordnung« (1. BBO) mit Stichtag 2. Oktober 1990. Mit anderen Worten: Weiterverwender erhielten auch nach dem 3. Oktober die gleichen Bezüge wie in der NVA, selbst wenn sie im Dienstgrad herabgestuft worden waren. Zum 1. Juli 1991 griff die 2. BBO, mit der die Systematik des Bundesbesoldungsgesetzes in den neuen Bundesländern Anwendung fand. Damit stiegen die Bezüge ehemaliger NVA-Soldaten von ca. 35 % auf über 60 % des Westniveaus.

Ausscheidende Berufssoldaten konnten erst einmal mit Rentenzahlungen in voller Höhe rechnen – die spätere Absenkung der Rentenberechnung sorgte bei den Betroffenen dann allerdings für nachhaltige Verbitterung.

Für die Übernahme als *SaZ 2* hatte die Bundeswehr 25 000 Planstellen auf Dauer sowie 5000 zeitlich befristete Planstellen vorgesehen. Jeder Soldat im Wartestand oder Weiterverwender konnte sich bis zum 1. Februar 1991 bewerben und damit erstmals ein befristetes Dienstverhältnis nach dem Soldatengesetz begründen. Wer angenommen wurde, hatte innerhalb dieser zwei Jahre die Chance, ab dem 1. Oktober 1991 einen weiteren Antrag auf *Dienstzeitverlängerung* (SaZ 3 bis 15 Jahre) oder auf eine Übernahme als *Berufssoldat* zu stellen (siehe die Grafik auf S. 157).

Personalführung ehemaliger NVA-Soldaten nach der Vereinigung, Stand: 18.9.1990

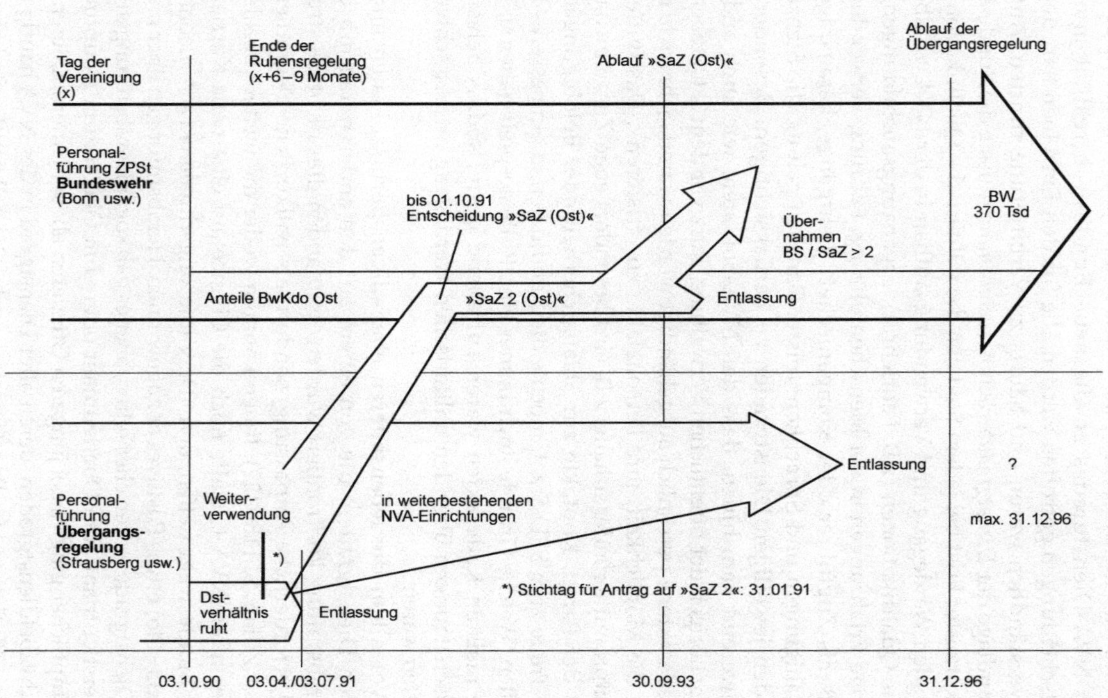

Quelle: BArch, BW 45/42, BMVg, P II 1.

Das stufenweise Verfahren schuf durch seine Transparenz einerseits Klarheit und war vor allem mit Blick auf die 1. BBO für ehemalige NVA-Angehörige komfortabel. Auch das Einrichten von 25 000 plus 5000 Dienstposten eröffnete ehemaligen NVA-Angehörigen eine realistische Chance für eine Zukunft in der Bundeswehr. Aber mit der Anpassung des NVA-Dienstgrades an die neue Bundeswehrrealität mussten Entscheidungen getroffen werden, die für den Einzelnen hart und oft unverständlich waren und häufig zu Verbitterung führten. Auf der Grundlage der *Dienstgradüberleitungsverordnung* musste die Bundeswehr in kürzester Frist bei jedem Soldaten die militärische Qualifikation prüfen, den Werdegang und Verwendungsaufbau in der NVA, zivilberufliche Qualifikationen (z.B. Fahrlehrer), Ergänzungsausbildungen, bisherige Erfahrungen in der Menschenführung, Führungsverwendungen (z.B. als Zugführer oder Kompaniechef), Lehrgänge, herausragende Befähigungen und Sprachkenntnisse. Daneben galt es, die Stehzeiten in den jeweiligen Dienstgraden zu berücksichtigen. Besonders erschwerend kam hinzu, dass den NVA-Soldaten, wie auch anderen Angehörigen der öffentlichen Verwaltung, kurz vor dem 3. Oktober ihre »Kaderakten« persönlich ausgehändigt worden waren. Sehr viele nutzten die Möglichkeit, ihre Personalakte zu »frisieren«. Das Entfernen kompromittierender Inhalte, z.B. eine besonders enge Zusammenarbeit mit der Partei, Kontakte zur Staatssicherheit oder Belobigungen für die Treue zum SED-Staat, mochte die Kandidaten in ein besseres Licht stellen. Welche Gründe auch immer eine Rolle gespielt haben mögen: die meisten Kaderakten waren auffallend dünn, sodass belastbare Einschätzungen über den militärischen Werdegang oft nur schwer zu treffen waren.

Vor allem die lebensälteren ehemaligen Berufssoldaten mit höheren Dienstgraden, die von einem auf den anderen Tag mit einer Herabstufung konfrontiert wurden, empfanden dies nicht als strukturell erforderliche Anpassung, sondern als willkürliche Degradierung (1.52 Zilian, S. 118–122). Ihnen konnten weder die weitere Bezahlung ihres alten NVA-Gehalts noch die Chance auf eine neue Karriere in der Bundeswehr helfen, den »Degradierungsritualen« (6.58 Leonhard, S. 133–145) etwas Positives abzugewinnen. Herabstufungen über mehrere Dienstgrade waren eher selten, aber es gab sogar Herabstufungen vom Oberstleutnant zum Oberleutnant oder vom Oberst zum Hauptmann. Glimpflicher ging es bei jüngeren Offizieren ab, bei Unteroffizieren und Feldwebeldienstgraden, deren alter Dienstgrad in der NVA häufig auch ihr vorläufiger in der Bundeswehr wurde. Die Teilstreitkräfte handhabten die Neueinstufung unterschiedlich. Anders als beim Heer bot die Luftwaffe ehemaligen NVA-Stabsoffizieren im Einzelfall einen vorübergehenden Dienstgrad als Unteroffizier mit Portepee.

Versorgungsgelder und Ruhegehälter Die Zahl der verbliebenen ca. 45 000 Zeit- und Berufssoldaten der NVA (23 155 Offiziere, 22 579 Unteroffiziere), die ab dem 3. Oktober unter der Befehls- und Kommandogewalt der Bundeswehr standen, verringerte sich bis zum 31. Dezember 1990 um etwa die Hälfte. Bei vielen saß die »klassenmäßige« Prägung tief, sie konnten und wollten sich auf das neue politische System nicht einlassen. Viele nutzten allerdings eine privilegierte Ruhegehaltsregelung, weil noch unter der Regierung Modrow am 16. März 1990 für alle 50- bis 59-jährigen Angehörigen der NVA, der VP und des Zolls ein entsprechendes Gesetz erlassen worden war. Wer danach zum 31. Dezember 1990 aus »strukturellen Gründen« und auf eigenen Antrag entlassen wurde, erhielt bis zum Erreichen der Altersgrenze eine »befristete erweiterte Versorgung « von 60 bis 69 % der bisherigen Bezüge. Ab dem 65. Lebensjahr konnten ehemalige Berufssoldaten mit einer Altersrente von 75 % ihrer letzten Bezüge rechnen, allerdings nach der allgemeinen DDR-Rentenbegrenzung höchstens 2100 DM. Für Angehörige dieser Gruppe, die ohnehin keine realistische Zukunft in der Bundeswehr haben konnten, war das ein attraktives Angebot. Auch für die unter 50-jährigen Berufssoldaten galten Sonderregelungen. Abhängig von der Anzahl der Dienstjahre und der letzten Bezüge konnten sie mit einem Übergangsgeld von 70 % für 6 bis 9 Monate und einer einmaligen Übergangszahlung von max. 7000 DM rechnen (siehe die Übersicht auf S. 160). Die attraktive Zusatzversorgung, bei der jeder NVA-Angehörige 10 % seiner Dienstbezüge und Zulagen in einen gesonderten Versorgungsfonds der Armee eingezahlt hatte, wurde bereits mit Beschluss der Volkskammer vom 28. Juni 1990 gestrichen (1.48 Ovens, S. 434).

Der Berufsförderungsdienst der Bundeswehr bot die im Westen bewährten BFD-Schulungen an, damit die Ausbildung bei der Bundeswehr in einen von Industrie und Handelskammer anerkannten Abschluss umgemünzt werden konnte. Gleichwohl mussten viele ausscheidende Soldaten einer schwierigen Arbeitsmarktsituation ins Auge sehen, mit 2,4 Mio. Arbeitslosen und Kurzarbeitern (BArch, BW 45/128; »NVA-Offiziere müssen wieder auf die Schulbank«, SZ vom 2.1.1991; SZ vom 12./14.4.1991). Für ältere Soldaten, die nun ihre Uniform an den Nagel hängen mussten, bestand kaum noch eine Chance, auf dem zivilen Arbeitsmarkt Fuß zu fassen (4.21 Gießmann, Kap. I.2; 5.11 Fischer, S. 18 f.).

Für großes Unverständnis sorgte bei allen ehemaligen NVA-Angehörigen die im Einigungsvertrag festgelegte Regelung, den letzten Dienstgrad nicht mehr mit dem Hinweis »a.D.« (= außer Dienst) führen zu dürfen. Ehemalige NVA-Soldaten zählten auch nicht zu den Reservisten der Bundeswehr. Formalrechtlich galt der Dienst in der NVA als »Wehrdienst in fremden Streitkräften« – ähnlich dem Dienst in der französischen Fremdenlegion. Besonders bitter stieß vielen auf, dass im Gegensatz dazu noch lebende ehemalige Angehörige der Wehr-

Versorgungsleistungen für die Soldaten der ehemaligen NVA nach dem Beitritt

Berufssoldat ab 65. Lebensjahr	60.–64. Lebensjahr	50.–59. Lebensjahr
Altersrente (75 v.H., höchstens 2010 DM – allgemeine Rentenbegrenzung in der DDR)	Invalidenrente (wie Altersrente)	»Erweiterte Versorgung« gemäß Ministerratsbeschluss vom 16.3.90: 60–69 v.H. je nach Lebensalter bei der Entlassung ab 65. Lj.: Altersrente – Regelung gilt nur bis 31.12.90, *Voraussetzung*: Vollendung des 50. Lj. bis 3.10.90 *Sonderregelung* für NVA, VP, Zoll
unter 50. Lebensjahr nach mind. 25 Dienstjahren	**unter 50. Lebensjahr mit weniger als 25 Dienstjahren**	**Soldat auf Zeit**
Übergangsrente (30–45,5 v.H. der Altersrente bis zum Bezug der Altersrente – einkommensabhängig), Regelung gilt nur bis 31.12.90, *Voraussetzung*: Vollendung der 25 Dienstjahre bis 3.10.90 *Sonderregelung* für NVA, VP, Zoll	bei Entlassung nach Ende der jeweiligen Dienstzeit: einmalige Zahlung zwischen 200 und 7000 DM unter Anrechnung andere Leistungen bei Entlassung aus strukturellen Gründen: 3000–7000 DM Regelungen laufen am 31.12.90 aus *Sonderregelung* für NVA, VP, Zoll	einmalige Zahlungen zwischen 200 DM und 7000 DM, Regelung läuft am 31.12.90 aus

Finanzierung der Versorgungsleistungen: bis 31.12.1991 – Einzelplan 33, Durchführung BMVg (Übergangsregelung für die Zeit bis zur Arbeitsfähigkeit der Rentenversicherungsträger); ab. 1.1.1992 – Einzelplan 33, Durchführung durch Rentenversicherungsträger gegen Erstattung aus Bundeshaushalt.

Quelle: BArch, BW 45/178. Hervorhebungen im Original.

macht ihren Dienstgrad »a.D.« führen durften. Einer qualifizierten, historisch-kritischen Diskussion über die Unterscheidung zwischen der »faschistischen Wehrmacht« und der, nach eigener Überzeugung, »Friedensarmee NVA« gingen Politik und Bundeswehr aus dem Weg. Die als unwürdig empfundene Formulierung »Wehrdienst in fremden Streitkräften« wurde zwar 2005 durch »gedient in Streitkräften außerhalb der Bundeswehr« ersetzt. Doch das änderte kaum etwas daran, dass sich ehemalige Angehörige der Volksarmee ihrer Lebensleistung beraubt fühlten und als ausgegrenzt empfanden. Trotzig setzten sie sich in ihren Foren und Publikationen ungestraft über die geltende Regelung hinweg – und tun dies im Übrigen bis heute.

Personalführung ehemaliger NVA-Soldaten: Quoten, Auswahlkriterien und Übernahmen Bis zum 31. Dezember 1990 stellten etwa 26 000 ehemalige Soldaten der NVA Anträge auf Übernahme zum SaZ 2, von denen 18 000 im I. Quartal 1991 positiv beschieden wurden. Von diesen 18 000 stellten 15 000 ab dem 1. Oktober 1991 einen weiteren Antrag auf ein längeres Dienstverhältnis bzw. auf die Übernahme zum Berufssoldaten.

Vorläufige Weiterverwendung und Übernahme ehemaliger NVA-Angehöriger in die Bundeswehr

	StOffz	Offz*	UmP	UoP	Msch	gesamt
Vorläufige Übernahme »Weiterverwender« + 1.000 »Wartestand« zum 3.10.1990	9.000	15.000**	14.000	9.000	3.000	51.000
Antrag auf SaZ 2 bis 31.12.1990	3.500	8.200	8.800	3.500	1.000	25.000
Übernahme als SaZ 2	1.000	5.000***	7.800	3.400	800	18.000
Antrag auf SaZ 3-5 oder BS ab 1.10.1991	980	4.600	6.900	2.200	200	14.880
Zusage zur Übernahme	365	2.685				12.200
Endgültig übernommen als BS (bis Ende 1993)	300	2.050	2.250			} 10.800
Endgültig übernommen als SaZ	65	635	2.300 (darunter 600 ehemalige Offz)	2.700	200	

Zahlen nach: BMVg P II 1 vom 10.10.1996; 5.13 Koop, S. 520 f.; 6.58 Leonhard, S. 128–132.

* *Leutnant bis Hauptmann*
** *3.10.1990: 23 354 Offiziere (1.37 Scheven, S. 491)*
*** *I. Quartal 1991: 6056 Offiziere (ebd.)*

Die Übernahme der ersten SaZ 2 bedeutete einen wichtigen Schritt der Konsolidierung im BwKdO Ost. Die meisten, die einen Antrag gestellt hatten, sahen eine berufliche Perspektive in der Bundeswehr, auch wenn dabei materielle Gründe und der Wunsch nach sozialer Sicherheit für nicht wenige im Vordergrund standen (6.68 Schultheiß, S. 187). Wie ein roter Faden zieht sich der Anspruch des BMVg und des BwKdo Ost durch alle Dokumente, den ehemaligen NVA-Angehörigen als »neuen Kameraden (Ost)« eine »faire Chance« zu geben. Darunter fiel zum Beispiel die Bereitstellung von Haushaltsstellen oberhalb der Bedarfsdeckung. Mit der sogenannten Schönbohm-Spende wurden zusätzlich 1500 zeitlich befristete SaZ-Dienstposten für Offiziere mit Schlüsselqualifikationen geschaffen (5.2 Generalleutnant Bernhard Mende, S. 14). Durch die bewusste Überplanung verbesserten sich nicht nur die Chancen der Bewerber, auch das BwKdo Ost hatte jetzt größere Auswahlmöglichkeiten. Gleichwohl gab es weiterhin eklatante Asymmetrien, vor allem bei den Bezügen (s.o.). Die »Nebengebührnisse« (Reise-, Umzugs und Trennungsgeld) waren bereits im Februar 1991 angeglichen worden. Allerdings konnte ein Soldat aus dem Westen zusammen mit der Aufwandsentschädigung (»Buschgeld«) bei gleichem Dienstgrad und gleicher Funktion das Doppelte verdienen wie sein Kamerad aus der ehemaligen NVA. Da sich die Besoldung der Soldaten an den Richtlinien des Öffentlichen Dienstes ausrichtete, der sich in den neuen Bundesländern wiederum an der dortigen Wirtschaftsleistung orientierte, gab es auch für diese Asymmetrie einen guten Grund. Dem Gleichheitsgrundsatz folgend waren von der niedrigeren Besoldung auch Bewerber aus dem Westen betroffen, die in den neuen Bundesländern eingezogen wurden und dort ihre Ausbildung begannen. Gleichwohl sorgte die unterschiedliche Bezahlung für gleiche Arbeit für anhaltendes Unverständnis, unabhängig davon, ob sie aus dem Osten oder Westen kamen und über eine NVA-Vergangenheit verfügten oder nicht.

Die neuen Zeitsoldaten mussten nicht nur Gehaltsdifferenzen akzeptieren, sondern sich auch einem starken Wettbewerb stellen, wenn sie eine militärische Berufskarriere verfolgten. In obligatorischen Vorlauf- und Ergänzungsausbildungen mussten alle Bewerber innerhalb eines Jahres mehrwöchige Truppenpraktika absolvieren, fachliche Ergänzungslehrgänge und einen Lehrgang Innere Führung, um »Chancengleichheit für weitere berufliche Entwicklungen« zu schaffen (BArch, BW 45/178; BW 45/247, BwKdo Ost G3/6, Ergänzungsausbildung, OffzTrDst, Stand 03/91. Nach Ansicht des BwKdo Ost bestand der größte Ausbildungsbedarf in den Bereichen Menschenführung, Wehrrecht und politische Bildung, während man die Ausbildungsergänzung bei Taktik und die Umschulung auf neue Waffensysteme als eher unproblematisch einstufte (zur Rolle der Inneren Führung in diesem Prozess siehe 5.15 Victorson). Bei der Personalbedarfsdeckung spiegelte sich einmal mehr die Unwucht in der Personalstruktur der NVA: Während es ein Überangebot an Stabsoffizieren gab, bestand bei den Unteroffizieren eine Deckungslücke von 60 %. Die Bundeswehr brauchte aber ein starkes Unteroffizierkorps, um ihr Personal- und Führungskonzept umsetzen zu können. Die für die Personalführung der Unteroffiziere zuständigen Stammdienststellen hielten sich mit Versetzungen von West nach Ost zurück, weil sie den ostdeutschen Interessenten eine faire Chance für ein dauerhaftes Dienstverhältnis einräumen wollten. Die dadurch entstandenen Lücken konnten allerdings erst Jahre später geschlossen werden, bis die Nachwuchsergänzung Wirkung zeigte. Die Luftwaffe bot knapp 600 ehemaligen NVA-Offizieren der LSK/LV bei besonderer Spezialisierung die Möglichkeit einer Weiterverwendung als Unteroffizier. Auch hier gab es einen schmalen Grat zwischen dem strukturellem Bedarf der Bundeswehr, dem Bedürfnis der Betroffenen nach sozialer Absicherung und der Inkaufnahme eines erheblichen Statusverlustes.

Zwischen den einzelnen Bewerbungsphasen ging die Zahl der Bewerber teilweise erheblich zurück, vor allem bei den Offizieren. Innerhalb des ersten Jahres nach der Übernahme zum SaZ wurden die Kandidaten von zwei Vorgesetzten beurteilt und eingestuft. In mehr als 8000 Beurteilungen erfüllten 80 % der Antragsteller die geforderten Kriterien uneingeschränkt oder gut, 20 % wurden allerdings als ungeeignet bewertet. Neben fachlichen und charakterlichen Defiziten verbot sich eine Weiterbeschäftigung bei ehemaligen NVA-Angehörigen, bei denen erst jetzt offenkundig wurde, dass sie in einem besonderen Vertrauensverhältnis zum SED-Regime gestanden hatten, oder solchen, von denen anzunehmen war, dass sie gegen die Grundsätze der Menschlichkeit oder Rechtsstaatlichkeit verstoßen hatten. In Auswahlkonferenzen der personalbearbeitenden Stellen fielen schließlich im II. und III. Quartal 1992 die Entscheidungen über eine Verlängerung der Dienstverhältnisse. Bei Offizieren, die einen Antrag auf Übernahme zum Berufssoldaten gestellt hatten, wurde die Eignung durch einen »Unabhängigen Ausschuss Eignungsprüfung« (UAE) festgestellt, der sich aus 15 Vertretern von Verbänden, repräsentativen Gruppen und den im Bundestag vertretenen Parteien zusammensetzte. Die Idee des »Personalgutachterauschusses«, der sich bei der Aufstellung der Bundeswehr bewährt hatte, stand dabei Pate (1.58 Rink, S. 107 f.). Bei der Mehrheit der insgesamt 2648 Bewerber entschied der Ausschuss nach Aktenlage. In 642 Fällen erfolgte eine persönliche Anhörung, die in 35 Fällen zu einem negativen Bescheid führte.

Der lange Schatten des MfS Im Verhältnis zu anderen postkommunistischen Staaten wie Polen, Tschechien oder Ungarn ging man bei der Überprüfung der ehemaligen NVA-Angehörigen besonders konsequent vor. Über den Militärischen Abschirmdienst (MAD) erfolgten eingehende Sicherheitsüberprüfungen. Jeder Bewerber hatte in einer dienstlichen Erklärung anzugeben, ob er mit dem Ministerium für Staatssicherheit oder dem Amt für Nationale Sicherheit in irgendeiner Form in Verbindung gestanden hatte. Da dies eine Weiterverwendung im Öffentlichen Dienst kategorisch ausgeschlossen hätte, verschwiegen die meisten Antragsteller, auf die das zutraf, ihre Zusammenarbeit mit der Stasi. Die meisten hatten zudem die Hoffnung, dass die »Verwaltung 2000« und das AfNS vor dem 3. Oktober alle kompromittierenden Akten vernichtet hatten. Bei allen Offizieren und Unteroffizieren, die das 25. Lebensjahr vollendet hatten, wurde eine obligatorische Auskunft beim damaligen »Sonderbeauftragten der Bundesregierung für die personenbezogenen Unterlagen des ehemaligen Staatssicherheitsdienstes« (später umbenannt in Bundesbeauftragte/r für die Stasi-Unterlagen, BStU) eingeholt. Da dessen erster Behördenleiter der spätere Bundespräsident Joachim Gauck war, etablierte sich schnell die umgangssprachliche Bezeichnung »Gauck-Behörde«; »gegauckt« wurde, wem eine Mitarbeit für die Stasi nachgewiesen werden konnte. Mit den Überprüfungen zeigte sich, wie weit verzweigt und dicht das Spitzelnetz des MfS gewesen war. Bei 20 % aller Antragsteller ergaben sich Verdachtsmomente oder gar Hinweise auf eine Zusammenarbeit mit dem MfS, wobei fast alle Kategorien einer MfS-Tätigkeit vertreten waren. Bei 539 Offizieren und 916 Unteroffizieren erwiesen sich die Fälle als rechtsgültig und es erfolgte eine fristlose Entlassung. Bei rund 500 Offizieren und 530 Unteroffizieren lagen keine gerichtsverwertbaren Hinweise einer »arglistigen Täuschung« vor. Bei ihnen wurde zwar von einer fristlosen Entlassung abgesehen, aber wegen des Zweifels an der uneingeschränkten Eignung das Dienstverhältnis nicht verlängert. Bereits ernannten Berufssoldaten blieben sicherheitsempfindliche Tätigkeiten oder herausgehobene Dienstposten verwehrt (5.19 BMVg, S. 500–507). Der Abschlußbericht des Bundesbeauftragten für die Unterlagen des Staatssicherheitsdienstes vom 15. Dezember 1994 machte deutlich, dass die offizielle und inoffizielle Zusammenarbeit von NVA-Angehörigen mit dem MfS in einigen Bereichen besonders stark ausgeprägt war, zum Beispiel bei den Ärzten für Humanmedizin (23 %), im Heer in der Fernmeldetruppe (28 %) und im Bereich der Personalführung (27 %), bei der Luftwaffe im Radarleitdienst (24 %) und bei der Marine neben der Personalarbeit (26 %) vor allem im Schiffstechnischen Dienst (31 %) (5.19 BMVg, S. 506 f.). Da mutmaßlich viele ehemalige NVA-Angehörige mit »Stasivergangenheit« bereits frühzeitig ihren Dienst quittiert hatten, dürfte der Anteil der MfS-Mitarbeiter und Informanten noch wesentlich höher gewesen sein. Alle im Abschlussbericht aufgeführten Tätigkeitsbereiche erforderten einen hohen Vertrauensvorschuss. Einmal mehr zeigte sich, wie sehr die Stasi das Innere Gefüge der NVA vergiftet und Misstrauen gesät hatte und warum es richtig war, alle ehemaligen NVA-Angehörigen vor ihrer Weiterverpflichtung genauer unter die Lupe zu nehmen.

Ausbildung und Innere Führung Neben dem Umbau der Organisation und des Personalkörpers spielten Ausbildung und Erziehung eine nicht zu unterschätzende Rolle (5.15 Victorson). Besonderes Augenmerk galt dabei den Grundwehrdienstleistenden. Die letzten 15 420 Rekruten der NVA, die am 4. September 1990 ihren Dienst angetreten hatten, wurden vor Ort durch 159 Ausbildungsteams aus dem Westen an die Standards der Bundeswehr herangeführt. Ursprünglich sollte in den neuen Bundesländern die Einberufung von Rekruten zum 1. Januar 1991 ausgesetzt werden. Mit Blick auf die angespannte Bewachungssituation der Kasernen und Depots entschloss man sich schließlich dennoch für die turnusmäßige Einberufung. Teile der Grundausbildung mussten in Truppenteilen im Westen durchgeführt werden. Das Prinzip der möglichst heimatnahen Einberufung konnte zwar so nicht berücksichtigt werden, aber der erzwungene Dienst im Westen förderte früh die Durchmischung der Bundeswehr. Dazu gehörten auch Ausbildungs- und Verwendungslehrgänge der Zeit- und Berufssoldaten, die auf diesem Weg schon bei Laufbahnbeginn berufliche und persönliche Erfahrungen in der alten Bundesrepublik machen konnten.

Eine anspruchsvolle und befriedigende Ausbildung, das Herzstück aller Streitkräfte im Frieden, ließ sich erst schrittweise umsetzen. Die schleppende Ausstattung mit Großgerät aus dem Westen, Einschränkungen und Verbote bei der Nutzung der vorhandenen Munition, fehlende Ausbilder und die erst schrittweise erfolgende Übernahme und Nutzung von Truppenübungsplätzen erschwerten einen normalen Ausbildungsbetrieb. Auf den Straßen begegnete man in Ostdeutschland vor allem den Fahrzeugkolonnen der sowjetischen Streitkräfte, während die Bundeswehr kaum zu sehen war.

Die Defizite im Übungsbetrieb machten sich auch im Inneren Gefüge des BwKdo Ost bemerkbar, wie Generalleutnant Schönbohm Ende Juni 1991 kritisch feststellte: »Von einer stabilen Inneren Lage sind die unterstellten Verbände und Truppenteile des BwKdo Ost jedoch noch ein erhebliches Stück entfernt« (BArch, BW 45/ 238, Zusammenfassender Überblick zur Lage im Bereich BwKdo Ost vom 25.6.1991, S. 3). Je größer der Statusverlust, persönliche Perspektivlosigkeit und Existenzängste waren, umso mehr nahmen Unzufriedenheit und Disziplinverstöße zu – vor allem in aufzulösenden Verbänden. In vielen Bereichen zeigten sich deutliche kulturelle Differenzen zwischen Ost und West, angefangen bei gesellschaftspolitischen Grundeinstellungen bis zu Fragen der konfessionellen Bindung. Während der überwiegende Teil der westdeutschen Zeit- und Berufssoldaten einer christlichen Konfession angehörte, fehlte fast allen ehemaligen Berufskadern der NVA ein Zugang zur Kirche. Daneben waren, vor allem in der Anfangsphase, immer wieder Disziplinlosigkeiten unter den Grundwehrdienstleistenden festzustellen, insbesondere unerlaubte Abwesenheiten. Die schwierige Wohnungssituation in Ostdeutschland erschwerte den Umzug an den Standort, sodass sich die für Bundeswehrsoldaten aus dem Westen vertraute und wichtige Standortidentität nur langsam entwickeln konnte.

Standorte, Liegenschaften und unliebsame Überraschungen

Wie komplex die Übernahme einer kompletten Armee war, zeigte sich auch beim Umgang mit Standorten und Liegenschaften. Militärische Infrastruktur steht immer in einem Spannungsverhältnis von militärischen und zivilen Bedarfen und Nutzungen. Das infrastrukturelle Dislozierungs- und Nutzungskonzept der NVA orientierte sich nicht nur an militärfunktionalen Aspekten. Im Unterschied zur Bundeswehr waren militärische und zivile Infrastruktur in der NVA oft eng miteinander verzahnt. Viele Standorte befanden sich außerhalb der urbanen Zentren, bei den LSK/LV vor allem im Osten der DDR (5.16 Deutsche militärische Standorte). Der Standort Eggesin in der nördlichen Uckermark steht stellvertretend für die intensive militärische Nutzung in einem dünn besiedelten Raum. In solchen Regionen lagen häufig direkt neben den »Objekten« die Wohnkomplexe für die Soldatenfamilien. Das rigide Überwachungs- und Alarmierungssystem funktionierte nur bei sehr kurzen Wegen zwischen Wohn- und Dienstort. In der Regel wurden die Wohnkomplexe direkt aus den militärischen Anlagen mit Energie, Fernwärme und Wasser beliefert. Etwa 30 % der in militärischen Anlagen gewonnen Heizleistung ging zudem an zivile Einrichtungen wie Krankenhäuser, Alten- und Kinderheime, Industrieunternehmen oder Wohnblöcke. Die Auflösung eines Standortes und die Abgabe einer Liegenschaft durch die Bundeswehr hatte also gravierende Auswirkungen auf die Versorgung des »zivilen Sektors«. Daneben gab es Einrichtungen, die nur schwer dem Militär zuzuordnen waren, formal aber der NVA gehörten, zum Beispiel Erholungsheime, Kinos, Hotelbetriebe, Gästehäuser und Sportvereine mit ihrer Infrastruktur.

Die Frage der Aufgabe oder weiteren Nutzung eines Standortes ordnete sich auch in den neuen Bundesländern dem Gesamtstationierungskonzept der Bundeswehr unter (1.78 Stationierung der Bundeswehr). Danach waren immer auch Personal- und Sozialkriterien zu berücksichtigen, die Vermeidung sowohl von Groß- als auch von Kleinststandorten, wirtschaftliche Aspekte zum Beispiel in strukturschwachen Regionen, der bauliche Zustand der Infrastruktur sowie Fragen des Umweltschutzes. Angesichts der Dimensionen und der Unübersichtlichkeit kann es nicht überraschen, dass die in Forschung und Erinnerungsliteratur genannten Zahlen teilweise erheblich voneinander abweichen. Zum 3. Oktober 1990 hatte die Bundeswehr, nach einer internen Auflistung, 3320 Liegenschaften der NVA übernommen, 1320 davon waren Forste oder dem Bereich Wohnen zuzurechnen. Von den verbleibenden 2000 militärischen Liegenschaften wurden Anfang 1991 1230 als entbehrlich eingestuft und an das Bundesvermögensamt übergeben. Erst nachdem die Grundstücke und Gebäude von Munition und Altlasten befreit waren, konnten sie an die Kommunen übergeben oder veräußert werden. Die verbliebenen 770 Liegenschaften übernahm die Bundeswehr in der Nutzung und rechnete mit einem endgültigen Bedarf von ca. 720 Liegenschaften (BArch, BW 45/178, BMVg U I 2 vom 15. April 1991). Die Abgabe der 1230 nicht mehr benötigten Liegenschaften in das Allgemeine Grundvermögen verlief zunächst recht schleppend. Die Bundeswehr hätte sich lieber heute als morgen von diesem Ballast befreit, zumal die Bewachung der Objekte erhebliche Kräfte band und immer wieder Einbrüche, Zerstörungen und Diebstähle stattfanden. Hinzu kamen noch die Liegenschaften der Grenztruppen und der Abbau der Grenzanlagen sowie die von den sowjetischen Streitkräften geräumten Kasernen und Einrichtungen, die sich in einem noch schlimmeren Zustand befanden. Aber die Bundesvermögensverwaltung des Bundesministeriums der Finanzen musste in den neuen Bundesländern erst aufgebaut werden, sodass die Bundeswehr länger als gedacht in der Verantwortung stand.

Der geschätzte Sanierungsbedarf, allein für die zur dauerhaften Nutzung vorgesehenen Liegenschaften, war enorm: Für die gesamte militärische Infrastruktur rechnete man mit 13,2 Mrd. DM, wobei hier der Schwerpunkt bei Unterkünften, Küchen und Arbeitsplätzen lag; für die von der Bundeswehr zivil zu nutzende Infrastruktur mit 1,6 Mrd. DM; für den Umweltschutz, vor allem die Modernisierung oder das Ersetzen von Heizungsanlagen, die überwiegend mit Braunkohle betrieben wurden und unzulässig hohe gesundheitsgefährdende Emissionen verursachten, kalkulierte man weitere 1,7 Mrd. DM. Die Gesamtsumme von 16,5 Mrd. DM entsprach etwa den Kosten für den Abzug der sowjetischen Streitkräfte aus Deutschland – ein unangenehmes »Überraschungspaket«, mit dem keiner in Bundeswehr und Bundesregierung in diesem Volumen gerechnet hatte. Am Ende bezifferte sich das Investitionsvolumen auf über 20 Mrd. DM (1.37 Scheven, S. 480).

Von der NVA hatte die Bundeswehr auch 64 000 Dienstwohnungen übernommen, in denen Soldaten, Zivilbeschäftigte, Pensionäre und Fremdmieter wohnten. In Absprache mit dem Bundesminister der Finanzen behielt die Bundeswehr das Besetzungsrecht für 47 000 Wohnungen. Zugleich bewertete man die Qualität aber als so schlecht, dass man diese Wohneinheiten neu zuversetzten Soldaten und Zivilbeschäftigten aus dem Westen nicht anbieten wollte. Mit dem Bau von Bundesdarlehenswohnungen sollte die Lücke perspektivisch geschlossen werden.

Neben den Liegenschaften übernahm die Bundeswehr auch neun große Truppenübungsplätze sowie 19 Standortübungsplätze, deren Größe oft an einen westdeutschen Truppenübungsplatz heranreichte (BArch, BW 45/281, Übungsplätze ehem. NVA und WGT, Bl. 37). Im Unterschied zur Bundeswehr verfügte die NVA nicht über gesonderte Standortschießanlagen, sodass der Schießbetrieb mit Handwaffen in den neuen Bundesländern auf Standort- oder Truppenübungsplätzen durchgeführt wurde.

Immer wieder stießen das BwKdo Ost und die Wehrverwaltung auf unliebsame Überraschungen (1.97 Johanny, S. 399; 1.37 Scheven, S. 480 f.). Die Hochspannungszäune zur Sicherung der Kasernen waren zwar bereits zum 3. Oktober 1990 abgeschaltet worden, erzeugten aber nach wie vor unter den Bundeswehrangehörigen aus dem Westen größtes Unbehagen. Viele Heizkraftwerke der NVA erwiesen sich nicht nur als Dreckschleudern, sondern als so leistungsschwach, dass die Unterkünfte im Winter teilweise nicht über 12 Grad geheizt werden konnten.

Neben den Waffen und Ausrüstungen der NVA hatte die Bundeswehr auch Waffen, Munition, Fahrzeuge und Material der aufgelösten Kampfgruppen, der Grenztruppen und des Zivilschutzes übernommen, wodurch Lager und Depots aus allen Nähten platzten. Überraschend für die Bundeswehr war auch die Entdeckung von »Komplexlagern«, in denen sich voll aufmunitionierte Fahrzeuge und Material für fünf Heeresdivisionen der NVA befanden, die im Mobilmachungsfall genutzt worden wären. Dazu zählte auch das »Objekt 5001« in Prenden, der Bunker, in dem der Nationale Verteidigungsrat der DDR im Kriegsfall Schutz gesucht hätte. Dieses Objekt hatte gewaltige Ausmaße und konnte aufgrund seiner Struktur nicht in eine zivile Nutzung überführt werden. Es musste unter hohem Aufwand von Schadstoffen entsorgt und danach fachgerecht verschlossen werden.

Die Bundeswehrverwaltung sah in der Übernahme, Absteuerung und Sanierung der Objekte nicht nur eine Last, sondern erkannte auch eine Chance: 90 % aller Aufträge im Bauwesen gingen bewusst an Betriebe in den neuen Bundesländern »um einen Beitrag zum ›Aufschwung Ost‹ zu leisten« (1.97 Johanny, S. 401)

Nicht nur die Nutzung und der Zustand der Liegenschaften, auch mancher Inhalt sorgte beim Beräumen für Überraschungen. In einem Keller des aufgelösten MfAV in Strausberg stieß das BwKdo Ost auf einen Panzerschrank, in dem sich Blücherorden und Blüchermedaillen »für Tapferkeit im Kriege« befanden, des Weiteren Schulterklappen für einen »Marschall der DDR«, einen Rang, der ebenfalls im Kriegsfall verliehen worden wäre. Vom Blücherorden, dem »Marschall der DDR« und dem bereits gedruckten Papiergeld, mit dem die DDR im Falle einer Besatzung der Bundesrepublik sofort eine Notwährung eingeführt hätte, wusste die DDR-Öffentlichkeit nichts. Ebenfalls in Strausberg stieß die Bundeswehr beim Durchforsten der Liegenschaften auf eine riesige Profilkarte der alten Bundesrepublik: mit großer Detaildichte und in der enormen Größe eines Tennisplatzes. Unter strengster Geheimhaltung probte das »Operatives Ausbildungszentrum der NVA« hier den Krieg mit dem »Klassenfeind« auf dem Boden der Bundesrepublik Deutschland.

Bundeswehrverwaltung

Zu den größten Herausforderungen der Bundeswehr in den neuen Ländern gehörte zweifellos der Aufbau der dortigen Bundeswehrverwaltung (siehe 1.97 Johanny, passim). Um dem Artikel 87b GG Wirkung zu verleihen, mussten unter enormem Zeitdruck Strukturen aus dem Boden gestampft, Personal eingewiesen und ausgebildet und nicht zuletzt überhängendes Personal, soweit es ging, sozialverträglich entlassen oder

Blücherorden (Vorder-, Rückseite) und Blüchermedaille (auf der Rückseite die gleiche Prägung wie beim Orden) der DDR für »Tapferkeit im Kriege« sowie Schulterklappen (Entwürfe) für einen »Marschall der DDR«.
Andrea Ulke/MHMBw

▲ Lehrgang für NVA-Offiziere an der Offizierschule der Luftwaffe in Fürstenfeld, Frühherbst 1990.

picture-alliance/dpa|Frank Mächler

▲ Der Präsident der WBV VII, Dr. Karl Johanny (Mitte), im Gespräch mit dem Vorsitzenden des Bundeswehrsozialwerks Egon Storz (links) und mit Horst Krause vom VBB Ost (rechts), ca. 1990/91.

BArch, 45/223

umgeschult werden (zur Übernahme von Zivilpersonal in den öffentlichen Dienst siehe 5.19 BMVg, S. 491–507). Erstmals in der Geschichte der Bundeswehr umfasste eine Wehrbereichsverwaltung (WBV VII mit Sitz in Strausberg) das Gebiet zweier Wehrbereichskommandos, nämlich das WBK VII in Leipzig (zuständig für die Bundesländer Sachsen und Thüringen) und das WBK VIII in Neubrandenburg (zuständig für die Bundesländer Sachsen-Anhalt, Brandenburg, Mecklenburg-Vorpommern und Berlin). Die bisherigen 211 Wehrkreiskommandos der NVA, die den Kreisen der ehemaligen DDR entsprachen, wurden aufgelöst. Stattdessen wurden 26 Kreiswehrersatzämter aufgebaut, die nun für Musterungen und Einberufungen verantwortlich zeichneten. Das dezentrale System der Wehrverwaltung setzte sich schließlich im Aufbau von Standortverwaltungen fort, die nun für die unmittelbare Betreuung und Versorgung der Bundeswehrstandorte und die damit verbundenen personellen, materiellen und finanziellen Fragen zuständig waren. Zudem mussten bei den Truppenteilen eigene Truppenverwaltungen eingerichtet werden (eine Übersicht der zivilen Verwaltungseinrichtungen mit Dienstellen und Dienstposten bei 1.42 Digutsch, S. 283–285).

So weit wie möglich versuchte man auf das vorhandene Personal der NVA – überwiegend Zivilbeschäftigte, aber auch ehemalige Armeeangehörige – zurückzugreifen, zum Beispiel auf die Spezialisten der »finanzökonomischen Organe« der NVA, die mit ihren etwa 700 Angehörigen das Rückgrat der neuen Truppenverwaltungen bildeten. Durch das »Umklappen« von Dienststellen der NVA (z.B. Unterkunftsabteilungen in die Standortverwaltungen) konnte fachlich geeignetes militärisches Personal in die neue zivile Wehrverwaltung überführt werden und wertvolles Wissen erhalten bleiben. Insgesamt konnten etwa 1600 ehemalige NVA-Offiziere als Beamte oder Angestellte in die WBV VII integriert werden.

Die Idee, beim Aufbau der Wehrverwaltung auf vorhandenes Personal zu setzen, hatte ohne Zweifel viele Vorteile. Da aber nur etwa 2 % des Personals der WBV VII aus den alten Bundesländern kam und nur dieses Personal über Rechtssicherheit in den Bundeswehrverwaltungsstrukturen verfügte, nahm der Transformationsprozess erhebliche Zeit in Anspruch. Die neuen Mitarbeiter mussten sich in einer völlig neuen Struktur zurechtfinden, in der Freiräume genutzt und nach Ermessen Entscheidungen getroffen werden konnten, wo vorher nur strikte Regelungen galten. Im Unterschied zur Truppe dauerten der kulturelle Austausch und der damit verbundene Mentalitätswandel in der Zivilverwaltung wesentlich länger. Bis sich die neuen Strukturen etablierten und das Personal eingearbeitet und umgeschult war, hatten die Truppenteile die Aufgaben der Wehrverwaltung wie Gebührniswesen, Bekleidungs- und Verpflegungswirtschaft zu übernehmen. Wenngleich die fachliche Führung bei der Wehrverwaltung lag, bedeutete dies eine weitere Belastung für die Aufbaustäbe im BwKdo Ost und die Truppe. Da die neuen Strukturen erst etabliert und Personal eingearbeitet oder sogar ausgebildet werden musste, ziehen sich die Sorgen und Klagen darüber wie ein roter Faden durch die Akten und Nachlässe des BwKdo Ost.

Für die WBV VII bestand die enorme Herausforderung nicht nur in der zügigen Ausbildung, sondern vor allem in der Reduzierung von Personal. Der Bestand von etwa 50 000 Mitarbeitern (48 000 ehemalige Zivilbeschäftigte und 2000 ehemalige Armeeangehörige der NVA), die am 3. Oktober übernommen wurden, musste, gemäß den Vorgaben des Haushaltsgesetzgebers, bis Ende 1991 erst auf 30 000 reduziert werden, um dann in jährlicher Quotierung abzuschmelzen, sodass zum 31. August 1996 noch 20 305 zivile Mitarbeiter beschäftigt sein würden (9417 im militärischen Bereich, vorwiegend in den Truppenverwaltungen und 10 888 in der zivilen Wehrverwaltung). Über 10 000 Zivilbeschäftigte mussten in Lehrgängen der Bundesakademie für Wehrverwaltung und Wehrtechnik, der Fachhochschule des Bundes für öffentliche Verwaltung und in den Bundeswehrverwaltungsfachschulen ausgebildet werden (7.4 Fünf Jahre, S. 10).

Die massiven Personalreduzierungen waren notwendig, damit das Verhältnis zwischen den Soldaten im Beitrittsgebiet (ca. 60 000) und den Zivilbeschäftigten in der Balance blieb. Die umfangreichen Entlassungen führten zu zahlreichen Klagen, zum Teil weil sich die betroffenen ehemaligen NVA-Mitarbeiter auf DDR-Kündigungsfristen beriefen. Mit einem Bündel von Maßnahmen versuchte die WBV VII, sozial verträgliche Übergänge zu schaffen, durch Arbeitsbeschaffungsmaßnahmen, Vorruhestandsregelungen, Berufsförderungsangebote oder Stellenvermittlungen.

Ähnlich wie bei den Soldaten hatten auch die zivilen Mitarbeiter der Bundeswehrverwaltung ein stufenweises Sichtungs- und Auswahlverfahren zu durchlaufen. Am Sitz der Außenstelle des BMVg in Strausberg wurde dazu eine »Bewährungsfeststellungskommission« eingerichtet, die das Auswahlverfahren steuerte. Vergleichbar wie bei den Soldaten mussten schwerwiegende Entscheidungen getroffen werden, ob ein Bewerber in ein Arbeiter-, Angestellten- oder Beamtenverhältnis übernommen werden sollte. 13 % aller Bewerber konnten am Ende in ein Beamtenverhältnis berufen werden. Wie bei den Soldaten musste auch beim Zivilpersonal ein Auskunftsersuchen bei der BStU eingeholt werden. Bei einer Gesamtzahl von 28 822 Anfragen ergaben sich 4023 Verdachtsfälle einer offiziellen oder inoffiziellen Tätigkeit für das MfS. Mit etwa 24 % lag die Quote damit etwas höher als bei ehemaligen NVA-Soldaten. In 2483 Fällen folgte eine Entlassung aus dem Dienstverhältnis.

Die Bundeswehr in den neuen Bundesländern, Juli 1991 bis 1997

»Nicht nur Diensthunde sollen in den Osten.«
Frankfurter Allgemeine Zeitung, 9.4.1991

Dienststellentransfer und »Aufbau Ost«

Der Aufbau der Bundeswehr in den neuen Ländern hatte Modellcharakter. Die Vorgaben zur Begrenzung deutscher Streitkräfte auf 370 000 Mann und der organisatorische Umbau des Heeres von der Heeresstruktur 4 zur Heeresstruktur 5 boten die Chance, modernere und schlankere Strukturen in den neuen Bundesländern von Anfang an zu etablieren. Nicht nur in dieser Hinsicht sollte die »Bundeswehr Ost« eine Pionierrolle einnehmen. Mit den anstehenden Stationierungsentscheidungen waren Schließungen und Verlegungen verbunden. Das betraf vor allem zentrale militärische Dienststellen, Ausbildungs- und Führungseinrichtungen. Für die Bundeswehr war es eine Frage der öffentlichen Wahrnehmung, vor allem aber eine der Glaubwürdigkeit, herausgehobene Dienststellen in das Beitrittsgebiet zu verlegen. Dass dies bei den betroffenen Soldaten und ihren Familien nicht auf ungeteilte Zustimmung stoßen würde, lag auf der Hand. Für große Aufregung sorgte ein Artikel in der Frankfurter Allgemeinen Zeitung, der unter dem vielsagenden Titel »Nicht nur die Diensthunde sollen in den Osten« die ersten Planungen des Führungsstabs der Streitkräfte präsentierte (BArch, BW 45/128, S. 4; FAZ, 9.4.1991). Der Beitrag legte offen, dass man im Ministerium zu diesem Zeitpunkt nicht beabsichtigte, hochkarätige Dienststellen, Ausbildungseinrichtungen oder Kommandobehörden in die neuen Länder zu verlegen, zum Beispiel die Führungsakademie der Bundeswehr (FüAkBw) in Hamburg, das Zentrum Innere Führung (ZInFü) in Koblenz und das Militärgeschichtliche Forschungsamt (MGFA) in Freiburg i.Br. oder eine der Universitäten der Bundeswehr in Hamburg oder München. Stattdessen unterbreitete man dem Minister den Vorschlag, nur die »Schule für Diensthundewesen« aus Koblenz-Bubenheim zu verlegen. Stoltenberg wies die Vorlage entschieden zurück und forderte eine zeitnahe Neubewertung.

Die Standortentscheidungen berührten nicht nur militärfachliche oder -organisatorische Aspekte. Es ging auch um Fragen der Standortidentität, um wirtschaftliche Belange und damit um kommunal- und landespolitische Interessen: und dies nicht nur im Osten, sondern ebenso im Westen Deutschlands. Minister Stoltenberg berücksichtigte die teilweise harsche

Kritik und räumte den Bundesländern eine Einspruchsfrist bis Ende Juli 1991 ein (BArch, BW 45/128; SZ, 20.6.1991). Die Bundesregierung legte parallel ein Konzept zur regionalen Wirtschaftsförderung auf, um die Folgen des Ab- und Umbaus der Bundeswehr in besonders betroffenen Regionen zu mildern. Frei werdende Liegenschaften sollten den Kommunen mit 50 % Preisnachlass angeboten werden, falls diese sie für wichtige Aufgaben, wie kommunalen Wohnungsbau, nutzten würden.

Spätestens jetzt zeigte sich, dass der Aufbau der Bundeswehr in den neuen Ländern auch mit massiven Auswirkungen in den alten Ländern verbunden war. Beispielhaft steht dafür der intensive, emotional aufgeladene Diskurs über die Verlegung des MGFA von Freiburg i.Br. nach Potsdam. Für den Verbleib am alten Standort sprach das ebenfalls in Freiburg befindliche Bundesarchiv-Militärarchiv (BArch) mit seinem zentralen Aktenbestand zur neueren deutschen Militärgeschichte. In der möglichen Trennung von Forschungsamt und Archiv erkannten viele eine deutliche Schwächung der Forschung. Ebenfalls in Baden lag das in Rastatt ansässige Wehrgeschichtliche Museum der Bundeswehr, das zum Leitmuseum der Bundeswehr ausgebaut werden sollte. Die »Freiburger Fraktion« erhielt prominenten politischen Rückenwind. Der Freiburger Oberbürgermeister Rolf Böhme warb öffentlich mit dem »liberalen Klima« seiner Stadt; und der ebenfalls aus Baden stammende Bundesinnenminister Wolfgang Schäuble, zuständig für das Bundesarchiv, sprach sich kategorisch für einen Verbleib des Militärarchivs in Freiburg aus. Schließlich wurde immer wieder ein aus heutiger Sicht absurdes Argument angeführt: Mit der Verlegung des renommierten MGFA an die »Geburtsstätte des preußisch-deutschen Militarismus« würde der liberale Geist der Institution schleichend verloren gehen. Für Potsdam sprach indes vieles: der Sitz des ehemaligen Militärgeschichtlichen Instituts der DDR, das die Bundeswehr am 3. Oktober 1990 mit ihrem Personal und einer umfangreichen Bibliothek übernommen hatte, die Nachbarschaft zu zahlreichen Universitäten, Forschungseinrichtungen und Archiven und nicht zuletzt die Lage in unmittelbarer Nähe zu Berlin. Die Entscheidung für eine Verlegung des MGFA nach Potsdam fiel 1992 und wenig später auch der Beschluss, sich vom Wehrgeschichtlichen Museum in Rastatt zu trennen und alle Kraft zukünftig auf das Militärgeschichtliche Museum in Dresden zu richten, das 2011 nach Umbau und Modernisierung mit völlig neuer Konzeption eröffnet werden konnte.

Insgesamt 15 bedeutende Führungs- und Ausbildungseinrichtungen der Bundeswehr waren in den ersten 12 Jahren nach der Wiedervereinigung in den Osten verlegt worden:

- Marinekommando in Rostock (1990)
- Wachbataillon beim BMVg, Berlin (dauerhafte Verlegung von Teilen seit 1995, Verlegung des Großteils 1999)
- IV. Korps des Heeres in Geltow (1991), 2001 aufgelöst
- Unteroffizierschule des Heeres in Deelitzsch (1991)
- Akademie der Bundeswehr für Information und Kommunikation in Strausberg (1994), heute Zentrum für Informationsarbeit
- Militärgeschichtliches Forschungsamt in Potsdam (1994), 2013 Zusammenlegung mit dem Sozialwissenschaftlichen Institut der Bundeswehr zum Zentrum für Militärgeschichte und Sozialwissenschaften der Bundeswehr
- Zentrum Innere Führung, Außenstelle in Strausberg (1994)
- Stab der Schnellbootflottille in Warnemünde (1994)
- Gefechtsübungszentrum Heer in Letzlingen auf dem Truppenübungsplatz Altmark (1995)
- Flugmedizinisches Institut der Luftwaffe, Abt. II, in Königsbrück (1995)
- Marinetechnikschule in Paarow (1996)
- Marineamt in Rostock (1997)
- Offizierschule des Heeres in Dresden (1998)
- Einsatzführungskommando in Geltow (2001)
- Wehrdienstsenat in Leipzig (2002)

Mit dem Kommando Heer in Strausberg, dem Kommando Luftwaffe in Berlin-Gatow, dem Ausbildungskommando Heer in Leipzig und dem Kommando Sanitätsdienstliche Einsatzunterstützung in Weißenfels folgten in einem nächsten Schritt 2012 und 2013 fünf weitere höhere Kommandobehörden.

Die Bundeswehrverwaltung schloss sich an mit der Wehrbereichtsverwaltung VII, 19 Standortverwaltungen, 21 Kreiswehrersatzämtern, 7 Berufsförderungsdiensten, der Bundeswehrverwaltungsschule II (Berlin-Grünau), zwei Bundeswehrfachschulen (Naumburg, Neubrandenburg), einer Außenstelle des Bundessprachenamtes (Naumburg). Und schließlich bedeutete die Entscheidung des Deutschen Bundestages für den Umzug nach Berlin, dass auch die Bundesministerien sukzessive folgten. Mit dem zweiten Dienstsitz in Berlin, neben dem in Bonn, schlägt für das BMVg seit 1993 im Bendlerblock die »große Herzkammer«.

Die schrittweise Verlegung lag nicht nur an schwierigen politischen Aushandlungs- und Entscheidungsprozessen. Der marode Zustand der militärischen Infrastruktur und die prekäre Wohnungssituation an den Standorten erforderten Zeit – und Geld. Durch Priorisierung der großen Bauprojekte, wie der Offizierschule des Heeres in Dresden, der Marinetechnikschule in Prerow, dem Fliegerhorst in Laage und den Bundeswehrkrankenhäusern in Berlin und Leipzig, mussten viele der mehr als 2000 kleineren Baumaßnahmen lange bis zu ihrer Realisierung warten. Insgesamt investierte die Bundeswehr für Bau- und Materialkosten, Dienstleistungen und Versorgungsgüter in den neuen Bundesländern ca. 20 Mrd. DM, die wiederum direkt oder indirekt der Wirtschaft zugutekamen. Die Bundeswehr fungierte damit als wichtiger wirtschaftlicher Treiber für den »Aufbau Ost«. Von der weiteren Auflösung von Verbänden und der Schließung von Standorten, insbesondere beim Stationierungskonzept 2004, war die Bundeswehr in den neuen Ländern weniger hart betroffen. Durch die Neuinvestitionen hatte der Osten jetzt in vielen Bereichen einen Standortvorteil, zumal sich die Bundeswehr vor Ort etabliert hatte.

Personal Schaut man auf die Struktur, die Ausrüstung und die Einsatzbereitschaft, dann gab es schon Ende der 90er Jahre keine sichtbaren Unterschiede mehr zwischen der Bundeswehr im Westen und der im Osten. Ab dem 1. Juli 1992 wurden ostdeutsche Wehrpflichtige in westdeutsche Einheiten einberufen und ausgebildet und umgekehrt westdeutsche Wehrpflichtige in ostdeutsche Einheiten. Mit dieser Durchmischung leistete die Bundeswehr ohne Zweifel einen erheblichen Beitrag zur inneren Einheit Deutschlands. Offiziere waren weiterhin vom Wechsel zwischen Ost und West am stärksten betroffen. Allein 1994 und 1995 wurden 11 000 Offiziere zwischen Ost und West versetzt (BArch, BW 2/40651, S. 49). Bei jungen Männern und Frauen (Frauen waren zu diesem Zeitpunkt noch begrenzt auf den Sanitäts- und Musikdienst), die sich nach 1990 entschieden, Zeit- oder Berufssoldat zu werden, kam es darauf an, in welcher Teilstreitkräfte sie ihren Dienst aufnahmen. Luftwaffe und Marine beriefen ihre Offizieranwärter zum Beispiel ausschließlich in westdeutschen Standorten ein, womit sie vom ersten Tag an nach West-Tarif besoldet wurden. Im Heer, der mit Abstand größten Teilstreitkraft, galt allerdings eine bundesweite Einberufung. Hier wurde der Ost-West-Unterschied der Offizieranwärter allerdings rasch nach Stationierung bzw. Ausbildung im Westen ausgeglichen. Bei den meisten Soldaten mit einer NVA-Vordienstzeit sah dies anders aus: Hier wurde die »Armee der Einheit« teilweise sehr unterschiedlich wahrgenommen, zumal sich bei längerer Dienstzeit in der NVA erhebliche Lücken beim Pensionsanspruch auftun konnten.

Mit der Zeit, für manche sicherlich zu langsam, passten sich die Organisationsstrukturen den gesamtdeutschen Realitäten an. Am 1. April 1993 wurde mit dem Sanitätsbataillon 806 erstmals ein »Westverband« einem »Ostkommando« unterstellt. Die radikale Verkleinerung der Bundeswehr in den Folgejahren schuf neue Realitäten, sodass die 1. Panzerdivision mit Sitz in Hannover ab 2013 nicht nur Verbände aus

Niedersachsen und Schleswig-Holstein, sondern auch aus Mecklenburg Vorpommern und Brandenburg führte. Neu aufgestellte Truppenteile im Osten übernahmen die Traditionsverbindungen von aufzulösenden Verbänden. Nachdem mehrere Tausend Offiziere und Unteroffiziere seit 1990 in Ostdeutschland Dienst geleistet hatten, begann die Personalführung ab 1993 auch gezielt Ostdeutsche nach Westdeutschland zu versetzen. Für die Betroffenen hatte das den Vorteil, dass sie hier die vollen Westbezüge erhielten und diesen Status auch nach einer Rückversetzung in die neuen Bundesländer behielten. Im gleichen Jahr begannen die ersten Lehrgänge an der Führungsakademie der Bundeswehr für Offiziere mit Vordienstzeit in der NVA.

Das materielle Erbe. Militärische Hinterlassenschaften der DDR

Erfassung, Kategorisierung und Demobilisierung Mit der Deutschen Einheit übernahm die Bundeswehr ein riesiges Waffenarsenal der DDR (1.52 Zilian, S. 159–170). Neben den gewaltigen Mengen an Waffen, Fahrzeugen, Ausrüstung und Munition der Volksarmee kamen noch die Bestände der anderen bewaffneten Organe hinzu, die einmal mehr deutlich machten, wie militarisiert die DDR gewesen war. Bei der Abgabe und »Verwertung« von Waffen und Gerät verfolgte man bis zum Ende der DDR teilweise unkonventionelle Wege. In Dessau beschloss der Runde Tisch, die von der Volkspolizei sichergestellten mehr als 1600 Handwaffen der dortigen Kampfgruppen der Arbeiterklasse zu zerstören, das Metall einzuschmelzen und zwischenzulagern. Im September 2000 wurde aus dem Waffenstahl eine »Friedensglocke« gegossen, unter anderem mit der Aufschrift »Keine Gewalt« (6.10 Garn). Durch Aktionen dieser Art liegen bis heute keine verlässlichen Zahlen über den gesamten Material- und vor allem Waffenbestand der bewaffneten Organe vor. Eine Materialübergabe von der NVA an die Bundeswehr, die mit Bestands- und Aussonderungslisten auch nur annähernd den Vorschriften der Bundeshaushaltsordnung entsprochen hätte, fand nicht statt. Mit dem Ende des SED-Regimes brach nicht nur der militarisierte Sozialismus zusammen, sondern mit ihm auch sein bürokratisches Kontrollsystem. Trotz der bis heute zu hörenden Lobeshymnen auf ordnungsgemäß übergebenes Material von der NVA an die Bundeswehr bleibt im Dunkeln, wieviel Waffen, Munition und Gerät vor dem 3. Oktober 1990 tatsächlich ordnungsgemäß abgegeben wurden oder eine »andere Verwendung« fanden. Das MfAV übergab zwar eine Liste mit den »Hauptarten der Militärtechnik« (6.8 Deutscher Bundestag, Drucksache 12/2026 vom 31.1.1992, Anl. 1), aber diese ließ eine eindeutige Verifizierung des Materials nicht zu. Beispielsweise hatte das MfAV ca. 83 000 Radfahrzeuge gemeldet, tatsächlich übernahm die Bundeswehr aber insgesamt 133 000 (ca. 113 900 der NVA und ca. 20 000 anderer bewaffneter Organe). So musste das BwKdo Ost erst einmal die Bestände räumlich zuordnen, das vor Ort vorgefundene Material aufnehmen, klassifizieren und sichern. Allein das war schon eine gewaltige Aufgabe. Zudem drängte die Zeit, denn laut dem Vertrag über konventionelle Streitkräfte in Europa (KSE-Vertrag) vom 16. November 1990 war eine umgehende Erfassung und Notifizierung erforderlich.

Immer wieder sah sich die Bundeswehr mit Beständen an Waffen und Material konfrontiert, mit denen man nicht gerechnet hatte. Allein das *Ministerium für Staatssicherheit* hinterließ 124 503 Pistolen, 76 592 Maschinenpistolen, 3611 Scharfschützengewehre, 449 leichte MGs, 766 schwere MGs, 48 Polizeiflinten und 3303 Leuchtpistolen. Vom Wachregiment »Feliks Dzierżyński« kamen Flugabwehrraketen und etwa 400 Schützenpanzerwagen hinzu. Von den *Grenztruppen* wurden 8350 Kfz unterschiedlicher Typen mit Anhängern und von der *Zivilverteidigung* etwa 800 Kfz, Fernmelde- und Pioniergerät sowie 500 000 Schutzmasken übernommen. Die Kampfgruppen hatten bis zum 1. März 1990 an die NVA 151 Schützenpanzerwagen, 110 Granatwerfer und 162 Flugabwehrkanonen abgegeben. In der Summe dürfte das Arsenal der bewaffneten Organe etwa 1000 Schützenpanzerwagen, 50 000 Panzerbüchsen, 360 000 Maschinenpistolen und tonnenweise Munition umfasst haben.

Der Abschlussbericht der Bundesregierung zur Verwertung überschüssigen NVA-Materials vom 30. Juli 1997 lieferte verlässliche Zahlen zum Bestand der Volksarmee, den die Bundeswehr mit dem Tag der Deutschen Einheit übernommen hatte, sowie zur anschließenden Verwertung (Auszüge in: 1.73 Armee ohne Zukunft, Dok. 96, S. 527 f.; 1.75 Bericht der Bundesregierung).

Eine große Herausforderung bestand im Zwang zur Gleichzeitigkeit. Auf der Grundlage der drei festgelegten Kategorien (1. vorläufige Nutzung, 2. kurzzeitige Nutzung mit dem Ziel der Aussonderung/Verwertung, 3. umgehende Aussonderung/Verwertung) musste das Material nach den gebräuchlichen Verfahren der Bundeswehr erfasst, bewertet, eingeteilt und anschließend »verdichtet« werden. Die damit gemeinte Zwischenlagerung erfolgte in 57 »Verdichtungslagern«, die sich über das gesamte Territorium der neuen Länder verteilten. Hierbei griff man auf Liegenschaften zurück, die nach dem neuen Stationierungskonzept nicht mehr genutzt werden sollten. Die Bewachung dieser Objekte ging schrittweise in die Verantwortung der bundeseigenen »Material Depot Service GmbH« (MDSG) über, deren 1820 Mitarbeiter überwiegend aus der NVA stammten. Die Materialzuführung durch die Bundeswehr dauerte bis Ende 1994. Nur etwa 7 % des NVA-Materials wurden in eine vorläufige oder kurzzeitige Nutzung der Bundeswehr überführt, der Rest sollte sofort verwertet werden. Mit der anschließenden Privatisierung ging die MDSG an die Buck INPAR (Industriepark) GmbH über, einen Spezialisten für Munitions- und Raketenentsorgung, der die restlichen Materialbestände der NVA teilweise verramschte, darunter auch die 4563 »Mobilen Feldküchen 180/72«, die als populäre »Gulaschkanonen« bis heute in Ostdeutschland genutzt werden.

Erhebliche Probleme bereitete die Entsorgung der Munition sowie von Raketentreibstoff und anderen Giftstoffen. Die Charta von Paris vom 21. November 1990 legte einen international überwachten Prozess mit minutiösen Vorgaben bei der Zählung, Zusammenfassung und Dokumentation fest. Ein Verbrauch durch Übungsbetrieb verbot sich aus nachvollziehbaren Gründen. Vernichtet werden mussten zum Beispiel 250 Boden-Boden-Raketen (darunter SS-21), 10 600 Boden-Luft-Raketen sowie 46 000 Panzerabwehrraketen. Weder in Ost- noch in Westdeutschland gab es Erfahrungen im Umgang mit diesen gewaltigen Mengen, weshalb erst private Munitionsentsorgungskapazitäten geschaffen werden mussten. Für das Delaborieren (= Zerlegen) der Munition rechnete man 1500 bis 15 000 DM je Tonne – bei einem Umfang von 300 000 t handelte es sich um ein Milliardenvolumen! Das Delaborieren war auch ein gefährliches Geschäft mit mehreren Betriebsunfällen, die am Ende fünf Menschenleben kosteten.

Im Unterschied zur Munition suchte man bei Material und Gerät wirtschaftlichere Lösungen zur weiteren Verwendung oder Abgabe. Dazu prüfte die Bundeswehr die Abgabemöglichkeit an andere Ressorts (zum Beispiel an das Bundesministerium des Innern, den Bundesgrenzschutz oder den Katastrophenschutz), den internationalen Verkauf, für humanitäre Hilfe oder NATO-Verteidigungshilfe. Falls eine Abgabemöglichkeit nicht in Betracht kam, wurde das Material an die VEBEG GmbH (Verwertungsgesellschaft für besatzungseigene Güter) mit Sitz in Frankfurt a.M. abgesteuert. Gemäß den mit dem BMVg abgeschlossenen Verwertungsvereinbarungen suchte die VEBEG treuhänderisch und mit größtmöglichem Nutzen für den Bund nach einer Verwertungsmöglichkeit. Kriegswaffen, die unter den KSE-Vertrag fielen, wurden von der VEBEG zur Zerstörung und Verschrottung durch Firmen ausgeschrieben. Die beteiligten Unternehmen mussten ein strenges Verifikationsregime über Umfang, Ort und Zeit der militärischen Demontage akzeptieren. Bei der Vermarktung erzielte die VEBEG unterschiedliche Erfolge. Von den gewaltigen Mengen an Sanitätsmaterial ging etliches kostenlos an die Länder des Globalen Südens, wodurch ein wichtiger Beitrag zur humanitären Hilfe und wirtschaftlichen Zusammenarbeit geleistet wurde. So manche Organisation, der Material kostenlos angeboten wurde, lehnte indes dankend ab. Kommunen und öffentliche Einrichtungen waren zum Beispiel am NVA-Fuhrpark nur mäßig interessiert, unter anderem, weil der hohe Spritverbrauch abschreckte. Immerhin etwa 10 000 Fahrzeuge und Anhänger fanden bei sozialen Einrichtungen, Hilfsorganisationen, Feuerwehr und Katastrophenschutz eine neue Verwendung.

Anders sah es bei funktionstüchtigen Waffensystemen aus. Vor allem ehemalige NVA-Angehörige vertraten die Auffassung, die Bundeswehr hätte zu wenig geprüft und sich viel zu schnell von hochwertigem Material getrennt (1.52 Zilian, S. 167). Gleichwohl gab es einen Markt, denn viele NATO-Staaten zeigten reges Interesse, sowjetische Militärtechnik erstmals auf Herz und Nieren zu prüfen. Andere Staaten, vor allem die Türkei, Griechenland und Portugal, erhielten im Rahmen der NATO-Militärhilfe Schiffe, Kampfpanzer und Kampfflugzeuge vom Typ MiG-23 und Su-22. Schützenpanzer vom Typ BTR-70 wurden für UN-Missionen auf dem Balkan zur Verfügung gestellt. Einige Waffensysteme, wie im Fall der Türkei, wurden später auch zur Bekämpfung kurdischer Aufständischer eingesetzt (6.13 Der Spiegel, 19.10.2004; ausführlich: 6.9 Deutscher Bundestag, Drucksache 12/8458 vom 7.9.1994; 6.68 Schultheiß, S. 198 f.). Die meisten Staaten des ehemaligen Warschauer Vertrags interessierten sich insbesondere für neuere sowjetische Waffentechnik und Ersatzteile, zum Beispiel Polen, das einige MiG-29 für einen symbolischen Betrag übernahm. Das neutrale Finnland gehörte zu den Hauptabnehmern und kaufte unter anderem mehrere Hundert Kampf- und Schützenpanzer sowie Hunderte unterschiedliche Artilleriesysteme einschließlich Munition – für 160 Millionen DM ein »Schnäppchen«. Insgesamt verkaufte oder überließ die Bundeswehr Wehrmaterial der NVA an 45 Staaten.

Angesichts der strengen Rüstungsexportbestimmungen der Bundesrepublik regte sich immer wieder öffentliche Kritik an bestimmten Entscheidungen. Beispielhaft ist hier der Verkauf von mehreren Dutzend Küstenschiffen, Versorgern, Landungsbooten, Minensuch- und Räumbooten an Indonesien zu nennen. Die zugesagten Einheiten wurden zwar vor der Abgabe auf ostdeutschen Werften demilitarisiert, aber es bestand die Befürchtung, Indonesien könnte die baulichen Veränderungen schnell wieder rückgängig machen.

Im Zuge der Diskussion über die Unterstützung der Ukraine in ihrem Verteidigungskrieg gegen Russland wurde das Thema Anfang 2022 auf einmal wieder interessant. Weil die Ukraine zu diesem Zeitpunkt noch über große Mengen sowjetischer Waffentechnik verfügte, boten zahlreiche europäische Staaten Waffen und Munition an, die sie Anfang der 90er Jahre in Deutschland erworben hatten. Die damit verbundenen deutschen Rüstungsexportgenehmigungen zeigten einmal mehr, wie stark das weltweite Interesse an ehemaliger NVA-Technik seinerzeit war und wie restriktiv die Rüstungsexportbestimmungen der Bundesrepublik bis heute sind.

Kulturgüter Wesentlich unkritischer gestaltete sich die Abgabe ausgesonderten NVA-Materials an militärhistorische Museen und Sammlungen, die auf dem gesamten Globus Interesse an sowjetischer Militärtechnik hatten. Das Militärhistorische Museum der Bundeswehr in Dresden und Berlin-Gatow konnte durch den Überschuss an Material und die Zusammenführung von Sammlungsbeständen die weltweit bedeutendste Sammlung zur Militär- und Gewaltgeschichte des Kalten Krieges aufbauen. Zur materiellen Hinterlassenschaft gehörte auch eine große Menge von Kunst- und Kulturgut der NVA und der Grenztruppen. Dabei handelte es sich vor allem um Bilder, Skulpturen und Wandschmuck sozialistischer Militärpropaganda, häufig schlicht und schlecht, aber eben auch historisch wertvolle Objekte. Im BwKdo Ost entschied man schnell: »kein genereller Bildersturm« (BArch, BW 45/46, BwKdo Ost vom 15.4.1991), sondern ordnete eine sorgfältige Einzelprüfung und gegebenenfalls eine Abgabe an das Militärhistorische Museum an. Wenngleich vor Ort nicht immer die notwendige Sensibilität für die Einmaligkeit der historischen Sachzeugnisse bestand, gab es eine generelle Richtschnur im Umgang mit der Propagandakunst der NVA. Ihr ist es zu verdanken, dass sich die bis heute mit Abstand größte Kunstsammlung zur politischen Propaganda der DDR im Militärhistorischen Museum der Bundeswehr in Dresden befindet.

Verwertung Gleichwohl war mit dem materialen Erbe der NVA vor allem eine Last und weniger ein Gewinn verbunden. Wenngleich bis heute immer wieder astronomische Summen über den geschätzten Materialwert der NVA genannt werden, erlöste die VEBEG nur einen überschaubaren Gewinn. Den Gesamteinnahmen von ca. 345 Mio. DM standen Kosten für die Entsorgung von Munition, Raketenstoffen und sonstigem Material, Abfallbeseitigung, Demilitarisierung und Zerstörung von Waffensystemen in Höhe von ca. 1,7 Mrd. DM gegenüber. Damit belastete die Verwertung des nicht in den Bestand der Bundeswehr übernommenen Materials der ehemaligen NVA den Bundeshaushalt mit über 1,4 Mrd. DM.

Der Grund für die schlechte Bilanz lag vor allem im weltweiten Überangebot an Militärtechnik nach dem Ende des Kalten Krieges. Die Bestimmungen des am 16. November 1990 beschlossenen KSE-Vertrags legten nicht nur klare Obergrenzen fest, sondern auch eine enge Frist für die Umsetzung (bis zum 9. November 1992). Neben der Sowjetunion, die ihre Hauptwaffensysteme um etwa ein Drittel abbauen musste, gehörte Deutschland zu den Ländern mit der höchsten Reduzierungsverpflichtung (BArch, BW 45/23, FüS III 4 von 11/90, Bl. 20;

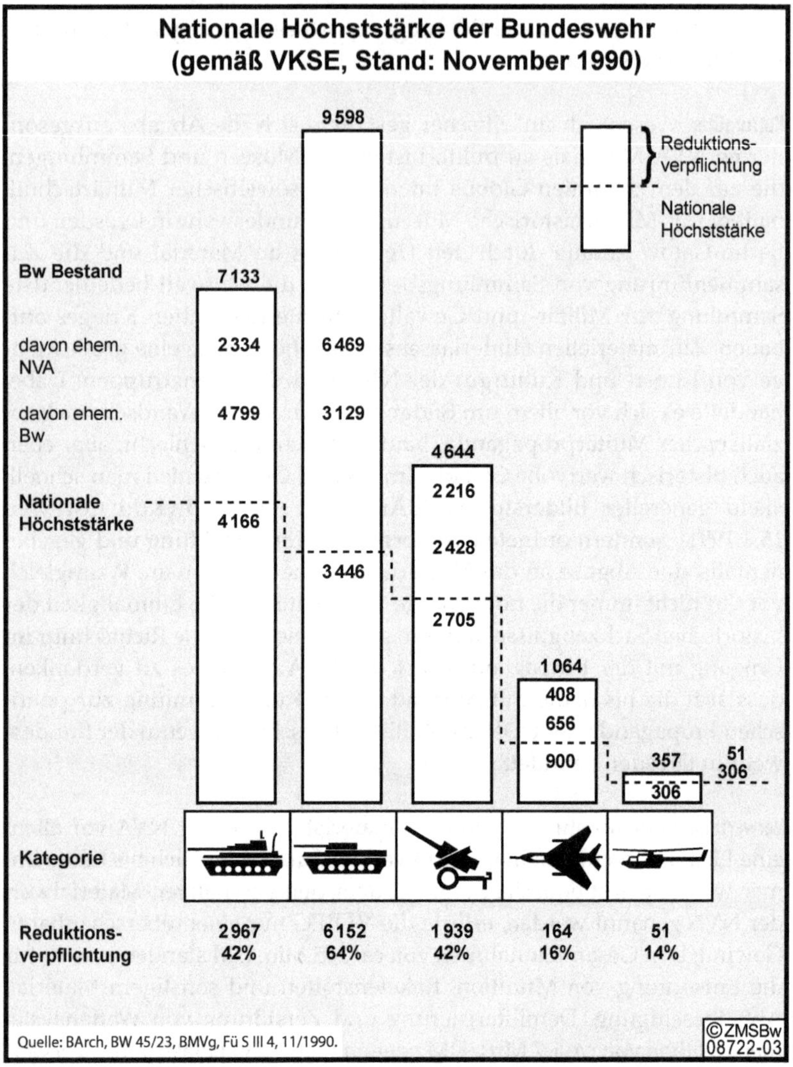

siehe die Grafik oben). Von den über 40 000 nach KSE-Statut zerstörten Waffensystemen gingen allein 10 000 auf das Konto Deutschlands. Die letzten von ehemals 2761 Kampfpanzern der NVA wurden in Löbau im Mai 1995 im Beisein von Außenminister Hans-Dietrich Genscher und Verteidigungsminister Volker Rühe demontiert. Am 23. Mai 1995, sechs Monate früher als vertraglich festgelegt, hatte Deutschland seine Reduzierungsverpflichtungen erfüllt.

▲ Zerlegung von Schützenpanzerwagen der NVA in Rockensußra (Thüringen), der ersten Panzerverschrottungsanlage Europas, 24. Mai 1993. *picture-alliance/ZB|Ralf Hirschberger*

▲ Minenräumung an der ehemaligen innerdeutschen Grenze, 17. September 1992.
picture-alliance/ZB|Ralf Hirschberger

Umweltverschmutzung Und schließlich schlugen die Umweltbelastungen zu Buche, wenngleich hier keine verlässlichen Zahlen über die tatsächlich von der NVA verursachten Umweltverschmutzungen vorliegen. In Langzeituntersuchungen nahmen das Bundesumweltamt und die jeweiligen Landesämter für Umwelt und Naturschutz die vom Militär verursachten Schäden auf, also der NVA, den Grenztruppen und der WGT (6.12 Militärische und Rüstungsaltlasten; 6.11 Köppler). Allein zwischen 1991 und 2007 wurden in den neuen Bundesländern ca. 400 Liegenschaften der NVA und der Grenztruppen auf mögliche Gefahren für Boden und Grundwasser untersucht. 2005 wurde der Bundesanstalt für Immobilienaufgaben (BImA) das Eigentum an den inländischen Dienstliegenschaften des Bundes übertragen, eine Verantwortung, die bis 2004 von den Bundesvermögensämtern, der Bundesforstverwaltung und den Bundesvermögensabteilungen der Oberdirektionen wahrgenommen worden war. Insgesamt handelte es sich um 3315 Liegenschaften der NVA und der Grenztruppen mit ca. 277 000 Hektar Fläche, zu denen bis zum Abzug aller sowjetischen Truppen noch deren militärische Einrichtungen, Infrastruktur und Fläche hinzukam.

Die Komplexität des Themas Umweltverschmutzung wird anhand konkreter Beispiele deutlich. In den etwa 600 Heizkraftwerken der NVA sollen zu DDR-Zeiten jährlich bis zu 900 000 t Braunkohle verfeuert worden sein (5.12 Koop, S. 107–109). Wegen der engen Vernetzung von militärischer und ziviler Infrastruktur konnte die Bundeswehrverwaltung die Heizwerke in den Kasernen nur schrittweise modernisieren oder auf weniger umweltgefährdende Energieträger umstellen. Auch wenn die sowjetischen Truppen bei ihrem Abzug ungleich schlimmere Umweltverschmutzungen hinterließen, hatte man es in der NVA mit dem Gesundheits- und Betriebsschutz nicht annähernd so genau genommen wie in der Bundeswehr. Umweltschutz war teuer, die dafür nötige Technik oft nur mit Devisen zu beschaffen, und hier sparte man in der NVA, wie in der gesamten DDR. Bei Betriebsschutzbegehungen offenbarte sich den Fachleuten immer wieder ein desaströses Bild, ausgelöst durch unsachgemäße Lagerung oder fahrlässige Entsorgung. Stellvertretend resümierte das Gutachten eines Betriebsschutzingenieurs: »Von diesen Stoffen geht bei der bisherigen Lagerung nicht nur eine erhebliche Gefahr für Leib und Leben der betreffenden Personen aus, sondern genauso eine akute Gefahr für die Umwelt« (BArch, BW 45/178, JgBtl 67, Breitenburg, Gutachten Betriebsschutzingenieur vom 1.11.1990). Wo vorhanden, nutzte die Bundeswehr ihre ABC-Abwehrspezialisten, um Schadstoffe, Altöle, Farben, Säuren, Laugen, defekte Batterien und asbestverseuchte Materialien aufzuspüren, zu katalogisieren und in Zwischenlagern zu sichern (1.99 Kirchbach/Meyers/Voigt, S. 140–142). Die Entsorgung dieses giftigen Erbes der NVA nahm noch Jahre in Anspruch.

Die Umweltbelastungen blieben nicht auf Kasernen und Truppenübungsplätze begrenzt. In Torgau-Elsnig beispielsweise nutzte die NVA über Jahrzehnte ein Gelände zur Lagerung und Delaborierung von Munition. Die Rückstände der Sprengstoffproduktion (TNT, Hexogen, Hexyl) lagen dort auf Halde, wurden in sogenannten »Sodateichen« verklappt und gelangten so ungefiltert in das Grundwasser; hochgiftige Substanzen, die unter anderem auch die Erbanlagen schädigen. In unmittelbarer Nähe befand sich eine Trinkwasseraufbereitungsanlage. Als kommunale Behörden zur Prüfung der Trinkwasserqualität eine Unterstützung von der Universität Münster erbaten, mussten die Fachleute ihre Überprüfung abbrechen: Das aggressive Wasser hatte die empfindlichen Messgeräte unbrauchbar gemacht. Das Land Sachsen und die Bundesregierung nahmen sich der Sache an und stellten »in beträchtlichem Umfang u.a. Mittel aus dem Sofortprogramm ›Aufbau Ost‹ zur Verfügung« (Neue Zeit vom 23.4.1991; ausführlich: 6.7 Deutscher Bundestag, Drucksachen 12/1350 vom 21.10.1991 und 12/1625 vom 19.11.1991).

Abbau der Grenzanlagen

Mit der Deutschen Einheit übernahm die Bundeswehr auch die Verantwortung für das Personal und Material der Grenztruppen der DDR sowie sämtliche noch bestehenden Grenzanlagen. Bis unmittelbar vor dem Beitrittstag hatte sich der Bundesverteidigungsminister dagegen gewehrt – vergeblich. Auch er musste akzeptieren, dass die festgelegte organisatorische Unterstellung sinnvoll war. Die Grenztruppen unterstanden dem MfNV, sie waren militärisch geführt und ausgerüstet (6.16 Maurer, S. 43–116) und vor allem war der Abbau der Grenzanlagen eine pioniertechnische Aufgabe, die sinnvollerweise in der Hand von Militärs liegen sollte, zumal es auch um die Räumung von Minen ging. Zur Erfüllung dieses Auftrags mussten aus dem Stand Lösungen gefunden und Entscheidungen getroffen werden. Beim BwKdo Ost wurde deshalb umgehend ein »Zentraler Auflösungsstab ehemalige Grenztruppen« (ZAS) unter Führung von Oberst Rolf Ocken eingerichtet, einem erfahrenen Brigadekommandeur, der im Ruf stand, improvisieren zu können. Der Zentrale Auflösungsstab, mit Sitz in Pätz bei Berlin (dem ehemaligen Kommando der Grenztruppen der DDR), hatte vier Aufgaben:

- das Suchen und Räumen von Minen,
- den Abbau möglichst großer Teile der Grenzsperranlagen,
- die Auflösung der Gesamtorganisation der ehemaligen Grenztruppen,
- die Verwertung des beim Abbau anfallenden Abbruchmaterials.

In den Augen der bundesdeutschen Politik und der überwältigenden Mehrheit der deutschen Gesellschaft in Ost und West war die Mauer ein Symbol der deutschen Teilung, das so schnell wie möglich verschwinden musste. Insofern kann man die politische Entscheidung verstehen, die letzten Mauerreste in Berlin bis zur ersten gesamtdeutschen Wahl abzubauen. Die Mammutaufgabe, 180 km Grenzmauern mit 22 500 Mauersegmenten, 297 km Grenzzäune und 255 Beobachtungstürme bis zum 2. Dezember zu beseitigen, und das alles mit einer Organisation, die erst aufgebaut werden musste, ließ sich nur mit viel Improvisation, Enthusiasmus und Durchsetzungsfähigkeit lösen – und einer erfolgreichen Zusammenarbeit von ZAS, ehemaligen Angehörigen der Grenztruppen sowie Pionierunterstützung aus westdeutschen Bundeswehreinheiten.

Das Personal des ZAS bestand zum überwiegenden Teil aus ehemaligen Angehörigen der Grenztruppen, etwa die Hälfte davon Zivilpersonal. Die meisten verfügten über pioniertechnische Fachkenntnisse. Anders als die ehemaligen NVA-Soldaten im BwKdo Ost erhielten die Angehörigen der Grenztruppen der DDR im ZAS keinen Soldatenstatus, sondern ein Arbeitsverhältnis eigener Art, vergleichbar den Soldaten im »Wartestand«. Der Personalbestand wurde kontinuierlich abgebaut: von 4782 (3. Oktober 1990) auf 4152 (31. Dezember 1990) und dann auf ca. 3000 (1. April 1991). Die persönliche Situation der ehemaligen »Grenzer«, die mit dem Abbau der Grenzanlagen ihre eigene Berufsbiographie gleichsam mit entsorgen mussten, war für fast alle bedrückend. Dass es dennoch keine Fälle von Illoyalität gab, ist bemerkenswert.

Während die Grenztruppen Waffen und Munition schon vorher abgegeben hatten, musste der ZAS 629 diverse Liegenschaften der Grenztruppen übernehmen und so rasch wie möglich an den Bundesgrenzschutz sowie andere Nutzer übergeben. Mitte Februar 1991 schätzte der ZAS, dass nur noch 10 % der verbleibenden Liegenschaften vorübergehend genutzt werden sollten.

Der Abbau der 1393 km langen Grenzanlagen an der innerdeutschen Grenze erforderte einen weit höheren Zeitansatz als ursprünglich angenommen. Das Grenzregime der DDR hatte über Jahrzehnte ein nahezu perfektes System der Abriegelung und Überwachung geschaffen (siehe die Grafik auf S. 187). Der Kern bestand aus dem sogenannten Schutzstreifen: einem 500 m breiten, tiefgestaffelten System aus vorderen und hinteren Sperrelementen mit Grenzzäunen und Grenzmauern, Hundelaufanlagen, Scheinwerferanlagen, Führungsstellen und 538 Beobachtungstürmen, geländeabhängigen Kfz-Sperrgräben, 4507 km Kabeltrassen, 6637 km Fernmeldekabeln und 19 930 Grenzmeldesprechstellen. Während die Grenztruppen die Selbstschussanlagen vom Typ SM-70 bereits Mitte der 80er Jahre abgebaut hatten, lag immer noch eine Vielzahl von Minen vergraben.

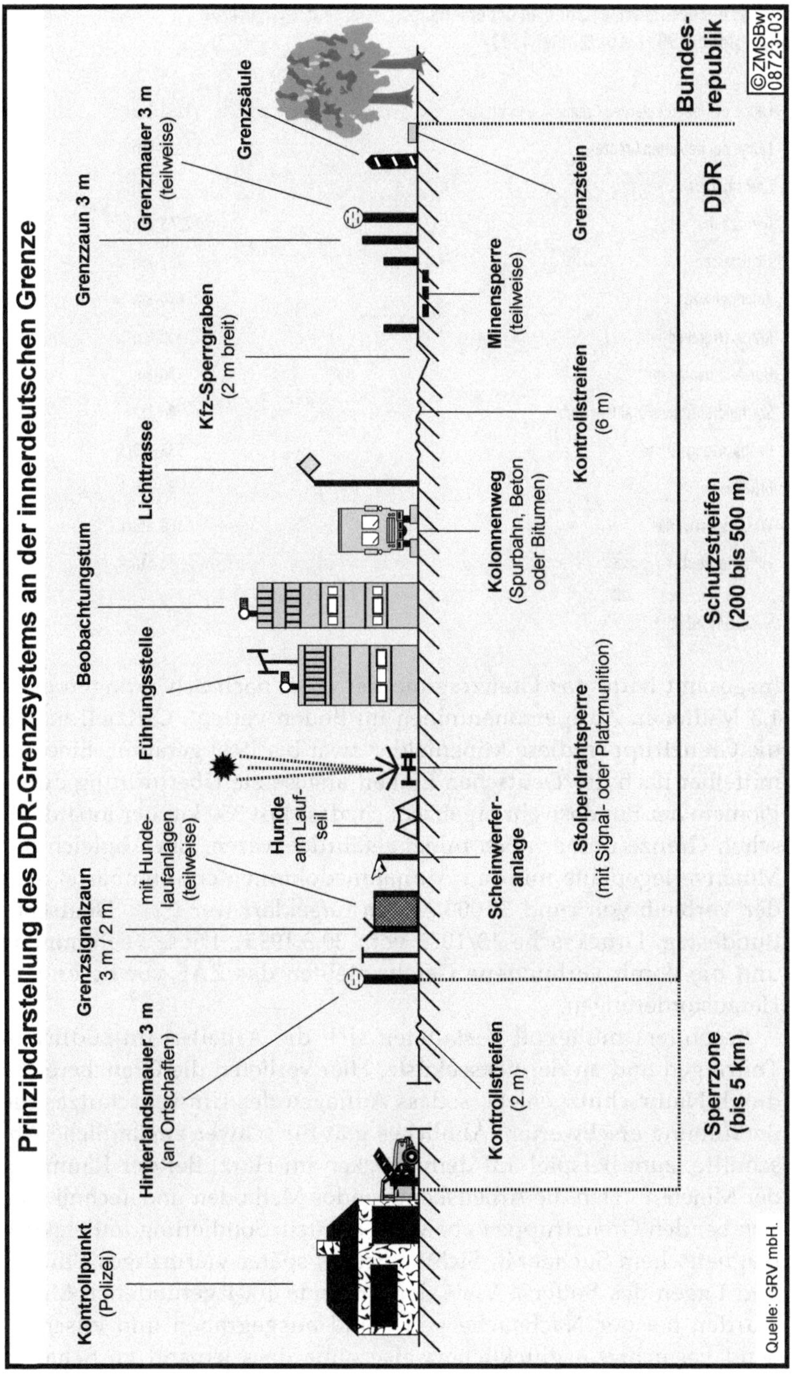

Prinzipdarstellung des DDR-Grenzsystems an der innerdeutschen Grenze

Quelle: GRV mbH.

Abriss der Grenzsperranlagen an der ehemaligen innerdeutschen Grenze (November 1989 bis Dezember 1993)

Länge der innerdeutschen Grenze	1393 km
Länge der bebauten Grenze	1334 km
Grenzmauern	32 km
Grenzzäune	2565 km
Lichttrassen	237 km
Kolonnenwege	690 km
Kfz-Sperrgraben	690 km
Hundelaufanlagen	170 km
Stacheldrahtrollen/Drahtsperren	86 km
Beobachtungstürme	538 Stück
Brücken	89 Stück
Wassersperrwerke	168 Stück
Führungsbunker	48 Stück

Quelle: GRV mbH.

Insgesamt hatte das Grenzregime der DDR nach Schätzungen etwa 1,3 Millionen Antipersonenminen im Boden verlegt. Offiziell hatten die Grenztruppen diese Minenfelder zwar bis 1985 geräumt. Eine unmittelbar nach der Deutschen Einheit angesetzte Überprüfung durch Pioniere der Bundeswehr ergab jedoch, dass fast 350 km der innerdeutschen Grenze immer noch minengefährdet waren. Ein Abgleich der Minenverlegepläne mit den Aufnahmedokumenten offenbarte, dass der Verbleib von rund 30 000 Minen ungeklärt war (**6.15** Deutscher Bundestag, Drucksache 13/1023 vom 30.3.1995). Diese »Fehlminen« und die damit verbundene Gefahr stellten das ZAS vor besondere Herausforderungen.

Besonders mühevoll gestalteten sich die Arbeiten im südlichen Thüringen und an der Ostseeküste. Hier verliefen die Grenzbereiche durch Naturschutzgebiete, sodass Auflagen des Umweltschutzes die Beräumung erschwerten. Ähnliches galt für schwer zugängliche Abschnitte, zum Beispiel auf dem Brocken im Harz. Bei der Räumung der Minen nutzten die Arbeitskommandos Methoden und Technik, die sich bei den Grenztruppen »bewährt« hatten: Sondierung mit elektromagnetischem Suchgerät, Sichtkontrolle, später viermaliges Pflügen und Eggen des Bodens. Viele der am Ende 1004 gefundenen Minen wurden bei der Nachsuche von Hand ausgegraben und anschließend vernichtet – glücklicherweise ohne dass jemand zu Schaden kam. Für die Demontage der ehemaligen Grenzanlagen gab es weder Vorschriften noch Pläne. Kreative, einfache Lösungen kamen genauso zur Anwendung (z.B. beim Schleifen der Beobachtungstürme mit Abschleppseilen und Zugmaschinen) wie technische Neuentwicklungen (etwa bei der Minennachsuche mit der Bodenfräse VMN 100/1-3).

Gemessen an den gewaltigen Kosten für die Erstellung und den Unterhalt der innerdeutschen und Berliner Grenze und erst recht, wenn man deren politische Bedeutung in Rechnung stellt, nimmt sich die Summe von 300 Millionen DM für ihren Abbau geradezu winzig aus. Ähnlich wie beim NVA-Material brachte die Verwertung des Abrissmaterials an Grenze und Mauer weniger ein als ursprünglich gedacht. Immerhin konnten von den 1,2 Mio. Tonnen Beton etwa drei Viertel recycelt werden. Vom Schandmal der DDR-Geschichte ist heute fast nichts mehr zu sehen. Teile der geschredderten Betonelemente der Berliner Mauer dienten als Untergrund für den Straßenbau des Berliner Rings. Die charakteristischen Streckmetallzäune, die zur Einzäunung zahlreicher Privatgrundstücke genutzt wurden, fallen dem Kundigen bis heute ins Auge.

Beim Rückbau des Grenzstreifens wurde die einmalige Chance genutzt, durch umfassende Projekte zur Renaturierung und Aufforstung mehr als 1200 seltenen Pflanzen und Tieren einen neuen Lebensraum zu geben. Unter dem Motto »Vom Todesstreifen zur Lebenslinie« steht das »Grüne Band« heute symbolisch für die blühenden Landschaften zwischen Ost und West (https://www.bund.net/gruenes-band/).

Zahlreiche Gedenkstätten – die Bundesstiftung Aufarbeitung bietet hierzu eine umfassende Linkliste – bringen Interessierten eines der dunkelsten Kapitel der jüngsten deutschen Geschichte näher. Besonders empfehlenswert sind:

- Stiftung Berliner Mauer (Berlin)
- Tränenpalast, Ort der Deutschen Teilung (Berlin)
- Gedenkstätte Deutsche Teilung Marienborn
- Grenzdenkmal Hötensleben
- Deutsch-Deutsches Museum Mödlareuth
- Grenzmuseum Schifflersgrund
- Gedenkstätte Point Alpha

»Fremde Freunde«. Der Abzug der sowjetischen/russischen Streitkräfte

Sowjetische Streitkräfte in der DDR Die deutsche und russische/sowjetische Geschichte war über Jahrhunderte eng aufeinander bezogen: in Kooperation und Sympathie, in Konfrontation und tiefer Ablehnung. Gerade weil das Verhältnis von Russen und Deutschen so komplex ist und in der jüngsten Vergangenheit immer wieder als Begründung für politische Haltungen und politisches Handeln herhalten muss, lohnt ein genauerer Blick auf das bislang letzte Kapitel deutsch-russischer Militärgeschichte.

Die Geschichte der SBZ/DDR ist untrennbar mit der Geschichte der sowjetischen Streitkräfte in Deutschland verbunden. Auch wenn sich ihre Bezeichnung im Laufe der Zeit änderte (Gruppe der sowjetischen Besatzungstruppen, GSBT; Gruppe der Sowjetischen Streitkräfte in Deutschland, GSSD; Westgruppe der Truppen, WGT), blieb ihre Präsenz unverändert hoch (6.20 Arlt, passim). Mit einer Gesamtstärke von etwa 400 000 Soldaten bildeten die Sowjetstreitkräfte in der DDR die größte Streitmacht, die jemals in Friedenszeiten über einen Zeitraum von fast fünf Jahrzehnten außerhalb des eigenen Staatsgebiets stationiert war. Die Dauer ihrer Präsenz wird lediglich von jener der US-Streitkräfte übertroffen, die bis heute in Deutschland stehen (6.30 Müller, S. 145). Ein Stationierungsabkommen regelte den rechtlichen Status, verbunden mit weitreichenden Nutzungsrechten für die Sowjets und Zahlungsverpflichtungen für die DDR. Bei den Besatzungskosten wurden die DDR-Bürger pro Kopf etwa viermal so hoch belastet wie Bürger der Bundesrepublik mit den Kosten der Westalliierten. Vor allem gab es eine eklatante Diskrepanz zwischen Rechtsnorm und Rechtspraxis, die beispielhaft für die »Unterwürfigkeit« der DDR gegenüber der Führungsmacht Sowjetunion stand (6.27 Kowalczuk/Wolle, S. 107–109). Die Sowjetsoldaten und ihre Angehörigen unterstanden de facto einem eigenen Recht. Die Besatzungsmacht konnte jederzeit Sonderrechte geltend machen. Bei Rechtsbrüchen, Umweltverstößen, Lärmbelästigungen, Manöverschäden, fehlgeleiteter Munition, unangemeldeten Truppenmanövern oder der willkürlichen Absperrung von Straßen oder ganzen Regionen waren die DDR-Behörden machtlos – und mussten anschließend versuchen, die Schäden selbst zu regulieren (2.27 Rogg, S. 437–440). Die enorme Stationierungsdichte der Sowjetstreitkräfte und deren intensive Übungstätigkeit führten in Regionen mit besonders hoher Militärpräsenz zu teilweise enormen Belastungen für die Zivilbevölkerung. In unmittelbarer Nähe von Kasernen der GSSD/WGT gab es ein erhöhtes Aufkommen von Straftaten, wilde Müllberge und schwerwiegende Verkehrsverstöße. Mit Anspielung auf den Leuchtpunkt, der sich auf der Rückseite sowjetischer Militärfahrzeuge befand, gab es die Redewendung: »Grünes Auto, weißer Punkt – halte Abstand, leb' gesund.«

Mit der Reformpolitik Gorbatschows und der Senkung der Militär- und Rüstungsausgaben kündigte die Sowjetunion Ende 1988 erhebliche Truppenreduzierungen in der DDR an. Mehrere Indizien sprechen dafür, dass Moskau schon zu diesem Zeitpunkt keine dauerhafte Zukunft mehr für die WGT in der DDR sah: »Fakt ist, dass der Stern der sowjetischen Streitkräfte in Deutschland Ende der 1980er Jahre im Sinken begriffen war« (3.20 Uhl, S. 147 f.). Zeitgleich traten die DDR-Behörden selbstbewusster gegenüber den »Freunden« auf, ohne dass diese allerdings ihr Verhalten wesentlich veränderten (6.27 Kowalczuk/Wolle, S. 154–159).

Dislozierung der WGT Ende der 80er Jahre Die sowjetischen Soldaten waren in der DDR omnipräsent und doch verborgen. Es gab praktisch keinen Ort, der mehr als 40 km von einer sowjetischen Militäreinrichtung entfernt war. Die WGT verfügte zu Beginn der Deutschen Einheit über 1052 Liegenschaften, 146 Truppenübungsplätze, 406 Garnisonen, 80 Flugplätze, 147 Lager und Bunker sowie 42 Großtanklager mit einer Gesamtfläche von rund 240 000 Hektar. Das entsprach etwas 2,5 % des DDR-Territoriums (6.28 Militärische Altlasten; 6.33 Standorte und Liegenschaften). Die tatsächlich beanspruchten, willkürlich genutzten Räume machten allerdings ein Mehrfaches aus. In unmittelbarer Nähe der Kasernen lagen sogenannte Konzentrierungsräume, die bei Alarmierung in kürzester Zeit bezogen werden konnten. Noch mehr als die NVA lebten die sowjetischen Streitkräfte praktisch in ständiger Gefechtsbereitschaft, sogar am Sonntag, der kein arbeitsfreier Tag war. In Ost-West- und Nord-Süd-Richtung erstreckten sich Kettenmarschwege und ausgebaute Trassen mit einer Länge von 11 700 km (!), das entsprach etwa dem gesamten Straßennetz der DDR (6.27 Kowalczuk/Wolle, S. 122 f.). Damit konnten selbst große Gefechtsverbände in kürzester Zeit in ihre Bereitstellungsräume an der Grenze zur Bundesrepublik gelangen. Die gesamte Organisation und Dislozierung ordnete sich dem Mantra einer permanenten Bedrohung durch »den Westen« unter. Tatsächlich waren die sowjetischen Truppen in der DDR die Speerspitze einer gigantischen Angriffsmaschinerie mit dem Ziel, in wenigen Tagen bis zum Rhein vorzustoßen. Der Stationierungsschwerpunkt befand sich im Gebiet von Berlin und im westlichen Teil des heutigen Brandenburg mit Nebenschwerpunkten in den Räumen Dresden, Magdeburg und Weimar (siehe die Grafik auf S. 192). Das Oberkommando der sowjetischen Streitkräfte lag in Wünsdorf bei Jüterbog. Die Kleinstadt war fest in sowjetischer Hand und abgeschottet. Am Ende der Truppenpräsenz in Ostdeutschland stammten die meisten sowjetischen Soldaten, rund 60 %, aus Russland, etwa ein Viertel kam aus der Ukraine, 5 % aus Weißrussland, und etwa 10 % gehörten anderen Nationalitäten an.

Trotz erster Abrüstungsschritte verfügte die WGT Ende 1990 immer noch über eine gewaltige Streitmacht von 6 Armeen, 22 Divisionen, 49 Brigaden und 42 Regimentern, insgesamt:

- 337 000 Soldaten
- 208 000 Zivilangestellte, bzw. Familienangehörige

Stationierung der WGT (Stand: 3.10.1990)

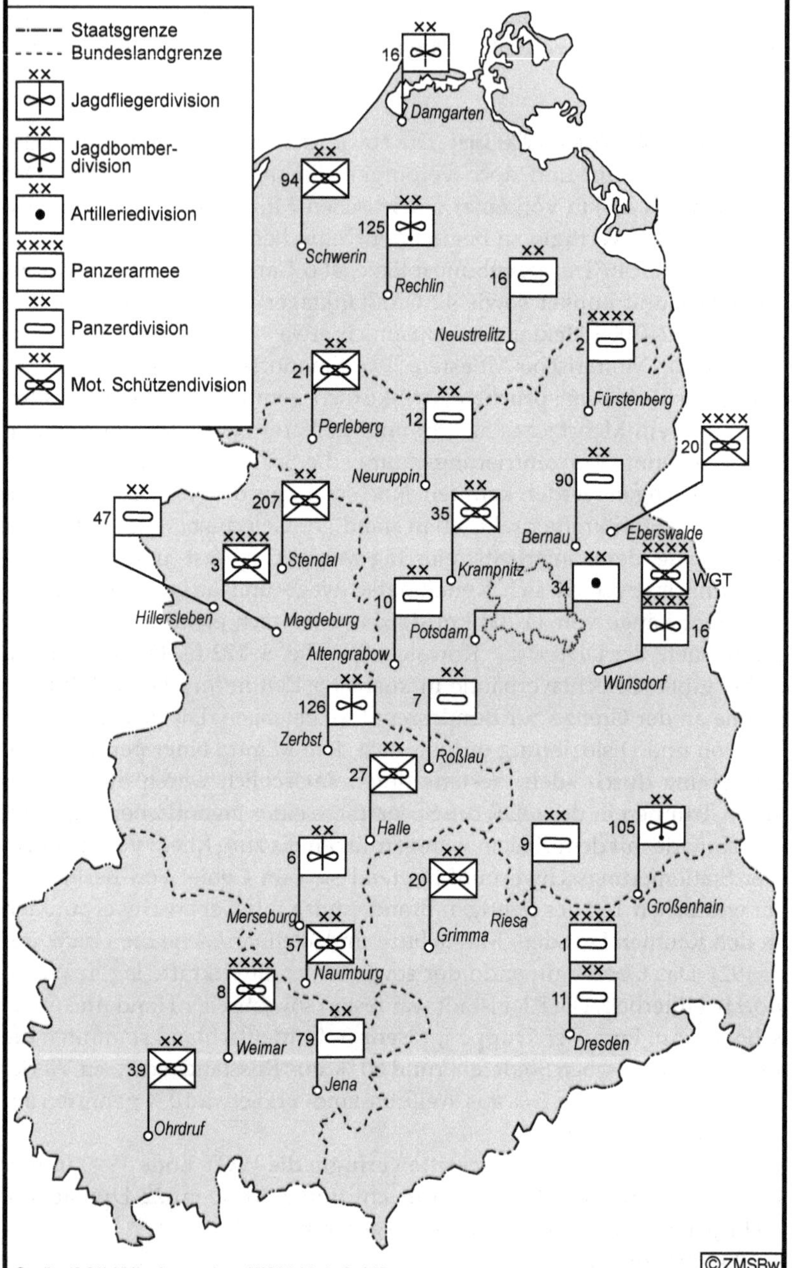

Quelle: (2.31) NVA – Anspruch und Wirklichkeit, S. 345.

©ZMSBw 08724-03

- 4116 Kampfpanzer
- 7948 gepanzerte Fahrzeuge
- 3578 Artilleriesysteme
- 623 Flugzeuge
- 615 Hubschrauber
- 94 129 Kfz
- 2 602 000 t Material (davon: 677 000 t Munition) für eine Bevorratung von 90 Tagen.

Die auf dem Gebiet der ehemaligen DDR stationierten Kernwaffen sollten bis Juni 1991 vollständig abgezogen sein. Die WGT war mithin etwa doppelt so groß wie die NVA vor der Friedlichen Revolution. Bedenkt man, mit welchen Herausforderungen die Bundeswehr bei der Auflösung der NVA zu kämpfen hatte, allein im Bereich der Logistik, Verwaltung und Liegenschaften, dann wird deutlich, dass der Abzug der sowjetischen/russischen Streitkräfte in Deutschland eines ungleich größeren Kraftakts bedurfte. Auch hier standen hinter der »Abwicklung« persönliche Schicksale von Soldaten, Zivilbeschäftigten und deren Familien, die mit Sorge in eine ungewisse Zukunft blickten.

Zivile DDR-Gesellschaft und sowjetische Militärgesellschaft Das Bild der Sowjetstreitkräfte wurde in der DDR in grellen Propagandafarben gezeichnet. Offiziell bezeichnete man sie als »Befreier«, »Freunde«, und im NVA-Politsprech sprach man vom »Regiment von nebenan«. Tatsächlich wussten DDR-Gesellschaft und Sowjetsoldaten wenig voneinander. Der faktischen Omnipräsenz des Militärs stand eine praktische Absenz an persönlichen Erfahrungen gegenüber. »Der Freundschaftsbegriff inflationierte [...] Das freundschaftliche Leben lediglich auf offiziellen Wegen gestatten zu wollen, führte zu dessen dauerhafter Abtreibung. Unter Ausschluss der Öffentlichkeit war die Begegnung nur in Funktionärskreisen genehm« (6.25 Gaudlitz/Kumlehn, S. 6). Sowjetische Mannschaftssoldaten hatten keine Chance, während ihrer Stationierung in der DDR persönliche Erfahrungen zu machen oder Kontakte zu knüpfen. Wenn überhaupt, dann war ein Verlassen der Kasernen nur in Gruppen und unter Aufsicht eines Offiziers möglich. Das »sozialistische Brudervolk« blieb ihnen fremd. Offiziere und ihre Familien genossen nur wenig größere Freiheiten. Sie lebten in ghettoähnlichen Militärsiedlungen mit einer weitgehend autarken Infrastruktur, allerdings unter vergleichsweise bescheidenen, teilweise sogar primitiven Bedingungen. Persönliche Einladungen bei NVA-Offizieren waren untersagt, weil man die »Sieger des Großen Vaterländischen Kriegs« nicht mit dem unvergleichlich höheren Lebensstandard der Besiegten konfrontieren wollte. Dennoch galt eine Versetzung in die DDR für jeden Sowjetoffizier als Glücksfall. Mit deutlich besserem Sold (der zum Teil in DDR-Mark ausgezahlt wurde) konnte er hier Konsumgüter erwerben, die es in der Sowjetunion nicht gab. Außerdem galt eine Verwendung in der DDR als karrierefördernd.

Trotz der starken Reglementierung der Kontakte gab es persönliche Berührungspunkte. Die »Regimentswirtschaft« in den sowjetischen Streitkräften (eine Art privatwirtschaftlich organisierte Selbstversorgung) und eine massive Korruption beförderten einen teilweise schwunghaften Handel in unmittelbarer Nähe sowjetischer Kasernen. Baustoffe, Benzin oder Lebensmittel wurden hier vorzugsweise gegen Konsumgüter getauscht. Ähnlich wie die Soldaten der Volksarmee wurden auch sowjetische »Waffenbrüder« in der »sozialistischen Hilfe« eingesetzt, vornehmlich bei der Ernte, aber ebenso in der Industrie. Auch hier funktionierte die Kompensation häufig auf grauen Wegen, nicht selten durch Tauschgeschäfte.

Auf der anderen Seite verlangte die Stationierung der sowjetischen Truppen den DDR-Bürgern viel ab. Der intensive, teilweise zügellose Übungsbetrieb forderte einen hohen Preis. Sicherheitsbestimmungen und der Schutz der Umwelt hatten sich dem Übungsbetrieb rigoros unterzuordnen. Selbst für DDR-Verhältnisse spottete das völlige Fehlen eines Umweltbewusstseins in der Sowjetarmee jeder Beschreibung. Von 37 Kläranlagen, die von der WGT Ende 1988 im Bezirk Potsdam betrieben wurden, funktionierten 11 nicht, weswegen die Abwasser ungeklärt versickerten (6.27 Kowalczuk/Wolle, S. 150). Erst beim Abzug der WGT wurde das wahre Ausmaß dieser ökologischen Katastrophe sichtbar.

Die klare Hierarchie zwischen Besatzern und Besetzten, die Unterbindung von Aushandlungsprozessen und kritischer Öffentlichkeit und nicht zuletzt das Verbot persönlicher Kontakte führten dazu, dass die Angehörigen der Sowjetarmee und ihre Familien weitgehend »fremde Freunde« blieben.

Vertraglicher und finanzieller Rahmen Mit dem Zwei-plus-Vier-Vertrag (Artikel 4) und den deutsch-sowjetischen Folgeverträgen hatte man die rechtlichen, zeitlichen und finanziellen Grundlagen des Abzugs der WGT fixiert. Am 12. Oktober 1990 unterzeichneten Bundesaußenminister Genscher und der sowjetische Botschafter in Bonn, Wladislaw Terechow, den 27 Einzelartikel umfassenden »Vertrag zwischen der Bundesrepublik Deutschland und der UdSSR über die Bedingungen des befristeten Aufenthalts und die Modalitäten des planmäßigen Abzugs der sowjetischen Truppen auf dem Gebiet der Bundesrepublik Deutschland«, kurz: den »Aufenthalts- und Abzugsvertrag« (AAV). Der Vertrag umfasste ein Bündel von Einzelfragen zu den Bereichen Verkehr, Transport, Post, Fernmeldewesen, Zoll, Steuern, Recht und Verwaltung, die für den folgenden Prozess wichtig sein sollten. Am 9. November 1990, dem ersten Jahrestag des Mauerfalls, hatten sich Bundeskanzler Kohl und Präsident Gorbatschow im »Vertrag über gute Nachbarschaft, Partnerschaft und Zusammenarbeit zwischen der Bundesrepublik Deutschland und der UdSSR« auf das Finanzvolumen des Abzugs der WGT geeinigt. Danach verpflichtete sich die Bundesrepublik zur Zahlung von:

- 7,8 Mrd. DM für Wohnungsbauprogramme in der Sowjetunion,
- 3,0 Mrd. DM für Unterhalts- und Aufenthaltskosten während des Abzugs,
- 1,0 Mrd. DM für Transportkosten,
- 0,2 Mrd. DM für Umschulungsmaßnahmen für sowjetische Militärangehörige.

Darüber hinaus einigte man sich auf einen zinslosen, ungebundenen Kredit in Höhe von 3 Mrd. DM. Insgesamt umfasste das Paket also 15 Mrd. DM; für Deutschland ein »Schnäppchen«, gemessen am politischen Gewinn, für die Sowjetunion überlebenswichtig, gemessen an ihrer katastrophalen finanzpolitischen Situation. In einem Ergänzungsvertrag einigten sich Kohl und Gorbatschows Nachfolger Boris Jelzin auf die Vorverlegung des Abzugstermins auf den 31. August 1994. Gleichzeitig übernahm Deutschland noch einmal Kosten für die Wiedereingliederung der nunmehr russischen Truppen in Höhe von 550 Millionen DM.

Im Vertrag vom 9. November 1990 verpflichtete sich die Bundesrepublik, die Friedhöfe und Denkmäler, die den sowjetischen Opfern von Krieg und Gewaltherrschaft gewidmet sind, zu achten und unter den Schutz deutscher Gesetze zu stellen. Im »Überleitungsabkommen« wurde schließlich festgelegt, dass die »unbeweglichen Vermögenswerte«, die von den sowjetischen Truppen auf ihren Liegenschaften genutzt wurden, mit den dort verursachten Umweltschäden verrechnet werden sollten. Mit anderen Worten: Die Sowjetunion, respektive Russland, hoffte ihre in der DDR selbst geschaffenen »Werte« (Gebäude, Infrastruktur usw.) höchstmöglich bewerten zu können und gleichzeitig die angenommenen Umweltschäden kleinzurechnen. Mit Blick auf das in der DDR hinlänglich bekannte mangelnde Umweltbewusstsein der sowjetischen Streitkräfte zeichnete sich hier schon früh Konfliktpotenzial ab.

Deutsches Verbindungskommando zu den sowjetischen Streitkräften Zur Koordinierung des Abzugs wurde beim BwKdo Ost ein »Deutsches Verbindungskommando zu den sowjetischen Streitkräften« (DtVKdoSK) unter Leitung von Generalmajor Hartmut Foertsch eingerichtet (6.23 Foertsch; 1.73 Armee ohne Zukunft, S. 205–254; BArch, BW 45/10, Bd 5, 60, 246, 247, BArch, BW 55/1-390). Foertsch konnte auf ein bereits existierendes Verbindungskommando der NVA ebenso zurückgreifen wie auf die fachliche Unterstützung durch den ehemaligen NVA-Generalmajor Lothar Engelhardt; beides erwies sich als außerordentlich hilfreich. Das Verbindungskommando fungierte als Mittler der Bundeswehr zur WGT, koordinierte die Einhaltung der Verträge für den Abzug und war Ansprechstelle für die bei den Bundesländern eingerichteten Länderbeauftragten für den Abzug der WGT. Bei den Territorialkommandos richtete die Bundeswehr auf allen Ebenen Kontaktstellen zur WGT und zu den Kommunal- und Landesbehörden ein. Die dezentrale Organisation ermöglichte einen Austausch auf allen Ebenen, die zügige Beantwortung von Fragen und die Bearbeitung von Beschwerden. Nicht zuletzt erlaubte die Struktur eine Koordination der Presse- und Öffentlichkeitsarbeit, um das große Medieninteresse zu befriedigen. Diese Transparenz überraschte die Menschen in den neuen Bundesländern einmal mehr von der Bundeswehr.

»Abzug in Würde« Der Abzug der WGT erfolgte in drei Phasen. Nachdem erste Kontakte aufgebaut und verlässliche Daten gesammelt worden waren (Oktober bis Dezember 1990), wurden die Strukturen aufgebaut und eine Organisation für den Abzug geschaffen (Dezember 1990 bis Dezember 1992), um schließlich den größten Teil des Abzugs in eineinhalb Jahren zum Abschluss zu bringen (Januar 1993 bis September 1994) (1.73 Armee ohne Zukunft, S. 233–238; 6.18 Der Abzug).

Eine Fülle von Herausforderungen und Risiken begleiteten den Prozess. Die Zusammenarbeit mit den sowjetischen Truppen war anfangs von Zurückhaltung und Misstrauen geprägt. Bis zum Schluss wurde häufig nur mit verdeckten Karten gespielt. Mit dem Kommandowechsel auf Generaloberst Matwej Burlakow, einem »Abzugsprofi« (so Hartmut Foertsch in: 1.73 Armee ohne Zukunft, S. 253), der bereits den Abzug der sowjetischen Truppen aus Ungarn geleitet hatte, entspannte sich die Situation etwas. Die WGT war jetzt nicht mehr Besatzungs-, sondern Stationierungstruppe, konnte nicht mehr willkürlich Gelände sperren oder Straßen nutzen und hatte sich Weisungen der örtlichen deutschen Behörden zu fügen. Kettenfahrzeuge mit ungeschützten Gleisketten durften zum Beispiel nicht mehr, wie zu DDR-Zeiten, öffentliche Straßen benutzen und mussten jetzt umständlich und teuer mit Schwerlasttransportern verlegt werden. Das betraf einen Großteil der sowjetischen Kettenfahrzeuge. Der schrittweise Zerfall der Sowjetunion, der Putsch am 31. August 1991 und die formelle Auflösung der UdSSR am 26. Dezember 1991 schufen völlig neue Voraussetzungen. Zudem konnte die Sowjetunion (und ihre Nachfolgestaaten) nach der Auflösung des Warschauer Vertrags nicht mehr mit der uneingeschränkten Unterstützung der »Brudervölker« rechnen. Als Polen überraschend Straßentransporte der WGT untersagte, musste der Abzug auf den Luftweg, die Schiene und vor allem über See verlegt werden. Die Fährverbindung Mukran–Klaipeda spielte hier eine entscheidende Rolle. Über genau festgelegte Kolonnenmarschwege erfolgte der

Abzug schließlich planmäßig von Süd nach Nord (BArch, BW 45/246, DtVKdoSK vom 6.5.1991, Bl. 18 f.).

Russland sah sich zwar als Rechtsnachfolger der Sowjetunion, aber was geschah mit den nichtrussischen Nationalitäten im ehemals sowjetischen Militär? Ein erheblicher Teil der zurückzuführenden Truppenteile stammte aus Belarus und der Ukraine, und genau hier sollten auch die neu zu bauenden Wohnungen für die Soldaten und ihre Familien entstehen. Die Festlegung eines neuen Dislozierungsplans schuf erhebliche Unruhe bei den Betroffenen und kostete Zeit. Die baltischen Staaten, jahrzehntelang bei militärischen Pensionären begehrt, nahmen keine ehemaligen Sowjetsoldaten mehr auf. Am Ende wurden mit einem angepassten Gesamtvolumen von 8,35 Mrd. DM 46 000 Wohnungen an 42 Standorten gebaut (ursprünglich waren 36 000 geplant gewesen); die letzten Einheiten konnten Ende 1996 übergeben werden (6.23 Foertsch, S. 468). Gleichwohl reichten diese gewaltigen Anstrengungen nicht aus, um allen Betroffenen bei ihrer Rückkehr eine akzeptable Unterkunft zu bieten; auf viele Familien warteten nicht neue Wohnungen, sondern bestenfalls Barackenlager. Die Mischung aus Korruption, Schlamperei und Verantwortungslosigkeit empörte auch die deutsche Öffentlichkeit (»Zu sechst im Kabuff«, Der Spiegel, 25.11.1990). Immerhin konnten mit den vertraglich vereinbarten 200 Mio. DM bis Herbst 1996 rund 10 000 russische Offiziere für technische und kaufmännische Berufe umgeschult werden, um ihre Chancen auf dem zivilen Arbeitsmarkt zu vergrößern. Die strukturelle Nähe zwischen Sowjetarmee und NVA offenbarte einmal mehr ähnliche Schwachpunkte.

Aus nachvollziehbaren Gründen versuchten die nunmehr russischen Truppen, finanziellen Gewinn aus der für sie prekären Situation zu ziehen; sie gingen dabei findig, aber häufig auch skrupellos vor. Die Vermietung von Kasernenmauern als Werbeflächen brachte immerhin etwa 170 000 DM ein (6.30 Müller, S. 177). Auf der Grundlage einer gesonderten Vereinbarung und nach den Vorgaben des KSE-Vertrags begann ab August 1992 die Zerstörung von 2632 gepanzerten Kettenfahrzeugen, überwiegend vom Typ BRT und BMP, um sie anschließend als Schrott zu verkaufen. Weil dadurch weniger militärisches Gerät nach Russland zurückgebracht werden musste, ergaben sich für die in Deutschland verbliebenen russischen Soldaten neue Transportkapazitäten für Materialien, die in ihrer Heimat nur schwer zu bekommen waren: Installationen, Baustoffe, Bauholz, Straßenbeleuchtungen, Sanitäranlagen und Armaturen, ganze Betonplatten und vieles mehr. Die russischen Soldaten erhielten sogar eine explizite Aufforderung, alles irgendwie Verwertbare zu demontieren, um es in der Heimat weiter zu verwenden. Bei der Übernahme der russischen Liegenschaften bot sich den deutschen Behörden ausnahmslos ein erschütterndes Bild von Verwahrlosung und

Vermüllung. Sogar Stromkabel wurden aus den Wänden gerissen. Ein deutlicheres Zeichen für die eklatante Wohlstandsdifferenz hätte man sich nicht denken können.

Im Überleitungsabkommen hatten sich beide Parteien vertraglich darauf festgelegt, die »unbeweglichen Vermögenswerte«, die von den sowjetischen Truppen auf ihren Liegenschaften errichtet und genutzt wurden, mit den dort verursachten Umweltschäden zu verrechnen. Sehr schnell zeigte sich, dass die Liegenschaften nur geringen Wert besaßen, die Umweltschäden allerdings immens waren. Das Bundesumweltministerium kam in einer Pilotstudie zu einem niederschmetternden Ergebnis. Mutwillig abgefackelte oder durch Übungsbetrieb in Brand gesetzte Wälder wurden nicht mehr aufgeforstet. Die Presse berichtete ständig über »ökologische Zeitbomben«: verrottete Kläranlagen, Unmengen von nicht entsorgter Munition, offen gelagerte hochtoxische Stoffe, wilde Müllkippen und immer wieder Altöl und andere giftige Substanzen, die einfach im Boden versickerten. Um die jahrzehntelang geübte Praxis der Altölentsorgung zu verbergen, legten russische Soldaten jetzt Erdgruben an, die anschließend zugeschüttet wurden. Die brandenburgische Landesregierung lobte Finderlöhne in harter D-Mark für jedes »Ökograb« aus, das ihnen gemeldet wurde. Während das russische Militär den Wert seiner Liegenschaften auf 10 Mrd. DM bezifferte, versuchte es gleichzeitig die eigenen Umweltsünden zu vertuschen, damit die Abschlussbilanz »stimmte«. Die deutsche Seite rechnete mit Kosten der Umweltverschmutzung in Höhe von mindestens 10 Mrd. DM. Am Ende einigte man sich auf die hälftige Teilung der Liegenschaftserlöse: gerade einmal 2 Millionen DM.

Die zu DDR-Zeiten geduldeten kleinen Schiebereien mit dem sowjetischen Militär waren nicht mehr so einfach möglich wie ehedem, sie konnten aber nie vollständig unterbunden werden. Dafür wurden jetzt im großen Stil Geschäfte gemacht. Bis heute weiß niemand, wie viel Waffen und Munition den Besitzer wechselten. Eine erkleckliche Zahl großer Waffensysteme verließ über dunkle Kanäle Ostdeutschland und fand sich auf dem Balkan wieder, wo seit Anfang der 90er Jahre ein brutaler Krieg tobte. Beim illegalen Import-Export-Handel mit Diesel, Zigaretten, Alkohol im Tausch gegen westliche Gebrauchsgüter, die anschließend überteuert in Russland verkauft wurden, machten russische Soldaten mit der wachsenden Russen-Mafia gute Geschäfte. Die Strafverfolgungsbehörden konnten oft nur zuschauen, weil ihre Zuständigkeit hinter den Zäunen der russischen Kasernen endete.

Besonders heikel war der Umgang mit russischen Deserteuren (6.22 Flucht vor der Roten Fahne). Bis zum Abzug der WGT beantragten 600 Fahnenflüchtige politisches Asyl in Deutschland. Formal übten die zuständigen sowjetischen/russischen Behörden die Gerichtsbarkeit gegenüber ihren Soldaten aus, sodass sich die deutsche Justiz mit der Anerkennung auf politisches Asyl zurückhielt. Während die Anträge jahrelang auf Eis lagen, wurden die Antragsteller gleichzeitig von westlichen Geheimdiensten befragt, was sie für Russland zu Staatsfeinden machte. Erst aufgrund einer Initiative aller im Bundestag vertretenen Fraktionen verkündete die Bundesregierung 1997 ein dauerhaftes Bleiberecht für russische Deserteure (6.27 Kowalczuk/Wolle, S. 221; SZ, 8.1.1997; dpa, 11.1.1997; dpa, 12.1.1997; FR, 21.1.1997).

Die anfangs befürchteten offenen Konflikte zwischen russischem Militär und Bundeswehr blieben eine Ausnahme. Der Vorfall im sachsen-anhaltinischen Altengrabow, bei dem am 19. April 1991 ein Major der Bundeswehr im Rahmen einer Inspektion von Angehörigen der WGT angeschossen wurde, blieb eine Episode. Die Art und Weise, wie beide Seiten mit dem an und für sich ernsten Vorkommnis umgingen, spricht für das Bemühen nach vertrauensvollem Umgang. Obwohl sich das Deutsche Verbindungskommando für seine Arbeit das Motto »Abzug in Würde« gewählt hatte, hielten seine Angehörigen professionelle Distanz. Auch wenn die Euphorie der gerade gewonnen Einheit und der »Gorbatschow-Faktor« zu einer bis dahin nicht gekannten Sympathiewelle für Russland führten, sichtbar in der Solidaritätsaktion »Deutsche helfen der Sowjetunion«, agierte die Bundeswehrführung zurückhaltend. Zu tief saß das Misstrauen gegenüber Streitkräften, die jahrzehntelang aggressiv gegen den Westen ausgerichtet gewesen waren und in denen ein verstörendes Menschenbild herrschte. Nicht zuletzt mit Rücksicht auf die eigenen NATO-Partner sprach sich Generalleutnant Schönbohm deshalb in aller Deutlichkeit gegen »wilde« Kontakte von Angehörigen der Bundeswehr aus, die sich »vermehrt ›Kameraden‹ der WGT« zuwendeten (BArch, BW 45/60, Schreiben Ltr DtVKdoSK an GL Schönbohm, undatiert, 01/1991).

»Lebe wohl, Deutschland« In diesem Klima höflich-kontrollierter Distanz erfolgte auch der letzte Akt, die Verabschiedung der sowjetischen Soldaten in Deutschland. Die Bundesregierung sprach sich deutlich gegen eine gemeinsame Militärparade aller Sieger- und ehemaligen Besatzungsmächte aus. Die sowjetischen/russischen Streitkräfte, so die Begründung, könnten aufgrund ihrer historischen Rolle in der deutschen Geschichte nicht mit den anderen Alliierten auf eine Stufe gestellt werden. Diese Haltung wurde nicht nur von russischer Seite, sondern ebenso in Ostdeutschland scharf kritisiert: die Sowjetarmee stand sicher für die Gräueltaten am Ende des Krieges, für die Niederschlagung des Arbeiteraufstands am 17. Juni und für ein rigoroses Besatzungsregime in der DDR, aber auch für die Befreiung von Nazideutschland und für einen geordneten Abzug, den wenige Jahre vorher niemand für möglich gehalten

◀ Verladen von sowjetischer Militärtechnik im Rostocker Seehafen, 23. Januar 1991.
picture-alliance/ZB|Bernd Wüstneck

▶ Vielerorts in Ostdeutschland waren ab 1991 Hinterlassenschaften der GSSD/WGT wie diese in Wittenberg zu finden: In einem ungesicherten Tanklager wurde Altöl in Erdbunkern entsorgt, und auf dem Gelände lagerten unsachgemäß Fässer mit Kerosin, Diesel und Benzin, 3. April 1991.
picture-alliance/ZB|Thomas Lehmann

◀ Mit lauten »Uraah«-Rufen nehmen Soldaten der russischen Streitkräfte nach fast fünfzigjähriger Präsenz Abschied, Berlin-Treptow, 25. Juni 1994.
picture-alliance/dpa|Wolfgang Kumm

hätte. In Anwesenheit von Präsident Jelzin und Bundeskanzler Kohl paradierten die russischen Streitkräfte am 31. August 1994 zum letzten Mal in Deutschland: im Treptower Park, vor dem größten sowjetischen Ehrenmal in Deutschland und gemeinsam mit Soldaten der Bundeswehr. Jenseits aller Theatralik, die solchen Veranstaltungen zu eigen ist, atmet das Lied, das extra für den Abschied der russischen Truppen geschrieben wurde, eine ungestillte Sehnsucht, die nicht nur russische Teilnehmer verspürt haben dürften:

»Deutschland, wir reichen Dir die Hand,
Und kehren zurück ins Vaterland.
Die Heimat ist empfangsbereit.
Wir bleiben Freunde allezeit.
Auf Frieden, Freundschaft und Vertrauen
Sollten wir unsere Zukunft bauen.«

Gedenkstätten, Friedhöfe, Deutsch-Russisches Museum Mit dem Abzug der russischen Streitkräfte übernahm die Bundesrepublik auch ein großes erinnerungskulturelles Erbe. Im deutsch-sowjetischen Nachbarschaftsvertrag vom 9. November 1990 sowie einem weiteren bilateralen Abkommen vom 16. Dezember 1992 hatte sich die Bundesrepublik verpflichtet, sowjetische Denkmäler und Kriegsgräber in Deutschland zu erhalten und zu pflegen. In ganz Deutschland befinden sich knapp 3400 Standorte, an denen rund 640 000 bekannte und unbekannte Soldaten sowie sowjetische Kriegsgefangene und Zwangsarbeiter beerdigt sind. 226 denkmalwürdige Ehrenhaine, Ehrenmale und größere Gedenkfriedhöfe befinden sich in Ostdeutschland. In Berlin, wo am Ende des Krieges fast 80 000 Rotarmisten gefallen waren, liegen die drei bis heute wichtigsten Gedenkstätten: die Ehrenmale im Tiergarten (Straße des 17. Juni) und in Berlin-Pankow (Schönholzer Heide) sowie als größte Anlage das Ehrenmal in Treptow (6.32 Scherbakowa). Trotz ihres hohen symbolpolitischen Gehalts für die Sowjetunion, die DDR und Russland befanden sich alle Ehrenmale in einem baulich so schlechten Zustand, dass Ende der 90er Jahre millionenschwere Sanierungen erfolgen mussten.

Durch den Überfall Russlands auf die Ukraine 2022 gerieten die Erinnerungsstätten wieder in den Fokus. Forderungen wurde laut, Ehrenmale umzusetzen, zu verfremden oder gar abzureißen. Das Deutsch-Russische Museum in Berlin Karlshorst, ein weiterer zentraler Ort deutsch-russischer Militärgeschichte, beschloss ein Zeichen eigener Art zu setzen: Es heißt seit Ausbruch des Krieges »Museum Berlin-Karlshorst«.

Militärseelsorge

Mit der Deutschen Einheit stellte sich auch die Frage, wie eine Seelsorge für die Soldaten aussehen sollte. In der Bundesrepublik legte der Militärseelsorgevertrag von 1957 den institutionellen Rahmen für eine staatlich geförderte, aber kirchenrechtlich unabhängige Seelsorge für die Soldaten. Die Bundesrepublik ist nach ihrem verfassungsrechtlichen Selbstverständnis weltanschaulich neutral, jedoch verpflichtet, die ungestörte Religionsausübung zu gewährleisten (Art. 4 GG). Dagegen hatte sich die DDR als dezidiert atheistischer Staat verstanden. Im SED-Staat gab es in staatlichen Institutionen für Religion keinen Raum, erst recht nicht in der NVA. Für Offiziere war eine Zugehörigkeit zu einer der Kirchen ausgeschlossen, bei Wehrpflichtigen wurde sie zwar geduldet, aber jede religiöse Äußerung oder Handlung innerhalb der Kasernen kategorisch unterbunden. Eine seelsorgerische Betreuung von wehrpflichtigen Soldaten war deshalb nur subversiv möglich (6.35 Noack). Durch die besondere Rolle der evangelischen, in geringerem Maße auch der katholischen Kirche in der DDR zwischen Selbstbehauptung und Abgrenzung vom SED-Regime entwickelte sich ein ausgesprochen distanziertes Verhältnis zum Staat – insbesondere in den evangelischen Gliedkirchen der DDR. Vor diesem Hintergrund ist verständlich, warum das Staatskirchenverständnis der alten Bundesrepublik, insbesondere das Verfahren zum Einzug der Kirchensteuer, der Religionsunterricht in Schulen und schließlich die Militärseelsorge in den neuen Bundesländern anfangs auf große Skepsis stießen.

Gerade weil die Militärseelsorge in der Bundeswehr in der Verfassung (Art. 140 GG) fest verankert war und ist, weil man die Unabhängigkeit der Pfarrer, die Qualität des Lebenskundlichen Unterrichts sowie anderer Formate schätzte und die Soldaten nach § 36 Soldatengesetz ohnehin Anspruch auf Seelsorge und freie Religionsausübung hatten, begannen viele Kommandeure, allen voran Jörg Schönbohm und Werner von Scheven, schon unmittelbar nach Aufstellung des BwKdo Ost direkte Kontakte mit Kirchenvertretern aufzunehmen. Vor allem bei den Pfarrern in der Nähe der Bundeswehrstandorte hinterließen diese Initiativen den nachhaltigen Eindruck einer »ganz anderen Armee« (1.98 Kirchbach, S. 166–169). Dennoch saß die Skepsis gegenüber einer übergroßen Nähe zu staatlichen Institutionen tief, vor allem in der evangelischen Kirche. Auch wenn anfangs kaum mehr als 10 % aller Soldaten in Ostdeutschland konfessionell gebunden waren, forderten aus dem Westen stammende Soldaten ihr Recht auf seelsorgerische Begleitung ein, gerade weil das dienstliche Umfeld in Ostdeutschland häufig als seelisch belastend empfunden wurde. Die evangelischen Kirchen in den neuen Bundesländern blieben lange außerordentlich skeptisch und ablehnend gegenüber einer institutionalisierten Militärseelsorge. Die Kirche dürfe, so eine weit verbreitete Meinung, nicht »als stabilisierender Faktor der Armee« wirken, zudem sei die Kriegsdienstverweigerung das »deutlichere Zeichen der Nachfolge Christi«, wie der Berliner Propst Hans-Otto Furian im Neuen Deutschland (23.4.1991) äußerte. Im BMVg suchte man nach einer pragmatischen Lösung und erließ im September 1991 eine »Weisung für die Zusammenarbeit mit den für die Seelsorge an Soldaten beauftragten Pfarrern der evangelischen Landeskirchen im Wehrbereich VII und VIII«. Damit gab es zwar keine institutionalisierte Militärseelsorge, aber die seelsorgerische Betreuung der Soldaten durch Ortspfarrer an den Standorten (6.36 Scheffler, S. 196).

Die sich anschließende Grundsatzdebatte in der Evangelischen Kirche in Deutschland (EKD) führte schließlich über einen Beschluss der Synode in Halle im November 1994 zu einer »Rahmenvereinbarung« zwischen der Bundesrepublik und den evangelischen Kirchen in den neuen Bundesländern von 1996 (6.38 Werkner; 6.36 Scheffler, S. 414–418). Der dabei gefundene Kompromiss ermöglichte den Aufbau einer Evangelischen Militärseelsorge unter Leitung des Evangelischen Militärbischofs und in den Arbeitsstrukturen wie im Westen. Allerdings wurden die hauptamtlichen Militärpfarrer nicht Bundesbeamte, sondern Beamte der EKD, für deren Bezahlung der Bund einen finanziellen Ausgleich leistete. Mit den zwei »Bevollmächtigten«, Superintendent Werner Krätschell und Dekan Heinrich Hecker, bekamen die Evangelische und die Katholische Militärseelsorge zwei charismatische Leiter, die wesentlichen Anteil daran hatten, dass es ab 2004 eine einheitliche Rechtsbasis für die Militärseelsorge auch im Osten gab. Dass der Anteil der konfessionell gebundenen Soldaten in Ostdeutschland bis 2001 auf 23 % anstieg (17 % evangelisch, 6 % katholisch) ist ein gutes Beispiel für die »Durchmischung« der Bundeswehr, aber auch für die weiterhin bestehenden sozialen und kulturellen Unterschiede zwischen Ost- und Westdeutschland.

Integration ehemaliger Angehöriger der NVA in die Bundeswehr

Der historische Ort der »Armee der Einheit« wird entscheidend von der Frage bestimmt, ob und, wenn ja, wie die Integration ehemaliger Angehöriger der NVA in die Bundeswehr gelungen ist. Obwohl der Erkenntnisgewinn und die damit verbundene Relevanz für die jüngere deutsche Sozial-, Mentalitäts- und Militärgeschichte auf der Hand liegen, sind die Chancen einer empirisch breit angelegten Forschung erst spät erkannt worden – und damit auch die Chancen für langfristig angelegte Oral-History-Projekte unwiederbringlich vertan. Das Forschungsdesiderat steht in einem inneren Zusammenhang mit dem relativ geringen öffentlichen Interesse am Schicksal der ehemaligen NVA-Angehörigen. Das hat mehrere Gründe. Die Menschen in Ostdeutschland mussten in kürzester Zeit mit grundlegenden Veränderungen zurechtkommen. Der Übergang von der Diktatur zur Demokratie, von der Planwirtschaft zur sozialen Marktwirtschaft, von sozialer Sicherheit und geregelter Berufsbiographie zu sozialer Unsicherheit und wettbewerbsbedingtem Berufsrisiko war für viele ein »Transformationsschock«. Die frühe Überlagerung mit weiteren Beschleunigungsprozessen, wie der zunehmenden Globalisierung, der Deindustrialisierung und Digitalisierung, führten zu weiteren, massiven Verunsicherungen und sozialem Statusverlust (6.44 Hofmann).

In diesem doppelten Transformationsprozess, der große Teile der ostdeutschen Gesellschaft hart traf, hatten es die ehemaligen Angehörigen der Streitkräfte besonders schwer. Der Wechsel der Uniform am 3. Oktober 1990 war für fast jeden Berufs- und Zeitsoldaten mit Verlusterfahrungen verbunden. Der zumeist niedrigere Dienstgrad war ein äußerlich sichtbarer Statusverlust, den fast jeder Betroffene als Demütigung empfand. Die große Unklarheit über die berufliche Zukunft führte zu massiven ökonomischen Verunsicherungen und sozialen Ängsten. Auch wenn die ehemaligen NVA-Berufssoldaten ihre soziale Stellung in der DDR anders beurteilten, galten sie sehr vielen Ostdeutschen noch nach der Wiedervereinigung als privilegiert. Gerade weil sie materielle Sicherheit, Status und Macht genossen hatten, mussten sie sich jetzt als Verlierer fühlen. Der radikale Bruch mit der militarisierten DDR-Gesellschaft bedeutete auch den Verlust eines »hegemonialen Männerbildes« (6.68 Schultheiß, S. 206–212): Der »militarisierte Mann« sah sich einer militärkritischen Gesellschaft gegenüber, in der die Uniform nicht mehr Respekt einflößte oder sogar einschüchterte, sondern auf unverhohlene Ablehnung stieß. In dieser »Post-Military-Society« (6.68 ebd., S. 15–17) fehlte ihnen der zentrale Referenzrahmen: der »Parteiauftrag«, das propagandistische Framing und die Überzeugung, einen aktiven Beitrag für internationalen Frieden und Stabilität zu leisten. Vielen ehemaligen NVA-Angehörigen ging jetzt auf, wie isoliert die selbsternannte »Volksarmee« im Volk tatsächlich gewesen war. Zudem sahen sich nicht wenige den Anfeindungen ihrer Mitbürger ausgesetzt, die ihnen mit dem Wechsel der Uniform Unglaubwürdigkeit und Opportunismus vorwarfen. Kurz vor der Außerdienststellung des BwKdo Ost wurden ehemalige NVA-Offiziere in der Presse vielfach als »Wendehälse« bezeichnet. Die Bürgerrechtlerin Bärbel Bohley brachte es auf den Punkt: »Man wechselt eine Armee nicht wie ein Hemd, und ein Eid ist ein Eid. Wer so schnell den Feind zum Freund macht, ist für jede Armee ein unsicherer Kandidat« (Die Zeit vom 1.9.1995, zitiert nach 6.68 Schultheiß, S. 128).

Die schon im Vereinigungsprozess festzustellende Indifferenz, sowohl der DDR-Gesellschaft als auch der letzten DDR-Regierung, gegenüber der Volksarmee setzte sich in den Anfangsjahren der Deutschen Einheit fort. Die westdeutschen Medien interessierten sich zwar anfangs noch dafür, wie es im BwKdo Ost mit der Übernahme und Abwicklung des NVA-Personals und Materials voranging, aber das Interesse an ihrer persönlich schwierigen Situation erlahmte schnell. Die öffentliche Auseinandersetzung mit der DDR-Geschichte konzentrierte sich auf die Skandalons »Stasi« und »Grenzregime«. Und die Beschäftigung mit den neuen Bundesländern fokussierte sich auf die wirtschaftlichen und sozialen Herausforderungen, das Agieren der Treuhand, die Angleichung der Lebensverhältnisse in Ost und West und zunehmend auch auf die immer stärker sichtbaren Unterschiede in Mentalität und Kultur. Eine repräsentative Umfrage des Allensbach-Instituts vom April 1993 zeigte, das Ost- und Westdeutsche in erheblichem Maße »jeweils entgegengesetzte Interessen« vertraten und von einer gemeinsamen Identität weit entfernt waren. (1.20 Wirsching, S. 61–72, hier S. 70).

Viele Ostdeutsche hatten vor allem in den Anfangsjahren ein ambivalentes Verhältnis zur DDR. Einerseits diente sie ihnen als Referenzrahmen ihrer Biographie, insbesondere mit Blick auf soziale *Sicherheit* und soziale Leistungen. Gleichzeitig distanzierten sie sich vom SED-Regime, dessen wirtschaftlicher Inkompetenz, Rigidität und Repressivität. Als »Parteiarmee« standen die NVA und damit auch ihre ehemaligen Angehörigen auf der »dunklen Seite der Macht«. Für die ehemaligen NVA-Angehörigen setzte sich das Dilemma seit dem Zusammenbruch des SED-Regimes fort: Sie hatten schon während der Friedlichen Revolution keine Lobby mehr, erst recht nicht bei den alten Parteifreunden, die in der PDS und später der Partei »Die Linke« einen dezidiert pazifistischen Kurs einschlugen.

So kurios es klingen mag: die wirksamste und verlässlichste Unterstützung erfuhren die ehemaligen Angehörigen der NVA bei der Bundeswehr, dem »freundlichen Klassenfeind« (Günther Gillessen in der FAZ vom 20.11.1990). Bei allen Vorbehalten und Verunsicherungen waren die meisten ehemaligen NVA-Angehörigen überrascht vom offenen Klima und respektvollen Umgangston miteinander. Allein im Führungsstil, der auf Kooperation, Delegieren und Eigenverantwortlichkeit setzte, zeigte sich der vielleicht größte Unterschied zwischen Bundeswehr und NVA. Dazu gehörte auch, dass sich Vorgesetzte bei der Dienstaufsicht jetzt nicht nur für Waffenausbildung und Formalia interessierten, sondern auch für den Zustand der Unterkünfte, der Sanitäreinrichtungen und Küchen. Gleichzeitig nahmen Spitzenmilitärs der Bundeswehr (West) die Angehörigen der Bundeswehr (Ost) gegen pauschale Diffamierungen öffentlich in Schutz. In diversen Interviews und

Pressestatements verwahrte sich die Führung des BwKdo Ost dagegen, ehemalige NVA-Offiziere, die nun in der Bundeswehr dienten, als »Wendehälse« oder »Opportunisten« zu bezeichnen; sie betonte stattdessen deren Loyalität, Kooperation und Lernbereitschaft – auch wenn nur Jüngere, vor allem die unter 40-Jährigen, eine realistische Chance auf eine Übernahme in der Bundeswehr hatten.

In der Rückschau erinnern sich viele ehemalige NVA-Angehörige allerdings auch an deutliche Unterschiede zwischen den West-Bundeswehrsoldaten der »ersten Welle«, deren ideelles Engagement hervorgehoben wird, und denjenigen, die nach der Auflösung des BwKdo Ost nicht selten aus materiellen Gründen in die neuen Bundesländer gingen (6.58 Leonhard, S. 179 f.; 5.13 Koop, Die Nationale Volksarmee, S. 530 f.). Während die Unterschiede in der Führungskultur, im Menschenbild und im politischen Auftrag eine Integration ehemaliger NVA-Angehöriger in die Bundeswehr erschwerten, gab es eine Reihe struktureller Vorteile. Unabhängig von ihrer biographischen Herkunft fanden viele Soldaten auf der fachlichen Ebene schnell zueinander, vor allem im technischen Bereich und beim rein »militärischen Handwerk«. Das Miteinander zwischen Soldaten aus Ost und West war, von Ausnahmen abgesehen, durch gegenseitige Anerkennung und Kameradschaft geprägt (6.47 Klein/Lippert/Meyer; 6.41 Conrad, S. 213 ff.). Die in der Bundeswehr übliche hohe Mobilität führte zu einer immer stärkeren »Durchmischung« der Verbände. Ab dem 1. Juli 1992 wurden Ostdeutsche in westdeutsche Einheiten und umgekehrt Westdeutsche in ostdeutsche Einheiten zur Ableistung ihres Wehrdienstes einberufen. Im darauffolgenden Jahr begann man Unteroffiziere und Offiziere aus den neuen Bundesländern auch im Westen einzusetzen und die ersten Berufsoffiziere an der Führungsakademie der Bundeswehr in Hamburg auszubilden. Neben die Laufbahnlehrgänge traten Umschulungs- und Fortbildungslehrgänge an den jeweiligen Fach- und Truppenschulen, am Zentrum Innere Führung und anderen zentralen Ausbildungseinrichtungen. Die Verlegung hochwertiger Ausbildungseinrichtungen nach Ostdeutschland beschleunigte den Prozess. In dieser Hinsicht wirkte die Bundeswehr ohne jeden Zweifel als Sozialisationsmaschine und Motor der Deutschen Einheit.

Dabei half auch das auffällig hohe Interesse junger Männer in den neuen Bundesländern an der Bundeswehr. So lag die Quote der Kriegsdienstverweigerer Mitte 1991 mit 4 % im Osten deutlich niedriger als mit 10 % im Westen. Zudem war das Interesse an einer Karriere als Zeit- oder Berufssoldat im Osten besonders hoch. 2002 stammte die Hälfte der Bewerber für die Offizierlaufbahn aus den neuen Bundesländern, was ein im Verhältnis viermal so hohes Bewerberaufkommen wie im Westen bedeutete. Wenngleich die schlechtere wirtschaftliche Situation in Ostdeutschland hierbei einen wichtigen Grund darstellte, dürfte auch das Image der Bundeswehr eine Rolle gespielt haben. Für junge Männer ohne Abitur oder Interesse an einem Studium bot die Unteroffizierlaufbahn attraktive Ausbildungsmöglichkeiten und die Chance, früh in Führungsverwendungen Verantwortung zu übernehmen – auch dies war ein deutlicher Unterschied zur NVA.

Seit Mitte der 90er Jahre galten für alle Offiziere und Unteroffiziere mit einer NVA-Vordienstzeit die gleichen Personal- und Laufbahnregelungen wie bei ihren Kameraden aus dem Westen. Damit fielen aber auch die getrennten Personalstatistiken weg, sodass man heute nicht mehr genau ermitteln kann, wie Laufbahnen und Karrieren ehemaliger NVA-Soldaten in der Bundeswehr verlaufen sind.

Während alle, die nach dem 3. Oktober 1990 Soldat wurden, gleiche Ausbildungs- und Karrierechancen hatten, blieben Bundeswehrsoldaten mit NVA-Vordienstzeit objektiv benachteiligt: Je älter, desto gravierender fiel die Zurücksetzung aus. In einem auf Qualifikation, Erfahrung und Verwendungsbreite ausgelegten System hatten viele mit Karrierehemmnissen zu kämpfen. Das betraf nicht nur den Dienstgrad, sondern auch die Bewährung in einer Organisation, deren Verwaltungs- und Rechtsregeln, deren Führungsverfahren und technisches Knowhow gelernt werden mussten. Beispielsweise waren bei Piloten oder Offizieren der Flugüberwachung und Flugabwehr Russischkenntnisse kaum noch gefragt, dafür aber ein sehr gutes Englisch. Bei der Auswahl für förderliche Verwendungen standen Ostdeutsche in einem harten Wettbewerb mit ihren westdeutschen Kameraden. Dass die dahinter stehenden strukturellen Rahmenbedingungen von den Betroffenen nicht immer akzeptiert wurden, ist verständlich. Immerhin konnte mit Gert Gawellek (geb. 1959) 2014 erstmals ein ehemaliger Soldat der NVA in der Bundeswehr zum Brigadegeneral befördert werden.

Mehr noch als die unterschiedlichen Aufstiegschancen sorgen erhebliche Differenzen in der Besoldung und bei den Ruhegehältern bis heute für Unmut, sichtbar an den vielen Eingaben zu diesem Thema bei den Wehrbeauftragten des Deutschen Bundestages. Die unterschiedliche Besoldung von Grundwehrdienstleistenden in Ost und West wurde bereits 1991 aufgehoben. Zeit- und Berufssoldaten kamen hingegen erst ab dem 1. Januar 2008 (einfacher und mittlerer Dienst) bzw. dem 1. Januar 2011 (gehobener und höherer Dienst) in den Genuss. Wenngleich von politischer Seite immer wieder betont wurde, die Besoldung der Soldaten müsse sich an der Besoldung des übrigen Öffentlichen Dienstes orientieren und dieser müsse auch in Ostdeutschland auf die wirtschaftliche Entwicklung und die Steuereinnahmen Rücksicht nehmen, blieben die Gehaltsunterschiede ein ständiger Kritikpunkt.

Deutscher BundeswehrVerband – Ost Der Deutsche BundeswehrVerband (DBwV) nahm sich früh der damit verbundenen Fragen an und schuf so ein Forum gesellschaftlicher Integration ehemaliger NVA-Angehöriger in die Bundeswehr (6.68 Schultheiß, S. 185–196). Der DBwV, eine unabhängige Interessenvertretung von Soldaten, Aktiven, Ehemaligen und deren Angehörigen, die weiteren Interessierten offensteht, kontaktierte schon zu Beginn des Vereinigungsprozesses den Verband der Berufssoldaten der NVA (VBS) und begleitete diesen eng in seiner kurzen Geschichte. Mit der Auflösung zum 31. Oktober 1990 empfahl der VBS seinen etwa 40 000 Mitgliedern den Wechsel in den DBwV. Mit seinen zwischenzeitlich 12 500 Verbandsmitgliedern wurde der DBwV-Ost zu einer zentralen Plattform für die Interessen ehemaliger NVA-Angehöriger. Dazu trug nicht nur eine liberale Verbandspolitik bei. Der DBwV-Ost stand auch ehemaligen NVA-Angehörigen offen, ganz gleich, ob Soldat oder Zivilbeschäftigter, die nach dem 3. Oktober 1990 nicht von der Bundeswehr übernommen worden waren. In diesem Sinne verstand sich der Verband als integratives Element der staatlichen Einheit, prononciert 2016 in einer Broschüre zum 60. Jahrestag des DBwV formuliert: »Er [der Verband] macht 1990 Ernst mit der Armee der Einheit und empfing die früheren NVA-Soldaten mit offenen Armen.« In diesem Sinne machte sich der DBwV-Ost zum Sachwalter der Interessen ehemaliger NVA-Angehöriger, außerhalb von Bundeswehr und Bundespolitik: angefangen bei der Forderung, den letzten Dienstgrad in der NVA mit dem Zusatz »a.D.« führen zu dürfen, über Besoldungs- und Ruhegehaltsfragen bis zur Hinzuverdienstgrenze für ehemalige Soldaten der NVA. Neben verbands- und sozialpolitisch nachvollziehbaren Positionen lieferte der DBwV allerdings auch Legitimitätsangebote, die aus Sicht der aktuellen NVA-Forschung kritisch zu bewerten sind, wie beispielsweise die Dankadresse des ehemaligen Bundesvorsitzenden Bernhard Gertz mit Blick auf den Verlauf der Friedlichen Revolution: »Diese Leistung verdanken wir nicht zuletzt den Angehörigen der NVA, die mitverantwortlich dafür waren, dass der Herbst 1989 friedlich abgelaufen ist. Dafür verdienen alle Beteiligten größte Anerkennung« (6.71 Zwei deutsche Armeen, S. 9).

Befragungen von ehemaligen NVA-Angehörigen und soziologische Untersuchungen Unabhängig davon übernimmt der DBwV eine wichtige Rolle im »Transitional-Justice-Prozess«, in dem Strukturen, Organisationen und Praktiken bei der Transformation von einer Diktatur oder einer Gewaltgesellschaft zu einer rechtsstaatlichen Demokratie operationalisiert werden (6.68 Schultheiß, S. 214–220). Dazu gehörte, den ehemaligen Protagonisten eine Stimme zu geben und ihnen das Gefühl zu vermitteln, gehört und ernst genommen zu werden. In diesem Zusammenhang sind zwei umfangreiche Befragungen von 1995 (2.32 Was war die NVA?, S. 709–743) und 2002 (2.31 Was war die NVA?, S. 751–811) unter den Mitgliedern des DBwV-Ost wichtig. Wenngleich der repräsentative Charakter der Erhebung in Frage gestellt werden muss, zeigen sich doch einige wichtige Tendenzen. Die große Mehrheit aller Befragten sah sich 1995 als »Bürger 2. Klasse« (87,8 %), und auch 2002 fühlten sich nur 9 % als Bundesbürger ohne Einschränkungen. Diese Einschätzung korreliert mit der Klage über ungleiche Löhne, Gehälter und Rentenkürzungen (1995: 93 %, 2002: 84 %). Wenngleich nicht explizit danach gefragt wurde, erschließt sich aus allen Befragungen, dass die Integration ehemaliger NVA-Angehöriger in die Bundeswehr sehr kritisch bewertet wurde. In deutlicher Differenz zur persönlichen Erfahrung stimmte eine große Mehrheit mit den Werten des Grundgesetzes überein (vollkommen/überwiegend 1995 und 2002 ca. 80 %) und auch mit den Aufgaben der Bundeswehr zur Landes- (2002: 97,7 %) und zur Bündnisverteidigung (64,6 %).

Dieses differenzierte Bild spiegelt sich auch in den berufsbiographischen Interviews zur sozialen Lage und zum Selbstverständnis ehemaliger Berufssoldaten der NVA. Die Soziologin Nina Leonhard identifiziert dabei vier unterschiedliche Typen beruflicher Sinnorientierung (6.58 Leonhard). Der »*Gewendete*« und der »*Aufrechtgebliebene*« haben biographisch viel investieren müssen, sehen sich mit ihrer Berufsbiographie vor 1989/90 diskreditiert und bemühen sich um eine Legitimierung der neuen Wirklichkeitsordnung. Beide zeigen, dass man sich weder von der alten noch von der neuen Wirklichkeitsordnung vollständig lösen kann. Die beiden anderen Typen, der »*Pragmatiker*« und der »*Idealist*«, halten dagegen an der positiven Deutung ihres »alten« Lebens fest. Das führt zum dauerhaften Verlust von Anerkennung in der »neuen« Gesellschaftsordnung. Sowohl der »Pragmatiker« als auch der »Idealist« versuchen die Wirklichkeiten vor und nach 1989/90, trotz ihrer Gegensätzlichkeiten, zusammenzubringen. Der Pragmatiker gibt beiden Wirklichkeiten Sinn, ohne sie aufeinander zu beziehen; der Idealist lässt sich dagegen auf die Gegenüberstellung ein und arbeitet sich an den Widersprüchen ab. Alle Typen sind bemüht, ihr berufliches Handeln als unpolitisch darzustellen, um eine biographische Kontinuität begründen zu können. Sehr deutlich wird in Leonhards Untersuchungen, dass der Umbau von Institutionen wie den Streitkräften zwar rasch erfolgen kann, dass individuelle Wertvorstellungen und Identitätsbilder aber einen langen Atem haben.

Das verdeutlicht auch die Studie von Philipp Schultheiß, der untersucht, wie die NVA und ihre Soldaten in Printmedien, Filmen und Schulbüchern dargestellt werden und wie diese auf die Fremdbilder reagieren (6.68 Schultheiß). In den öffentlichen Diskursräumen fristet die NVA demnach ein Nischendasein. Der damit verbundene fortgesetzte Verlust an Aufmerksamkeit wird von den ehemaligen Protagonisten der Volksarmee bis heute als Kränkung empfunden. Die biographische Lebensleistung, als ehemaliger Angehöriger der NVA in einer »antifaschistischen Friedensarmee«, einer »Armee des Volkes« gedient zu haben, werde nicht gewürdigt. Sie erkennen stattdessen eine politisch verordnete Sicht auf die DDR, in deren Kontext die Geschichte der NVA diskreditiert werde. In der Tendenz zeigen die Interviews, dass sich die meisten ehemaligen NVA-Angehörigen nicht als passive Opfer, sondern als Diskriminierte fühlen: »Uns brauchte man nicht für die Bundeswehr. Wir waren Fremdelemente.« Noch drastischer ist die stark verbreitete Selbstzuschreibung als »Fremde Heere Ost« (6.68 Schultheiß, S. 180, 178).

Vor allem das persönliche Erleben der Degradierungsrituale führt zu einer weit verbreiteten Einschätzung der Ehemaligen, das Konzept der »Armee der Einheit« habe sich nicht erfüllt: »Es gibt ne Siegerarmee, es ist so. Und es gibt ne übernommene Armee.« Wer dennoch an dem Begriff »Armee der Einheit« festhalte, sei »ein Traumtänzer, ein Spinner« oder verfolge eher politische Eigeninteressen (6.68 Schultheiß, S. 191). Unter den meisten ehemaligen NVA-Angehörigen bestehe ein sehr unterentwickeltes Reflexionsvermögen über den Charakter der DDR, der NVA und damit über ihre eigene Rolle im Herrschaftssystem. Dafür nehmen sie eine militärpositivistische Haltung ein und betonen ihre »Expertenexpertise«, beispielhaft mit einer dezidiert pro-russischen Haltung, zum Beispiel im Ukraine-Krieg (6.68 Schultheiß, S. 161).

Entscheidend für die Wahrnehmung der »Armee der Einheit« ist also der biographische Hintergrund: die eigene Erfahrung mit und in der NVA, die Veränderung der Berufsbiographie nach der Deutschen Einheit und letztlich vor allem die Frage, wie erfolgreich diese verlief. Mit anderen Worten: Je positiver sich die Karriere ehemaliger NVA-Angehöriger in der Bundeswehr entwickelt hat, umso kritischer fällt das Urteil über die NVA und die DDR aus. Soziologische Untersuchungen zur Wahrnehmung der »Armee der Einheit« in der Bundeswehr vermitteln ein differenziertes Bild. Soldaten in Ost und West teilen mehrheitlich die Auffassung, einen wichtigen Beitrag zur »Armee der Einheit« geleistet zu haben, erkennen ein gleichberechtigtes Miteinander auf allen Ebenen und in allen Funktionen an und haben ähnliche Vorstellungen vom Soldatenberuf. Unterschiede ergeben sich bei der Beurteilung der NVA und der DDR, die von Soldaten aus den alten Bundesländern deutlich kritischer gesehen wird als bei ihren ostdeutschen Kameraden (6.56 Leonhard, S. 68–70). Weitere Meinungsumfragen zeigen, dass sich außen- und sicherheitspolitische Einstellungen in der ost- und westdeutschen Bevölkerung deutlich unterscheiden (2.12 Klein, S. 478): vom Eingreifen der NATO im Kosovo über Auslandseinsätze der Bundeswehr bis zur Unterstützung der Ukraine in ihrem Freiheitskampf gegen die russische Aggression. Vor diesem Hintergrund ist die Einheit innerhalb der Bundeswehr weit stärker ausgeprägt als in der gesamtdeutschen Bevölkerung.

Auf dem Weg zur Normalität? Die Bundeswehr Mitte der 90er Jahre

Mit der Deutschen Einheit hatte die Bundeswehr nicht nur die Übernahme, Abwicklung und Integration von Teilen der ehemaligen NVA zu bewältigen. Die fundamentalen Veränderungen der internationalen Sicherheitsstrukturen erforderten gleichzeitig eine Anpassung des Auftrags, der Strukturen, der Ausrüstung und nicht zuletzt eine Veränderung des Mindsets (6.79 Naumann). Nach den Jahren der Blockkonfrontation und Aufrüstung hofften viele Menschen auf das Einlösen einer »Friedensdividende«. Der amerikanische Politologe Francis Fukuyama beförderte diese Hoffnungen mit seinem sprichwörtlich gewordenen Bestseller »Das Ende der Geschichte« (1.6 Fukuyama). Die damit verknüpften Erwartungen an den Siegeszug der freiheitlichen Demokratien und einer regelbasierten Ordnung erfüllten sich indes nicht. Der Golfkrieg von 1990/91, der »Augustputsch« 1991 in Moskau und die sich anschließende Auflösung der Sowjetunion, der Zerfall Jugoslawiens und der Beginn der Balkan- oder post-jugoslawischen Kriege (1991–2001) sowie der Völkermord in Ruanda 1994 enttäuschen alle, die ihre Hoffnungen in eine neue, weltweite Friedensordnung gesetzt hatten. Dennoch dominierte in Deutschland die Auffassung, dass Kürzungen der Verteidigungsausgaben zwingend nötig seien, auch um die immer deutlicher sichtbaren finanziellen Lasten der Vereinigung besser stemmen zu können. Die Wur zeln des wortwörtlichen »Kaputtsparens der Bundeswehr« in den letzten Jahrzehnten gründen in diesem mentalitätsgeschichtlichen Kontext.

Heeresstruktur 5 und Luftwaffenstruktur 4 Die internationalen Vorgaben zur Truppenreduzierung, die Verkürzung der Wehrpflicht erst auf 12 und ab 1996 auf 10 Monate und ein enger rüstungs- und finanzpolitischer Rahmen setzten den Gestaltungsmöglichkeiten Grenzen. Mit der Umsetzung der Heeresstruktur 5 bis Ende 1994 begann die größte Teilstreitkraft, mit reduzierten Kräften (künftig 225 000 Mann) in einem erweiterten Territorium (neue Bundesländer) ein breiteres Einsatzspektrum sicherzustellen. Neben der bisherigen Landes- und Bündnisverteidigung und der Verstärkung der NATO-Flanken sollten jetzt auch internationale Aufgaben hinzukommen – vorbehaltlich der noch ausstehenden rechtlichen Regelungen (1.52 Zilian, S. 87 f.). Alle Überlegungen dienten dem vorrangigen Ziel, die Kräfte zu bündeln und schlankere Strukturen zu schaffen. Dazu wurden:

- das Feld- und Territorialheer zusammengelegt,
- die sieben Kommandos auf Korps- und Territorialebene auf drei verringert,
- die bisher 12 Heeresdivisionen auf 8 reduziert (statt 48 gab es künftig nur noch 28 Truppenbrigaden),
- 64 Heeresstandorte geschlossen,
- die bisher 29 Verteidigungsbezirkskommandos auf 46 ausgebaut, dafür aber die bisher auf Kreisebene zuständigen Verteidigungskreiskommandos aufgelöst.

Der vorgezogene Beginn der Umsetzung der Heeresstruktur 5 in Ostdeutschland bedeutete eine zusätzliche Herausforderung, weil hier der Aufbau neuer Truppenteile, die Abwicklung von Liegenschaften und Material und der Abzug der WGT parallel koordiniert werden mussten. Das Fähigkeitsprofil sollte durch höhere Beweglichkeit, unter anderem durch den Aufbau luftbeweglicher Sperrverbände, und neue strategische Aufklärungskapazitäten erweitert werden.

Mit der neuen Struktur wurden die Kernaufgaben im Heer geteilt. Der Hauptauftrag der Landes- und Bündnisverteidigung lag in den Händen der Hauptverteidigungskräfte (HVK), die im Frieden, ohne Mobilmachung, allerdings erst nach vier bis sechs Monaten voll einsetzbar sein würden. Für Einsätze in besonderen Krisensituationen und internationale Missionen standen die Krisenreaktionskräfte (KRK) bereit, die wesentlich schneller verfügbar, mobiler und auch besser ausgerüstet sein sollten. Durch Verschränkung der Kommando- und Führungsstrukturen, die sogenannte Vermaschung, versuchte das Heer eine Zweiklassengesellschaft von HVK und KRK zu verhindern. Trotz teilweise erheblicher Unterschiede in der Ausrüstung und der Tatsache, dass die Luftlande- und Luftmechanisierten Verbände sowie das Kommando Spezialkräfte (KSK) zu den KRK gehörten, trat die Heeresführung energisch dem »törichten Gerede vom Zwei-Klassen-Heer« entgegen (BArch, BH 19/1530, S. 12, Bericht von Oberst Dr. Klaus Wittmann vom 3.3.1994). Das änderte nichts daran, dass die vom Inspekteur des Heeres selbst als »differenzierte Struktur« bezeichnete Zweiteilung schon wenige Jahre später wieder aufgehoben wurde (BArch, BH 9-39/15, S. 9–23, Vortrag des Chefs des deutschen Heeres bei der Kommandeurtagung Heeresführungskommando, 13.5.1996).

Auch die Luftwaffe vollzog Mitte der 90er Jahre gravierende organisatorische Veränderungen. Mit der 1994 eingeführten neuen Luftwaffenstruktur 4 erfolgte die Überführung des Luftflottenkommandos in ein Luftwaffenführungskommando, dem die Kampfverbände in den Luftwaffenkommandos Nord und Süd unterstanden, sowie in das Luftwaffendienst- und das Lufttransportkommando. Letzterem waren drei Lufttransportgeschwader, ein Hubschraubergeschwader und die

Flugbereitschaft des BMVg unterstellt. Mit der Ausmusterung des Flugzeugtyps Alpha Jet zwischen 1993 und 1997 wurden gleichzeitig drei fliegende Verbände aufgelöst. Die im Vereinigungsprozess neu aufgestellte 5. Luftwaffendivision wurde am 1. April 1994 in 3. Luftwaffendivision umbenannt, das Kommando wurde nach Berlin-Gatow verlegt und die Verbände wurden im Folgejahr unter NATO-Kommando gestellt.

Mehr Multinationalität und erweiterter Sicherheitsbegriff Um die Lasten besser verteilen zu können, aber auch um die Zusammenarbeit im Bündnis zu stärken, beschloss die NATO im Dezember 1991 die »NATO Forces Structures for the Mid 1990s«. Mit einer inhaltlich und räumlich erweiterten Vorstellung von Sicherheit ging der Blick jetzt weit über Europa hinaus und verlangte eine noch stärkere Kohäsion der Kräfte im Bündnis und mit den sicherheitspolitischen Partnern. Der Zwang zum Sparen und die Hoffnung, durch Standardisierung effektivere Strukturen zu schaffen, gaben den Takt vor. Auch wenn unterschiedliche Gesetze und Verwaltungsbestimmungen, unterschiedliche Traditionen und nationale Befindlichkeiten den Aufbau multinationaler Großverbände erschwerten, war der politische Wille klar erkennbar, solche Strukturen weiter auszubauen. 1992 entschied die NATO über die Aufstellung eines Allied Command Europe Rapid Reaction Corps (ARRC), in dem ein Stab unter britischem Kommando die schnellen Reaktionskräfte im Einsatz führen sollte.

Obgleich sich die Bundeswehr durch die Deutsche Einheit in einer historisch einzigartigen Transformation befand, musste sie gleichzeitig ihre Strukturen den dramatischen Veränderungen des sicherheitspolitischen Umfelds anpassen. Im Grundsatzpapier »Militärpolitische und militärstrategische Grundlagen und konzeptionelle Grundrichtung der Neugestaltung der Bundeswehr« vom Januar 1992 wurde der sicherheitspolitische Kompass neu ausgerichtet. Der Zusammenhang zwischen internationaler, politischer, wirtschaftlicher, militärischer und ökologischer Stabilität und den Interessen Deutschlands wurde klar benannt. Deutlich beschrieb das Dokument die Abhängigkeit Deutschlands von strategischen Rohstoffen und das vitale Interesse an der Aufrechterhaltung eines freien Welthandels, mit anderen Worten: die enge Verknüpfung von wirtschaftlichem Wohlstand, sozialem Wohlergehen und einer tragfähigen Sicherheitsarchitektur. Internationale Zusammenarbeit auf sicherheits-, verteidigungs- und militärpolitischer Ebene ging somit weit über reine Bündnisfragen hinaus. Das Prinzip des erweiterten Sicherheitsbegriffs bekam damit eine klar sichtbare Kontur.

Im Lichte dieses deutlich geweiteten Horizonts suchte Bonn Partner, um das Aufgabenspektrum zu erweitern und die gemeinsame »Verteidigungsidentität« zu stärken. Vor dem Hintergrund erster Erfahrungen beim Aufbau der Deutsch-Französischen Brigade trieben Bundeskanzler Kohl und der französische Staatspräsident Mitterrand die Aufstellung des Eurokorps voran, dessen Aufbaustab im Juli 1992 in Straßburg seine Arbeit aufnahm und das am 5. November 1993 in Dienst gestellt wurde. Das Eurokorps sollte zur Blaupause weiterer europäischer Verteidigungsanstrengungen werden, wie des I. Deutsch-Niederländischen Korps in Münster (1995) und des Multinationalen Korps Nord-Ost in Stettin (1999) (6.77 Kraft).

Die Bundeswehr tastete sich langsam an das neue Aufgabenspektrum internationaler Einsätze heran, anfangs unter dem Dach der Vereinten Nationen, beginnend mit Einzelabstellungen von Personal im Rahmen der UN Special Commission on Iraq (UNSCOM, 1991–1998), dem Aufbau eines Feldlazaretts in Kambodscha (UNAMIC/UNTAC, 1991–1993) und der UN-Operation in Somalia (UNOSOM II, 1993–1994) (6.82 Auslandseinsätze der Bundeswehr; 1.38 Schoenbaum/Pond, S. 207 f.). Deutschland übernahm im Rahmen der internationalen Staatengemeinschaft jetzt schrittweise militärische Verantwortung. Dass dies so langsam und für viele zögerlich voranging, hatte weniger mit Ausbildungs- und Ausrüstungsdefiziten zu tun, sondern vor allem mit kontroversen innenpolitischen Diskussionen über die Verfassungsmäßigkeit des Einsatzes der Bundeswehr im Ausland (1.52 Zilian, S. 181 f.; 1.5 Fisher, S. 80–82; 1.23 Edinger/Nacos, S. 236–251). Am 12. Juli 1994 schuf das Bundesverfassungsgericht mit seinem Urteil Klarheit und machte noch einmal deutlich, dass die Verantwortung für Einsätze der Bundeswehr immer an eine Entscheidung des Deutschen Bundestages gebunden ist (6.74 BVG 29/1994): ein »Parlamentsvorbehalt«, der im internationalen Vergleich einzigartig ist, aber die nationalen Entscheidungsprozesse verlangsamt und die Bundesrepublik damit zu einem unsichereren Partner macht.

In den neuen Bundesländern führte das am 16. April 1991 neu aufgestellte IV. Korps/Territorialkommando Ost die Aufbauarbeit des BwKdo Ost fort. Getreu den vertraglichen Festlegungen blieben die Truppenteile der Bundeswehr in Ostdeutschland bis zum Abzug der letzten russischen Soldaten im August 1994 unter nationalem Kommando. Danach wurde das IV. Korps truppendienstlich dem Heeresführungskommando unterstellt und nach einer Gefechtsübung auf dem Truppenübungsplatz Klietz im Februar 1995 offiziell der NATO assigniert. Aber Truppenteile der Verbündeten wurden gleichwohl nicht in Ostdeutschland stationiert; es blieb dort bei gemeinsamen Übungen mit den Bündnispartnern.

Je mehr sich die Bundeswehr in den neuen Bundesländern etablierte, umso stärker wurde sie für junge Männer als Arbeitgeber interessant. Überproportional viele Freiwillige kamen jetzt aus den neuen Ländern. 2001 stammten etwa 30 % aller Offizierbewerber aus

▲ Soldaten des deutschen UN-Hauptkontingents für Somalia am Flughafen von Mogadischu, 22. Juli 1993.

picture alliance/Carsten Rehder|Carsten Rehder

▲ Bundeswehrsoldaten errichten mit Sandsäcken einen künstlichen Deich in Frankfurt (Oder), 27. Juli 1997.

picture-alliance/dpa|Wolfgang Kumm

Ostdeutschland, obgleich hier nur 18 % der deutschen Bevölkerung wohnten (1.42 Digutsch, S. 323). Zu den Motiven gibt es keine gesicherten Informationen. Wirtschaftliche Gründe dürften eine wichtige Rolle gespielt haben.

Oderhochwasser: Katastrophe und Krisenmanagement Obwohl viele Bürger in den neuen Bundesländern vom Auftreten der Bundeswehr überrascht waren, hielten sich weiter Vorbehalte und Vorurteile: gegenüber »der anderen Armee« oder überhaupt gegenüber allem Militärischen. Die schlechten Erfahrungen, zumal mit den sowjetischen Truppen, saßen tief. Das änderte sich grundlegend mit der ersten großen Naturkatastrophe in Deutschland nach der Wiedervereinigung: dem Oderhochwasser im Juli/August 1997. Nach wochenlangen Regenfällen waren die Gewässer in Ostdeutschland dramatisch angestiegen. Die Deiche der Oder drohten zu brechen und das Umland zu überfluten. Der Ministerpräsident von Brandenburg, Manfred Stolpe, beriet sich am Telefon mit Helmut Schmidt, der 1962 die Hamburger Sturmflut, die bis dahin größte Naturkatastrophe im Nachkriegsdeutschland, als Krisenmanager gemeistert hatte. Aus eigener Erfahrung riet der Altkanzler, der Bundeswehr bei der Koordination der Rettungsmaßnahmen freie Hand zu lassen. Stolpe nahm den Rat seines Parteifreundes an (6.72 Berg/Bayer). Unter Führung des damaligen Kommandeurs im Wehrbereich VII, Generalmajor von Kirchbach, übernahm die Bundeswehr eine führende Rolle bei der Koordination der Rettungskräfte. Sie war zu diesem Zeitpunkt die einzige Organisation, die »jene Erfahrung mitbrachte, in großen Räumen zu operieren, alle Verbindungen sicherzustellen und die Gesamtlage mit ihrem Führungssystem zu beherrschen« (1.98 Kirchbach, S. 201). Mit bis zu 30 000 Männern und Frauen im Einsatz, 2500 Lkw und 40 Hubschraubern standen die Soldaten wortwörtlich an vorderster Front (und verwendeten eine dazu passende Sprache). Hinzu kamen Kräfte des Bundesgrenzschutzes, des Technischen Hilfswerks, des Deutschen Roten Kreuzes, der Feuerwehren und zahlreiche freiwillige Helferinnen und Helfer, die alle von ihren Organisationen aus dem Westen massiv mit Personal und Material unterstützt wurden. Viele Menschen an der Oder erlebten in diesen existenziellen Tagen der Not die helfenden Soldaten aus Ost und West nicht mehr als »die andere Armee«, sondern als »ihre Bundeswehr« (6.73 Die Bundeswehr im Katastropheneinsatz; 6.76 Jungbluth).

Die Bekämpfung des Oderhochwassers steht in der Geschichte der Bundeswehr für ihren bis dahin größten Katastropheneinsatz im Innern. Er ist zugleich ein Wendepunkt in der Wahrnehmung vieler Ostdeutscher, die jetzt ein anderes Bild von der Bundeswehr gewonnen hatten und für die erst in der Katastrophe von 1997 die »emotionale Einheit« vollzogen wurde.

»Armee der Einheit«. Politisches Narrativ und historischer Ort

Genese und Deutungen eines politischen Narrativs

Der Vollzug der staatlichen Einheit hatte nicht nur die über vierzigjährige Trennung beider deutscher Staaten beendet, sondern auch strukturelle, soziale und kulturelle Unterschiede offengelegt, deren Tragweite für viele erst jetzt sichtbar wurde. Etliche der bis heute sichtbaren Probleme sind nicht Folgen der Einheit, sondern Folgen der Teilung.

Nicht nur wegen des Ost-West-Gegensatzes im Kalten Krieg, sondern auch wegen des politischen Auftrags, der politischen Kontrolle und der erheblichen kulturellen Unterschiede beider deutscher Streitkräfte hätte der Entschluss, Personal und Material der NVA durch die Bundeswehr zu übernehmen, ebenso anders ausfallen können. Die innerhalb der Politik und der Bundeswehr immer wieder vorgetragenen Vorbehalte gegen eine Übernahme der NVA und die massiven Austritte von ehemaligen NVA-Berufskadern in den ersten Monaten der Deutschen Einheit, nur kurz nach ihrer Übernahme in die Bundeswehr, machen die Differenzen deutlich. Mit der politischen Grundsatzentscheidung, die ehemalige NVA mit ihrem Personal, ihrem Material und ihren Liegenschaften zu übernehmen und NVA-Angehörigen eine Zukunft in der Bundeswehr zu ermöglichen, wurden die gesamtdeutschen Streitkräfte schnell zum Lackmustest für das Gelingen der deutschen Einheit. Ohne die Herausforderungen bei der Übernahme und Abwicklung von Material und Liegenschaften klein reden zu wollen, zeigten sich im Personalbereich die größten Probleme bei der konkreten Umsetzung. Der politische Wille, aber auch praktische Zwänge machten schnelles Handeln notwendig. Das wiederum führte zu Entscheidungen, die nicht immer zweckmäßig und nicht immer gerecht ausfielen, beispielsweise wenn es um die Einstufung des Dienstgrades ging oder um die Auswahl für Weiterverpflichtungen. Auf der einen Seite standen die massiven Unterschiede bei den Gehältern, unterschiedliche Aufstiegschancen und erhebliche Differenzen bei den Ruhegehältern; so sorgt das Verbot, den NVA-Dienstgrad mit dem Zusatz »a.D.« (= außer Dienst) zu führen, bis heute für Unverständnis und Verbitterung. Auf der anderen Seite eröffnete sich vielen ehemaligen NVA-Angehörigen die unverhoffte Möglichkeit, in wirtschaftlich unsicheren Zeiten eine Chance in der Bundeswehr zu erhalten – und dies unter transparenten Wettbewerbsbedingungen.

Tatsächlich war die Bundeswehr die einzige staatliche Großorganisation, die mit Beginn der Deutschen Einheit sofort und konsequent an der Durchmischung ihres nachgeordneten Bereichs arbeitete. Wehrpflichtige aus Ostdeutschland, die in Westdeutschland ihre Grundausbildung absolvierten, und umgekehrt westdeutsche Wehrpflichtige, die in den neuen Ländern ihre ersten militärischen Schritte unternahmen, hatten vielen Bundesbürgern einen entscheidenden Schritt voraus, indem sie früh ihre eigenen Erfahrungen im »anderen« Deutschland sammeln konnten. Vor diesem Hintergrund hat die Bundeswehr ohne Zweifel einen entscheidenden Beitrag zur innerdeutschen Integration geleistet. Mitte der 90er Jahre galten überall in der Bundeswehr die gleichen Personal- und Laufbahnregelungen. Laufbahnlehrgänge und Weiterbildungen, Großübungen, Abordnungen und Kommandierungen und schließlich immer mehr räumlich gezielte Versetzungen förderten diesen Prozess. Ende der 90er Jahre gab es kaum noch gravierende materielle oder soziale Unterschiede. Soziologische Untersuchungen untermauern, dass es maßgeblich von den individuellen Erfahrungen abhing, ob der Vereinigungsprozess als gelungen bewertet wurde. Je mehr der Vereinigungsprozess als persönlicher Gewinn, und nicht als soziale Degradierung empfunden wurde, umso stärker konnte sich ein positiver Blick auf die Deutsche Einheit entwickeln.

Die Bundeswehr galt in der öffentlichen Wahrnehmung als eine Institution, in der die Wiedervereinigung besonders gut gelungen sei – unabhängig von ihrer Akzeptanz in der Gesellschaft. Viele Ostdeutsche standen der Bundeswehr anfangs sehr reserviert gegenüber. Die Ursachen lagen etwa in tiefsitzenden ideologischen Vorbehalten, nicht selten bei enttäuschten »Altkadern«, die in der Bundeswehr eine Art »Besatzungsarmee« sahen (6.47 Klein/Lippert/Meyer, S. 149). Sie speisten sich aber auch aus einer grundsätzlichen Aversion vieler DDR-Bürger gegen Militär, das sie jahrzehntelang nur in der Form der NVA, der Grenztruppen und der sowjetischen Streitkräfte erlebt hatten. Insofern ist dem Soziologen Paul Klein zuzustimmen, der auf der Grundlage solider Meinungsbefragung zu dem Ergebnis kommt: »Die Armee der Einheit, die so gerne zitiert wird, schien sich 1994 im Meinungsbild der Bevölkerung erst ansatzweise widerzuspiegeln« (2.12 Klein, S. 478).

Die tatsächlich am Ende von der Bundeswehr als längerdienende Zeit- und Berufssoldaten übernommenen ehemaligen NVA-Angehörigen machten zum Stichtag 3. Oktober 1990 gerade einmal 10 % des Gesamtbestandes dieser Personalkategorie in der Bundeswehr aus. In dieser Hinsicht war die »Armee der Einheit« eher eine »Armee der Kleinheit«.

Gleichwohl war die Idee von der »Armee der Einheit« früh in der Welt. Sie schien wie gemacht, um als selbsterklärendes Label einen politischen Anspruch zu verkörpern. Dabei blieb unklar, ob mit »Armee der Einheit« ein Zustand oder ein Prozess gemeint war. Mit Blick auf die anfangs starken und bis heute teilweise noch sichtbaren strukturellen und emotionalen Differenzen der Bundeswehr in den neuen Bundesländern und deren unterschiedlicher Wahrnehmung in Ost und West spricht viel dafür, den Terminus als politisches Narrativ zu bezeichnen: eine sinnstiftende, Emotionen und Werte transportierende Erzählung, die auf die öffentliche Wahrnehmung und den politischen Prozess zielt (vgl. 7.7 Politische Narrative, passim). Politische Narrative sind Konstruktionen, die der Legitimation dienen und letztlich Deutungsangebote liefern. In dieser Hinsicht hat der Begriff von Anfang an funktioniert, indem er ein politisches Ziel quasi direkt in ein gesellschaftspolitisches Ergebnis ummünzte. Vermutlich hat der Begriff selbst den Prozess der Einheit innerhalb der Bundeswehr befördert, durch seine geniale Einfachheit und seine positive Besetzung. Erstaunlicherweise wurde seinem Inhalt bislang keine Beachtung geschenkt. Die Bezeichnung »Armee« verweist auf einen in der DDR gängigen Sprachgebrauch, mit dem die gesamten Streitkräfte der – expressis verbis – »Nationalen Volksarmee« gemeint waren: Im Osten ging man »zur Armee«, im Westen »zum Bund«. Die »Armee der Einheit« hat aufgrund ihrer sprachgeschichtlichen Verortung in Ostdeutschland sowie einer einfachen Zuordnung und Zielrichtung in der politischen Kommunikation schnell ihren Raum erobert. Aber die Nutzung als geschichtswissenschaftliche Kategorie ist problematisch. Sie setzt nämlich das Ergebnis eines Prozesses voraus, der die räumlichen und zeitlichen Differenzen und Dissonanzen nicht abbildet. »Armee der Einheit« sollte im historisch kritischen Kontext deshalb relativiert werden, zum Beispiel durch Anführungszeichen.

Die Erfindung der Wortmarke »Armee der Einheit« ist bis heute unklar. Lange vermutete man, der Begriff wäre erstmals vom damaligen Bundespräsidenten Richard von Weizsäcker auf der 34. Kommandeurtagung der Bundeswehr im Oktober 1993 eingeführt worden (6.58 Leonhard, S. 145–150). Tatsächlich findet sich die Idee zur Wortmarke sehr viel früher. In seinem Tagesbefehl vom 3. Oktober 1990 verknüpfte der Befehlshaber des Bundeswehrkommandos Ost, Generalleutnant Jörg Schönbohm, bereits die beiden Worte »Einheit« und »Armee« als Symbol der deutschen Einheit. Im »Tagesspiegel« vom 16. April 1991 heißt es in einem Artikel über das BwKdo Ost: »Fast scheint es so, als ob sich das Militär zum Vorreiter der Einheit aufgeschwungen hätte. Und Schönbohm scheut sich auch nicht, von einer ›Pilotfunktion‹ der Armee zu sprechen.« (7.3 Bischoff). Wenig später nutzte Weizsäcker die sinnstiftende Idee bei seinem ersten Besuch des BwKdo Ost am 29. April 1991: »Die Einheit der Truppe fördert die Einheit der Deutschen« (zitiert nach 7.6 Heinze). Verteidigungsminister Stoltenberg selbst griff

▲ Bundespräsident Richard von Weizsäcker beim ersten Besuch des Bundeswehrkommandos Ost, 29. April 1991, hier am Standortübungsplatz Potsdam im Beisein von Generalleutnant Jörg Schönbohm.

Bundesregierung, B 145 Bild-00180706

▲ Bundesminister der Verteidigung Volker Rühe am Rednerpult bei der Ernennung der ersten ehemaligen NVA-Soldaten zu Berufssoldaten der Bundeswehr, Leipzig, 2. Oktober 1992. Bundeswehr/Detmar Modes das Sprachbild kurz darauf auf und äußerte sich neun Monate nach dem 3. Oktober 1990 gegenüber mehreren Journalisten: »Die Bundeswehr ist auf dem Weg zur inneren Einheit am weitesten vorangekommen.« (1.114 Stoltenberg, S. 452).

In dem 1992 erschienenen Erinnerungsband »Abenteuer Einheit« fand die fertige Wortmarke erstmals Verwendung. Im Geleitwort des damaligen Bundesministers der Verteidigung Volker Rühe heißt es: »Hier möchte ich auch ganz bewusst meinen Vorgänger Gerhard Stoltenberg erwähnen, der die wichtigsten Weichenstellungen angeordnet hat und dem die ›Armee der Einheit‹ ein besonderes Anliegen war« (1.99 Kirchbach/Meyers/Voigt, S. 9 f.). Bezeichnenderweise setzte der Minister den Terminus in Anführungszeichen. In einem weiteren Geleitwort für den gleichen Band dankt der zum Staatssekretär im BMVg aufgestiegene Jörg Schönbohm dem Mitautor des Bandes Brigadegeneral Hans Peter von Kirchbach und seinen Männern, »die sich ohne zu zögern der Aufgabe gestellt haben, das zu vollbringen, was die Menschen unseres Staates wollen: den Vollzug der inneren Einheit auch im deutschen Heer, der Armee der Einheit« (ebd., S. 12). Damit wird die Wortmarke programmatisch eingeführt: ohne Anführungszeichen und als Schlusspunkt eines Namensbeitrags. Da sowohl der Bundesminister der Verteidigung als auch sein Staatssekretär gemeinsam die »Armee der Einheit« beschworen, war der Begriff quasi amtlich.

Von höchster Stelle der Bundeswehr eingeführt, bildeten Streitkräfte und Einheit nun ein Wortpaar. Bei einer Veranstaltung zur Ernennung ehemaliger NVA-Soldaten zu Berufssoldaten am 2. Oktober 1992 in Leipzig prangte der Schriftzug über der Veranstaltung: »Zwei Jahre Bundeswehr der Einheit«. Doch »Bundeswehr der Einheit« konnte sich gegenüber »Armee der Einheit« nicht als Wortmarke durchsetzen. Auch das spricht dafür, dass der ostdeutsch geprägte Begriff »Armee« als Identifikationsangebot in den neuen Bundesländern besser verfing.

»Armee der Einheit« als historischer Ort

Der Begriff »Armee der Einheit« ist indes mehr als ein politisches Narrativ. Er ist zu einem »historischen Erinnerungsort« geworden: kein räumlicher Ort, sondern ein Topos, der im kollektiven Gedächtnis der Gesellschaft tief verankert ist. Für die Epochenjahre 1989/90 und die Deutsche Einheit steht die »Armee der Einheit« auf einer ähnlichen Stufe wie »Wir sind das Volk« oder die »Friedliche Revolution«. Sie definiert nicht mit den Maßstäben der empirisch-kritischen Geschichtswissenschaft ein historisches Phänomen, sondern bildet vielmehr den Kristallisationspunkt und den Referenzrahmen für gemeinsame Erinnerung. In dieser Hinsicht hat die »Armee der Einheit« auch schnell ihren Platz in der Symbolisierung und Tradierung der Bundeswehr gefunden. In den Richtlinien zum Traditionsverständnis und zur Traditionspflege in der Bundeswehr, dem »Traditionserlass« von 2018 (7.9 Die Tradition der Bundeswehr), wird die Bedeutung der Bundeswehr für die Deutsche Einheit hervorgehoben, ohne dass der Begriff »Armee der Einheit« wörtlich genannt wird.

Dass die Bundeswehr im Prozess der Deutschen Einheit eine zentrale Rolle gespielt hat, steht außer Frage. Während der Verhandlungen um die staatliche Einheit spielten die Bündniszugehörigkeit und der Charakter deutscher Streitkräfte in einem geeinten Deutschland eine entscheidende Rolle. Mit kürzester Vorbereitungszeit und unter enormem Zeitdruck musste die Bundeswehr nach dem 3. Oktober 1990 eine gewaltige Integrationsaufgabe leisten. Sie fungierte nicht nur als gesamtdeutsche Sozialisationsmaschine, sondern war zugleich Treiber für große Infrastrukturprojekte. Dadurch leistete sie einen gewichtigen Beitrag für den »Aufbau Ost«. Am Handeln der Bundeswehr zeigte sich zudem die Entschiedenheit und Wirksamkeit staatlichen Handelns im geeinten Deutschland. Sichbarste Zeichen hierfür waren die unmissverständliche Abkehr vom Denken und Tun des desavouierten SED-Regimes, die Überzeugung von den Werten einer freiheitlich demokratischen Grundordnung und dem damit verknüpften Menschenbild sowie die Zuversicht, transparente und pragmatische Lösungen zu finden.

Die »Armee der Einheit« ist damit mehr als ein zentraler Referenzpunkt werteorientierter Erinnerung für Militär, Staat und Gesellschaft. Sie markiert in der Geschichte der Bundeswehr einen historischen Markstein, der den Lauf der Geschichte in eine Zeit davor und eine Zeit danach unterteilt. Die Vereinigung Deutschlands gehörte zu den größten Herausforderungen in der Geschichte der Bundeswehr. Sie hat die Bundeswehr nach dem Ende des Kalten Kriegs grundlegend verändert, und die Bundeswehr hat ihren Teil dazu beigetragen, das geeinte Deutschland zu verändern: im Ganzen mit einem Erfolg, der noch heute staunen lässt.

Abkürzungen

AAV	Aufenthalts- und Abzugsvertrag
a.D.	außer Dienst
AfNS	Amt für Nationale Sicherheit
ARRC	Allied Command Europe Rapid Reaction Corps
BArch	Bundesarchiv
BBO	Besoldungs-Übergangsverordnung
BEA GI	Beauftragter für Erziehung und Ausbildung beim Generalinspekteur
BFD	Berufsförderungsdienst
BImA	Bundesanstalt für Immobilienaufgaben
BMVg	Bundesministerium der Verteidigung
BS	Berufssoldat
BStU	Bundesbeauftragte/r für die Stasi-Unterlagen
BwKdo	Bundeswehrkommando
CDU	Christlich Demokratische Union Deutschlands
ČSSR	Čekoslovenska Socialisticka Republika (Tschechoslowakische Sozialistische Republik)
CSU	Christlich Soziale Union in Bayern
CWÜ	Chemiewaffenübereinkommen
DA	Demokratischer Aufbruch
DBwV	Deutscher BundeswehrVerband
DDR	Deutsche Demokratische Republik
DJ	Demokratie Jetzt
DM	Deutsche Mark
DtVKdoSK	Deutsches Verbindungskommando zu den Sowjetischen Streitkräften
DVP	Deutsche Volkspolizei
Eb	Eisenbahn
EU	Europäische Union
FAZ	Frankfurter Allgemeine Zeitung
FDGB	Freier Deutscher Gewerkschaftsbund
FDJ	Freie Deutsche Jugend
FR	Frankfurter Rundschau
Fü	Führung
FüAkBw	Führungsakademie der Bundeswehr
GDR	German Democratic Republic
GG	Grundgesetz
GMS	Gesellschaftlicher Mitarbeiter für Sicherheit
GSSD	Gruppe der Sowjetischen Streitkräfte in Deutschland
GST	Gesellschaft für Sport und Technik
GT	Grenztruppen
GÜST	Grenzübergangsstelle
HA	Hauptabteilung
HOT	Haut subsonique optiquement téléguidé (Panzerabwehrlenkrakete)
HSchBrig	Heimatschutzbrigade
HVK	Hauptverteidigungskräfte
IFM	Initiative Frieden und Menschenrechte
IM	Inoffizieller Mitarbeiter
IMS	Inoffizieller Mitarbeiter zur politisch-operativen Durchdringung und Sicherung des Verantwortungsbereichs
INF	Intermediate Nuclear Forces
KasKdt	Kasernenkommandant
Kdr	Kommandeur
Kdt	Kommandant
KoKo	Kommerzielle Koordinierung
Kp	Kompanie
KPdSU	Kommunistische Partei der Sowjetunion
KRK	Krisenreaktionskräfte
KSE	Konventionelle Streitkräfte in Europa
KSK	Kommando Spezialkräfte
KSZE	Konferenz über Sicherheit und Zusammenarbeit in Europa

LANDJUT	Alliierte Landstreitkräfte Schleswig-Holstein und Jütland
LaSK	Landstreitkräfte
LogBrig	Logistikbrigade
LSK/LV	Luftstreitkräfte/ Luftverteidigung
LwDiv	Luftwaffendivision
MAD	Militärischer Abschirmdienst
MatAbw	Materialabwicklung
MB	Militärbezirk
MBFR	Mutual and Balanced Force Reductions
MdI	Ministerium des Innern
MDSG	Material Depot Service GmbH
MHMBw	Militärhistorisches Museum der Bundeswehr
MfAV	Ministerium für Abrüstung und Verteidigung
MfNV	Ministerium für Nationale Verteidigung
MfS	Ministerium für Staatssicherheit
MGFA	Militärgeschichtliches Forschungsamt
MiG	Mikojan-Gurewitsch (sowj. Militärflugzeughersteller)
MilGeoWe	Militärisches Geowesen
MRCA	Multi-Role Combat Aircraft
NATO	North Atlantic Treaty Organization
NF	Neues Forum
NVA	Nationale Volksarmee
ÖA	Öffentlichkeitsarbeit
OPZ	Operationszentrale
PDS	Partei des Demokratischen Sozialismus
PHV	Politische Hauptverwaltung
PiBrig	Pionierbrigade
PR	Presse
REFORGER	Return of Forces to Germany
SALT	Strategic Arms Limitation Talks
San	Sanitäts-
SaZ	Soldat auf Zeit
SDI	Strategic Defense Initiative
SED	Sozialistische Einheitspartei Deutschlands
SES	Studiengruppe Ent-militarisierung der Sicherheitspolitik
SPD	Sozialdemokratische Partei Deutschlands
START	Strategic Arms Reduction Treaty
StQu	Stabsquartier
SZ	Süddeutsche Zeitung
TNT	Trinitrotoluol (Sprengstoff)
TOW	Tube Launched Optically Tracked Wire Guided Missile
TrDst	Truppendienst
TrÜbPl	Truppenübungsplatz
TSK	Teilstreitkraft/-kräfte
UAE	Unabhängiger Ausschuss Eignungsprüfung
UKdo	Unterstützungskommando
UN	United Nations
UNAMIC	United Nations Advance Mission in Cambodia
UNOSOM	United Nations Operation in Somalia
UNSCOM	United Nations Special Commission on Iraq
UNTAC	United Nations Transitional Authority in Cambodia
USA	United States of America
Vbdg	Verbindung
VBK	Verteidigungsbezirks-kommando
VBS	Verband der Berufssoldaten der DDR
VEBEG	Verwertungsgesellschaft für besatzungseigene Güter
VKSE	Verhandlungen über Kon-ventionelle Streitkräfte in Europa
VL	Vereinigte Linke
VP	Volkspolizei
VPB	Volkspolizei-Bereitschaften
WBK	Wehrbereichskommando
WGT	Westgruppe der Truppen
ZAS	Zentraler Auflösungsstab ehemalige Grenztruppen
ZInFü	Zentrum Innere Führung
ZK	Zentralkomitee
ZPSt	Zentrale Personalführungsstelle
ZV	Zivilverteidigung

Verzeichnis der Grafiken und Tabellen

Die innerdeutschen Beziehungen ___ 26
Nuklearwaffen und nuklearfähige Waffensysteme ___ 29
Stärke der NVA zwischen März 1988 und Ende Juni 1990 ___ 88
Bundeswehrkommando Ost, Stand: 25.9.1990 ___ 138
Bundeswehrkommando Ost, Stand: 27.3.1991 ___ 139
Stationierung von Kommandobehörden des BwKdo Ost ___ 144
Waffen und Gerät der bewaffneten Organe der DDR, Stand: 3.10.1990 ___ 148
Personalführung ehemaliger NVA-Soldaten nach der Vereinigung, Stand: 18.9.1990 ___ 157
Versorgungsleistungen für die Soldaten der ehemaligen NVA ___ 160
Vorläufige Weiterverwendung und Übernahme ehemaliger NVA-Angehöriger in die Bundeswehr ___ 161
Nationale Höchststärke der Bundeswehr ___ 182
Prinzipdarstellung des DDR-Grenzsystems an der innerdeutschen Grenze ___ 187
Abriss der Grenzsperranlagen an der ehemaligen innerdeutschen Grenze (November 1989 bis Dezember 1993) ___ 188
Stationierung der WGT, Stand: 3.10.1990 ___ 192

Quellen und Literatur

Alle im Folgenden genannten Links wurden zuletzt im März 2025 aufgerufen.

Unveröffentlichte Quellen

Bundesarchiv, Abteilung Militärarchiv (BArch), Freiburg i.Br., Bestände: BH, BL, BM, BW 1–2, BW 45

Forschungsstand

Überblicksliteratur zur Bundesrepublik, zur DDR und zur Internationalen Politik

1.1 Ash, Timothy Garton, In Europe's Name. Germany and the Devided Continent, London 1993

1.2 Beschloss, Michael R., und Strobe Talbot, Auf höchster Ebene. Das Ende des Kalten Krieges und die Geheimdiplomatie der Supermächte 1989–1991, Düsseldorf 1994

1.3 Diedrich, Thorsten, Waffen gegen das Volk. Der 17. Juni 1953 in der DDR, München 2003

1.4 Europa und die deutsche Einheit. Beobachtungen, Entscheidungen und Folgen. Hrsg. von Michael Gehler und Maximilian Graf, Göttingen 2017

1.5 Fisher, Marc, After the Wall. Germany, the Germans, and the Burdens of History, New York 1995

1.6 Fukuyama, Francis, The End of History and the Last Man, New York 1992

1.7 Fulbrook, Mary, Anatomy of a Dictatorship. Inside the GDR, 1949–1989, Oxford 1995

1.8 German Reunification: A Multinational History. Ed. by Frédéric Bozo, Andreas Rödder and Mary Elise Sarotte, London, New York 2017

1.9 Görtemaker, Manfred, Geschichte der Bundesrepublik Deutschland. Von der Gründung bis zur Gegenwart, München 1999

1.10 Görtemaker, Manfred, Unifying Germany, 1989–1990, New York 1994

1.11 Hoyer, Katja, Diesseits der Mauer. Eine neue Geschichte der DDR 1949–1990, Hamburg 2023

1.12 Kleßmann, Christoph, Verflechtung und Abgrenzung. Aspekte der geteilten und zusammengehörigen deutschen Nachkriegsgeschichte. In: Aus Politik und Zeitgeschichte, 29–30/1993, S. 30–41

1.13 Mählert, Ulrich, Kleine Geschichte der DDR, München 1998

1.14 Schöne, Jens, The GDR. A History of the »Arbeiter- und Bauernstaat«, Berlin 2015

1.15 Scholtyseck, Joachim, Die Außenpolitik der DDR, München 2003

1.16 Schröder, Klaus, Der SED-Staat. Partei, Staat und Gesellschaft 1949–1990, München 2000

1.17 Siebs, Benno-Eide, Die Außenpolitik der DDR 1976–1989. Strategien und Grenzen, Paderborn [u.a.] 1999

1.18 Vom Kalten Krieg zur deutschen Einheit. Analysen und Zeitzeugenberichte zur deutschen Militärgeschichte 1945 bis 1995. Im Auftrag des MGFA hrsg. von Bruno Thoß unter Mitarb. von Wolfgang Schmidt, München 1995

1.19 Weber, Hermann, Geschichte der DDR, aktual. und erw. Neuausg., 2. Aufl., München 2000

1.20 Wirsching, Andreas, Der Preis der Freiheit. Geschichte Europas in unserer Zeit, München 2012

Überblicksliteratur zur Deutschen Frage und zur Deutschen Einheit *Herausragend sind die Arbeiten von Mary Elise Sarotte. Hervorzuheben ist hier auch der Wikipediaeintrag zum Stichwort »Deutsche Wiedervereinigung«.*

1.8 German Reunification

1.21 Chronik 1989/90. Der Weg zur Deutschen Einheit, <https://www.bundesregierung.de/breg-de/schwerpunkte-der-bundesregierung/deutsche-einheit/chronik-der-ereignisse-1989-1990>

1.22 Dimensions of German Unification: Economic, Social, and Legal Analysis. Ed. by A. Bradley Shingleton [u.a.], Boulder, CT 1995

1.23 Edinger, Lewis J., and Brigitte L. Nacos. From Bonn to Berlin: German Politics in Transition, New York 1998

1.24 Die Einheit. Das Auswärtige Amt, das DDR-Außenministerium und der Zwei-plus-Vier-Prozess. Hrsg. im Auftrag des Instituts für Zeitgeschichte München – Berlin von Horst Möller [u.a.]. Bearb. von Heike Amos und Tim Geiger, Göttingen 2015, <https://www.vr-elibrary.de/doi/book/10.13109/9783666300769>

1.25 Heneghan, Tom, Unchained Eagle. Germany after the Wall, London [u.a.] 2000

1.26 Jarausch, Konrad, The Rush to German Unity, New York 1994

1.27 Jarausch, Konrad, Die unverhoffte Einheit, 1989–1990, Frankfurt a.M. 1995

1.28 Kowalczuk, Ilko-Sascha, Die Übernahme. Wie Ostdeutschland Teil der Bundesrepublik wurde, 8. Aufl., München 2025

1.29 Parkes, Stuart, Understanding Contemporary Germany, London 1997

1.30 Rice, Condoleezza, and Philip Zelikow, German Unified and Europe Transformed, Cambridge, MA 1995 (dt. u.d.T.: Sternstunde der Diplomatie, Berlin 1997)

1.31 Ritter, Gerhard A., Der Preis der deutschen Einheit. Die Wiedervereinigung und die Krise des Sozialstaats, 2., erw. Aufl., München 2007

1.32 Ritter, Gerhard A., Wir sind das Volk! Wir sind ein Volk! Geschichte der deutschen Einigung, München 2009

1.33 Rödder, Andreas, Deutschland einig Vaterland. Die Geschichte der Wiedervereinigung, München 2009

1.34 Sarotte, Mary Elise, The Collapse. The Accidental Opening of the Berlin Wall, New York 2015

1.35 Sarotte, Mary Elise, 1989. The Struggle to Create Post-Cold War Europe, Princeton 2009

1.36 Sarotte, Mary Elise, Nicht einen Schritt weiter nach Osten. Amerika, Russland und die wahre Geschichte der Nato-Osterweiterung, München 2023 (engl. u.d.T.: Not One Inch. America, Russia, and the Making of Post-Cold War Stalemate, London 2021)

1.37 Scheven, Werner von, Die Bundeswehr und der Aufbau Ost. In: 1.18 Vom Kalten Krieg zur deutschen Einheit, S. 473–504

1.38 Schoenbaum, David, and Elizabeth Pond, The German Question and Other German Questions, New York 1996

1.39 Shlaes, Amity, Germany. The Empire Within, New York 1991

1.40 Turner, Henry Ashby, Germany from Partition to Reunification. A Revised Edition of the Two Germanies Since 1945, New Haven 1992

1.41 Die Vereinigung Deutschlands – ein weltpolitisches Machtspiel: Bush, Kohl, Gorbatschow und die internen Gesprächsprotokolle. Hrsg. von Alexander von Plato, 3. Aufl., Berlin 2009

Überblicksliteratur zum Ende der NVA, zum Aufbau der Bundeswehr und zur »Armee der Einheit«

1.42 Digutsch, Gunnar, Das Ende der Nationalen Volksarmee und der Aufbau der Bundeswehr in den neuen Ländern, Frankfurt a.M. 2004

1.43 Digutsch, Gunnar, Die NVA und die Armee der Einheit. In: 2.8 Die Bundeswehr 1955 bis 2005, S. 451–476

1.44 Dörr, Torsten, Die Nationale Volksarmee im Beitrittsprozess zur BRD. Eine Studie zur Demokratiekonformität und militärischen Effizienz der Armee der DDR, München 2009

1.45 Entschieden für Frieden. 50 Jahre Bundeswehr, 1955 bis 2005. Im Auftrag des MGFA hrsg. von Klaus-Jürgen Bremm, Hans-Hubertus Mack und Martin Rink, Freiburg i.Br. 2005

1.46 Keithly, David M., The Collapse of East German Communism. The Year the Wall Came Down, 1989, Westport, CT, London 1992

1.47 Lapp, Peter-Joachim, Ein Staat – eine Arme. Von der NVA zur Bundeswehr, Bonn 1992

1.48 Ovens, Ove, Die Nationale Volksarmee der DDR zwischen »Wende« und Auflösung. Der Untergang der NVA im Lichte des Zusammenbruchs der DDR, Regensburg 2003

1.49 Ein Staat – eine Armee. Von der NVA zur Bundeswehr. Hrsg. von Dieter Farwick, Frankfurt a.M. 1992

1.50 Wenzke, Rüdiger, Nationale Volksarmee. Die Geschichte, München 2014

1.51 10 Jahre Vereintes Deutschland. 10 Jahre Armee der Einheit. Hrsg. vom Sozialwissenschaftlichen Institut der Bundeswehr, Strausberg 2000

1.52 Zilian, Frederick, Form Confrontation to Cooperation. The Takeover of the National Peoples (East German) Army, Westport, CT, London 1999

Überblicksliteratur zur deutsch-deutschen Militärgeschichte

1.53 Deutsche Militärgeschichte in Europa 1945–1990. Repräsentation, Organisation und Tradition von Streitkräften in Demokratie und Diktatur. Im Auftrag des ZMSBw hrsg. von Jörg Echternkamp und Christoph Nübel, Berlin 2022 (= Deutsch-deutsche Militärgeschichte, 4)

1.54 Echternkamp, Jörg, Militär in Politik, Gesellschaft und Wissenschaft. Vergleichs- und verflechtungsgeschichtliche Perspektiven in Ost- und Westdeutschland 1970–1990. In: 2.13 Militär und Gesellschaft in Ost- und Westdeutschland, S. 17–320

1.55 Heinemann, Winfried, Die DDR und ihr Militär, München 2011 (= Beiträge zur Militärgeschichte. Militärgeschichte kompakt, 3)

1.56 Loch, Thorsten, Deutsche Generale 1945–1990. Profession – Karriere – Herkunft, Berlin 2021 (= Deutsch-deutsche Militärgeschichte, 2)

1.57 Die Nationale Volksarmee. Beiträge zu Selbstverständnis und Geschichte des deutschen Militärs von 1945–1990. Hrsg. von Detlef Bald, Baden-Baden 1992

1.58 Rink, Martin, Die Bundeswehr 1950/55 bis 1989, München 2015 (= Beiträge zur Militärgeschichte. Militärgeschichte kompakt, 6)

1.59 Soldat – Ein Berufsbild im Wandel. Hrsg. im Auftrag des Deutschen BundeswehrVerbandes von Paul Klein und Manfred Grodzki, Bd 2: Offiziere, Bonn, Dortmund 1993

1.60 Wege zur Wiedervereinigung. Die beiden deutschen Staaten in ihren Bündnissen 1970 bis 1990. Im Auftrag des ZMSBw hrsg. von Oliver Bange und Bernd Lemke, München 2013 (= Beiträge zur Militärgeschichte, 75)

1.61 Die Wende. Die Deutsche Marine auf dem Weg in die Einheit. Hrsg. von Stephan Huck und Hartmut Klüver, Bochum 2007

Forschungsdiskussionen und Begriffsbestimmungen zu Revolution, Friedliche Revolution und Deutsche Einheit

1.1 Ash; 1.5 Fisher; 1.8 German Reunification; 1.12 Kleßmann; 1.23 Edinger/Nacos; 1.33 Rödder; 1.36 Sarotte; 1.38 Schoenbaum/Pond; 3.26 Lindner

1.62 Bispinck, Henrik, Friedliche Revolution und Wiedervereinigung? Klare Antworten aus erster Hand, Stuttgart 2023

1.63 Bröckermann, Heiner, Landesverteidigung und Militarisierung. Militär und Sicherheitspolitik der DDR in der Ära Honecker 1971–1989, Berlin 2011 (= Militärgeschichte der DDR, 20)

1.64 Eckert, Rainer, Revolution, Zusammenbruch oder »Wende«: Das Ende der zweiten Diktatur auf deutschem Boden im Vergleich. In: Die DDR zwischen Mauerbau und Mauerfall. Hrsg. von Heiner Timmermann, Münster 2003, S. 419–448

1.65 Eckert, Rainer, Widerstand und Opposition in der DDR. Von den Forschungen zur Geschichte des Nationalsozialismus zur Auseinandersetzung mit der SED-Diktatur, Version: 1.0. In: Docupedia-Zeitgeschichte, 108, 2.12.2013, <http://docupedia.de/zg/eckert_widerstand_opposition_ddr_v1_de_2013>; DOI: <http://dx.doi.org/10.14765/zzf.dok.2.31.v1>

1.66 Experiment Einheit. Zeithistorische Essays. Hrsg. von Alexander Koch und Martin Sabrow, Göttingen 2015

1.67 Kowalczuk, Ilko-Sascha, Endspiel. Die Revolution von 1989 in der DDR, 3., überarb, korr. und erw. Neuausgabe, München 2015

1.68 Kühnhardt, Ludger, Revolutionszeiten. Das Umbruchjahr 1989 im geschichtlichen Zusammenhang, München 1994

1.69 Neubert, Erhart, Unsere Revolution. Die Geschichte der Jahre 1989/90, München 2008

1.70 Revolution und Vereinigung 1989/90. Als in Deutschland die Realität die Phantasie überholte. Hrsg. von Klaus-Dietmar Henke, München 2009

1.71 Richter, Michael, Die Friedliche Revolution: Aufbruch zur Demokratie in Sachsen 1989/90, Göttingen 2010

1.72 Winkler, Heinrich-August, Die Deutschen und ihre Revolution. Eine Geschichte von 1848 bis 1989, München 2023

Quellen zur Deutschen Einheit *Zahlreiche Quellen sind ediert und in Teilen auch online zugänglich. Obgleich schon ein Vierteljahrhundert alt, ist für dieses Thema »Armee ohne Zukunft« herauszuheben. Zu nennen ist hier auch der Band* 1.24 *Die Einheit. Unverzichtbar sind zudem die gleichfalls vom Institut für Zeitgeschichte herausgegebenen Bände für die Jahre 1989 und 1990 der Edition »Akten zur Auswärtigen Politik der Bundesrepublik Deutschland« (erschienen 2020 und 2021).*

1.73 Armee ohne Zukunft. Das Ende der NVA und die deutsche Einheit. Zeitzeugenberichte und Dokumente. Im Auftrag des MGFA hrsg. von Hans Ehlert, Berlin 2002 (= Militärgeschichte der DDR, 3)

1.74 Auf dem Weg zur deutschen Einheit. Deutschlandpolitische Debatten im Deutschen Bundestag, Bd I–V. Hrsg. vom Deutschen Bundestag, Bonn 1990

1.75 Bericht der Bundesregierung über den Abschluß der Verwertung des überschüssigen Materials der NVA. Hrsg. vom Bundesministerium der Verteidigung, Bonn 1997, <https://fragdenstaat.de/anfrage/restbestande-der-nva/697030/anhang/970730abschlussberichtnva.pdf>

1.76 Deutsche Einheit. Sonderedition aus den Akten des Bundeskanzleramtes 1989/90. Hrsg. vom Bundesministerium des Innern unter Mitw. des Bundesarchivs, München 1998 (= Dokumente zur Deutschlandpolitik)

1.77 Dokumente zur deutschen Militärgeschichte 1945–1990. Bundesrepublik und DDR im Ost-West-Konflikt. Im Auftrag des ZMSBw hrsg. von Christoph Nübel, Berlin 2019 (= Deutsch-deutsche Militärgeschichte, 1)
1.78 Stationierung der Bundeswehr, 2 Bde. Hrsg. vom BMVg, Bonn 1991
1.79 Uniting Germany: Documents and Debates, 1944–1993. Ed. by Konrad H. Jarausch and Volker Gransow, New York 1994
1.80 Zahlenspiegel Bundesrepublik Deutschland/Deutsche Demokratische Republik. Ein Vergleich. Hrsg vom Bundesministerium für innerdeutsche Beziehungen, 3., neugestalte Ausg., Bonn 1988

Biographien und Zeitzeugenberichte *Obgleich sehr unterschiedlich in ihrer Qualität und Tiefe, bilden Biographien und Zeitzeugenberichte eine unverzichtbare Quellengrundlage. Für diese Untersuchung sind die Arbeiten von Hans-Peter von Kirchbach, Werner von Scheven und Jörg Schönbohn von besonderer Bedeutung.*

1.37 Scheven; 6.23 Foertsch
1.81 Ablaß, Werner E., Zapfenstreich. Von der NVA zur Bundeswehr, Düsseldorf 1992
1.82 Baumgarten, Klaus-Dieter, Erinnerungen. Autobiographie des Chefs der Grenztruppen der DDR, Berlin 2008
1.83 Beßer, Udo, Vom Soldatsein. Offizier in zwei deutschen Nachkriegsarmeen, Berlin 2019 (= Militärgeschichte der DDR, 27)
1.84 Born, Hendrik, Es kommt alles ganz anders. Erinnerungen eines Zeitzeugen an die Volksmarine der DDR und das Leben danach, Hamburg 2018
1.85 Brugmann, Gerhard, Durchlebte Wende. Fragmentarisches aus jener Zeit, Frankfurt a.M. 1996
1.86 Carl, Karl-Heinz, Wie die Wiedervereinigung die Hardthöhe erreichte! In: 1.18 Vom Kalten Krieg zur deutschen Einheit, S. 453–461
1.87 Dalos, György, Gorbatschow. Mensch und Macht. Eine Biographie, München 2011
1.88 Ehlert, Hans, Theodor Hoffmann – Mecklenburger, Marineoffizier, Minister. In: 2.21 Genosse General!, S. 387–419
1.89 Eppelmann, Rainer, Wendewege. Briefe an die Familie. Hrsg. von Dietmar Herbst, Bonn, Berlin 1992
1.90 Falin, Valentin M., Politische Erinnerungen, München 1995
1.91 Gates, Robert M., From the Shadows: The Ultimate Insider's Story of Five Presidents and How They Won the Cold War, New York 1996
1.92 Gödde, Klaus-Peter, Ausgemustert. Was aus Angehörigen des Küstenraketenregiments der NVA wurde, Berlin 2020
1.93 Gödde, Klaus-Peter, Eine Elite-Einheit der NVA rüstet ab, Berlin 2012
1.94 Gorbatschow, Michael, Wie es war. Die deutsche Wiedervereinigung, Berlin 1999
1.95 Hoffman, Theodor, Das letzte Kommando. Ein Minister erinnert sich, Berlin, Bonn 1993
1.96 Hoffmann, Theodor, Die NVA war gegen das Volk nicht einsetzbar. Interview mit dem Chef der Nationalen Volksarmee, Admiral Theodor Hoffmann. In: Berliner Zeitung, 20.8.1990
1.97 Johanny, Karl, Wehrverwaltung in den neuen Bundesländern und Berlin. In: 1.18 Vom Kalten Krieg zur deutschen Einheit, S. 393–402
1.98 Kirchbach, Hans-Peter von, Herz an der Angel, Berlin 2021
1.99 Kirchbach, Hans Peter von, Manfred Meyers und Victor Voigt, Abenteuer Einheit. Zum Aufbau der Bundeswehr in den neuen Ländern, Frankfurt a.M. 1992

1.100 Klein, Hans, Es begann im Kaukasus ... Der entscheidende Schritt in die Einheit Deutschlands, Berlin, Frankfurt a.M. 1991

1.101 Kohl, Helmut, Erinnerungen, 1982–1990, München 2005

1.102 Löffler, Hans Georg, Soldat der NVA von Anfang bis Ende. Eine Autobiographie, Berlin 2006

1.103 NVA. Ein Rückblick für die Zukunft. Zeitzeugen berichten über ein Stück deutscher Militärgeschichte. Hrsg. von Manfred Backerra, Köln 1991

1.104 Pöschel, Günther, Seefahrt macht frei! Leider nicht immer ... Über die Volksmarine der NVA. In: 1.103 NVA. Ein Rückblick für die Zukunft, S. 149–180

1.105 Ritter, Gerhard A., Hans-Dietrich Genscher, das Auswärtige Amt und die deutsche Vereinigung, München 2013

1.106 Schabowski, Günter, Der Absturz, Berlin 1991

1.107 Schäuble, Wolfgang, Der Vertrag. Wie ich über die Einheit verhandelte, Stuttgart 1992

1.108 Scheven, Werner von, Die wunderbare Auferstehung der Auftragstaktik – Zwei Jahre nach der deutschen Vereinigung zieht das Korps/Territorialkommando Ost Bilanz. In: Truppenpraxis, 6/1992, S. 532–540

1.109 Schewardnadse, Eduard, Die Zukunft gehört der Freiheit, Reinbek bei Hamburg 1991

1.110 Schmalfuß, Karl-Heinz, Innenansichten. Dreißig Jahre im Ministerium des Innern der DDR. Ein General meldet sich zu Wort, Aachen 2009

1.111 Schönbohm, Jörg, Wir dienen demselben Vaterland – Interview mit Generalleutnant Schönbohm. In: Truppenpraxis, 4/1991, S. 332–338

1.112 Schönbohm, Jörg, Zwei Armeen und ein Vaterland. Das Ende der Nationalen Volksarmee, Berlin1992

1.113 Stechbarth, Horst, Soldat im Osten. Erinnerungen und Erlebnisse aus fünf Jahrzehnten, Hüllhorst 2006

1.114 Stoltenberg, Gerhard, Sicherheitspolitische Verantwortung während der »friedlichen Revolution« in Ost und West. In: 1.18 Vom Kalten Krieg zur deutschen Einheit, S. 447–452

1.115 Storck, Michael, Vom Schnellboot nach Gehlsdorf. Facetten der Wendezeit im Sanitätsdienst der Marine aus der Sicht eines Beteiligten. In: 60 Jahre Bundeswehr – 25 Jahre Armee der Einheit. Vorträge des 7. Wehrmedizinhistorischen Symposiums vom 19. November 2015. Hrsg. von Ralf Vollmuth und Erhard Grunwald, Bonn 2019, S. 65–76

1.116 Streletz, Fritz, und Heinz Keßler, Ohne die Mauer hätte es Krieg gegeben. Zwei Zeitzeugen erinnern sich, Berlin 2011

1.117 Taubmann, William, Gorbatschow. Der Mann und seine Zeit. Eine Biographie, München 2018

1.118 Teltschik, Horst, 329 Tage. Innenansichten der Einigung, Berlin 1991

1.119 Vom Verschwinden der Nationalen Volksarmee 1989/90. Deutungskontroversen in Zeitzeugengesprächen. Im Auftrag des ZMSBw hrsg. von Jörg Echternkamp und Klaus Storkmann, Berlin 2025 (= Militärgeschichte der DDR, 30)

1.120 Weber, Hans-Werner, Gläubigkeit, Opportunismus, späte Zweifel. Anmerkungen zu den Veränderungen im politisch-moralischen Bewußtstein des Offizierkorps der NVA. In: 1.103 NVA. Ein Rückblick für die Zukunft, S. 43–66

1.121 Wimmer, Willy, Laß uns Dir zum Guten dienen. Der Weg der NVA in die Bundeswehr, Neuss 2000

Bundeswehr und NVA am Ende des Kalten Krieges

Nachrüstungs- und Entspannungspolitik in den 80er Jahren

2.1 Bange, Oliver, and Gottfried Niedhart, Helsinki 1975 and the Transformation of Europe, New York, Oxford 2008
2.2 Bange, Oliver, Der KSZE-Prozess und die sicherheitspolitische Dynamik des Ost-West-Konflikts 1970–1990. In: 1.60 Wege zur Wiedervereinigung, S. 87–104
2.3 Geiger, Tim, Die Bundesrepublik Deutschland und die NATO in den Siebziger- und Achtzigerjahren. In: 1.60 Wege zur Wiedervereinigung, S. 165–182
2.4 Loth, Wilfried, Die Rettung der Welt. Entspannungspolitik im Kalten Krieg 1950–1991, Frankfurt a.M. 2016
2.5 »Mit den Autos kommt die Ideologie«: Der Grenzübergang Helmstedt-Marienborn im Kontext der Teilung Deutschlands und Europas. Hrsg. von Sascha Möbius, Halle 2017 (= (Wissenschaftliche Reihe der Stiftung Gedenkstätten Sachsen-Anhalt, 3)
2.6 Möllers, Heiner, Sicherheitspolitik in der Krise. NATO-Doppelbeschluss, parlamentarische Debatte und mediale Berichterstattung in der Bundesrepublik Deutschland. In: 1.60 Wege zur Wiedervereinigung, S. 203–220
2.7 Umbach, Frank, Das Rote Bündnis. Entwicklung und Zerfall des Warschauer Paktes 1955–1991, Berlin 2005 (= Militärgeschichte der DDR, 10)

Bundeswehr und Gesellschaft in den 80er Jahren

2.8 Die Bundeswehr 1955 bis 2005. Rückblenden – Einsichten – Perspektiven. Im Auftrag des MGFA hrsg. von Frank Nägler, München 2007 (= Sicherheitspolitik und Streitkräfte der Bundesrepublik Deutschland, 7)
2.9 30 Jahre Bundeswehr 1955–1985. Friedenssicherung im Bündnis. Im Auftrag des BMVg zur Wanderausstellung hrsg. vom MGFA, Mainz 1985
2.10 Fleckenstein, Bernhard, Fremde Truppen im Vereinigten Deutschland – Gegenwärtige Situation und künftige Aussichten. In: SOWI-Arbeitspapier Nr. 44, München, Dezember 1990, <https://d-nb.info/1199814555/34>
2.11 Friederichs, Hauke, Spielball der Politik. Eine kurze Geschichte der Bundeswehr, München 2023
2.12 Klein, Paul, Die Akzeptanz der Bundeswehr in der deutschen Bevölkerung im späten 20. Jahrhundert. In: 1.45 Entschieden für Frieden, S. 471–482
2.13 Militär und Gesellschaft in Ost- und Westdeutschland 1970–1990. Im Auftrag des ZMSBw hrsg. von Jörg Echternkamp, Berlin 2021 (= Deutsch-deutsche Militärgeschichte, 3)
2.14 Werk, Christian, Die Geschichte der Bundeswehrkrankenhäuser Koblenz, Hamm, Detmold, Gießen und Osnabrück 1957 bis 2007, Dissertation an der Medizinischen Fakultät der Ludwig-Maximilians-Universität zu München 2010, <https://edoc.ub.uni-muenchen.de/12270/1/Werk_Christian.pdf>
2.15 Wörpel, Sonja, Die Geschichte der Bundeswehrkrankenhäuser Hamburg, Kiel, Bad Zwischenahn und Glückstadt, Dissertation an der Medizinischen Fakultät der Ludwig-Maximilians-Universität zu München 2022, <https://edoc.ub.uni-muenchen.de/30740/1/Woerpel_Nanda.pdf>

Die DDR und ihre bewaffneten Organe in den 80er Jahren *Hier ist die Reihe des MGFA/ZMSBw »Militärgeschichte der DDR« grundlegend.*

1.50 Wenzke; 1.55 Heinemann

2.16 Bald, Detlef, Militär und Gesellschaft 1945–1990. Die Bundeswehr der Bonner Republik, Baden-Baden 1994, S. 147–154

2.17 Bröckermann, Heiner, Zur Militär- und Sicherheitspolitik der DDR am Ende der DDR. In: 3.6 »Damit hatten wir die Initiative verloren«, S. 17–42

2.18 Eckstein, Knut, Die Volksmarine im Kalten Krieg. In: Deutsche Marinen im Wandel. Vom Symbol nationaler Einheit zum Instrument internationaler Sicherheit. Im Auftrag des MGFA hrsg. von Werner Rahn, München 2005 (= Beiträge zur Militärgeschichte, 63), S. 615–632

2.19 Ehlert, Hans, Zwischen Mauerfall und Volkskammerwahl. Die NVA im Strudel des gesellschaftlichen Umbruchs in der DDR 1989/90. In: Staatsfeinde in Uniform? Widerständiges Verhalten und politische Verfolgung in der NVA. Im Auftrag des MGFA hrsg. von Rüdiger Wenzke, Berlin 2005 (= Militärgeschichte der DDR, 9), S. 429–464

2.20 Eisenhuth, Stefanie, Die DDR im Jahr 1987. Zwischen Verheißung und Verfall, Erfurt 2019

2.21 Genosse General! Die Militärelite der DDR in biographischen Skizzen. Im Auftrag des MGFA hrsg. von Hans Ehlert und Armin Wagner, Berlin 2003 (= Militärgeschichte der DDR, 7)

2.22 Gieseke, Jens, Die hauptamtlichen Mitarbeiter der Staatssicherheit. Personalstruktur und Lebenswelt 1950–1989/90, Berlin 2000

2.23 Gieseke, Jens, Das Ministerium für Staatssicherheit (1950–1990). In: 2.24 Im Dienste der Partei, S. 371–422

2.24 Im Dienste der Partei. Handbuch der bewaffneten Organe der DDR. Im Auftrag des MGFA hrsg. von Torsten Diedrich, Hans Ehlert und Rüdiger Wenzke, Berlin 1998 (= Forschungen zur DDR-Gesellschaft)

2.25 Militär, Staat und Gesellschaft in der DDR. Forschungsfelder, Ergebnisse, Perspektiven. Im Auftrag des MGFA hrsg. von Hans Ehlert und Matthias Rogg, Berlin 2004 (= Militärgeschichte der DDR, 8)

2.26 Neubert, Ehrhart, Geschichte der Opposition in der DDR 1949–1989, 2., durchges. und erw. sowie korr. Aufl., Bonn 2000

2.27 Rogg, Matthias, Armee des Volkes? Militär und Gesellschaft in der DDR, 2., erw. Auflage Berlin 2009 (= Militärgeschichte der DDR, 15)

2.28 Schroeder, Klaus, Fremdsichten von Bundeswehr und Nationaler Volksarmee 1955/56–1989, Berlin 2022 (= Deutsch-deutsche Militärgeschichte, 5)

2.29 Siebeneicher, Tilman, Im Schatten von »Ausnahmezustand« und revolutionärer Arbeiterbewegung. Die Kampfgruppen der Arbeiterklasse in der DDR. In: Spießer, Patrioten, Revolutionäre. Militärische Mobilisierung und gesellschaftliche Ordnung in der Neuzeit. Hrsg. von Rüdiger Bergien und Ralf Pröve, Göttingen 2010, S. 139–159

2.30 Volksmarine der DDR. Deutsche Seestreitkräfte im Kalten Krieg. Hrsg. von Friedrich Elchlepp, Hamburg [u.a.] 1999

2.31 Was war die NVA? ... nachgetragen. Studien – Analysen. Berichte zur Geschichte der Nationalen Volksarmee. Hrsg. von der Arbeitsgruppe Geschichte der NVA und Integration ehemaliger NVA-Angehöriger in Gesellschaft und Bundeswehr beim Landesvorstand Ost des DBwV. Zsgest. von Egbert Fischer, Berlin 2007

2.32 Was war die NVA? Studien – Analysen – Berichte. Zur Geschichte der Nationalen Volksarmee. Hrsg. von der Arbeitsgruppe Geschichte der NVA und

Integration ehemaliger NVA-Angehöriger in Gesellschaft und Bundeswehr beim Landesvorstand Ost des DBwV. Zsgest. von Egbert Fischer, Berlin 2001

2.33 Was war die NVA? Zapfenstreich. Studien – Analysen. Berichte zur Geschichte der Nationalen Volksarme. Hrsg. von der Arbeitsgruppe Geschichte der NVA und Integration ehemaliger NVA-Angehöriger in Gesellschaft und Bundeswehr beim Landesvorstand Ost des DBwV. Zsgest. von Egbert Fischer, Berlin 2010

2.34 Wenzke, Rüdiger, Von der Parteiarmee zur Volksarmee? Die NVA und die Grenztruppen der DDR in Krise und Umbruch. In: 3.6 »Damit hatten wir die Initiative verloren«, S. 43–89

Friedliche Revolution

Gorbatschow und die Erosion des SED-Regimes

3.1 Gemeinsame deutsch-sowjetische Erklärung vom 13.6.1989, <https://www.chronik-der-mauer.de/material/178893/gemeinsame-deutsch-sowjetische-erklaerung-13-juni-1989>

3.2 Gorbatschow, Michail, Rede vor dem Europarat in Straßburg vom 6. Juli 1989 (engl.), <https://digitalarchive.wilsoncenter.org/document/134162>

3.3 Offizieller Besuch des Bundeskanzlers in der Sowjetunion vom 24. bis 27. Oktober 1988, Bulletin der Bundesregierung 141-88, 1.11.1988, <https://www.bundesregierung.de/breg-de/service/bulletin/offizieller-besuch-des-bundeskanzlers-in-der-sowjetunion-vom-24-bis-27-oktober-1988-808584>

3.4 Vor 50 Jahren: »Breschnew-Doktrin« von der eingeschränkten Souveränität sozialistischer Bruderstaaten, 12.11.2018, <https://www.bpb.de/kurz-knapp/hintergrund-aktuell/279720/vor-50-jahren-breschnew-doktrin-von-der-eingeschraenkten-souveraenitaet-sozialistischer-bruderstaaten/>

Die Rolle der bewaffneten Organe im Herbst 1989

2.17 Bröckermann

3.5 Bröckermann, Heiner, Die Nationale Volksarmee und die Gewaltfrage im Herbst 1989. In: 3.16 1989 und die Rolle der Gewalt, S. 129–152

3.6 »Damit hatten wir die Initiative verloren«. Zur Rolle der bewaffneten Kräfte in der DDR 1989/90. Im Auftrag des ZMSBw hrsg. von Rüdiger Wenzke, Berlin 2024 (= Militärgeschichte der DDR, 23)

3.7 Die DDR im Blick der Stasi. Die geheimen Berichte an die SED-Führung. Hrsg. von Daniela Münkel im Auftrag des Bundesbeauftragten für die Unterlagen des Staatssicherheitsdienstes der Deutschen Demokratischen Republik (BStU), hier: 1989. Bearb. von Mark Schiefer und Martin Stief, <https://www.ddr-im-blick.de/jahrgaenge/jahrgang-1989/>

3.8 Giesecke, Jens, Der entkräftete Tschekismus. Das MfS und seine ausgebliebene Niederschlagung der Konterrevolution 1989/90. In: 3.16 1989 und die Rolle der Gewalt, S. 56–81

3.9 Glaser, Günther, »... auf die ›andere Seite‹ übergehen«. NVA-Angehörige in Krise und revolutionärem Umbruch der DDR. Studie mit Dokumenten (22. September–17./18. November 1989), Berlin 2005

3.10 Glaser, Günther, »... mit der Gegenseite verbrüdern«. NVA-Angehörige im »stürmischen Herbst« der DDR (September–November 1989), Berlin 2007

3.11 Hertle, Hans-Hermann, Der Fall der Mauer aus der Sicht der NVA und der Grenztruppen der DDR. In: Deutschland Archiv, 28 (1995), S. 901–919

3.12 Hertle, Hans-Hermann, Der Fall der Mauer. Die unbeabsichtigte Selbstauflösung des SED-Staates, 2., durchges. Aufl., Opladen, Wiesbaden 1999

3.13 Hertle, Hans-Hermann, Sofort, unverzüglich. Die Chronik des Mauerfalls, 3. Aufl., Berlin 2020

3.14 Jian, Chen, Tiananmen and the Fall of the Berlin Wall: China's Path Toward 1989 and Beyond. In: The Fall of the Berlin Wall. The Revolutionary Legacy of 1989. Ed. by Jeffrey A. Engel, Oxford, New York 2009, S. 96–131

3.15 Mittendrin. Die Berliner Volkspolizei 1989/90. Hrsg. von Karl-Heinz Kriz und Hans-Jürgen Gräfe, Berlin 2014

3.16 1989 und die Rolle der Gewalt. Hrsg. von Martin Sabrow, Göttingen 2012

3.17 Niemetz, Daniel, Staatsmacht am Ende. Der Militär- und Sicherheitsapparat der DDR in Krise und Umbruch 1985 bis 1990. Mit ausgewählten Dokumenten, Berlin 2020 (= Militärgeschichte der DDR, 28)

3.18 Sabrow, Martin, Der Mauerfall als historische Zäsur. Vortrag in der Urania Berlin, 14.11.2014, <https://zzf-potsdam.de/sites/default/files/mitarbeiter/PDFs/sabrow/vortrag_martin_sabrow_mauerfall_als_historische_zaesur_04_11_2014_urania_berlin.pdf>

3.19 Sabrow, Martin, »1989« und die Rolle der Gewalt in Ostdeutschland, In: 3.16 1989 und die Rolle der Gewalt, S. 9–31

3.20 Uhl, Matthias, Die sowjetischen Truppen in der DDR zwischen Perestroika, »Wende« und Mauerfall. In: 3.6 »Damit hatten wir die Initiative verloren«, S. 137–160

3.21 Wenzke, Rüdiger, Verhältnis des MfS zum Militär, <https://www.bundesarchiv.de/im-archiv-recherchieren/stasi-unterlagen-einsehen/hinweise-zum-mfs/mfs-lexikon/>, *suche im MfS-Lexikon unter: Militär, Verhältnis des MfS zum*

3.22 Wolf, Stephan, Hauptabteilung I: NVA und Grenztruppen, Berlin 2004 (= Anatomie der Staatssicherheit, Teil 3,13,)

Mauerfall, Friedliche Revolution, Zusammenbruch des SED-Regimes

1.34 Sarotte; 1.35 Sarotte; 1.66 Kowalczuk; 1.71 Richter; 1.72 Winkler; 2.19 Ehlert; 3.12 Hertle; 3.13 Hertle

3.23 Antrittsrede von Egon Krenz als Generalsekretär des ZK der SED vom 18. Oktober 1989, <https://www.cvce.eu/content/publication/2002/9/13/7d9fcd51-609b-49fc-859e-010d3d2df42a/publishable_de.pdf>

3.24 Bahrmann, Hannes, und Christoph Links, The Fall of the Wall. The Path to German Reunification, Berlin 2017

3.25 Kotkin, Stephen, Uncivil Society: 1989 and the Implosion of the Communist Establishment, New York 2009

3.26 Lindner, Bernd, Die demokratische Revolution in der DDR 1989/90, Bonn 1998

3.27 Meyer, Michael, The Year That Changed the World: The Untold Story Behind the Fall of the Berlin Wall, New York [u.a.] 2009

3.28 Pleshakow, Constantine, There Is No Freedom Without Bread! 1989 and the Civil War That Brought Down Communism, New York 2009

3.29 Schneider, Peter, The German Comedy: Scenes of Life After the Wall. New York 1991

3.30 Schöne, Jens, The Peaceful Revolution. Berlin 1989/90. The Path to German Unity, Berlin 2009

3.31 »Sektkorken waren die einzigen Schüsse, die in dieser Nacht fielen«: So erlebten sechs Schriftsteller den Mauerfall, 9.11.2020, <https://www.suedkurier.de/ueberregional/kultur/sektkorken-waren-die-einzigen-schuesse-die-in-dieser-nacht-fielen-so-erlebten-sechs-schriftsteller-den-mauerfall;art10399,10659839>

3.32 When the Wall Came Down: Reactions to German Unification. Ed. by Harold James and Marla Stone, New York, London 1992

3.33 Zwahr, Hartmut, »Wir sind das Volk!« In: Deutsche Erinnerungsorte, Bd 2. Hrsg. von Etienne Francois und Hagen Schulze, München 2001, S. 253–268

Deutschlandfrage Ende 1889/Anfang 1990 *Hier ist vor allem auf die Arbeiten von Mary Elise Sarotte (* 1.34 *,* 1.35 *,* 1.36 *), Andreas Rödder (* 1.33 *) und Gerhard A. Ritter (* 1.31 *,* 1.32 *) sowie auf die Bände* 1.8 *German Reunification und* 1.24 *Die Einheit zu verweisen.*

3.34 Memorandum eines Gesprächs zwischen Helmut Kohl and George Bush in Camp David vom 24. Februar 1990, <https://nsarchive.gwu.edu/document/16127-document-13-memorandum-conversation-between>; hier noch zahlreiche weitere Dokumente: <https://nsarchive.gwu.edu/briefing-book/russia-programs/2017-12-12/nato-expansion-what-gorbachev-heard-western-leaders-early>

Militärreform

3.35 Hanisch, Wilfried, und Paul Heider, Die Rolle der NVA von der Wende zur Vereinigung der beiden deutschen Staaten (unveröffentlichte Studie), Teil 1 (1993), Teil 2 (1995), MGFA, Potsdam (ZMSBw, Bibliothek)

3.36 Heider, Paul, »Nicht Feind, nicht Gegner, sondern Partner.« Zum Transformationsprozeß der Nationalen Volksarmee auf dem Weg in die deutsche Einheit. In: 1.18 Vom Kalten Krieg zur deutschen Einheit, S. 419–442

3.37 Kutz, Martin, Militärreform in der DDR (Dokumentation), 2., aktual. Auflage, Hamburg 1990

3.38 Reeb, Hans-Joachim, Deutsche Armeen in Ost und West. Betrachtungen zur Militärreform der Nationalen Volksarmee im Vergleich zur Inneren Führung der Bundeswehr anhand ausgewählter Dokumente, Koblenz 1990 (= Zentrum Innere Führung, Arbeitspapier 1990,5)

3.39 Süß, Hans, Neues Denken und Militärreform. In: Philosophisches Denken über Krieg und Frieden. Umwälzende Einsichten an der Militärakademie und ihr Fortwirken in der Dresdener Studiengemeinschaft Sicherheitspolitik e.V. Beiträge zum Kolloquium am 13. September 2005. Hrsg.: Dresdner Studiengemeinschaft Sicherheitspolitik e.V., Dresden 2005, S. 36–44

Auf dem Weg zur Deutschen Einheit

Zur ersten freien Volkskammerwahl

1.28 Kowalczuk, Die Übernahme; 1.33 Rödder; 1.73 Armee ohne Zukunft

4.1 Inoffizielle Note der Sowjetunion an DDR-Regierung vom 16. April 1990, <https://www.bundesregierung.de/breg-de/themen/deutsche-einheit/inoffizielle-note-der-sowjetunion-an-ddr-regierung-481958>

4.2 Jochheim, Gernot, 18. März 1990. Erste freie Volkskammerwahl. In: Informationen zur politischen Bildung/izpb, <https://www.bpb.de/shop/zeitschriften/izpb/info-aktuell/195467/18-maerz-1990-erste-freie-volkskammerwahl/>

Zur Geschichte des Ministeriums für Abrüstung und Verteidigung

4.3 Herspring, Dale R., Requiem für eine Armee. Das Ende der Nationalen Volksarmee der DDR, Baden-Baden 2000 (= Forum Innere Führung, 8)

4.4 Holzweißig, Gunter, Die Nationale Volksarmee nach dem Umbruch in der DDR. In: Außenpolitik, 41 (1990), 4, S. 397–402

Außen- und Sicherheitspolitik/Zwei-plus-Vier-Vertrag

1.24 Die Einheit

4.5 Albrecht, Ulrich, Die Abwicklung der DDR. Die »2+4-Verhandlungen«. Ein Insiderbericht, Opladen 1992

4.6 Beeger, Peter, und Thomas Humm, Rolle und Beitrag Deutschlands. In: Der Golfkonflikt. Dokumentation, Analyse und Bewertung aus militärischer Sicht. Hrsg. von Hartmut Zehrer, Herford, Bonn 1992, S. 307–331

4.7 Bozo, Frédéric, From »Yalta« to Maastricht. Mitterand's France and German Unification. In: 1.8 German Reunification, S. 111–132

4.8 Conradt, Sylvia, Das »Wunder vom Kaukasus«, 16.7.2010, <https://www.deutschlandfunk.de/das-wunder-vom-kaukasus-100.html>

4.9 Domber, Gregory F., Pivots in Poland's Response to German Unification. In: 1.8 German Reunification, S. 179–201

4.10 Elbe, Frank, und Richard Kiessler, Ein runder Tisch mit scharfen Ecken. Der diplomatische Weg zur deutschen Einheit, Baden-Baden 1993

4.11 Jones, Christopher, Gorbačevs Militärdoktrin und das Ende des Warschauer Paktes. In: Der Warschauer Pakt. Von der Gründung bis zum Zusammenbruch 1955–1991. Im Auftrag des MGFA hrsg. von Torsten Diedrich, Winfried Heinemann und Christian F. Ostermann, Berlin 2009 (= Militärgeschichte der DDR, 16), S. 245–271

4.12 de Maizière besucht Gorbatschow in Moskau, 29. April 1990, <https://www.bundesregierung.de/breg-de/themen/deutsche-einheit/de-maizière-besucht-gorbatschow-in-moskau-437308>

4.13 Meyer, Hinnerk, Participation on limited Cooperation – Großbritanniens schwierige Rolle im deutschen Einigungsprozess 1989/90. In: 1.4 Europa und die deutsche Einheit, S. 141–160

4.14 Pick, Dominik, Deutsch-Polnische Beziehungen und die deutsche Einheit. In: 1.4 Europa und die deutsche Einheit, S. 599–626

4.15 Pond, Elizabeth, Beyond the Wall: Germany's Road to Unification, New York 1993

4.16 Salmon, Patrick, The United Kingdom and German Unification. In: Europe and the End of the Cold War. A Reappraisal. Ed. by Frédéric Bozo [u.a.], London 2008, S. 177–190

4.17 Schabert, Tilo, »The German Question is a European Question«. France and the Reunification of Germany. A critical assessment. In: 1.4 Europa und die deutsche Einheit, S. 161–202

4.18 WD (Wissenschaftliche Dienste des Deutschen Bundestages) 2-3000-031/16 vom 18.2.2016

Planungen im BMVg unmittelbar vor der Wiedervereinigung *Hierzu finden sich vereinzelt Hinweise.*

1.42 Digutsch; 1.52 Zilian; 1.73 Armee ohne Zukunft; 1.86 Carl

4.19 Gießmann, Hans-Joachim, Die Auflösung der NVA, Personelle Folgen und Probleme am Beispiel Mecklenburg-Vorpommerns. In: Vierteljahresschrift für Sicherheit und Frieden, 11 (1993), 1, S. 8–11

4.20 Gießmann, Hans-Joachim, Integration durch Auflösung. Konversion in Mecklenburg-Vorpommern, zum Beispiel Volksmarine. In: IPW-Berichte, 21 (1993), 3/4, S. 18–28

4.21 Gießmann, Hans-Joachim, Das unliebsame Erbe. Die Auflösung der Militärstruktur der DDR, Baden-Baden 1992

4.22 Gillessen, Gunter, Auflösen – ohne Rest. In: Frankfurter Allgemeine Zeitung, 25.7.1990

4.23 Hauck, Christian, und Philipp Kloß, Aus Feinden wurden Freunde – 30 Jahre Armee der Einheit, <https://www.bundeswehr.de/de/organisation/luftwaffe/aktuelles/aus-feinden-wurden-freunde-30-jahre-armee-der-einheit-3246792>
4.24 Schönbohm, Jörg, Die Bundeswehr im deutschen Einigungsprozess 1989/90. In: 1.18 Vom Kalten Krieg zur deutschen Einheit, S. 405–418
4.25 Voll, Hans-Jörg, Die Beziehungen zwischen Bundeswehr und NVA vom Herbst 1989 bis zum 3. Oktober 1990. Chronik und Dokumentation eines epochalen Schnittpunkts deutscher Militärgeschichte (unveröffentlichte Lehrgangsarbeit), FüAkBw, Hamburg 1993

Planungen im MfAV/Das Ende der NVA

1.42 Digutsch, Das Ende der NVA; 1.52 Zilian; 1.73 Armee ohne Zukunft (v.a. S. 1–76); 1.95 Hoffmann; 4.3 Herspring
4.26 Ehlers, Hartmut, The Transparent Enemy. A Few Days Inside the Volksmarine. In: Warship International, 1 (1991), S. 30--67
4.27 Ehlert, Hans, Die Armee, die nicht mehr gebraucht wurde – die NVA im Vorfeld der deutschen Einheit. In: 2.25 Militär, Staat und Gesellschaft in der DDR, S. 689–716
4.28 Eppelmann und Stoltenberg einig: Mehrheit der NVA-Soldaten nach dem 3. Oktober weiter im Dienst. In: Trend, 23/1990, S. 3
4.29 Heinemann, Winfried, Unternehmen »Walküre«. Eine Militärgeschichte des 20. Juli 2944, Berlin, Boston 2019 (= Zeitalter der Weltkriege, 21)
4.30 »Kein Grund für übereilte Schritte«. Gerd Engelmann, Leiter des Personalamtes, beantwortet Fragen zum Kapitel XIX des Einigungsvertrages/» Berufssoldatenflucht muß gestoppt werden«. In: Trend, 24/1990
4.31 Trend. Hrsg. vom Ministerium für Abrüstung und Verteidigung [Nachfolger der NVA-Zeitschrift »Die Volksarmee«], Heft 1–26/1990 (danach Erscheinen eingestellt).

Bundeswehrkommando Ost

Geschichte des BwKdo Ost/Aufbau der Bundeswehr in Ostdeutschland *Hierzu liegen vor allem Berichte von Zeitzeugen vor.*

4.24 Schönbohm
5.1 Casdorff, Stephan-Andreas, Ist das Bundeswehrkommando Ost wirklich nötig? In: Süddeutsche Zeitung, 19.10.1990
5.2 Generalleutnant Bernhard Mende (†) und die Übernahme der NVA-Luftstreitkräfte 1990/91. Ein Interview. Sonderdruck, abgedr. in: Die Luftwaffe und ihre Traditionen. Hrsg. von Eberhard Birk und Heiner Möllers, Berlin 2019 (22 S.), <https://zms.bundeswehr.de/resource/blob/5324778/d2c2bfaaa9c02137227f24a0f27ce0ba/sonderdruck-interview-mit-generalleutnant-bernhard-mende-data.pdf>_
5.3 Horten, Dirk, Erfahrungen im deutschen Einigungsprozeß. Die Auflösung der Volksmarine 1990/91. In: Deutsche Marinen im Wandel. Vom Symbol nationaler Einheit zum Instrument internationaler Sicherheit. Im Auftrag des MGFA hrsg. von Werner Rahn, München 2005 (= Beiträge zur Militärgeschichte, 63), S. 657–672
5.4 Kirchbach, Hans Peter von, Die Einheit leben. In: 1.49 Ein Staat – eine Armee, S. 138–169

5.5 Novák, Bendict-Jan, Gesamtdeutsche Streitkräfte. Der Weg der Nationalen Volksarmee in die Bundeswehr. Hausarbeit zur Erlangung des Akademischen Grades Magister Artium, Fachbereich Sozialwissenschaften der Johannes-Gutenberg-Universität Mainz 1991

5.6 Ridderbusch, Katja, »Wir sind gegen einen Mythos geflogen«. In: Die Welt, 18.2.2000, <https://www.welt.de/print-welt/article503055/Wir-sind-gegen-einen-Mythos-geflogen.html>

5.7 Scheven, Werner von, Kalaschnikow und Deutschlandlied. Erlebte deutsche Einheit bei der Bundeswehr. In: DBwV Infoportal, 9.9.2020, <https://www.dbwv.de/fileadmin/user_upload/Mediabilder/DBwV_Info_Portal/Blickpunkt/2020/09_September/GLt_aD_Werner_von_Scheven.pdf>

5.8 Scheven, Werner von, Die Vereinigung der ehemals feindlichen deutschen Armeen. In: Außenpolitik, 43 (1992), 2, S. 164–173

5.9 Schönbohm, Jörg, Deutsche kommen zu Deutschen. In: 1.49 Ein Staat – eine Armee, S. 30–57

5.10 Skiba, Thomas, Erfolgsgeschichte: Integration der Nationalen Volksarmee in die Bundeswehr, 3.10.2020, <https://www.bundeswehr.de/de/organisation/luftwaffe/aktuelles/integration-der-nationalen-volksarmee-in-die-bundeswehr-3087306>

Personal

1.52 Zilian; 6.58 Leonhard

5.11 Fischer, Egbert, Ehemalige Berufssoldaten der NVA in der Bundesrepublik Deutschland. Report 1995. Ergebnisse einer Meinungsumfrage in Kameradschaften »Ehemalige« des Landesverbandes Ost des Deutschen BundeswehrVerbandes e.V, Bonn 1995

5.12 Koop, Volker, Abgewickelt? Auf den Spuren der Nationalen Volksarmee, Bonn 1995

5.13 Koop, Volker, Die Nationale Volksarmee – Probleme der Integration in die Bundeswehr. In: Materialien der Enquete-Kommission »Überwindung der Folgen der SED-Diktatur im Prozeß der deutschen Einheit«, 13. Wahlperiode des Deutschen Bundestages. Hrsg. vom Deutschen Bundestag, Baden-Baden 1999, Bd II/1, S. 508–543

5.14 Trost, Edgar, Probleme der Personalauswahl. In: 1.49 Ein Staat – eine Armee, S. 170–205

5.15 Victorson, Mark E., Mission in the East: The Building of an Army in a Democracy in the New German States, Newport Papers, 7 (1994) <https://digital-commons.usnwc.edu/usnwc-newport-papers/7>

Material, Standorte, Liegenschaften und Umweltfragen

1.37 Scheven; 1.78 Stationierung der Bundeswehr (1991); 1.97 Johanny; 5.12 Koop

5.16 Deutsche militärische Standorte nach 1945, <https://www.deutsche-militaerstandorte-nach1945.de/view_einfuhrung.cfm?art=1>

5.17 Koop, Volker, Erbe NVA. Eindrücke aus ihrer Geschichte und den Tagen der Wende, Waldbröhl 1992

5.18 Palau, Carmen Gertrud, Die Geschichte der Bundeswehrkrankenhäuser Ulm, Amberg, München, Wildbad und Kempten von 1957 bis 2015, Dissertation an der Medizinischen Fakultät der Ludwig-Maximilians-Universität zu München 2020, <https://edoc.ub.uni-muenchen.de/26635/7/Palau_Carmen.pdf>

Bundeswehrverwaltung

1.42 Digutsch; 1.86 Carl; 1.97 Johanny

5.19 BMVg, Die Praxis der Entscheidung über die Übernahme von Personal in den öffentlichen Dienst im Beitrittsgebiet während der Übergangsphase nach 1990 im Bereich der Bundeswehr. In: Materialien der Enquete-Kommission »Überwindung der Folgen der SED-Diktatur im Prozeß der deutschen Einheit«, 13. Wahlperiode des Deutschen Bundestages. Hrsg. vom Deutschen Bundestag, Baden-Baden 1999, Bd II/1S. 491–507

5.20 Johanny, Karl, Ein Teil der Bundeswehr wie die Streitkräfte – 50 Jahre Bundeswehrverwaltung. In: 1.45 Entschieden für Frieden, S. 199–214

5.21 Johanny, Karl, Fünf Jahre Wehrverwaltung der Einheit. In: Bundeswehrverwaltung. Zeitschrift für Verwaltung und Recht in der Bundeswehr, 1995, S. 213–219

5.22 Simon, Gunnar, Das Material der NVA und seine Verwertung. In: Bundeswehrverwaltung. Zeitschrift für Verwaltung und Recht in der Bundeswehr, 1993, S. 101–108

5.23 Ein Trümmerhaufen der Gefühle – Die Nationale Volksarmee der DDR: aufsässige Soldaten und verängstigte Offiziere. In: Der Spiegel, 4.3.1990, S. 34–48

5.24 »Der Verkauf ist zu verstärken«. In: Der Spiegel, 23.12.1990, <https://www.spiegel.de/politik/der-verkauf-ist-zu-verstaerken-a-0c8436da-0002-0001-0000-000013503018>

Die Bundeswehr in den neuen Bundesländern

Die Geschichte der Bundeswehr nach dem BwKdo Ost und der Abbau der Grenzanlagen ist weiterhin ein Forschungsdesiderat.

Zu Organisation, Personal und Material

1.52 Zilian; 1.99 Kirchbach/Meyers/Voigt; 1.111 Schönbohm; 5.14 Trost

6.1 Clement, Rolf, Bundeswehr. In: Handbuch zur deutschen Einheit, 1949–1989–1999. Hrsg. von Werner Weidenfeld und Karl-Rudolf Korte, Bonn 1999, S. 137–150

6.2 Einsatz ohne Krieg? Die Bundeswehr nach 1990 zwischen politischem Auftrag und militärischer Wirklichkeit. Militärgeschichte, Sozialwissenschaften, Zeitzeugen. Im Auftrag des ZMSBw hrsg. von Jochen Maurer und Martin Rink, Göttingen 2021 (= Bundeswehr im Einsatz, 1)

6.3 Finke, Julian-André, Hüter des Luftraumes? Die Luftstreitkräfte der DDR im Diensthabenden System des Warschauer Paktes, Berlin 2010 (= Militärgeschichte der DDR, 18)

6.4 Hoffmann, Kay, Zwischen Transparenz und Kontrolle. Dokumentarfilme und TV-Reportagen zur Bundeswehr seit 1989. In: 6.2 Einsatz ohne Krieg?, S. 227–242

6.5 Karlsch, Rainer, Wirtschaftliche Belastungen durch bewaffnete Organe. In: Materialien der Enquete-Kommission »Überwindung der Folgen der SED-Diktatur im Prozeß der deutschen Einheit«, 13. Wahlperiode des Deutschen Bundestages. Hrsg. vom Deutschen Bundestag, Baden-Baden 1999, Bd III/2, S. 1500–1584

6.8 Konversion im vereinten Deutschland. Ein Land – zwei Perspektiven. Hrsg. von Hans-Joachim Gießmann, Baden-Baden 1992

Materielles Erbe

1.52 Zilian; 1.99 Kirchbach/Meyers/Voigt; 5.12 Koop

6.7 Deutscher Bundestag, Drucksachen 12/1350 vom 21.10.1991 und 12/1625 vom 19.11.1991, <https://dserver.bundestag.de/btd/12/016/1201350.pdf>, <https://dserver.bundestag.de/btd/12/016/1201625.pdf>

6.8 Deutscher Bundestag, Drucksache 12/2026 vom 31.1.1992, <https://dserver.bundestag.de/btd/12/020/1202026.pdf>

6.9 Deutscher Bundestag, Drucksache 12/8458 vom 7.9.1994, <https://dserver.bundestag.de/btd/12/084/1208458.pdf>

6.10 Garn, Lisa, Ausstellungsprojekt: Warum die Dessauer Friedensglocke bald in Münster hängt. In: Mitteldeutsche Zeitung, 13.3.2018 <https://www.mz.de/lokal/dessau-rosslau/ausstellungsprojekt-warum-die-dessauer-friedensglocke-bald-in-munster-hangt-1414025>

6.11 Köppler, Johannes [u.a.], Systematische Untersuchung eines Rüstungsaltlastenverdachtsstandortes. Ein Praxisleitfaden, Mai 1999, <https://www.umweltbundesamt.de/publikationen/systematische-untersuchung-eines>

6.12 Militärische und Rüstungsaltlasten, 4.7.2013, <https://www.umweltbundesamt.de/themen/boden-flaeche/altlasten/aktivitaeten-des-bundes/militaerische-ruestungsaltlasten>

6.13 NVA-Panzer im Einsatz gegen Kurden. In: Der Spiegel, 19.10.2004, <https://www.spiegel.de/politik/ausland/tuerkei-nva-panzer-im-einsatz-gegen-kurden-a-323919.html>

Abbau der Grenzanlagen

1.42 Digutsch; 1.111 Schönbohm

6.14 Bundessstiftung Aufarbeitung, Linkliste zu Gedenkstätten und Museen in Deutschland, <https://www.bundesstiftung-aufarbeitung.de/de/erinnern/museen-und-gedenkstaetten/linkliste>

6.15 Deutscher Bundestag, Drucksache 13/1023 vom 30.3.1995, <https://dserver.bundestag.de/btd/13/010/1301023.pdf>

6.16 Maurer, Jochen, Halt – Staatsgrenze! Alltag, Dienst und Innenansichten der Grenztruppen der DDR, Berlin 2015 (= Militärgeschichte der DDR, 24)

6.17 Stehböck, Martin, Abbau der Grenzanlagen und Minennachsuche. In: Mitteilungen aus der Norddeutschen Naturschutzakademie, 5 (1994), 3, S. 24–30

Abzug der sowjetischen/russischen Streitkräfte *Der Abzug der GSSD/WGT ist lange von der Forschung wenig beachtet worden. Vor allem die Arbeiten von Sascha Gunold, Christian Th. Müller und Silke Satjukow haben wissenschaftlich belastbare Grundlagen geschaffen.*

3.20 Uhl

6.18 Der Abzug. Die letzten Jahre der russischen Truppen in Deutschland. Eine fotografische Dokumentation von Detlev Steinberg. Hrsg. vom Deutsch-Russischen Museum Berlin-Karlshorst, Berlin 2016

6.19 Alltag, Politik, Kampfauftrag. Sowjetische Truppen in Deutschland 1945–1994. Hrsg. vom Deutsch-Russischen Museum Berlin-Karlshorst, Berlin 2019

6.20 Arlt, Kurt, Sowjetische (russische) Truppen in Deutschland (1945–1994). In: 2.24 Im Dienste der Partei, S. 593–632

6.21 Collmer, Sabine, Georg-Maria Meyer, Hanne I. Schaffer, »Begegnung«. Deutsch-sowjetische Beziehungen im Spiegel der Wahrnehmungen von Offizieren der ehemaligen NVA, München 1992 (= SOWI-Arbeitspapier, 68)

6.22 Flucht vor der Roten Fahne, 30.7.2020, <https://www.mdr.de/geschichte/ddr/politik-gesellschaft/deserteure-flucht-sowjetarmee-ddr100.html>

6.23 Foertsch, Hartmut, Der Abzug der russischen Streitkräfte aus Deutschland. In: 1.18 Vom Kalten Krieg zur deutschen Einheit, S. 463–471
6.24 Frank, Hans, Die Westgruppe der Truppen (WGT). In: NVA. Anspruch und Wirklichkeit. Nach ausgewählten Dokumenten. Hrsg. von Klaus Naumann, Berlin 1993, S. 331–350
6.25 Gaudlitz, Frank, und Thomas Kumlehn, Die Russen gehen. Der Abzug einer Armee. Mit einer Chronik von Lothar Engelhardt, Berlin 1993
6.26 Gunold, Sascha, Abzug unter Beobachtung. Kooperation und Konkurrenz von Bundeswehr und Bundesnachrichtendienst beim Abzug der sowjetischen/russischen Truppen aus Deutschland bis 1994, Universität Potsdam 2021, <https://publishup.uni-potsdam.de/frontdoor/index/index/docId/57197>
6.27 Kowalczuk, Ilko-Sascha, und Stefan Wolle, Roter Stern über Deutschland. Sowjetische Truppen in der DDR, 2., durchges. Aufl., Berlin 2010
6.28 Militärische Altlasten, <https://lfu.brandenburg.de/lfu/de/aufgaben/boden/altlasten/spezielle-altlastenthemen/militaerische-altlasten/>
6.29 Mroß, Bernhard, Sie gingen als Freunde ... Der Abzug der Westgruppe der sowjetisch-russischen Truppen. 10. Jahrestag des Abzugs der sowjetisch-russischen Truppen aus Deutschland (1990–1994), Harrislee 2004
6.30 Müller, Christian Th., US-Truppen und Sowjetarmee in Deutschland. Erfahrungen, Beziehungen, Konflikte im Vergleich, Paderborn [u.a.] 2011
6.31 Satjukow, Silke, Besatzer. ›Die Russen‹ in Deutschland 1945–1994, Göttingen 2008
6.32 Scherbakowa, Irina, Sowjetische Kriegerdenkmäler – was bleibt? Am Beispiel Treptow, <https://www.ostbeauftragter.de/ostb-de/themen/bericht-des-ostbeauftragten/blicke-auf-ostdeutschland/sowjetische-kriegsdenkmaeler-was-bleibt-am-beispiel-treptow-2126848>
6.33 Standorte und Liegenschaften der sowjetischen Truppen in Deutschland, <http://wgt.museumsserver.de>

Militärseelsorge

1.98 Kirchbach
6.34 Hecker, Heinrich, Zum Aufbau der katholischen Militärseelsorge in den neuen Bundesländern. In: 1.18 Vom Kalten Krieg zur deutschen Einheit, S. 367–379
6.35 Noack, Axel, »Leibsorge und Seelsorge«. Bischof Axel Noack im Gespräch mit Matthias Rogg und Horst Scheffler. In: 2.25 Militär, Staat und Gesellschaft in der DDR, S. 625–638
6.36 Scheffler, Horst, Militärseelsorge. In: Handbuch Militär und Sozialwissenschaft. Hrsg. von Sven Bernhard Gareis und Paul Klein, 2., aktual. und erw. Ausg., Wiesbaden 2006, S. 190–200
6.37 Scheffler, Horst, Die Militärseelsorge in der Bundeswehr. In: 1.45 Entschieden für Frieden, S. 409–424
6.38 Werkner, Ines-Jacqueline, Soldatenseelsorge – eine Reform vor ihrem Scheitern. Der ostdeutsche Sonderweg der evangelischen Soldatenseelsorge (1990–1996), 2002, <https://www.militaerseelsorge-abschaffen.de/texte/werkner-soldatenseelsorge/>

Identität und Integration ehemaliger NVA-Angehöriger in die Bundeswehr *Das Thema gehört zu den gut erforschten Feldern des Einigungsprozesses, besonders dank der Arbeiten von Paul Klein, Nina Leonhard und jüngst Philipp Schultheiß.*

6.39 Adrian, Halvor, Suche nach Halt in einer fremden Welt. Handlungsfelder für den Integrationsprozeß ehemaliger NVA-Soldaten in die Bundeswehr. In: Truppenpraxis, 6/1992, S. 544–547

6.40 Bickford, Andrew, Fallen Elites: The Military Other in Post-Unification Germany, Stanford, CA 2011

6.41 Collmer, Sabine, Säkularisierung auf dem Vormarsch? Einstellungen Ost- und Westdeutscher Grundwehrdienstleistender zu Kirche, Religion und Glauben, München 1992 (= SOWI-Arbeitspapier Nr. 82)

6.42 Conrad, Hans Udo, Die Integration von Offizieren der ehemaligen Nationalen Volksarmee in das Heer der Bundeswehr, Dissertation, Universität der Bundeswehr Hamburg 1996

6.43 Hartmann, Peter, Probleme der Integration ehemaliger Berufssoldaten der NVA in die Gesellschaft und Bundeswehr. In: Was war die NVA? Ihre Auflösung und die Integration in die Bundeswehr. Hrsg. von Egbert Fischer, Berlin 2016, S. 351–362

6.44 Hofmann, Michael, Soziale Strukturen in Ostdeutschland, 4.2.2020, <https://www.bpb.de/themen/deutsche-einheit/lange-wege-der-deutschen-einheit/303482/soziale-strukturen-in-ostdeutschland/>

6.45 Kirchbach, Hans-Peter von, Reflections of the Growing Together of the German Armed Forces. The Eggesin Garrison as an Example for the Unification of two Armies, Carlisle Barracks 1992

6.46 Klein, Paul, Die Armee der Einheit wird in Ost und West akzeptiert. In: Streitkräfte und Strategien. Sicherheitspolitik – kontrovers diskutiert. Beiträge einer Sendereihe des Norddeutschen Rundfunks. Hrsg. von Hermann Hagena und Reinhardt Mutz, Baden-Baden 2001, S. 231–234

6.47 Klein, Paul [u.a.], Identität im Übergang: Zur Mentalität von Offizieren und Unteroffizieren aus der ehemaligen NVA [siehe u.d.T. auch das SOWI-Gutachten 1/91]. In: 1.51 10 Jahre Vereintes Deutschland, S. 135–160

6.48 Klein, Paul, Die Integration der Bundeswehr in Staat und Gesellschaft der Bundesrepublik Deutschland. In: Sicherheit und Freiheit. Außenpolitische, innenpolitische und ideengeschichtliche Perspektiven. Festschrift für Wilfried von Bredow. Hrsg. von Thomas Jäger [u.a.], Baden-Baden 2004, S. 268–283

6.49 Klein, Paul, und Werner Kriesel, Offiziersbewerber (1992) aus den alten und neuen Bundesländern – Ein empirischer Vergleich. In: Beispielhaft? Eine Zwischenbilanz zur Eingliederung der Nationalen Volksarmee in die Bundeswehr. Hrsg. von Paul Klein und Rolf Zimmermann, Baden-Baden 1993, S. 87–102

6.50 Klein, Paul [u.a.], Zur Akzeptanz des Dienstes von ehemaligen NVA-Soldaten in der Bundeswehr und von Bundeswehrsoldaten auf dem Gebiet der ehemaligen DDR, München 1991 (= SOWI-Gutachten 17/91)

6.51 Klein, Paul [u.a.], Zur sozialen Befindlichkeit von Offizieren und Unteroffizieren der ehemaligen Nationalen Volksarmee. In: Beispielhaft? Eine Zwischenbilanz zur Eingliederung der Nationalen Volksarmee in die Bundeswehr. Hrsg. von Paul Klein und Rolf Zimmermann, Baden-Baden 1993, S. 51–62

6.52 Klejdzinski, Karl-Heinz, Die Armee der Einheit. Die Integration der ehemaligen NVA-Soldaten in die Bundeswehr. In: MUT, 334/1995, S. 56 f.

6.53 Knabe, Frithjof H., Unter der Flagge des Gegners. Wertewandel im Umbruch in den Streitkräften – von der Nationalen Volksarmee zur Bundeswehr, Opladen 1994

6.54 König, Herbert, Bericht aus einer anderen Welt. Die Zeit- und Berufssoldaten der Bundeswehr mit sozialistischer Vergangenheit. In: Truppenpraxis, 3/1992, S. 234–238

6.55 König, Herbert, Ein schwerer und schmerzhafter Prozeß. Die Soldaten der ehemaligen NVA – vor und nach Ihrer Übernahme in die Bundeswehr. In: Truppenpraxis, 5/1991, S. 486–489

6.56 Leonhard, Nina, ›Armee der Einheit‹. Zur Integration von NVA-Soldaten in die Bundeswehr. In: Handbuch Militär und Sozialwissenschaft. Hrsg. von Sven Bernhard Gareis und Paul Klein, 2., aktual. und erw. Ausgabe, Wiesbaden 2006, S. 61–71

6.57 Leonhard, Nina, Einschluss durch Ausschluss. NVA-Offiziere und die Gedächtnispolitik der Bundeswehr im Vereinigungsprozess. In: Deutschland seit 1990. Wege in die Vereinigungsgesellschaft. Hrsg. von Thomas Großbölting und Christoph Lorke, Stuttgart 2017, S. 243–267.

6.58 Leonhard, Nina, Integration und Gedächtnis. NVA-Offiziere im vereinigten Deutschland, Köln 2017

6.59 Meyer, Georg-Maria, und Sabine Collmer, Kolonisierung oder Integration? Bundeswehr und deutsche Einheit. Eine Bestandsaufnahme, Opladen 1993

6.60 Meyer, Georg-Maria, Vom Klassenfeind zum Kameraden? Soziale Deutungsmuster von Offizieren der Nationalen Volksarmee (NVA). In: Aus Politik und Zeitgeschichte, 36/1990, S. 32–39

6.61 Penner, Wilfried, Das Experiment ist gelungen. Die Innere Führung in der Bewährung – zehn Jahre Armee der Deutschen Einheit. In: Truppenpraxis/ Wehrausbildung, 44 (2000), S. 630–633

6.62 Pollack, Detlef, und Gert Pickel, Die Ostdeutsche Identität – Erbe des DDR-Sozialismus oder Produkt der Wiedervereinigung? Die Einstellung der Ostdeutschen zu sozialer Ungleichheit und Demokratie. In: Aus Politik und Zeitgeschichte, 41–42/1998, S. 9–23

6.63 Reeb, Hans-Joachim, Eingliederung ehemaliger NVA-Berufssoldaten in die Bundeswehr. Maßnahmen und Probleme. In: Deutschland Archiv, 25 (1992), S. 845–857

6.64 Reeb, Hans-Joachim, Probleme des Zusammenwachsens von Bundeswehr und Nationaler Volksarmee aus der Sicht eines westdeutschen Bundeswehroffiziers. In: 1.59 Soldat – Ein Berufsbild im Wandel, Bd 2, S. 277 f.

6.65 Report 1995. Ergebnisse einer Meinungsumfrage in Kameradschaften »Ehemalige« des Landesverbandes Ost des Deutschen Bundeswehrverbandes e.V. In: 2.32 Was war die NVA? (2001), S. 709–743

6.66 Robbe, Reinhod, und Dierk Spreen: Integration der NVA als Erfolgsmodell? In: Innere Führung zwischen Aufbruch, Abbau und Abschaffung: Neues denken, Mitgestaltung fördern, Alternativen wagen. Hrsg. von Uwe Hartmann und Claus von Rosen, Berlin 2018 (= Jahrbuch Innere Führung 2018), S. 115–129

6.67 Samulowitz, Kai, Auf der Suche nach einem zeitgemäßen Traditionsverständnis für die Bundeswehr als »Armee der Einheit». In: Perspektiven der Inneren Führung. Zur gesellschaftlichen Integration der Bundeswehr. Hrsg. von Ulrich vom Hagen und Björn Kilian, Berlin 2005, S. 76–95

6.68 Schultheiß, Philipp, Ausgeklammert statt anerkannt. Ehemalige NVA-Angehörige und die DDR-Aufarbeitung, Berlin 2022

6.69 Sommer, Dirk, Zwischen Hoffen und Zagen. Viele Angehörige der ehemaligen NVA fühlen sich als Soldaten zweiter Klasse. In: Truppenpraxis, 3/1991, S. 299–303

6.70 Wenzke, Rüdiger, Die preußischen Heeresreformen als militärhistorische Tradition in der Nationalen Volksarmee (NVA). In: Reform, Reorganisation, Transformation. Zum Wandel in deutschen Streitkräften von den preußischen Heeresreformen bis zur Transformation der Bundeswehr. Im Auftrag des

MGFA hrsg. von Karl-Heinz Lutz, Martin Rink und Marcus von Salisch, München 2010, S. 369–382

6.71 Zwei deutsche Armeen im Kalten Krieg. 15 Jahre Ringen um die Armee der Einheit. Wissenschaftliches Kolloquium am 16.2.2006, Dahlewitz, Berlin 2006

Die Bundeswehr Mitte der 90er Jahre

1.23 Edinger/Nacos; 6.2 Einsatz ohne Krieg?

6.72 Berg, Detlef, und Anna Bayer, »Enorm, was die leisten.« In: Der Spiegel, 3.8.1997, <https://www.spiegel.de/politik/enorm-was-die-leisten-a-c5429356-0002-0001-0000-000008755966>

6.73 Die Bundeswehr im Katastropheneinsatz. Zugehört! Der Podcast des ZMSBw, Folge 39, 20.6.2022, <https://zms.bundeswehr.de/de/zmsbw-podcast-39-katastropheneinsatz-5446970>

6.74 BVG 29/1994 = Bundesverfassungsgericht, Pressemitteilung 29/1994 vom 12. Juli 1994, <https://www.bundesverfassungsgericht.de/SharedDocs/Pressemitteilungen/DE/1994/bvg94-029.html>

6.75 Conze, Eckart, Sicherheit ohne Ende. Bundesrepublik und Bundeswehr in den Dynamiken von Versicherheitlichung und Sicherheitsexport seit 1990. In: 6.2 Einsatz ohne Krieg?, S. 59–71

6.76 Jungbluth, Frank, Der größte Sieg der Bundeswehr, 2022, <https://www.dbwv.de/multimedia/25-jahre-oderflut>

6.77 Kraft, Ina, Militärische Multinationalität in Europa, Berlin, Boston 2024

6.78 Kriemann, Hans-Peter, Hineingerutscht? Deutschland und der Kosovo-Krieg, Göttingen 2021 (= Bundeswehr im Einsatz, 2)

6.79 Naumann, Klaus, Eine Rechnung mit vielen Unbekannten. Determinanten des Wandels in der deutschen Sicherheitspolitik seit 1990. In: 6.2 Einsatz ohne Krieg?, S. 129–150

6.80 Neitzel, Sönke, Deutsche Krieger. Vom Kaiserreich zur Berliner Republik – eine Militärgeschichte, Berlin 2020

6.81 Nielson, Manfred, Ausbildung der Offiziere in der Marine. In: Faszination See. 50 Jahre Marine der Bundesrepublik Deutschland. Im Auftrag des Deutschen Marine Instituts hrsg. von Sigurd Hess [u.a.], Hamburg 2005, S. 271–283

6.82 Wegweiser zur Geschichte. Auslandseinsätze der Bundeswehr. Im Auftrag des MGFA hrsg. von Bernhard Chiari und Magnus Pahl, Paderborn [u.a.] 2010

»Armee der Einheit«

7.1 Abenheim, Donald, The Search for Military Tradition in German Unity. In: German Politics & Society, No. 30: The Past as Arsenal: Debating German Unification (Fall 1993), S. 61–74

7.2 Biehl, Heiko, Thomas Buhlman und Nina Leonhard, Die Bundeswehr als Armee der Einheit: Eine ambivalente Bilanz. In: Soldat – Militär – Politik – Gesellschaft. Facetten militärbezogener sozialwissenschaftlicher Forschung. Liber amoricum für Paul Klein. Hrsg. von Gerhard Kümmel und Sabine Collmer, Baden-Baden 2003, S. 199–228

7.3 Bischoff, Jörg, Das Militär an der Tête der Einheit? In: Der Tagesspiegel vom 16.4.1991

7.4 Fünf Jahre Armee der Einheit – eine Bilanz. Hrsg. vom BMVg, Bonn 1995 (= Informationen zur Sicherheitspolitik)

7.5 Glaser, Günther, und Rüdiger Wenzke, Kann man in der NVA Traditionswerte für die Bundeswehr finden? In: Tradition für die Bundeswehr. Neue Aspekte einer alten Debatte. Hrsg. von Eberhard Birk [u.a.], Berlin 2012, S. 123–138
7.6 Heinze, Peter, Bundeswehr beeindruckt Deutschlands Osten. Ein Journalist erlebte die Armee der Einheit, Baden-Baden 2019
7.7 Politische Narrative. Konzepte – Analysen – Forschungspraxis. Hrsg. von Frank Gadinger, Sebastian Jarzebski und Taylan Yildiz, Wiesbaden 2014
7.8 Schlaffer, Rudolf Josef, »Armee der Einheit«. Die Transformation der deutschen Streitkräfte im Zuge der Wiedervereinigung, 1.5.2015, <https://www.bpb.de/themen/militaer/deutsche-verteidigungspolitik/199278/armee-der-einheit/>
7.9 Die Tradition der Bundeswehr. Richtlinien zum Traditionsverständnis und zur Traditionspflege, 2018, <https://www.bmvg.de/resource/blob/23234/6a93123be919584d48e16c45a5d52c10/20180328-die-tradition-der-bundeswehr-data.pdf>

Filme/Tondokumente

8.1 D 483: Grenzdurchbruch '89, Armeefilmstudio der NVA, November/Dezember 1989
8.2 D 485: Verweigerer im Dienst, Armeefilmstudio der NVA, 1990
8.3 D 492: NVA – ade!, Armeefilmstudio der NVA, 1990
8.4 D 502: Flaggenwechsel, Armeefilmstudio der NVA, 1991
8.5 »Poker um die Deutsche Einheit«. Wurde Russland in der NATO-Frage getäuscht?, Regie: Ignaz Lozo, Phoenix, 2015, <https://www.zdf.de/phoenix/dokumentationen/phoenix-poker-um-die-deutsche-einheit-104.html>
8.6 Der Sound des Untergangs. Tonmitschnitte aus den letzten Sitzungen des SED-Zentralkomitees von Oktober bis Dezember 1989, CD, Berlin 2013
8.7 Die verschwundene Armee, Regie: Eike Brüssau, NDR, 1997
8.8 Die Zwei-plus-Vier-Verhandlungen. Machtkampf Deutsche Einheit. Regie: Ulrich Stein, Gerhard Spörl, MDR, 2019 [auch u.d.T.: Der schwierige Weg zur deutschen Einheit: Das Ringen um die Zwei-plus-Vier-Verhandlungen], <https://www.youtube.com/watch?v=FYrgy8LGkWE>

Personenregister

Ablaß, Werner E. 16, 99 f., 103, 124, 129, 132, 143
Achromejew, Sergej 110
Altenburg, Wolfgang 33
Baarß, Klaus-Jürgen 130
Bahr, Egon 38, 99
Baker, James 77, 110
Baumgarten, Klaus-Dieter 68
Berger, Rolf 130
Beßer, Udo 19
Beyer, Eberhard 153
Böhme, Rolf 174
Bonhoeffer, Dietrich 125
Born, Hendrik 17, 130
Bowie, David 54
Brandt, Willy 25
Brecht, Bertolt 125
Breschnjew, Leonid 27
Brühl, Reinhard 38
Burlakow, Matwej 196
Bush, George H.W. 75, 77, 80, 102, 110
Carl, Karl-Heinz 17
Daschitschew, Wjatscheslaw 53
Dylan, Bob 54
Engelhardt, Lothar 129 f., 195
Engelmann, Gerd A. 99, 143
Eppelmann, Rainer 16, 66, 98–100, 103–106, 108 f., 119, 122 f., 125 f., 129 f., 132, 137
Falin, Valentin 53, 75, 110
Fischer, Siegfried 90
Foertsch, Hartmut 17, 120, 140, 195
Für, Lajos 106
Furian, Hans-Otto 203
Gates, Robert 102
Gauck, Joachim 163
Gawellek, Gert 207
Genscher, Hans-Dietrich 20, 61, 76 f., 79–81, 102, 108, 115, 182, 194
Gerlach, Manfred 64
Gille, Klaus 99
Gödde, Klaus Peter 17
Gorbatschow, Michail 39, 51–53, 56, 58, 65 f., 75–77, 79 f., 101 f., 107–114, 190, 194 f.
Grätz, Manfred 82, 103, 105
Gysi, Gregor 64, 73, 93
Haasler, Rupprecht 141
Hager, Kurt 54
Hahn, Michael 99
Hecker, Heinrich 203
Herbst, Dietmar 99
Heusinger, Adolf 33
Hitler, Adolf 125
Hoffmann, Theodor 16, 81, 83, 87–92, 98–100, 105, 108
Honecker, Erich 12, 27, 39, 50, 53 f., 58, 60, 66 f., 95
Horten, Dirk 141
Jacobs, Peter 120, 140
Jäger, Harald 68
Jasow, Dimitri 113
Jelzin, Boris 195, 201
Johanny, Karl 17, 143, 170
Keßler, Heinz 58, 68 f., 81
Kirchbach, Hans-Peter von 141 f., 151 f., 216, 221
Kohl, Helmut 16, 27, 39, 53, 74 f., 77, 79 f., 93, 95, 97, 102, 107–115, 194 f., 201, 214
Kopper, Hillmar 109
Krätschell, Werner 203
Krause, Horst 170
Krenz, Egon 12, 39, 55, 66 f., 69
Krüger-Sprengel, Friedhelm 100
Lafontaine, Oskar 74
Luschew, Pjotr G. 130
Maizière, Lothar de 93, 96–98, 100, 104, 123
Marczinek, Frank 99, 126
Masur, Kurt 64
Meckel, Markus 109
Mende, Bernhard 141
Merkel, Angela 98
Meyers, Manfred 141
Mielke, Erich 61, 72
Mitterrand, François 75, 214
Modrow, Hans 55, 66, 72–74, 76, 81, 86, 88, 93, 98 f.
Naumann, Klaus 107
Ocken, Rolf 140, 185
Portugalow, Nikolai 53, 75
Reinhardt, Klaus 118
Richter, Ekkehard 119, 129, 140
Rühe, Volker 182, 220 f.
Santana, Carlos 54

Schabowski, Günter 66, 68, 99
Schäuble, Wolfgang 174
Schalck-Golodkowski, Alexander 72
Scheven, Werner von 14, 17, 120, 140, 142, 152, 202
Schewardnadse, Eduard 75, 113
Schlothauer, Michael 129 f.
Schmidt, Helmut 216
Schnur, Wolfgang 98
Schönbohm, Jörg 14, 16, 39, 118–120, 134, 136, 140, 145, 147, 161, 165, 202 f., 219–221
Scholz, Rupert 39
Seiters, Rudolf 107
Simon, Gunnar 119, 129
Stauffenberg, Claus Schenk Graf von 125
Steinhoff, Johannes 33
Stolpe, Manfred 216
Stoltenberg, Gerhard 17, 80, 91, 100, 102–105, 107, 118 f., 121, 128, 130, 135, 145, 152 f., 173, 219, 221
Storz, Egon 170
Strauß, Franz Josef 32
Streletz, Fritz 39, 82
Süß, Hans 82
Teltschik, Horst 16, 74, 97, 102, 107, 109
Terechow, Wladislaw 113, 194
Thatcher, Margaret 75, 97, 114
Tresckow, Henning von 125
Voigt, Victor 141
Waigel, Theo 108, 153
Weber, Hans-Werner 91
Weizsäcker, Richard von 219 f.
Wellershoff, Dieter 116–118, 121
Wieczorek, Bertram 99, 103
Wittmann, Klaus 21